威科法律译丛

英国劳动法与劳资关系

〔英〕史蒂芬·哈迪 著

陈 融 译

创于1897 The Commercial Press

2018 年·北京

By Stephen Hardy

LABOUR LAW AND INDUSTRIAL RELATIONS

IN GREAT BRITAIN

This is a translation of Labour Law and Industrial Relations in Great Britain, by Stephen Hardy, published and sold by The Commercial Press, by permission of Kluwer Law International BV, Alphen aan den Rijn, The Netherlands, the owner of all rights to publish and sell same.

出 版 说 明

我馆历来重视迻译出版世界各国法律著作。早在 1907 年就出版了第一套系统介绍外国法律法规的《新译日本法规大全》81 册,还出版了《汉译日本法律经济辞典》。1909 年出版了中国近代启蒙思想家严复翻译的法国著名思想家孟德斯鸠的《法意》。这些作品开近代中国法治风气之先。其后,我馆翻译出版了诸多政治、法律方面的作品,对于民国时期的政治家和学人产生了重要影响。新中国成立后,我馆以译介外国哲学社会科学著作为重,特别是从 1981 年开始分辑出版"汉译世界学术名著丛书",西方政治法律思想名著构成其中重要部分,在我国法学和法治建设中发挥了积极作用。

2010 年开始,我馆与荷兰威科集团建立战略合作伙伴关系,联手开展法学著作中外文双向合作出版。威科集团创立于 1836 年,是全球最大的法律专业信息服务和出版机构之一。"威科法律译丛"是我们从威科集团出版的法律图书中挑选的精品,其中涉及当前中国学术界尚处在空白状态、亟需研究的领域,希望能够对中国的法学和法治建设有所助益。除了引进国外法律图书外,我们同时也通过威科集团将中国的法律思想和制度译介给西方社会,俾使中国学人的思想成果走向世界,中华文明的有益经验惠及异域。

商务印书馆编辑部

2011 年 8 月

译　者　序

　　劳动法是以劳动关系以及与劳动关系密切相关的其他社会关系为调整对象的法律部门。而劳动关系的本质,就是通过劳动力与生产资料的结合从而实现劳动过程的发生。劳动力与生产资料的分离是劳动关系产生的前提,伴随着资本主义生产关系的形成和发展,对劳动关系进行规制的法令才得以萌芽。

　　作为最早出现资本主义原始积累的国家,英国的劳动法历史悠久,且颇具特色。世界上最早的"劳工法规"是英皇爱德华三世于1349年颁布的,这代表了14世纪至18世纪末期间欧洲"劳工法规"的开端。"劳工法规"不是以保护劳动者为主旨,而是以国家强制的方式迫使失去土地的农民与早期的资本家建立雇佣关系,并且规定最低工时和最高工资,强化剥削,所以,它们不能作为现代劳动法的基础。英国的《学徒法》、《济贫法》等是这类法令的代表。19世纪初,资本主义进入自由竞争阶段,就劳动关系的调整而言,国家强制力量开始减弱,而民法上的契约观念增强。立法更加趋向于保护劳动者,通过规定工资下限和工时上限以限制资本家的剥削程度。新的"工厂立法"被普遍视为现代劳动法的起源和基础,而英国的1802年的《学徒健康和道德法》被看作劳动法产生的标志。该法禁止雇佣9岁以下童工,并将16岁以下童工的日最长工作时间规定为12小时。此后的系列工厂法进一步推进对劳动者的保护,如1844年《工厂法》使得妇女同年幼工作者享有同等对待,限制了她们的工作时间,禁止妇女接触高危机器操作。

　　本书属《国际法律百科全书》系列之不列颠卷的劳动法与劳资关系专辑,作者系欧洲雇佣法专家,并在英国相关部门及欧盟议会任职。全书分为三大部分:导论、个人雇佣关系、集体劳动关系。导论部分主要内容如下:第

一、英国法律体系的特点及地位;第二、雇佣关系、集体谈判等关键术语在本书中的含义;第三、英国劳动法的历史发展;第四、相关政府机构的组成及作用;第五、雇佣法庭与法院的组织及功能;第六、英国劳动法的主要渊源;第七、劳动法的国际协调与冲突。本书的个人雇佣关系部分包括九个方面的内容;第一、个人雇佣关系的构成要素;第二、雇佣合同条款的来源;第三、雇主与雇员之间的合作、忠实及注意之义务;第四、雇员的工作时间及休假;第五、关于报酬与福利;第六、雇员在无力工作情形下的权利;第七、关于雇员的职位保障;第八、关于雇佣中的歧视;第九、关于前雇员对雇主带来的竞争。本书的第三部分,即集体劳动关系,主要包含了以下内容:第一、工会自由的内容与实践;第二、工会与雇主协会的组织及运行;第三、职工对企业的民主参与机制;第四、集体谈判的内涵及运作;第五、劳资行动中的相关责任制度。

上述内容以劳动关系为核心,充分体现了劳动法的一般原则,即,公法与私法的兼容,保护劳动者与劳动管理的统一,协调劳动关系与设定劳动基准的统一,实体法与程序法的配合。本书包含了不列颠的工场规制法,英国政府在雇佣领域的创新实践,以及欧盟的社会政策。作者不仅深入剖析了英国劳动法面临的主要问题,也展示了英国劳动法的独特成就,其至少有以下几点:第一、政府组建多个专门机构致力于实施和完善劳动法及劳资关系政策,并有雇佣法庭和法院处理与雇佣权利及劳资运动有关的纠纷;第二、劳动法渊源多样,包括普通法、制定法及实践惯例,立法成就相当丰厚;第三、学术研究深入实践,比如,学者们根据社会现实将劳动者细分为九种类型;第四、法律以保护劳动者为主导价值,对受雇者的权利做了详尽的列举,对于雇员的维权救济途径做了周密的设计;第五、英国最早赋予工会合法地位,法律对工会权利以及运行规范的高度重视,关于工会的立法经验丰富;第六、英国劳动法对欧盟法的适用和发展。

从本质上说,劳动关系是以劳动力的使用和再生产为核心的经济关系,劳动法通过对劳动关系及相关社会关系的调整,为劳动者的权益提供法律保障,并为劳动过程的实现确立组织管理规范,从而促进生产力的发展、财富的创造和社会的稳定。① 所以,劳动法是宪法统帅下的独立的法律部门之一。我国正处于向工业化和市场化转型的特殊时期,虽然我们已取得了1994年《劳动法》及2008年《劳动合同法》等重大立法成就,劳动者的法律地位已经大大改善,但仍有许多问题亟待完善,比如,不同所有制性质以及不同编制类型的劳动关系之间的差异,大量非合同劳动关系的存在,人事代理制度对劳动者权利的影响,工资集体协商制度推行的艰难,等等。有鉴于此,对于英国劳动法及劳资关系政策的比较研究必将对我国在相关领域的法制建设及学术研究带来启示。

需要指出的是,本书内容主要是大不列颠的劳动法及劳资关系政策,北爱尔兰的雇佣法本身由单独的法律系统所管辖,而且广泛适用衡平法。事实上,北爱尔兰和爱尔兰共和国在《国际法律百科全书》丛书中有单列专辑。然而,考虑到大不列颠(Great Britain)在地理上构成了英国的主体,加之汉语中也有用大不列颠指代英国的习惯,而且,根据本书,不列颠的劳动法规范和劳资政策也常常通行于英联合王国(UK),鉴于以上几点,译者将书名暂定为"英国劳动法与劳资关系"。

本译著在正文前有主要缩略语列表,正文后有以下附录:1.制定法及法定条例;2.案例列表;3.参考的主要著作、期刊、案例汇编;4.索引。上述内容在译著中都以中英文形式展示。鉴于以上附录的存在,本着信息清楚而文字简明的原则,译者在文字处理上遵循以下规则:1.欧盟指令、国际法文件、英国制定法或条例、专业术语第一次在正文出现时,都以括号或注释方式标注英文;2.注释中,法案名称译为中文,如,1992年《工会与劳工关系巩固法案》第86条;3.注释中,案例名称未做翻译,因为附录中已将所有案例翻译;4.对于注释中的期刊论文,只译出作者及文章名,同时保留原文所有信息,如,弗里德兰:"从雇佣合同到个人工作关系"[Freedland, M., 'From the contract of employment to the personal work nexus', ILJ 35 (2006), pp. 1—29];5.注释中的著作,将其作者、书名等信息译成中文的同时,保留

---

① 参见:王全兴著,《劳动法》,法律出版社,2004年9月版,第40页。

了所有原文信息,例如,巴纳德:《欧共体雇佣法》(第三版),伦敦,2006 年,第 111—154 页。(Barnard C.,*EC Employment Law*,3rd edn,London,2006,pp.111—154)

　　由于译者学识水平有限,加之时间仓促,译文中不当之处在所难免,希望读者同仁给予宽容和指教!

陈　融

2011 年 12 月 13 日于华东师范大学

目　　录

导　　论

第一部分　个人雇佣关系

第二部分　集体劳动关系

作者简介

　　史蒂芬·哈迪,法学士、博士,执业出庭律师,雇佣法及反歧视法专家。毕业于伦敦大学和斯坦福大学,曾就职于英国曼彻斯特大学,从事欧洲雇佣法研究。史蒂芬先生具有哲学博士学位,独立仲裁员资格,并且担任英国劳资产业部(DTI)以及咨询、调解及仲裁服务局(ACAS)顾问,并曾经在欧盟委员会与欧盟议会工作。2006 年以来,史蒂芬担任《雇佣法大全》(*Encyclopedia of Employment Law*)主编,撰写劳动法、反歧视法、欧洲社会福利法著作与论文多篇,也担任《经商在欧洲》(*Doing Business in Europe*)的编辑。

致　　谢

本书属于《国际法律百科全书》系列，劳动法与劳资关系专辑

献给鲍勃·赫普尔先生

鲍勃·赫普尔教授，作为王室法律顾问以及不列颠学会的会员，1977—2006 年，从事本书的主编工作。

前　言

　　首先感谢布兰平(Blanpain)教授真诚邀请我来接替鲍勃·赫普尔(Bob Hepple)教授和桑迪·弗雷德曼(Sandy Fredman)教授的工作,参与《国际百科全书》(*International Encyclopaedia*)大不列颠卷的撰写。本书首先要献给鲍勃·赫普尔先生。我们知道,鲍勃·赫普尔先生从1977年起就负责《国际百科全书》的撰写工作,他是在这个职位上任职最久的学者之一。30年来,赫普尔先生渊博的学识和谆谆教导激励着我们,尤其直接指导了我近13年来的工作。本次《国际百科全书》大不列颠卷的主编工作得益于鲍勃·赫普尔和桑迪·弗雷德曼两位教授的前期工作积累。他俩的学术风格引领了全书的主题。为此,我必须向他们致以深深谢意!

　　另外,之所以称为《国际百科全书》大不列颠卷而不是英国卷,是因为北爱尔兰的雇佣法本身由单独的法律系统所管辖,而且广泛适用衡平法,不属于本书的研究范畴。此外,北爱尔兰和爱尔兰共和国在本套丛书中单列专辑研究,在此不缀。

　　本书自第一版面世,至今已经五年,不列颠的雇佣法或者说劳动法也已发生了诸多变化,这些变化主要源自欧盟法的创新、欧洲法院的判例以及工党在托尼·布莱尔首相时期的变革方案等。

　　有鉴于此,本书集中论述以下问题:第一、促进"家庭友好"(family firendly)权利;第二、新的成文法关于劳动申诉和解雇的程序规定;第三、集体协议的复兴。这些内容反映了英国劳动法的发展进程及其当代任务。

　　感谢我的妻子路易斯,我的儿子多米尼克和威廉。他们给予我持之以恒的支持。在我处于工作低谷时,他们给我的研究注入新的激情,同时,在撰写本书的六个月中,他们间或带给我令人愉悦的放松,令我振作。最后,感谢睿智的编辑，值得信赖的发行团队以及充满责任感的出版公司。

本书所参考的法律属 2006 年 10 月 1 日有效的范围。

缩略语列表
List of Abbreviations

ACAS	Advisory, Conciliation and Arbitration Service 咨询调解及仲裁服务局
All ER	All England Law Reports 全英法律报告
AL	Adoption Leave 收养假
CA	Court of Appeal 上诉法院
CAC	Central Arbitration Committee 中央仲裁委员会
CBI	Confederation of British Industry 英国劳资联合会
CO	Certification Officer 资质认定官员
CRE	Commission for Racial Equality 种族平等委员会
DDA	Disability Discrimination Acts 1995 and 2005　1995 年和 2005 年残疾歧视法
DFEE	Department for Education and Employment 教育与就业部
DRC	Disability Rights Commission 残疾人权利委员会
DTI	Department for Trade and Industry 劳资产业部
DWP	Department for Work and Pensions 工作及养老金部
EAT	Employment Appeal Tribunal 雇佣上诉法庭
ECHR	European Convention on Human Rights 1950　1950 年欧洲人权公约
ECJ	European Court of Justice 欧洲法院
ECR	European Court Reports 欧洲法院报告
EC	European Community 欧洲共同体
EES	European Employment Strategy 欧洲就业战略
EOC	Equal Opportunities Commission 公平机会委员会
EPCA	the Employment Protection(Consolidation) Act 雇佣保护巩

固法案

EQPA	Equal Pay Act 1970	1970 年平等工资法

EQPA　　　Equal Pay Act 1970　1970 年平等工资法

ERA　　　Employment Rights Act 1996　1996 雇佣权利法

ERELA　　Employment Relation Acts 1999 and 2004　1999 年及 2004 年雇佣关系法

ESM　　　European Social Model 欧洲社会模式

ETFD　　Equal Treatment Framework Directive 平等待遇框架指令

ET　　　Employment Tribunal 雇佣法庭

EU　　　European Union 欧盟

HRA　　　Human Rights Act 1998　1998 年人权法

HL　　　House of Lords 上议院

ICR　　　Industrial Cases Reports (formerly Industrial Court Reports) 劳资案例报告（原为劳资法庭报告）

ILJ　　　Industrial Law Journal 劳资法律杂志

ILO　　　International Labour Organization 国际劳工组织

IRLR　　Industrial Relations Law Reports 劳资关系法律报告

LPC　　　Low Pay Commission 低收入委员会

ITWF　　International Transport Workers Federation 国际运输职工联合会

JES　　　Job Evaluation Study 职业评价研究

KIR　　　Knight's Industrial Reports 骑士劳资报告

LQR　　　Law Quarterly Review 法律季刊

MLR　　　Modern Law Review 现代法律评论

MPLR　　Maternity and Parental Leave Regulation 孕产假育儿假条例

NALOG　　the National and Local Government Officers' Association 国家及地方政府官员协会

NUM　　　National Union of Mineworkers 全国矿工工会

NUPE　　the National Union of Public Employees 公营领域雇员国家

工会

OECD　　　Organization for Economic Cooperation and Development 经济合作与发展组织

OJLS　　　Oxford Journal of Legal Studies 牛津法学杂志

OMC　　　Open Method of Coordination 欧盟开放协调法

PALR　　　Paternity and Adoption Leave Regulation 陪产假收养假条例

QBD　　　Queen's Bench Division of the High Court 高等法院王座（女王）分庭

RRA　　　Race Relations Act 1976　1976 年种族关系法

SDA　　　Sex Discrimination Act 1975　1975 年性别歧视法案

SSP　　　Statutory Sick Pay 法定患病工资

SPP　　　Statutory Parternity Pay 法定陪产假工资

SMP　　　Statutory Maternity Pay 法定孕产假工资

TGWU　　the Transport & General Workers' Union 运输与普通职工工会

TLR　　　Times Law Reports 泰晤士法律报告

TUC　　　Trades Union Congress 全国总工会

TULRCA　Trade Union and Labour Relations (Consolidation) Act 1992 1992 年工会与劳工关系巩固法案

TUPE　　　Transfers of Undertakings (Protection of Employment) Regulations 1981 & 2006　1981 年及 2006 年企业转让（雇佣保护）规则

WERS　　　Workplace Employment Relations Survey 工作场所雇佣关系调查

WIRS　　　Workplace Industrial Relations Surveys 工作场所劳资关系调查

导　论

第一章 基本特征

第一节 国际比较的视角

1　劳资关系,使英国被视为在劳动法上颇具创新的国家。由此,在相当长的时期内,英国不仅是世界工场,而且是劳动法的输出国。在 19 世纪及 20 世纪初期,2100 万不列颠居民移民到北美、英属殖民地以及海外领地。移民们不仅带去他们在母国工业领域中所习得的态度以及行为方式,也把未来寄托于古老的英格兰普通法。而普通法所代表的自由放任的资本主义恰恰支配了 1820—1850 年之间的不列颠。因此,相对于罗马-日耳曼法系(民法法系),英国堪称普通法系的代表。

2　英国是第一个赋予工会合法地位的国家,时间是在 1824 年。在那个信仰自由的时代,蕴涵着自由与功利的思想,集体谈判开始兴起,并在以后的 70 年里陆续传播到欧洲的其他地方。在政府的组织下,法国与德国的工人在英国博览会期间来到英国,学习新的工会运作模式。英国在 19 世纪关于工厂和工人补偿的立法被许多国家作为劳动立法的蓝本,甚至包括法国和日本。正如赫普尔(B. Hepple)①所说,作为英国社会主义的先驱,罗伯特·欧文(Robert Owen)称得上是"国际劳动法之父"。因为,欧文早在 1818 年就发起禁止向欧洲贩卖人力的运动,并向五大国提出在整个欧洲范

---

①　赫普尔:《劳动法在欧洲的制定:对九个国家截至 1945 年的比较研究》,伦敦,1986 年,第 2 页。(B. Hepple, in *The Making of Labor Law in Europe: A Comparative Study of Nine Countries to 1945*, London, 1986, p. 2.)

围内规范工作时间的建议。尽管欧文的建议在当时被驳回,但他倡导的运动在 19 世纪末得以复苏,英国还在各种国际会议中发挥带头作用,国际劳工组织在 1919 年的最终成立是这一运动的顶峰。历届英国政府都对国际劳动标准持续予以完善,而且不限于以英国的实践为基础。

3 与民法法系国家相比,英国的工会组织比较古老,劳资关系结构混乱,劳动法也没有法典化,以普通法为基础的劳动合同仍然是法理的核心,劳动者没有结社及罢工的明确法定权利。1954 年奥托·卡恩-弗罗伊德(Otto Kahn-Freund)写道,"在世界大国中,恐怕英国法律对劳资关系的形成所发挥的作用最小,其法律职业人士对劳动关系的作为也最少。"[①] 1959 年他又对英国的立法缺位以及对适用法律制裁的迟疑发表评论,[②] 在某种意义上,立法"缺位"这一用语带有误导性。因为,这一用语一方面暗示着国家在劳资关系冲突中的中立角色,而事实上并非如此。另一方面,英国有很多相关立法,如,工厂、矿场以及其他工作场所的健康与安全规范,苦力行业的最低工资标准,意外事故中的劳工赔偿以及社会保险法。其中,英国的社会保险法是受到了俾斯麦倡导的普鲁士(或德国式)福利体系的鼓舞。而且,卡恩·弗氏对英国唯意志论式的描述乃至20 世纪 60 年代都是准确的。在集体劳动关系领域,英国劳动法与其他国家的相关法律不同。它没有赋予工人明确的结社和罢工的权利,尽管工会所依赖的政治力量在增长,但仍然没有使上述权利合法化。法律干预主要限于在某些情形下否定性地排除法官造法的权利,比如,如果法官裁决不利于集体行动或者有悖于对集体谈判的支持的时候。

4 1963—1979 年间,英国似乎步入了对劳资关系进行合法化规制的道路。

---

① 奥托·卡恩-弗罗伊德:"法律框架",载《大不列颠劳资关系制度》第十一章(编者:弗兰德斯、克莱格),牛津,1954 年,第 44 页。[O. Kahn-Freund, Ch. 11"The Legal Framework"in A. Flanders and H. A. Clegg(eds.), *The System of Industrial Relations in Great Britain*, Oxford, 1954, p. 44.]

② 奥托·卡恩-弗罗伊德:"劳动法",载《20 世纪英格兰的法律及观点》(编者:金斯伯格),伦敦,1959 年,第 238 页。[O. Kahn-Freund, 'Labor Law' in M. Ginsberg (ed.), *Law and Opinion in England in the 20th Century*, London, 1959, p. 238.]

1963 年,不列颠规定了(雇主在终止雇佣前对雇员作出提前通知的)法定最短通知期限。于是,它成为欧洲(除爱尔兰外)最后一个做出此规定的国家,随后系列新型雇工权利被引入英国法中,特别是针对不公正辞退的权利。美国的反歧视立法模式被移植到了不列颠的社会及法律中。随着 1973 年英国加入欧洲共同体,英国又进行了大量的社会立法,其领域涉及与集体裁员、企业转让以及公平工资相关的权利。在 1971—1974 年期间,美国的《塔夫特-哈特莱法》(Taft-Hartley Law)似乎成为不列颠重建集体劳动关系的主要借鉴蓝本。不过,1971 年《劳资关系法》(Industrial Relation Act)未获通过,其中的重要原因是法案基于错误的假设(即,雇主会主动地适用该法而且工会领导能与之配合)。后来,英国工党政府(1974—1979 年)同英国总工会签署了"社会协议"(social contract),这让人想起一些著名的协议,如,丹麦的 1899 年九月协定(Danish September 1899)、法国的 1936 年马蒂尼翁协定(Matignon Agreement 1936)和 1968 年格勒内勒协定(Grenelle Constat)以及德国 1954 年马格雷特霍夫协议(German Margaretenhof Agreement)。"社会协议"的签订带动大量新法的产生,并加强了雇佣法庭(建于 1964 年)的作用。像其他国家的劳动法院一样,雇佣法庭由雇主、雇员还有一名具有合法资格的主席组成。不过,也是在这一时期,劳动收入政策与新兴立法的冲突在加剧,因为,收入政策妨碍着集体谈判,而新的立法旨在加强和鼓励集体谈判。

5　　1979 年 5 月,保守党在议会下院选举中获胜并组阁,标志着英国劳动法的根本变革。右翼保守党政府同时放弃了直接的收入政策和对集体主义的支持。取而代之的是,它实施了限制工会及恢复市场规制的连贯策略。国家政策对工会权利的重视使得英国对经济危机的回应有别于其他西欧国家。许多国家认为,劳动力市场的不灵活是经济危机的主要原因,于是采取了相应的措施来削减劳动力成本并放松对雇佣领域的法律保护。英国政府在这段时间同样也实施了类似措施,废止了至少五项国际劳工组织的协定(关于公共合同、最低工资确定机制、工资保护、夜间工作以及女性地下作业等方面)。在放松管制这方面,不列颠比其他的国家发展得更早,也走得更远。放松管制的趋势并不是英国的独创,但是其他国家的劳动法体系普遍获得了民主多元化的价值,工会仍然被看作是雇主的"社会伙伴"(social partners),集体谈判仍然是劳资关系的中心。英国的做法则不一样,政府政策的主要目标是试图削弱工会的基础,采取的具体措施是多样的,如,将高度联合的公营公司私有化,在高失业率期间将处理劳资纠纷的权力下放到工会权利相对薄弱的工作区域,通过立法严格限制雇员的结社、罢工以及谈判自由。这些政策经受着严厉考验,最为突出的考验出现在矿工大罢工(1984—1985 年)以及印刷业纠纷(1983—1986 年)中,这两起劳资事件都暴露出工会与立法之间的冲突。在这期间,英国政府试图否认一些国际标准,比如,拒绝接受国际劳工组织自由结社委员会(ILO Committee on Freedom of Association)于 1984 年做出的认定,该认定是:不承认公务人员的工会权利就构成了对国际劳工组织文件的违反。英国极力反对欧盟将其活动范围渗入到社会层面。因此,英国政府在 1989 年 9 月特立独行地拒绝支持《关于职工基本社会权利的共同体宪章》(Community Charter of Fundamental Social Rights of Workers),并反对欧盟委员会行动方案中旨在实施该宪章的几项指令。1991 年 9 月,英国再次抵制《欧盟马斯特里赫特条约》(Maastricht Treaty on European Union)中关于新的社会权利的宪章,任由其他 11 个成员国就社会政策达成了他们的协议。

6 　　赫普尔教授在本书的上一版中提出,工党在 1997 年选举中的获胜标志着英国劳动法的发展趋向的再次改变,工党在后续的 2001 年和 2005 年的两届大选中继续获胜,这一事实证明了赫普尔的论点是正确的。工党于 1997 年上台伊始,迅速地取消了对国家通讯总局(GCHQ)工会的禁令,引入了《欧洲人权公约》(European Convention on Human Rights),并签署了《社会政策协议》(Social Policy Agreement),该协议现在已被《阿姆斯特丹条约》(Treaty of Amsterdam)所吸纳(见后文第 18—20 段)。同时,在 1997—2006 年,新工党政府刻意摆脱前任政府的传统社会政策,转而开创新局面。新政策的核心观念是:以合作取代劳资关系中的冲突,成功劳资关系的关键在于效率与公平的结合。新工党的理念被写入1998年出版的《劳动公平白皮书》(White Paper Fairness at Work),并被规定在1999年和2004年的《雇佣关系法》(Employment Relation Acts)中。这里需要强调的是,劳动立法方案以个体权利为基础,无论是单独实施还是与其他法规配合,政府的目标是以合作替代冲突。政府在赋予工人更多权利的同时,也要求工人履行与雇主合作的责任。"没有经过投票的罢工、群众纠察队的聚集、只雇佣工会会员以及次生劳资行动",已经成为过去。取而代之的是,政府致力于建成"经济水平居世界前列且管制最为宽松的劳动力市场",同时又保证英国劳动者"基本的公平"。就权利的创立而言,最激进之处是以集体谈判为目的规定了认可工会的法定程序,同时辅之以新的个人权利——雇员在职业惩戒程序和申诉程序中有权要求由一名工会官员或工友陪伴。同样重要的是引入国家最低工资标准。另外,工人在提起劳资诉讼时有不被辞退的权利,构成不公正辞退权利的必要雇用期限也被缩短了。鉴于工党政府对《社会权利协议》(该协议已被《阿姆斯特丹条约》吸纳)的实施,英国政府也就承诺提供一系列"家庭友好"的权利(family friendly rights),包括雇员享有一段时间的不带薪的育儿假,以及兼职人员同全职人员的同等待遇权。另一方面,政府也承诺他们将继续维持19世纪80年代保守党政府引入的雇佣立法中的一些关键内容,包括限制罢工纠察员以及禁止以工会会员资格作为受雇条件。在2001—2006年,英国政府采取了一些措施来实现其长远目标,包括引入了解雇的法定程序,同等对待兼职、全职及固定期限工作人员,以及引入更完善的孕产假和带薪育儿假机制。

第二节　地理环境与人口因素

一、国家

7　　大不列颠岛由英格兰(包括内海在内的总面积为130,410平方千米)、威尔士(20,758 平方千米)和苏格兰(包括其许多有人烟的岛屿面积为 78,789平方千米)构成。英吉利海峡形成大不列颠岛的天然护城河,将其与欧洲大陆分离,大不列颠岛于 1066 年遭遇外敌入侵。不列颠西临爱尔兰海,与之隔海相望的就是爱尔兰,这个国家在 1922 年之前一直是英国的殖民地。

8 英格兰联合王国成立于 1000 多年前,威尔士在中世纪时期成为王国的一部分。公元 1603 年,英格兰王室与苏格兰王室联合。公元 1707 年,大不列颠王国建立了统一的议会。而到 1800 年,爱尔兰议会与大不列颠王国议会的联盟促成了"大不列颠及爱尔兰联合王国"的成立。1922 年南爱尔兰(现在的爱尔兰共和国)成立自治政府。于 1920 年被授权建立隶属议会的北爱尔兰六个郡仍然是英联合王国(UK)的一部分。正如前面所提到的,本书只关注大不列颠岛的情形,北爱尔兰以及爱尔兰共和国的情形则由本套丛书另外的专著介绍。

9 当研究英国的统计资料时,非常重要的一点是弄清它们仅针对英格兰,还是将英格兰、威尔士和苏格兰包含在内(也就是大不列颠),还是适用于整个联合王国的数据。联合王国的统计数据以及其他数据有时把曼恩岛(Isle of Man,588 平方千米)和海峡群岛(Channel Islands,194 平方千米)包括在内,这两个岛在严格意义上不是英联合王国的一部分,它们只是王国的附属地。

二、人口①

10 2005 年,英联合王国的人口数大约为 6800 万(其中有 200 万生活在北爱尔兰)。与此形成鲜明对比的是,英联合王国在 1906 年的人口数只有 3820 万。目前,英国大部分人口(约 5000 万)居住在英格兰。

---

① 以上以及本书其他的人口统计数据皆来源于大不列颠国家统计资料网 www.nationalsta-tistics.gov.uk,参见《人口和人口趋势》(*Population and People Trend*,Lpndon,National Statistics,2005)。

11　　不列颠居民在传统上基本属于同一种族，他们在语言、文化以及宗教上没有什么分歧，而北爱尔兰与欧洲大陆其他地区的居民却在上述几方面都有区别。不列颠居民所居住的地区几个世纪以来其边界未有发生变动，大部分的居民都讲英语［威尔士语在近期有一定程度的复兴，在《威尔士语言法案》(Welsh Language Act)的推动下，威尔士语成了官方语言］，16岁及以下居民都享有统一的、非宗教的免费教育。16世纪以来，英国圣公会教堂一直成为国教会教堂(在苏格兰为长老会教堂)，受制于占支配地位的政治阶层。在19世纪，持异议的少数派争取被同等对待的权利，该派在观点上的差异对劳动者阶层产生了重要的影响，尤其是在威尔士。英国在宗教及文化上的宽容使得政治难民容易被融合进来，比如，17世纪的胡格诺教徒(Huguenots)、19世纪末期东欧的犹太人、战后的波兰人以及匈牙利流放者等。正是这样，英国避免了在工会与职工运动中出现宗教、语言或种族方面的分离。

12　　自20世纪50年代后期，来自西印度群岛、印度、巴基斯坦等新英联邦国家的经济移民大量涌入，种族关系成为了影响不列颠社会及劳资生活的重要因素。在2001年的人口普查中，有6.8％的常住人口是新联邦国家或巴基斯坦人的后代。2005年，在大不列颠大约有500万人口属于非白人种族。种族主义在英国仍然是一个严重的问题，这一问题暴露在许多方面，如，公开的敌对，在教育及就业方面的歧视，以及一些种族在物质权的享有和决策权方面处于不利地位，甚至被排斥。

第三节　政治体制与法律制度

一、宪法

13　　英国宪法不是表现为一部基本法或系列法律文本。经过几个世纪的发展,英国宪法由一些议会法案、法律性文件、判例法、被称为训令和习惯的宪法惯例构成。这些惯例只是在政治领域发挥作用,并不在法庭上直接适用。英国宪法最主要的特点是议会至上。议会(这里主要指民主有效选举的下议院,因为上议院在立法程序中只享有延迟法案生效的权利)能就任何议题制定法律,甚至宪法规则、宪法惯例都能通过普通的立法被修改。这意味着,对自由权(存在于其他个人民主领域而非宪法领域的自由权)的侵犯,英国并没有正式的法律限制。英国政府签署了《欧洲人权公约》,但直到1998年,该公约的条款没有被转化为国内法(在2000年才生效)。保守党政府在1984年否定雇员加入国家通信总局工会的权利,工党政府早前立法允许强制性的工会会员义务,对于上述事实的反思引发了近期实施《权利法案》(Bill of Rights)的压力。事实上,这是工党在1997年获选当政时所做承诺的核心要务。新当选的工党政府迅速履行其承诺,制定了《人权法》(Human Rights Act 1998)。该法案将《欧洲人权公约》转化为国内法。不过,对人权法的效力至少存在三项基本限制。第一,也是最重要的一点,法案刻意维护了议会至上的模式。根据该法,英国法院无权撤销由议会制定的法律,即便该法被认定为与公约权利相冲突,法院只有权宣布法律违宪,希望议会能够及时修正。第二,法案只是简单地将公约中的权利全面移植过来,没有对其进行适用或更新。因此,尽管公约里包含了在工会里自由结社的权利,但不能成为雇员享有罢工权利和集体谈判权利的依据。最后,该法案只是适用于公共团体或者发挥私人功能的团体,而且只能由违反法案的受害者提出适用。因此,大多数私人雇主在以雇主身份行事(已被认为是私人功能)时是不受法案直接约束的。还要注意的是,尽管该法案于1998年通过,但直到2000年10月才生效。

14 　代议制政府并不意味着一切事务皆由议会来管理。公务服务都没有党派性质,只是为政府效劳。公务人员享有工作的稳定性,不受执政党性质的影响。政府的官员由上下两院的议员组成(大部分来自于下议院)。内阁对下议院实行集体负责制。政府如果失去了下议院多数议员的支持,必须辞职或者召集重新选举内阁。政府不是议会的代表。由于两党轮流执政的体制,政府一般都有能力要求议会支持其政策的实施。那些对立法政策突变而感到困惑的人们必须知道,除了在战时或全国处于紧急状态(如 1931年)的特殊情形,在英国从来没有过联合政府。如果保守党和工党之间的政策存在悬殊差异,则有待议会中多数党来推翻前任的立法议案。在多数情况下,下议院中的多数党必须依靠议会中的少数自由党、苏格兰以及威尔士的民族党的支持。例如,少数工党政府在 1974 年 3 月提出的劳资关系法没有被通过就是因为缺乏上述小党派的支持,同时也因为上议院使用了他们的拖延立法权。直到 20 世纪末的改革之前,上议院的大多数成员为世袭的保守派贵族。社会民主党(SDP)与自由党在 1980 年的联盟,预示着未来的政府可能由多个政党联合组成。不过,只要选举体制继续采用简单多数的选举方法,联合组阁的可能性比较微弱。因为简单多数的选举方法能让一个政党在议会中占据绝对多数议席。1987 年以后的选举也清楚地表明,英国依然是由两大政党主导选举的阵营。在 1979—1997 年间,保守党占绝对的主导地位。自 1997 年来又是工党占据优势。这种模式会随选举比例代表制的引入而改变。以比例代表制为基础的选举体制在苏格兰立法委员会中已经创设了联合政府。

二、工会和政治制度

15　　要理解集体谈判与议会立法之间的关系,我们必须记住两点重要事实:第一,正如奥托·卡恩-弗罗伊德教授所强调的那样[①],城镇技工在 1867年被授予选举权、乡村操作工以及矿工在 1885 年被授予选举权之前,不列颠工会在没有立法的帮助下赢得了最低的劳动标准。在不列颠工会的形成过程中,政治上的投票权并没有像它在欧洲其他国家那样呈现出重要性,不列颠工会的形成更多依赖了工业的发展而不是议会的斗争。第二,事实上,

---

①　奥托·卡恩-弗罗伊德之著述,载《20 世纪英格兰法律及观点》(编者:金斯伯格),伦敦,1959 年。(O. Kahn-Freund, in M. Ginsberg ed., *Law and Opinion in the 20th Century*, London, 1959.);另见:《作品精选集》(*Selected Writings*, London,1978)。

工会在社会主义运动产生重要影响之前就有了自己的领导者，以及自己注重实效的、主张改革的组织。社会主义者在 1884 年成立了马克思主义社会民主联盟，并在 1893 年成立非正统的独立工党，他们面对着一个业已形成的工会领导集体，而且自由思想占据领导集体的主流。在 1900 年，大量的隶属于英国总工会（Trade Union Congress）的工会与社会民主联盟（SDF）、独立工党（ILP）以及费边协会（Fabian Society）相结合建立劳工代表委员会（Labour Representation Committee），并从中产生了工党（Labour Party）。所以，英国工会是以工资为生的劳动者的实践组织，不是政党创造的，也不像欧洲其他国家的工会那样是社会主义者批评社会的产物。

16　尽管英国全国总工会同工党有着一些日常联系，但它们之间并没有组织上的关系。各独立的工会，大约占了总工会（TUC）全部成员的一半，并隶属于工党。工会的集团投票一般对工党会议产生决定性的影响，而且左右翼工会之间政治平衡的调节也体现在工党政策的变化上。然而，在 20 世纪 80 年代和 20 世纪 90 年代早期的连续选举挫败之后，工党的革新领导者决定结束工会的集团投票，并改为一人一票制。这一改革在 20 世纪 90 年代逐渐实现，工会在议会选举中不再有直接的代表。不过，它们仍然在工党的政策制定中发挥积极的作用。目前，仍有 22 个工会在国家层面上隶属于工党。

三、法律体系

17　英格兰和威尔士在法律体系、法律职业、司法部门、教育体系以及地方政府组织方面都不同于苏格兰。为了下放伦敦的决策权力，苏格兰议会和威尔士议会在 1999 年成立，它们享有有限的法律制定权。[①] 目前，联合王国议会所制定的法案的效力一般不及于苏格兰和威尔士，除非法案中有明确的说明。实践中，基本上所有的劳工立法都明确适用于整个大不列颠，只有很少的几部老的法案仅特别适用于单独的法律区。甚至，雇佣与劳资关

---

①　1988 年《苏格兰法案》附件 5 第二部分（Scotland Act 1988，Schedule 5，Part II，H1）。

系属于保留事务,因此相关的立法权没有被下放到苏格兰议会。英格兰普通法,即非经立法的判例法,与苏格兰法有显著的不同。今天的苏格兰法是早期的罗马法(民法)基础在英格兰普通法影响下的杂交产物。

四、欧盟(EU)

18 英国在 1973 年 1 月 1 日成为欧洲经济共同体的成员。从此,共同体的力量以及规模得到了相当大的扩展。于 1993 年生效的《欧盟条约》(Treaty on European Union,马斯特里赫特条约)为欧共体法增加了两大支柱,推动了统一欧盟的形成。生效于 1999 年《阿姆斯特丹条约》(Treaty of Amsterdam)对 1993 年条约有所修正。在这期间,欧共体对社会法的创建加快了步伐。共同体的创立者认为,社会法和雇佣法问题应该保留在各成员国的司法管辖之中,统一市场的建立本身能有效促进更多标准的发展和引入。于是,尽管《罗马条约》(Treaty of Rome)宣称共同体立足于改善工人的工作条件,但为这一目标而立法则被认为是不必要的。这里有两点例外,即劳工自由流动以及男女同工同酬的问题。在 20 世纪 70 年代,共同市场的建立明显表现出无效,各政府首脑在 1972 年承诺优先考虑社会政策以实现经济联盟。不过,由于缺乏条约层面的修正,共同体在社会领域立法仍然没有稳定的基础。可见,只有立法才能体现实现共同体目标的必要性,或者消除那些对《罗马条约》所设定的共同市场功能有直接影响的障碍。结果是,在同工同酬、健康及安全领域之外,只有三大指令在 20 世纪 70 年代出现。其中,《集体裁员指令》[①]规定在大规模裁员的情况下为工人提供咨询,《破产指令》[②]规定在企业破产的情况下保护工人的权利,《既得权利指令》[③]保障工人在企业转让情况下的权利。在接下来的 10 年里,社会政策的发展几乎停滞,《马斯特里特条约》的起草者希望能够对社会政策带来全新的改变,以反映欧盟在社会和经济方面所做的积极承诺。欧盟《社会宪章》

---

① Collective Redundancies,75/129.

② Insolvency Directive,80/987.

③ Acquired Rights Directive,77/187.

(Social Charter)致力于加强对社会政策法的实施。然而,由于保守党控制下的英国政府的坚决反对,《社会宪章》只作为条约的附属协议,而且只对除英国外的其他11个欧盟成员有约束力。在1997年选举获胜的工党扫除了上述障碍,《阿姆斯特丹条约》将修改后的社会章程协议吸收为欧盟宪章第136—143条。据此,立法按其内容分为以下三类:

i. 关于工作环境、工作条件、对工人的通知与商议、对被开除人员的吸收以及劳动公平的立法。根据共同决定程序(欧洲议会的观点在其中更占优势),针对上述内容的立法须由委员会的法定多数通过。

ii. 关于工人的社会保障和社会保护、雇佣终止、对工人和雇主利益的代表制以及集体保护措施(包括共同决策)、针对第三国国民的雇佣条件的立法。这类立法须由欧盟委员会在与欧洲议会商议后,其全体代表一致同意后才能通过。

iii. 关于工资支付、结社权、罢工权利以及强制停工的事项,仍然不属于欧盟的立法权限范围。

新的社会条款另一关键点是对"社会对话"(Social Dialogue)的重视,"社会对话"给予管理者和工人在社会领域的立法中发挥重要作用。事实上,社会各界人士都参与到了整个立法过程,并在新措施的起草和执行过程中起着实质性的作用。

19　单独的1986年欧洲法案出台以来,新的力量在持续积聚,其结果是系列新指令的产生。比如,《工作时间指令》[①]在1993年被采纳,它设定了适用于整个欧盟的最长工作时间限制以及带薪假期的最短时间段;《工作委员会指令》[②]对欧洲工厂委员会做出规定;《怀孕职工指令》[③]保护工人不因怀孕被辞退,并享有一定时间的孕产假;《育儿假指令》[④]规定了育儿假和家庭

---

① Working Time Directive(93/104).
② Works Council Directive (94/95).
③ Pregnant Workers' Directive (92/85).
④ Parental Leave Directive (96—34).

照顾假；《兼职职工指令》①以及《固定期限合同职工指令》②为从事弹性工作的职工提供了保障。

20　　继 2000 年尼斯首脑会议之后，新达成的《基本权利宪章》(Charter of Fundamental Rights) 更新了 1989 年章程。但是，创立欧洲社会模式(ESM)的仍然是《阿姆斯特丹条约》。欧洲社会模式对 2000—2005 年设定的政策目标③是致力于实现以下几方面的进步，具体内容是：新的欧洲治理模式(即共同决策的制定以及促进政策协同的开明方法)；新的经济社会议程；更高质量的生活。

随后，欧洲社会模式与欧洲就业战略(EES)成为新政日程的制订方案。更重要的是，里斯本首脑会议之后，在社会政策方面产生了一个"开放的协同模式"(OMC)。正如赫普尔所论述④的那样，OMC 的出现加强了社会对话的运行。在里斯本首脑会议之后，"开放的协同模式"的实施促进了在卢森堡、加的夫以及克隆委员会会议上的政策和法律制定的"协调与系统途径"。"开放的协同模式"意在帮助成员国发展他们的政策。"开放的协同模式"的角色是组织高级别的论坛，以此集聚欧盟的机构、各界社会人士以及其他实体能够共同探讨最新政策的进展。"开放的协同模式"的职责是：设定欧盟既有政策的目标实现时间表，包括短期、中期或长期政策；建立对全球具有指标作用的参考基准，作为比较的指标以建立对全球具有参考作用的基准；将欧盟的指导意见转化为国家或地区的政策，并接受变通；通过同行评议的方法，监督、评估这些政策的发展。

2003 年的《尼斯条约》为"开放的协同模式"提供了展示其优势的机会。2004 年欧盟的扩大以及 2007—2008 年的再次扩大对欧洲社会模式提出了

---

①　Part-Workers Directive (97－81).

②　Workers on Fixed Term Contracts Directive.

③　《新欧洲的塑造》[*Shaping the New Europe*，COM (2000) 154]。

④　赫普尔："欧盟融合的新策略"，载《劳动法和全球贸易》第九章，牛津，2005，231 页。(Hepple, B., "New Methods of Integration in the EU", Ch. 9, in Labor *Law and Global Trade*, Hart Publishing, Oxford, 2005.)

挑战。2004年,塞浦路斯、匈牙利、捷克、爱沙尼亚、拉脱维亚、立陶宛、马耳他、波兰、斯洛伐克和斯洛文尼亚加入了欧盟,此次扩大使欧盟的成员国从15个增加到25个。保加利亚和罗马尼亚将在2008年成为欧盟的新成员。

21　　加入欧盟的事实对于英国的宪法以及英格兰、苏格兰的法律体系都有着深远的影响。欧洲法院很快就确立了欧共体法对于成员国国家法的优先地位。但是,因为欧盟条约不能在英国法律体系中自动生效,国内立法必须保证英联合王国的法律反映本国作为欧盟成员的义务。1972年《欧洲共同体法案》(European Communities Act 1972)对此有规定,其第2(4)条规定:英国已通过的或者即将通过任何立法都必须被作出与欧共体法一致的解释。另外,其2(1)条规定:直接有效或直接适用的欧盟法对英国有约束力,包括次级欧共体法和未来的欧共体法。鉴于欧共体法的优先地位与主权国家内宪法原则的潜在冲突,英国法院需用漫长时间来认可欧共体法的至上地位并不奇怪。在近期的一些案件中,这一难题得到了解决。法院确认,欧共体法的至上性只不过是在对表达在欧共体法中的立法意图的实现,也包含了要求其后的立法不得与之冲突的非常效力。最后,1972年《欧洲共同体法案》2(2)条授权英国政府履行欧洲共同体义务,依据联合王国部长经议会认可而制定的下位法,这些义务对于英国政府不是直接有约束力。这一程序在《欧盟指令77/187》中发挥了作用,该指令对于雇员在企业转让情形下的权利保护做出了规定。2(2)条的程序也曾被适用于涉及同工同酬的侵权救济。不过,因为这种程序只允许简短的辩论,并且部长的命令只能被接受或者拒绝而没有修改的可能性,所以对该程序的采纳遭到了激烈的批评,当然这些批评并非针对议会立法本身。当欧盟法规定不明时,法院或者专门法庭则参照欧洲法院根据《阿姆斯特丹条约》第234条(先前的是第177条)对相关问题的先前裁决。经过争论,现在的决定是:雇佣法庭有权根据直接适用的欧盟法,裁决那些与其他的法定司法管辖权有关的诉求,比如,关于劳动者平等对待的问题。

22　　欧洲法院设计了一些强有力的机制来确保欧共体法得以遵守。虽然欧盟法主要是通过国内立法来实施，成员国往往在其立法时固执抗拒或者制定一些不能充分履行自己义务的条款。按《罗马条约》的设想，这种情形的违反由欧盟委员会启动强制程序来解决。但是，这一做法很快被发现不能有效地保障欧共体法的执行，其中的部分原因是，这种程序不在受害者的控制范围之内。为了填补这一空白，欧洲法院发展出了"直接影响"（direct effect）原则，据此，任何成员国的公民都有权在本国法院要求保障其在欧共体法下所享有的权利，即使本国没有执行欧共体法的立法规定，或者现存立法对于欧共体法的实施有缺陷。并非所有的欧共体法都是直接有效的，有效的条款必须清楚、无附加条件，且不依赖于国内的执行措施。根据这一标准，欧洲法院认为，关于劳动力自由流动的条款（第 39 条和第 43 条）以及关于同工同酬的条款（第 141 条）在成员国是直接有效的。至于欧盟指令，欧洲法院认为，鉴于指令只对成员国而不是对个人有直接约束力，所以指令只能直接适用于国家（垂直直接效力）而不是雇主（平行直接效力①）。其结果是，关键的雇佣权利（比如依《平等对待指令》而获得的权利）只能被政府雇员用来对抗其雇佣单位，对于私人机构的雇员没有意义。对"国家"概念的扩大解释在一定程度上修正了这一异常状态。在福斯特诉不列颠燃气公司案②中，欧洲法院认为，"国家机构包括的主体无法律形式的要求，只要它依据国家采取的措施承担责任，并在国家的控制范围内提供公共服务，且为此目的享有超越私人关系规范的特殊权利。"根据该判决，上议院认为，英国燃气公司（English Gas Corporation）的私有性质不足，应该被认定为国家机构，政府对该公司没有实施日常管理的事实与其性质认定无关。"平行直接影响"的不足在一定程度上通过国家责任（state liability）原则得以修正。根据此原则，因为欧共体指令未能恰当实施而让个人权利受到伤害时，国家有义务对受害者进行补偿。③ 最后，欧洲法院通过"间接效力"（indirect

---

① Case 152/84 Marshall v. Southampton and SW Hampshire AHA(Teaching) [1986]ECR 723.

② Case C—188/89 Foster v. British Gas[1990] ECR I—3313.

③ Case C—6/90 and Francovich[1991] ECR I—5357.

effect)原则促进指令得到圆满实施。"间接效力"原则要求成员国的法院在解释其现存国内法时尽可能给予欧共体效力。[①] 即便该法并没有实施欧共体相关法律的目的,也应如此。

五、人权法(HRA)

23 根据欧洲理事会(Council of Europe)各成员国的宗旨,《欧洲人权公约》(ECHR)于 1950 年 11 月得以缔结。而欧盟成员国的宗旨是让联合国大会在 1948 年 12 月 10 日通过的《世界人权宣言》所宣布的权利得到普遍认可和有效遵守。《欧洲人权公约》保障以下基本人权:生命权、无差别对待、不得被奴役、自由权、罪刑法定、公正审理、隐私权、思想和言论自由权、结社自由权、禁止歧视等。《欧洲人权公约》由欧洲理事会成员国共同起草,于 1950 年 11 月 4 日在罗马签订,于 1953 年 9 月 3 日生效。该公约现在已被 41 个欧洲理事会成员国批准认可,包括阿尔巴尼亚、安道尔、奥地利、比利时、保加利亚、克罗地亚、塞浦路斯、捷克共和国、丹麦、爱沙尼亚、马其顿南斯拉夫联邦共和国、芬兰、法国、德国、格鲁吉亚、希腊、匈牙利、冰岛、爱尔兰、意大利、拉脱维亚、列支敦士登、立陶宛、卢森堡、马其顿、马耳他、摩尔多瓦、荷兰、挪威、波兰、葡萄牙、罗马尼亚、圣马力诺、斯洛伐克共和国、斯洛文尼亚、西班牙、瑞典、瑞士、土耳其、乌克兰和英国。

24 从 2000 年 10 月起,英国 1998 年《人权法》进一步将《欧洲人权公约》中的权利吸纳进英国法。1997 年 10 月《带回家的权利:人权法案》(Rights Brought Home:the Human Rights Bill)白皮书体现了吸纳公约权利的主要目的,具体如下:使《欧洲人权公约》规定的权利在英国得以实现;使发生在英国的权利侵犯能够由英国法院或者特别法庭来裁决。

由此,根据 1998 年《人权法》的第 6 条到 8 条,所有的公共机构都必须遵守《欧洲人权公约》。也就是说,"公共机构的行为方式不符合《欧洲人权公约》规定就是违法"[第 6(1)条]。因此,如果公共机构以违背《欧洲人权

---

① Case14/83 Von Colson and Kamann v. Land Nordrhein-Westfalen [1984]ECR 1891.

公约》权利的方式行事,相对人可对该机构提起诉讼,要求宣告、损害赔偿或发布禁令。需要注意的是,《欧洲人权公约》的以下条款有必要在雇佣法领域引起重视:

免受非人道或者侮辱性待遇之权利(第 3 条);

不被要求履行强制或强迫性劳役之权利(第 4 条);

接受公正审判之权利(第 6 条);

私生活被尊重的权利(第 8 条);

自由思想的权利(第 9 条);

自由表达的权利(第 10 条);

自由地和平集会以及和平结社的权利,包含组成和参加工会的权利(第 11 条);

无歧视地享有《欧洲人权公约》所规定的实体权利和自由(第 14 条)。①

25 《欧洲人权公约》已经对英国雇佣法产生了重大影响,其重要表现是英国法取消了"只雇佣工会会员"制度(closed shop),根据这种制度,雇主在其与工会的协议中,要求只雇佣那些已经是或愿意参加工会的人员。

第四节　经济发展状况

一、概况

26 在最近的 100 年里,英国经济的最大特点就是英国由世界制造工厂降格为了二流经济水平的国家。国民人均产值是衡量国家生产水平最基本的指标。最近的一份权威的产业模式报告显示,"英国在 19 世纪 70 年代初期是世界经济的领先者,但在接下来的 10 年里它的地位被美国取代,在两次

---

① 阿伦、克拉斯纳:《雇佣法与人权》,牛津,2002 年。(Allen, R. And Crasnow, R., *Employment Law and Human Rights*, Oxford, 2002.)

世界大战期间瑞典超过了英国,法国和德国在 20 世纪 60 年代左右超过了英国,意大利在 20 世纪 70 年代左右超过了英国,而日本在 20 世纪 70 年代末期也超过了英国。"[①]

27 寻找英国经济衰落的原因是英国经济学家们的重要任务。人们普遍认为,英国的投资额低是关键因素,因为,对新产业和工厂的投资可以通过引进新的技术来提高劳动生产率。在 20 世纪 50 年代和 60 年代,英国制造业的设备资本额的年增长率大约为 3.5%,该数据仅为欧洲的 2/3,日本的 1/3。由此引发的问题是:为什么英国的投资额这么低呢?其中一个原因可能投资的收益较低。的确,在 20 世纪 70 年代早期,英国制造业的投资收益率大约是 10%,低于欧洲,远低于日本。事实上,投资额低应该不是经济衰落最根本的原因,在 20 世纪 50 年代早期,投资收益率高达 20%,但投资增长率甚至更低。事实上,正是低额的投资以及由此导致的竞争力下降带来了英国在那个时期投资获利率的降低。国内企业参与海外投资常常被谴责为英国工业的陷入资金短缺的原因。但是,并没有充足证据证明英国企业的发展受到资金的抑制。明显的是,英国的工业早在二战后就陷入了它自身不能破解的低投资模式,虽然英国在其国内市场和进出口市场都面临着日益严峻的竞争。在企业的合并中消磨了过多的活力,这严重限制了效率的提高所能带来的收益。银行业没能致力于为私营的工业部门提供或实施有效的刺激投资的方案,政府的作为也只限于屈指可数的一般性投资鼓励。

28 英国不仅仅是投资总额低,其投资的效果也没有达到国际标准。英国每一投资的单位产出比,较之法国和德国低 1/3。对汽车业的调查显示,具有相同设计方案的企业,其在英国的产值也远远低于它在欧洲其他国家的产值。其中的主要原因是不良的组织管理、员工培训不足以及不和谐的劳资关系。最后一点原因的证据是,英国一些大企业常常爆发不符合国际惯

---

① 马修、R.C.O.、范斯坦、奥丁-斯密:《不列颠经济发展:1856—1973》,牛津,1982 年,第 33 页。(Matthews, R. C. O., Feinstein, C. H. And Oddling-Smee, J. C., *British Economic Growth 1856—1973*, Oxford, 1982, p. 33.)

例的非正常罢工。与大部分欧洲国家及日本不同的是,英国的工会在 20 世纪 50 年代已经取得牢固的地位,却没有现代的理念。这一事实可能加剧工会那种懈怠却自以为是的管理方式所带来的弊端。人们在关于技术革新的调查中发现,与预期利润低、设备是否能被充分利用的疑虑、技术人员缺乏等因素相比,工人对新技术的抵制显得微不足道。近来,人们开始把劳动力培训的匮乏列为英国制造业薄弱的关键因素。

29   本书在此对英国近期的经济发展史做一个回顾。保守党政府奉行截然相反的政策,试图通过通货紧缩、提高利率以及英镑升值的方式使得工业发展更加合理。在 1981—1982 年间,英国国民产值快速提高,而失业人口增长了 200 万。在一些公共部门,合理化改革更为激进,尤其是钢铁和煤炭工业部门,激烈的罢工往往以工会的让步和失业缓解而告终。在 20 世纪 80 年代,制造业的产值快速增长,年增长速度超过 4%,但这一增长是通过关闭工厂、削减人员配备而获得的,而不是通过对新产品和新工艺的持续投资而获得的。在 20 世纪 80 年代出现的投资扩张集中在一些同消费热潮紧密有关的服务领域(零售与金融部门)。这一消费热潮是以改善国民生活水平而实施的减税以及消费信用卡的普及为基础的,其产生的直接原因是金融部门的放松管制。在 1990—1992 年的经济衰退之前,收支逆差的平衡暴露了这一消费热潮所出现的领域是多么狭窄,也宣告了"撒切尔奇迹"在复兴制造业中的彻底失败。不管怎么样,在 20 世纪 90 年代,随着失业人数从 1993 年开始下降[①],英国经济出现健康发展的信号。2000 年以来,最为突出的是,英国经济呈现出连续 30 个季度的增长,表现出通货膨胀率低以及失业人数下降的趋势。失业率下降到了过去 20 年里的最低水平,失业人数不到劳动力总数的 6%,通货膨胀率一直稳定地保持在较低水平,居民消费价格指数的增长速度达到了自 20 世纪 60 年代以来的最低。事实上,英国近期的通货膨胀率在欧盟国家中是最低的。另外,值得注意的是,20 世纪

---

①   该部分数据基于《经济合作与发展组织经济调查报告·英国卷》(OECD *Economic Surveys*;*United Kingdom*, 2005)。

90 年代后期出现了商业投资的热潮,其在国民生产总值(GDP)中所占的比例达到了自 1965 年以来的最高点。同时,部分经济领域因英镑持续增值而受到损害,连经济合作与发展组织(OECD)对英镑的持续升值也感到意外和困惑。由此产生的问题在制造业最为严重,制造业的就业人员在 1999 年减少了 3%,同时投资短缺。不过,经济合作与发展组织预测,英国的宏观经济会持续良好的局面。其中一个最主要的因素是英格兰银行享有的独立性,它在设置利率时不受政治压力的影响。用经济合作与发展组织的话来讲,这使得货币政策框架变得非常透明。而且,随着财政政策更加透明、稳定和有说服力,随着政府致力于将公共部门的净负债额削减到占国民生产总值的 40% 以下,上述优势均得以强化。但是,切不可盲目乐观。英国的生产力仍然落后于其他发达国家,这归因于多种因素,包括相对低效的竞争政策,缺乏其他国家所有的企业家精神,以及国民教育水平的参差不齐。而且,企业在科研和开发上的经费投入低于国际标准。更重要的是,贫困,尤其是儿童贫困,已经超出了可接受的范围。新工党政府已经实施了积极的劳动力市场政策,即所谓的"工作福利"(welfare to work)项目,以促进青年人、长期失业者、残疾人和单亲家长等进入劳动力市场。另外,政府更重视工作福利,实施了工作家庭税收优惠、最低工资保障等措施。

二、劳动力结构的变化

30　　英国经济在 20 世纪 80 年代早期的突出特征就是失业率的加速增长,其中的部分原因是当时在任的保守党政府实行严格的货币政策。在 1986 年 1 月,失业人口高达 378 万人(所占劳动人口的比例超过 12.3%),在接下来的 20 世纪 80 年代以及 90 年代初期,失业率仍然停留在较高指数。这一情形与前 10 年形成对照。1967 年之前的 20 年,英国的失业率在西方国家中属于最低之列,在 1% 到 2% 之间。20 世纪 70 年代的最高的失业人口指数也只有 147 万(除学生外)。1993 年以后英国呈现出失业率下降的趋势,根据国际劳工组织的统计,1998 年的失业率为 6.4%,低于 1995 年的 8.9%。政府政策的改变加速了这一下降趋势,工党政府在 1997 年执政伊始公开承诺以缓解失业作为首要任务。在 2000 年年底,失业率出现了自 1975 年以来的最低,运用国际劳工组织的计算方法,2000 年 11 月英国的失业人口只有 161.6 万,占到了劳动力人口总数的 5.5%。通货膨胀率也低,大约为 3.1%。① 不过,部分经济领域依然暴露出顽固的高失业率,甚至在新的服务部门,大规模的裁员还在进行当中。

31 对于就业的人来说,其行业分布也发生了几项重要变化。尤其显著的是,就业人员从生产业向服务业的转移。制造业的就业人数从 1976 年的 728 万人下降到了 1991 年的 538 万人。到 2005 年春季,这一数据下降到 450 万。现在,几乎 75% 的就业人员处在服务业部门。这种趋势反映在职业结构的变化中,这种结构变化揭示了劳动力由体力向非体力的明显转型。到 2001 年,超过 61% 的劳动力从事着非体力劳动职业。

32 劳动力结构上的第二大改变是女性就业人数的增加。女性就业者的人数从 1959 年开始稳步增长,到 1998 年达到了 1154 万人,占到了英国就业人数的 44.1%。到 2000 年,女性就业人数增长到了 1246 万,这时女性就业人数和女性就业率达到了历史最高水平。英国的女性就业率在欧盟成员国中排名第三。女性就业者都集中在服务业和非体力劳动的职业。兼职工作者的数量与女性就业者的数量同步增长。2000 年,英国有将近 700 万的兼职工作者,而在 1971 年只有约 320 万,英国成为了欧共体中兼职工作人员比例最高的国家(除丹麦和荷兰外)。兼职工作者绝大部分是女性,超过了兼职工作者总数的 75%,相比之下,全职工作女性只占到全职工作人员总数的 33%。

33 英国劳动力的另一个特征是,少数民族裔处于相对不利的地位。最严重的事实是,少数民族裔群体的失业率高于白人的失业率。1997 年,非洲裔黑人的失业率比白人的失业率高三倍(高达 25%)。巴基斯坦以及孟加

---

① 本部分中所有数字均来自《英国劳动力调查·春季卷·历史补编 2005 年》发表的统计数据,就业公报和劳动研究部,伦敦。(*UK Labour Force Survey Spring Quarters Historical Supplement 2005*, the Employment Gazette and in Labour Research Department, London.)

拉国裔也有很高的失业率。非洲裔黑人女性和巴基斯坦裔女性的失业率最为严重,她们在 1997 年的失业率是白人女性的四倍。在 20 世纪 90 年代,随着整体失业率的下降,上述情况有所改观。不过,到 2005 年,巴基斯坦以及孟加拉国裔群体的失业率依然是 17%,黑人的失业率为 15%。①

34　　在公共部门的就业人员在传统上占据着劳动力的重要比重。但是,由于国有企业的私营化以及政府颁行了缩减公共服务的政策,公共部门的就业人员在 20 世纪 80 年代大幅度减少。从 1983—1989 年中,公共部门的就业人员在全部劳动力中所占的比例从 29.4% 下降到了 23.1%。② 1989 年时有 610 万人受雇于公共部门,这一数据在 1998 年时下降到了 596 万人,仅占到了全部就业人数的 22.2%。之后,这一数据呈现出轻微的增长,反映了总体就业人数的增加。2000 年时,英国约 635 万人受雇于公共部门,占到了所有就业人员的 22.9%。

---

① 本部分中所有数字均来自《英国劳动力调查·春季卷·历史增补 2000 年》(*UK Labor Force Survey Spring Quarters Historical Supplement 2000*)。

② 《英国劳动力调查·春季·历史增补 2000 年》,中央统计办公室经济趋势研究处,1989 年 12 月;公报,1990 年 2 月,第 21 页。(*UK Labour Force Survey Spring Quarters Historical Supplement 2000*,Central Statistical Office,Economic Trends,December 1989;The Bulletin 1990,p. 21.)

第二章　相关术语的定义和概括

第一节　雇佣（劳资）关系

35　　如果读者想在不列颠法中找到对劳资关系、劳动法等基础概念的明确定义，他一定会倍感失望。劳资关系（自 1999 年以后在整个英国被重新称为雇佣关系）这一主题已经成为被学术界认可的研究领域。该主题的范围被经验性地确定为对工会的集体谈判活动的关注。① 阿伦·弗兰德斯（Allan Flanders）在对邓洛普（Dunlop）的分析② 进行阐释时，将"劳资关系"定义为系列的规则，且这些规则以不同的形态出现于法案、法令、工会条例、集体协议、仲裁裁决、社会公约、管理决定，以及公认的习俗和惯例中。换句话说，这一主题主要处理产业中的特定监管关系或制度化关系。③ 弗兰德斯强调的是劳资关系中的监管制度，将"个人的"或"非结构化"的关系排除在劳资关系范畴之外。自 20 世纪 60 年代以来，普遍接受的劳资关系的内涵已经扩展到在工厂或车间里非正式的、非结构化的关系，而这些关系对官方制度形成一定的修正，甚至与之冲突。学者们的关注重点，也渐渐扩展到非正式的工作组关系（work group relations）的影响，以及非官方的"习俗与惯例"作为工作控制方式的现象。这一研究路径的里程碑是皇家委员会关于

---

① 克莱格：《大不列颠劳资关系的变迁机制》，牛津，1979 年。（Clegg, H. A., *The Changing System of Industrial Relations in Great Britain*, Ocford, 1979.）

② 邓洛普：《劳资关系制度》，纽约，1958 年。（Dunlop, J. T., *Industrial Relations Systems*, New York, 1958.）

③ 弗兰德斯：《劳资关系：制度的错误何在？》，伦敦，1965 年。（Flanders, A., *Industrial Relations: What is Wrong with the System?* London, 1965.）

《工会与雇主的报告》(1968年)①,该报告将体现在官方制度中的正式的劳资关系规则体系区别于由工会和雇主联合会、管理者、店员、职工们的实践行为所创设的非正式的劳资关系规则体系。

<h1 style="text-align:center">第二节　劳动法</h1>

36　　学者关注点的变化对劳资关系法律的研究也产生了一定的影响。晚至1939年时,法学研究只关注普通法上的"主人与仆役"(master and servant)②以及关于安全、福利、对遭遇意外事故的工人给予补偿的立法。关于"主人与仆役"的法律(只限于普通法范畴,偶尔也包括那些影响个体雇佣关系的立法)已经演变成今天被普遍称谓的"雇佣法"。该法包括了个体雇主与雇工的权利、义务,有时也扩展到雇主对其雇员对第三方的侵权行为而承担的责任。

37　　1939年以前,人们极少从法律角度研究工会与雇主之间的关系以及工会内部事务,学术研究仅涉及专门立法。关于工会法的书籍通常是集中对议会法案的司法解释,以此阐述工会的法律地位以及所谓"劳资纠纷"中的保护措施。同时还有关于调解和仲裁实践的少量研究。为什么研究范围如此狭窄而且集体劳动法如此受忽略呢? 以下两个事实有助于读者的理解:第一,英国的律师接受的是实用主义的案例训练,他们往往都逃避对主题的概念以及原则进行宽广研究;第二,英国学者忽视对法社会学的研究。

38　　在上述背景下,德国劳资关系多元论的倡导者奥托·卡恩-弗罗伊德于1933年来到英国。他在伦敦经济学院找到了他所需要的学术环境,他可以在这里将以下几点融合起来:第一,他自己在柏林劳动法庭的法官经验;

---

① 皇家委员会关于工会与雇主的报告(*Report of the Royal Commission on Trade Union and Employers*,Cmnd 3623, 1968)。

② 达顿、马修:《爱尔兰主仆法》,都柏林,1723年。(Dutton, Matthew, *The Law of Masters and Servants in Ireland*,Dublin,1723.)

第二,他对马克思、韦伯等学者的社会学理论的广泛理解;第三,他对英国法的研究;第四,英国集体谈判的实践。他认为,英国集体劳动法是充满着比较视角价值的科学研究领域,但是该研究在英国缺乏基础。确实,英国法律人士认为,对集体协议的研究根本没有必要,因为集体协议从未直接在法庭上强制实施。卡恩-弗罗伊德认为,这种表面上的法律缺位恰恰带来了有趣的学术问题。他将法律缺位的原因归纳为人们缺乏创设集体谈判"法律关系"(本身就是大陆法概念而不是英国概念)的意图。他在研究如何给予集体谈判的法律支持时,阐释了一些一般性原则,如:"自愿原则"——法律的目的是帮助各方达成和解而不是对当事人强加意志——以及"自治优先原则",即只有在当事人的自愿解决方式不能达成和解时,法律才会介入。[①]

39 关于这些基本原则的阐释,再加上欧洲大陆和美国的影响,英国在劳动法方面的研究也发生了变化,这些变化体现在研究的范围以及研究重点的改变。现在,劳动法的范畴被定义为:用于"用于规制、支持或限制管理者的权限和有组织的劳动者的权利"的法律。[②]

40 "劳动法"(labour law)在学术研究中有了上述理解和定位,但是,立法中对这一概念的描述仍然混淆。1998 年以前,劳动法院(labour court)的

---

① 奥托·卡恩-弗罗伊德(1900—1979)教授的著作文献目录已载于他的《作品精选集》(*Selected Writings*, London, 1978)。他许多最重要的观点都凝结于以下二部著作:1.《劳动与法律》(*Labor and Law*, 2nd edn, London, 1977),该书已有德文版与意大利文版;2.《劳动关系:继承与调整》(*Labor Relations: Heritage and Adjustment*, London, 1979)。由戴维斯(P. L. Davies)和弗里兰德(M. R. Freedland)编辑的《劳动与法律》(*Labor and Law*)第三版于 1983 年付梓出版。对于奥托·卡恩-弗罗伊德先生所做研究的评论,可参见甘米茨切赫(F. Gamillscheg)等人编辑的《纪念奥托·卡恩-弗罗伊德》(*Memoriam Sir Otto Lahn-Freund*)以及韦德伯恩勋爵(Lord Weddburn)、罗伊·刘易斯(Roy Lewis)和已故的乔恩·克拉克(Jon Clark)所著的《劳动法与劳资关系:以卡恩-弗罗伊德为基础》(*Labor Law and Industrial Relations: Building on Kahn-Freund*, Oxford, 1983)。欲了解卡恩-弗罗伊德先生在德国的早年经历,可参见罗伊·刘易斯和已故的乔恩·克拉克所编辑并做序的《魏玛共和国的劳动法律与政策:奥托·卡恩-弗罗伊德德文作品精选》(*Labor Law and Politics in the Wimar Republic: Selected German Writings of O. Kahn-Freund*, translated by J. Clark, Oxford, 1981)。

② 奥托·卡恩-弗罗伊德:《劳动与法律》(第三版),第 15 页。(Kahn-Freund, O., *Labour and the Law*, 3rd edn, p. 15.)

名称为"劳资法庭"(industrial tribunal),其后改为更合适的名称"雇佣法庭"(employment tribunal)。更让人困惑的是,处理劳动法事务的一系列制定法有着各种不同的名称,如1971年《劳资关系法》(Industrial Relation Act of 1971),1974年《工会与劳工关系法》(the Trade Union and Labour Relations Act 1974),1975年《雇佣保护法》(the Employment Protection Act 1975),1978年《雇佣保护巩固法》[the Employment Protection(Consolidation) Act1978],接下来是1980年,1982年,1988年,1989年及1990年的《雇佣法》(Employment Act)和1984年《工会法》(Trade Union Act of 1984)。许多立法在保守党执政末期得到了强化与统一,如,1974年《工会与劳工关系法》主要处理集体问题,1996年《雇佣权利法》(Employment Rights Act 1996)涵盖了大量的关于个体劳动者的法律。1997年当政的工党政府将其修定的立法命名为1999年和2004年《雇佣关系法》(Employment Relation Acts of 1999 and 2004)。

第三节　社会法

41　劳动法和社会法之间缺乏清晰的分界也反映出了上述问题的不统一性。"社会法"的概念直到最近才被英国学术界所接受,但这一概念在欧盟层面上已经广泛使用,常常和"社会政策法"(social policy law)这一概念互换使用。但是,对于"社会法"(social law)的确切范围以及它在多大程度上与劳动法重叠,至今没有共识。广义上说,社会法包括了对社会中法律运行的所有研究,尽管在欧盟层面上,社会法常常用来指称那些不直接关注共同市场运作而是关注社会或个体权利的法律。更狭义上讲,社会法仅指社会保障法(social security law),即,关于为了维持国民收入而对分配性或非分配性的国家福利进行管理的法律。"福利法"(welfare law)这一术语通常包含了社会保障法以及同个人福利机构有关的法。关于分配性国家福利的规则最初由《国家保险法》(National Insurance Acts)规定,1975年这一内容由《社会保障法》(Social Security Act)予以强化，该法在以后的 30 年里经过三次修正，即分别于 1998 年、2000 年和 2005 年通过的《社会保障法》。

第四节　集体谈判

42　英国劳动法研究，不仅缺乏对其研究范围的统一的、法定的界定，也缺乏对该领域主要问题的准确定义。譬如，"集体谈判"这一概念，据说由比阿特丽斯·韦伯(Beatrice Webb)在 1891 年提出[①]，在很多年来一直被认为是劳资谈判在劳动力市场中的集体行为："雇主不再同单独的个体签订系列独立的合同，取而代之的是，雇主根据劳动者的集体意愿，在一份单独的协议中设置原则，规定特定团体、阶层或行业的全体工作人员暂时受制于该原则。"[②]

43　阿伦·弗兰德斯(Allan Flanders)[③]认为上述分析很不充分，因为，这样理解意味着集体协议(collective agreement)把人们卷入劳动力买卖的行为，尽管，集体协议在事实上只是简单地规定了工人将自己的能力卖给某一项工作的依据条款。因此，弗兰德斯提出了集体谈判可选择的另一种理论，即：对劳动力管理和劳动力市场进行合并调控的机制。[④] 针对这一理论，艾伦·福克斯(Alan Fox)则提出集体谈判存在以下要素：

(1)交涉过程。在此阶段，各方展开讨论，提出证据并指出潜在威胁因素；这一过程可能(或者不能)达成下一环节：

(2)协议。调整买方和买方相冲突的利益的协议；协议可能被体现(或

---

①　参见《不列颠的合作运动》(*The Cooperative Movement in Britain*，London，1891)，随后由她自己和西德尼·韦伯(Sidney Webb)发展成《劳资民主》。(*Industrial Democracy*，London，1898.)

②　西德尼、阿特丽斯·韦伯：《劳资民主》，第 173 页。(Sidney and Beatrice Webb, *Industrial Democracy*，p. 173.)

③　*British Journal of Industrial Relations* 6 (1968)，p. 1.

④　*British Journal of Industrial Relations* 6 (1968)，p. 1. 针对马克思主义批评者而对该概念的维护，参见克莱格：《大不列颠劳资关系的变迁机制》第十一章(Clegg, *The Changing System of Industrial Relations in Great Britain*, Ch. 11)。

不能)体现在下一环节：

(3)各方共同决定签署的合同。

在实践操作中，上述因素常常看似完成于一个环节，但为分析之目的，对这个过程做出区分还是很重要的。①

无论上述理论对集体谈判这一现象的理解有怎样的优缺点，本文有必要强调的是，为了特定的目的(如工会认可)，集体谈判的定义受到很多的限制，它排除了特定的主题，如，关于投资方案的谈判。

第五节　谈判和磋商

44　在英国，对谈判(negotiation)和磋商(consultation)常常是有区分的。前者是关于管理部门和工会的联合规制权问题；后者涉及管理职权的范围问题。这一区分是易变的而且有争议的。在英国，管理职权的范围传统上是比较宽泛的，包括了涉及健康、安全以及养老金等事务。可是，在某些领域中，磋商事务已经变成了谈判的事务。在法律语境中，英国工人参与决策的权利一般限于管理部门决策之前(如集体裁员磋商，参见第366－368段)的磋商(如，要求听证的权利)。

第六节　程序协议和实体协议

45　英国集体谈判的"动态"(dynamic)结构并没有对程序性协议和实体性协议做明显的区分。1992年《工会和劳工关系加强法案》(TULRCA)第178(2)(g)条列举的集体谈判的可能主题是：(为特定法律原因)谈判及磋商机制，和涉及前文提到的系列事务的程序，包括雇主或雇主联合会对工会在

---

① *British Journal of Industrial Relations* 13(1975)，p. 151.

以下情形（任何谈判或磋商的情形、或执行这些程序的情形）享有的代表工人的权利的认可。劳资关系领域借用这一概念来描述程序性协议。它包括了集体程序以及那些处理个人申诉和个人处罚的程序。另一方面，实质性协议则关注工资以及就业环境等方面。

第七节　权利纠纷和利益冲突

46　英国可能是唯一不区分权利（right）纠纷和利益（interest）冲突的工业国家。其原因可能是该国富有活力的集体谈判方法，这些方法有别于反映传统英国劳资关系的合同方法或静态方法。对这一特有的英国方式，卡恩-弗罗伊德是这样描述的：

"英国创立一个永久的双边组织，例如联合工业委员会，调解委员会或联合委员会，在这个双边组织中，谈判双方有同等数量的成员代表，有时（大多数情况下）还有一个独立的主席主持。各方为该组织共同设立一个宪章以及程序法令，组织则采取全体一致同意的方式解决涉及工资以及工厂的实质性条件的问题。动态的或组织化的方法存在于联合组织通过决议的过程，而联合组织能够自由地修改其做出的决定，只要它的修改通过成员的一致同意，它当然鼓励达成开放（open-ended）的协议，同时抵制固定的时间限制。更重要的是，规定条件的组织常常也是对它的决定做出解释的组织。英国劳资关系的大部分领域，规则制定程序以及决策程序相互纠结，如同中世纪英格兰宪法体制中的立法功能和司法功能没有被区分一样。在这些组织化的谈判程序中，每一个关于现存'权利'（right）的纠纷都能简单地通过一个新的、尽可能有溯及力的解决方法将其转化为关于'利益'（interest）的纠纷"。①

---

①　奥托·卡恩-弗罗伊德：《劳动与法律》（第三版），第 70—72 页。（Kahn-Freund, *Labour and the Law*, 3rd edn, pp. 70—72.）

自卡恩-弗罗伊德第一次阐释了集体谈判的普通法模式之后,上述程序的模糊性有所缓解,程序的定位逐渐从国家转移到了私人性质的公司或工场层面以及公共性质的地方层面,此外,集体谈判在实践中很少有别的变化。[①]

47　正是缺乏对"权利纠纷"和"利益冲突"的明确划分,学者们很难解释为什么集体谈判在英国一般不被看作合同。当英国律师谈到劳动法上的"权利纠纷",他头脑中想的不是产生于集体协议的纠纷,而是对立法规定的权利的确认。

第八节　自愿(voluntary)方式和
强制(compulsory)方式

48　大不列颠大多数纠纷和解机制中的自愿性质常常被认为是英国劳资关系的一个显著特征。下文将讨论该特征在多大程度上反映了现实状况(下文第51段)。在此,我们有必要分析"自愿"(voluntary)与"强制"(compulsory)的含义。一方面,"自愿"意味着纠纷完全依靠当事人运用协商程序或劳资行为自己解决,不需要任何第三方的介入;另一方面,"自愿"是第三方介入下的谈判和解,也就是由第三方帮助雇主和工会,并在他们的同意下,通过调解的方式达成谈判和解协议。

49　"自愿"的反义词则是"强制",不过,按照卡恩-弗罗伊德的解释[②],"强制"在英国至少有四种含义:(1)当事人必须适用由法律规定的特定程序,如强制仲裁。在20世纪这种方式只在战时适用。(2)一方当事人无需经过对

---

①　西森、布朗之著述,载《不列颠劳资关系》(编者:贝恩),牛津,1983年,第150页。(Sisson K. And Brown W., in G. Bain ed. *Industrial Relations In Britain*,Oxford,1983,p.150.)

②　奥托·卡恩-弗罗伊德:《劳动与法律》(第三版),第147页。(Kahn-Freund, *Labour and the Law*,3ʳᵈ edition,p.147.)

方当事人的同意就可以启动特定程序。最典型的例子是单方仲裁。在1940—1980 年，一些工会或雇主组织以多种方式求助于仲裁程序，以责成雇主遵守在其行业里通过集体谈判达成的雇佣条款。为了保障集体谈判的进行，1975 年《雇佣保护法》把对雇佣条款的单方仲裁作为对特定雇主的最终裁决，这些雇主没能认可工会的独立地位，或尽管承认了工会却没对工会公开信息。随着 1980 年《雇佣法》（参见第 516 段）对扩展及认可条款的废除，直到新工党政府的立法生效时还保留下来的单方裁决的条款都几乎没有使用过涉及公开信息的条款。然而，1999 年《雇佣关系法》引入了一种有约束力的单边仲裁，允许工会在雇主拒绝遵守对中央仲裁委员会（CAC）的声明时要求该委员会在双方当事人身上强加一个有法律约束力的集体谈判程序（参见第 525 段）。（3）程序的结果（如集体协议或仲裁裁决）对一方或双方都有约束力。正如后面所要说的，集体协议并不打算在集体谈判各方之间具有法律上的执行力，但是集体协议中的一些条款能在个体的雇佣合同中产生有法律约束力（参见第一部分第二章）。只有到这种程度，他们才称得上是"强制性"的，必须注意的是，（至少在理论上）个体雇员同雇主可能退出集体协议中的相关条款。仲裁裁决在法律上不具有强制执行力，除非它们通过具体的雇佣合同生效。这在单方面仲裁时有明文规定，但是在其他情况下可能是通过默示的方式表现。（4）在规定期间内，任何一方都不得被采取劳资制裁。这一情形的出现反映了 1971 年《劳资关系法》的规定，即，在特定的紧急纠纷中可以施加"冷静期"（cooling-off），不过，该规定在1974 年被取消。1980 年以后的立法达到了相似的目的，其方式是通过要求所有罢工，包括官方的（由工会主持的）和非官方的（未经工会批准的）罢工，在举行前的投票表决。这一措施的效果是，罢工被强制性地延迟到了投票表决之时。在更广的意义上，自 1980 年以后，一些责任豁免情形被排除于许多传统的劳资行为之外，这实际上取消了自由施加社会制裁的关键因素，而这一关键因素正是所谓"自愿"体系的基石。尽管这些条款是由在撒切尔和梅杰领导下的新自由主义的保守党政府引入的，它们大部分被托尼·布莱尔领导下的工党政府得以坚持。

第九节

和解(conciliation),仲裁(arbitration),
调解(mediation)与询问(inquiry)

50　　在不列颠,并没有关于和解和仲裁的法律解释,尽管制定法规定了这些纠纷解决机制。不过,这些术语是劳资关系词汇中大家所熟知的内容。和解是一种自愿的、非正式的纠纷解决方式,由独立的第三方协助当事人理清纠纷中的争议点并试图提出一个解决方案。其决定并非是具有法律强制力的裁决,达成的任何协议仅属于当事人的责任。仲裁不同于和解之处是,纠纷各方把相关情况提交给独立的第三方,第三方将对纠纷进行评判,并做出决定。在自愿仲裁中,仲裁决定不具有法律上的约束力,不过当事人既然选择这一程序,就说明不管最后的决定是什么他们都愿意遵守。在强制仲裁的情况下(见上文),仲裁裁决通常如在雇佣合同所明示的条款一样具有法律上的强制力。调解,则是由第三方提出一个建议,当然纠纷当事人可以自由拒绝接受该建议。在不列颠,仲裁和调停可能涉及利益冲突和权利冲突的解决,正如我们所看到的,在任何情况下都很难对这两种纠纷加以区别。

第三章 历史背景

第一节 传统的自决制度
（20 世纪 60 年代前）

51 要理解英国的现代劳动法和雇佣关系（正式的说法为劳资关系），我们有必要理解劳资关系的法律框架在 20 世纪 60 年代以前的三个特征。第一个是自由主义的传统；第二个特点是对自愿集体谈判的一贯支持和关于劳资行动的法律的缺失；第三个特点是调控性或"保护性"立法的选择性。

一、个人主义①

52 正如赫普尔之前所描述的那样：

"个别的雇佣合同概念是对劳资关系进行法律分析的核心概念。将劳资关系分裂成无数的个体关系不是偶然的现象也不是现代的现象。它深深根植于社会和法律传统。同深受罗马法影响的欧洲大陆国家相比，由自由的允诺交换而衍生出来的当事人间的权利义务互惠观念在英国的形成相对较晚。"

赫普尔所说的权利义务互惠观念在英国迟滞的原因在于：第一，1349 年的法令之后，爱德华三世（Edward III）于 1351 年通过了《劳工法》（Statute of Labours），并确立了个人主义传统；第二，1563 年的《伊丽莎白技师法

---

① 本节广泛参见赫普尔的观点，载《不列颠劳资关系》（编者：贝恩），伦敦，1983 年，第 16 章。（G. S. Bain ed., *Industrial Relations in Britain*, Oxford, 1983, Ch. 16.）

案》(Elizabethan Statute of Artificers of 1563)对《劳工法》传统有所强化；第三,1601 年《济贫法》(Poor Law)确立的传统。根据上述法案,"仆役"(servant)的地位决定了受雇人的工资由治安法官任意确定,通常治安法官本人就是雇主(master)。"仆役"有义务遭受惩罚的原因有:不接受工作、没有按照雇主的吩咐工作,或者逃离雇主。迟至 1850 年,布莱克斯通对"主仆"的定义在法律职业人中还是很流行。根据布莱克斯通的主仆定义,主仆关系无须建立在合同之上。比如,治安法官可以强迫劳动者工作,受《济贫法》约束的本教区学徒必须为与他没有合同关系的主人服务,仅仅是"没有明显影响"的条款就可引发要求劳动者强制劳动的指令。[①] 与雇佣相关的制裁是刑事性的。《伊丽莎白法令》失效后,对工人进行起诉的法律依据是19 世纪的《主仆法》(Master and Servant Law)。工会分别运用 1867 年《主仆法》以及 1875 年《共谋和财产保护法》(Conspiracy and Protection of Protection of Property Act 1875)改变和废除那些刑事惩罚法律。工会不满的主要原因是,这些法律影响了罢工自由。

"雇主常用的策略,尤其是处理小规模的罢工时常常使用的策略是:让罢工者因违反合同而被逮捕,然后使他们面临着要么依雇主条件返回工作,要么忍受 3 个月的监禁的选择。而且,正是有法律的支持,制造麻烦的罢工者可能不是被压制一次,而是多次反复。"[②]

在 1858—1875 年之间,仅英格兰和威尔士地区,平均每年有 1 万起对工人因违反合同而提出的控诉。

53　《主仆法》的废除为合同自由理念在雇佣领域的发展排除了障碍,即,平等合同当事人之间只能适用民事制裁。不过,关于"主仆"关系的学术解释的欠缺对现代法律有持久的影响。其中一个影响就是劳动法涵盖的内容分散而不全面。另一个影响就是劳动法的无序而繁杂。19 世纪的劳动立

---

① 巴格韦尔:《不列颠十九世纪的劳资关系》,都柏林,1974 年,第 30 页。(Bagwell P. S., *Industrial Relations in 19th Century Britain*,Dublin, 1974, p. 30.)

② 西蒙:"主人与仆役",载《民主与劳工运动》,伦敦,1954 年,第 160 页。(Simon D., 'Master and Servant', *Democracy and the Labour Movement*, London, 1954, p. 160.)

法的主体是在雇佣合同框架之外发展起来的。卡恩·弗罗伊德所称的"雇佣合同的萎缩"①的主要原因在于,在劳动法的形成时期缺乏明确而灵活的合同模式。在前述《劳工法》、《技师法》以及《济贫法》影响下,衍生其中的思想经过几个世纪的演化,其后果是,萌芽于19世纪的合同形式有效地保障了雇主对规则的制定权。当劳动者在工厂的大门接受了雇佣要约,雇主或雇工都没有意识到他们已经达成了一个有约束力的劳动合同。从法律的角度,他们已经完成了合同缔结,尽管他们双方没有谈及工资或工作时间,更不要说假期、医疗费用、养老金以及由于丧失劳动力而导致的工作终止等事项。如果没有关于这些事项的立法,合同里也没有相关的明示条款,只有法院或者裁判所通过引申默示条款的方式对合同进行解释。显然,如果有集体谈判,法庭将把集体协议中的相关条款解释为个体合同中的暗含条款,以此填补合同约定的空白。在许多行业,集体谈判的最大成功在于法庭很少被要求解释默示条款。现实中,在没有集体协议、仲裁裁决以及立法的情况下,雇主享有的优势经济地位使得雇主可以口述合同条款,而雇员个体无力通过法庭对条款提出质疑,尤其是当他们还继续在为雇主工作时更不可能提出对抗。合同法的发展是由法院所推进的,法院用以填补当事人约定空白的主要方法就是推定当事人的默示意向。在少数极端的案例中(如限制择业的合同),法院运用公共政策宣布合同无效,而不是修正它。这意味着,通过强制性的规范来对合同进行积极规制的思想与普通法的路径是不同的。当事人甚至可以约定不受保护性立法的约束,除非议会说该法不能被排除适用。这与大陆法系显著不同,两个世纪以来,大陆法系则把一般性强制规范适用于所有的合同,把特别规范适用于雇佣合同。而且,不列颠法官在竭力推导合同的默示条款时,他们在很大程度上依赖了习俗和惯例。如下文所述,如果有集体协议的话,发现习俗的任务被大大简化了。如果没有集体协议存在,日常的义务,如关于工作速度、劳动者的工

---

① 奥托·卡恩-弗罗伊德:"被布莱克斯通忽略的孩子:雇佣合同"[O. Kahn-Freund, 'Blackstone's neglected child: the contract of employment', *Law Quarterly Review* 93(1977)508 at 524]。

作条件以及对纪律的遵守等,都根据当事人的惯例来推定,所谓惯例就是雇主规定的且适用于工作守则的内容,即便它们是非正式的。有些义务,如,忠诚、相互间信任和保密以及对雇主合理要求的服从,被认为是最基本的义务。在被《主仆法》传统所影响的司法先例中,上述义务被推定为法律。直到最近时期,相关的司法观念还是一元的,而非多元,尽管现代立法带来了一些变化。

二、自愿性的集体谈判

54　　20 世纪 60 年代以前的英国传统劳资关系体制奠基于这样的社会共识:国家的介入应该是最小的。1824—1875 年间的一系列成文法认为,工会和罢工具有刑法上的非法性。然而,法院几乎在同时开始创设系列普通法上的责任,其效力在于,大多数劳资行动,尽管在刑法上是非法的,却倾向于产生民事责任。议会的应对方法不是创制罢工或组织罢工的成文法权利,而是免除那些发生于劳资纠纷的普通法侵权行为的法律责任。因此,直到 20 世纪 70 年代,关于劳资行为的法律主要包括国家对司法创新的立法回应。用韦德伯恩勋爵的话来说,"这一时期见证了法官创设义务与谨慎的议会保护之间的摇摆。"① 因此,尽管 1875 年《共谋和财产保护法》(Conspiracy and Protection of Property Act 1875)规定劳资纠纷中的简单共谋不构成犯罪,但法官认为,但这并不能免除其承担因其发动劳资行动而构成共谋的民事侵权责任。② 同年,有案例③使得工会可能因这种侵权而被诉。另外,引诱违反雇佣合同的侵权责任使得大部分有组织的行动具有了侵权性质。④ 议会的立法回应则是 1906 年《劳资争议法》(Trade Dispute Act 1906)的出台,该法案豁免了任何促进或激化劳资纠纷的人的共谋侵权责

---

① 韦德伯恩勋爵:《职工与法律》(第三版),1986 年,第 17 页。(Lord Wedderburn, *The Worker and The Law*, 3rd edn, Harmondsworth, 1986, p. 17.)

② Quinn v. Leathem[1901] A. C. 495.

③ Taff Vale Railway Co. v. The Amalgamated Society of Railway Servants [1901] A. C. 426.

④ South Wales Miners' Federation v. Glamorgan Coal Company Ltd [1905] AC 239.

任,包括那些违反雇佣合同或者干涉企业营运的行为人。该法还豁免了在促进或激化劳资纠纷时组织的和平纠察队的法律责任。重要的是,该法完全豁免了工会的侵权行为。在 Osborne① 案中确立的对工会政治活动的限制被 1913 年《工会法》(Trade Union Act 1913)取消。富有争议的 Rookes v. Barnard 案②恢复了废弃已久的因威胁而构成的侵权责任。1965 年通过的《劳资争议法》推翻了该案判决,豁免了在促进或激化劳资纠纷过程中的威胁行为的侵权责任。在上述模式的引导下,卡恩·弗罗伊德以"回避主义者"(abstentionist)描述英国的劳动法体系。类似的是,法律在支持自愿性集体谈判时也没有规定具体的法律权利。

工会对集体谈判的认可没有依靠立法的协助也没有对这类立法提出需求。1935 年罗伯森(Robson)指出③,"英格兰是工会制度的发源地;正是在这块土地上最先诞生了联合谈判的实践;唯独在这里,集体合同在法庭上仍然不具有实质性法律强制力,尽管,集体合同在事实上已经被认可为确定大多数工薪阶层的雇佣条件的方法。不过,这里有一些辅助性立法,致力于提出并支持自愿性的集体谈判。"这些立法包括:(ⅰ)1909 年《劳资协商委员会法》(Trade Boards Act)在不存在集体谈判的特定重体力行业确定了最低工资确定机制;(ⅱ)自 1891 年以来,下议院持续出台的《公平工资决议》(Fair Wages Resolution)对政府施加了公平支付工资的义务,并且集体同意是这些方案的指导思想;(ⅲ)1896—1919 年间建立的系列机制鼓励自愿性调解和仲裁的适用。

55　上述司法及立法的努力,使得传统的自愿性劳资体系得以加强。这成为英国在战时的立法以及二战结束后的两年内的政策的显著特点。第 1305 号 1946 年《公平工资决议》(Fair Wages Resolution of 1946),以及 1945 年《工资委员会法》(Wages Councils Act of 1945)严格地限制了罢工

---

①　[1910]A. C. 87.

②　[1964]A. C. 1129.

③　罗伯森:"劳资法"[Robson, W., 'Industrial Law', *Law Quarterly Review*, 51(1935)p. 204]。

和不准工人进厂等行为,使得以仲裁解决纠纷成为强制性的方法。实践中,在和平时期的自愿性集体谈判仍然是完整无损的。而且,工会深入贯彻战时措施,如分配劳动力、为劳动部发放失业救济金等。在工厂,联合生产委员会(joint production committee)分配工作,加强纪律。工人受益于"三方社团主义"(tripartite corporatism)。工人在1944年的平均收入比1938年高24%(高出的部分为额外超工时加班费和红利),并且工会成员人数在战时增加了1/3,达到800万(占到了劳动力总数的45%)。1945年,工党政府以绝对多数在选举中获胜,工会没有对传统体系发生改变。唯一的即时性措施是废除了1927年的《劳资纠纷与工会法》(Trade Disputes and Trade Union 1927),这一法案是在1926年总罢工后保守党政府制定的。该法案取消政治性同情罢工的合法性,限制工会成员对工党的财政支持,并禁止公务员工会隶属于外界组织,如英国总工会。战时1305号命令依然有效,直到1951年,在工会同意下,在发生系列对罢工者的诉讼后,该法失去了工会的支持而被废除,被1951年的1376号命令所取代。1376号命令恢复了罢工自由以及不准工人进厂的自由,并允许代表组织为了扩充集体协议而提起单方仲裁。当1959年的永久性立法取代了1376号命令,直到1980年,这一扩充的改良模式直到1980年都是英国劳动法的特点。战后其他立法上的改变同样致力于加强对传统的自愿性体系的支持。这些立法包括新修正后的1946年《公平工资决议》(Fair Wages Resolution of 1946),以及1945年《工资委员会法》(Wages Councils Act of 1945)。后者取代了早前的行业组织法,并授权重新命名的"工资委员会"做出建议,即,部长不只在没有集体谈判机制时发布工资命令,在那些集体谈判机制不足的情形也发布工资命令,比如,在经济低迷时期因工厂倒闭而导致工人的利益得不到保护之时。与工会对加强自愿体系的默许紧密相关的是,贝弗里奇提出的综合社会保障体系的改革提议得到实施。

56 福利国家和劳资关系中的自愿体系,不仅是战后工党政府政策的一部分,而且被 1951—1964 年间的保守党政府所接受。回顾历史,可能会发现,这一政策的持续依赖于中产阶级对当前产业力量平衡性的默许。[1] 社会认同具有稳定的经济基础。在 20 世纪 30 年代,尽管失业率很高,工薪阶层享受到了相对的繁荣。英国依靠其国外资产得以从经济危机中缓解。在战时,英国损失了 7 亿英镑,占国家财富的 1/4。由于英国向美国的借贷,在此牵制下,英国战后间或地发生经济危机。英国没有像其他欧洲国家那样遭受军事占领或物质上的摧残,所以也没有工业振兴及劳资关系现代化方面的巨大压力。在此背景下,英国没有重建劳动法的动力就不足为奇,比如,没有引入源自德国的共同决定模式,尽管英国工会有此建议。甚至在工党政府实现国有化的工业领域(如民航、电缆与无线电、煤炭、铁路、长途公路交通、电力、天然气、钢铁和英格兰银行),相关立法也只是要求新公共产业的董事会与"合适的组织"的协调,协调需致力于建立和维持协商和仲裁程序,事实证明,相关条款大都是象征性的。共同合伙或者更为激进的"职工控制"概念没有成为传统共识的组成部分。

三、规制性立法

57　自愿性集体谈判首先意味着,规定雇佣关系中的工资、工时、健康和安全的规范性立法退居第二位。法律政策并不通过制定法来实施,人们被认为是有能力保护自己的,所以不必依赖制定法为他们规定雇佣合同条款。立法主要针对儿童和妇女,而不是成年男子。在 20 世纪,原则上,直接的立法只包含那些不被集体谈判所保护的雇员,只处理那些没有包含在集体协议中的问题。即使有规范性立法,其设计上也常常允许当事人通过集体协议对其取代适用,集体协议至少在内容上同相关规制立法一样完整。在任何情况下,集体谈判都能针对同一问题的立法进行补充,这一途径的最大影响是,英国缺乏像其他工业国家那样针对全部雇员的、就工作时间及假期等

---

[1]　韦德伯恩勋爵:"不列颠劳动法与劳动关系"[Lord Wedderburn, 'Labour Law and Labour Relations in Britain', *British Journal of Industrial Relations* 10(1972), p. 270 at 275]。

事项的综合规制。除了矿产业外,英国八小时工作制是通过集体谈判而不是立法而达成的。英国还有对特定工作中的妇女及青年人的工作时间的特别规定,但这些规定分别在 1986 年及 1989 年被废除。因此,直到欧盟法带来变革之前,成年男子的工作时间在英国仍然通过集体谈判来规制。英国成为欧盟成员的事实,使得英国传统不可避免地受欧洲大陆规制模式的影响。如下文所述,随着对欧盟《工作时间指令》的执行,英国对工作时间以及带薪休假期限的调整将会比以前更多地受制于直接的法律规定。

58   英国选择法定条款作为对雇员保护方式的传统,源于以下三种因素:工会与议会内外的改革派之间的斗争兴衰、强势的雇主集团的抵制、知识阶层对自由放任主义的支持。最早的立法主要关注童工,包括 1788 年的《烟道清扫工条例》(Regulation of Chimney Sweepers Act1788)和 1802 年《学徒健康与道德法》(the Health and Morals of Apprentices Act 1802)。短工时委员会在 1831 年以前的初步目标是把每天工作时间定为 10 小时,且不受性别和年龄的影响。但是当时的政治现实使得这一目标难以达成,委员会调整了他们的目标,集中关注妇女的工作时间。短工时委员会取得的第一次重大胜利是 1844 年《工厂法》,这一法案使得妇女同年幼工作者享有同等对待,限制了她们的工作时间,禁止妇女接触高危机器操作,同时加强了在 1833 年《工厂法》中建立的检察权力。由于逃避法律规制的机会很多,1844 —1856 年间通过了七部法案修补了这些法律上的漏洞。其中最为重要的是 1847 年的《十小时法案》(Ten Hours Act of 1847),该法案承认了短工时委员会的大部分要求。原本只适用于纺织业的这部法律,在 19 世纪后半期,逐步扩展适用于新旧制造业的众多工厂和车间。在不同的时期,上述领域外的许多行业也受到调整:矿产业从 1842 年开始受到规制(但在 1860 年以后才被有效监管),商店在 1886 年开始受到规制(商店工作的健康与安全在 1963 年不受规制),直到 1956 年,同工业立法相似的标准才扩展到农业领域。在罗本斯勋爵(Lord Robens)任期内,一个官方调查委员会在 1972 年的调查表明:当时的劳动法已包括九大类制定法,以及 500 多项附属性成文法文件。不过,上述法律性文件中包含了错综复杂且不相协调的内容。尚有500万劳动者工作在没有任何职业健康与安全立法规制的场所。在工作委员会的建议下,全面的《工作健康与安全法》(Health and Safety at Work Act 1974)在1974年出台。当时已存的关于健康、安全、福利的立法逐渐被这一新的综合体制取代,新的立法的理论基础是自我规制(self-regulation)理论。但是这并不意味着涉及上述事项时的重大转变,即以集体谈判取代法定规制。立法不是以谈判为基础,而是基于安全代表与安全委员会的协商(consultation)(参见第508段)。

第二节 从自决向公共调控的转型（60年代及70年代）

59 　　在20世纪50年代后期和60年代早期,已有迹象表明维持传统的自愿监管框架的社会认同已经处于压力之下。充分就业的压力造成了权力向工场的急转。急于保留或招聘员工的雇主不必敦促就同意工会管事提出的加薪要求。工会管事被政治家和媒体认为是工资上浮的主要推动者,收入的增加不能说明是全行业协商的结果,而且这严重妨碍了政府控制通货膨胀以及确保充分就业,这本身是自1945年以来历届政府的主要目标。工会还因以下原因受到责备:没有控制好那些违反协议的程序就进行的大量"非正式"罢工,没能通过施加严格的"习俗与惯例"达到对人力的充分利用。英国战后经济问题的更深层原因反而在公共论坛中讨论较少,如,高数额的军事花费,跨国公司坚持以英国为国际金融中心,高水平的资本输出为内容的开放经济,以及较少的国内投资等。工会不能影响这些方面,但它们却被认为是英国经济不够繁荣的主要原因。继任政府的关注重点是交换利率和收支平衡,因工资因素而诱发的通货膨胀被确定为是经济波动的根源。

60　　两类策略被采纳以控制上述现象。一方面是收入政策的继续,另一方面是运用法律去影响劳资关系。这些策略没有能持续适用,事实上,它们常常是不协调的。政党、工会以及雇主陷入了对这些问题无休止的论战中。在 1948—1979 年间,至少有六种不同的收入政策:工党政府采纳的自愿性工资限制(1948—1850 年);保守派对物价的冻结办法(1956—1957 年);保守派的"暂停支付"办法(1961—1962 年);工党政府的自愿性政策(1965 年)以及后来的强制性收益政策(1966—1967 年);保守派的反通货膨法案(1972—1974 年);工党政府同英国总工会的"社会合同"(1974—1976 年),接下来是工党政府的单边政策(1977—1979 年)以及工党同英国总工会的特殊政策(1979 年 2 月到 5 月)。上述政策各有不同特点,并使用不同的机构设置。有些是自愿性的,有些有成文法的支持。相同的是,它们都以失败告终。然而,需要指出的是,这些政策虽然直接侵蚀了集体谈判的自主权,①却没有重构劳动法本身。② 1966 年和 1967 年的《价格和收入法》(The Price and Incomes Acts)以及 1972 年和 1973 年的《反通货膨胀法》(Counter-Inflation Acts)名义上依靠刑事性制裁,但实际上这些都没有生效;对劳资行为的传统豁免权不但没有被撤销反而在 1966 年的法案中被扩大豁免范围。而且,对那些意在帮助低收入者以实现男女同工同酬的机制,上述政策全部或部分地免除其义务。在存在对集体谈判结果的消极限制的同时,也有系列的积极措施来鼓励或帮助工会的发展及对其地位的承认。在 1948—1979 年间,体力劳动者中的工会成员比例由 50.3％上升到 63.0％,白领中的工会成员比例由 33.0％上升到 44.0％。

61　　然而,收入政策对劳动法的概念框架产生了重要的影响,尽管这种影响是间接的。后续政府一直努力确保工会赞同他们的政策。这种"社团谈判"(corporate bargaining)确认了工会在传统的涉及雇佣期限和条件的经

---

　　①　戴维斯、弗里兰德:"卡恩-弗罗伊德的《劳动与法律》(第三版)之编者导言"(P. Davies and M. Freedland, 'Editors' Introduction' to Kahn-Freund's *Labour and the Law*, 3rd edn, p. 7)。

　　②　韦德伯恩勋爵:"今时之劳动法:推进与保持"[Lord Wedderburn, 'Labour Law Now: a Nudge and a Hold', *Industrial Law Journal* 13(1984), p. 73]。

济问题之外的广泛问题上的利益。作为对这些政治性影响的回应,工会很乐意接受支付限制的期限以及政府对"自由"集体谈判的更多干预。例如,1972 年,工会在与希思首相(Prime Minister Heath)的讨论中,要求废除《劳资关系法》以及一些其他的立法作为同意支付限制的交换条件。希思先生认为这样做的代价太高,但是后来的工党政府同英国总工会达成了"社会协议"。作为对支持社会以及法律改革运动的交换条件,总工会同意临时性支付限制。改革的第一阶段是废除《劳资关系法》;第二阶段是制定 1975 年《雇佣保护法》(Employment Protection Act)赋予工会以及雇工广泛的新权利;第三阶段是扩展职工对企业的参与权,但是这次规定没有超出 1978 年政府关于劳资民主的政策声明,该声明是对布洛克勋爵主持下的调查委员会报告的回应。政府在与工会缔结"社会合同"之后试图继续一些支付限制形式,这一想法破灭了,并导致了 1978—1979 年期间严重的工人骚动,这场骚动也被看作是工党在 1979 年选举中获胜的主要原因。收入政策的最大影响是将劳资关系"政治化",完全模糊了作为传统体制基础的经济学与政治学之间的差异。政府强加工资限制以及重构集体谈判的努力使得工会直接进入了政治舞台。传统的共识,即,国家本质上是"中立的"或者"缺席的"观念,已经不再符合现实。"合法的经济性劳资纠纷"与"政治行动"之间的界限,在经过了 1926 年以失败告终的大罢工之后便不复存在。

62　　预示传统的自愿体系破产的第二个政策是直接的立法干预。对集体谈判加以改革和限制的政策尽管被采纳,但没有保持连贯性。在改革方面,自 1875 年以来,保守政府对雇佣合同进行的第一次立法完成于 1963 年,但并没有激起工会的热情。1963 年《雇佣合同法》(Contracts of Employment Act 1963)规定了结束雇佣关系的提前通知最短期限(此后该期限在不断的加长,但至今低于欧洲的标准),并要求雇主为雇员就其主要的雇佣条款提供书面的合同,这主要是希望能够减少一些纠纷。1965 年工党政府出台了《裁员支付法》(Redundancy Payments Act 1965),该法规定了基于年龄、服务期限等因素对那些在裁员中被辞退的至少工作了两年的员工进行一次性支付。保守党政府的 1971 年《劳资关系法》执行了皇家委员会工会和雇主协会①的建议，即，雇员有不被非正当辞退的法定权利。1974 年《劳动者工会与劳工关系法》(Labour's Trade Union and Labour Relations Act 1974)对上述内容予以认可，并做了一些改进。另外，作为"社会合同"一部分，1975 年《雇佣保护法》为个体雇员创设大量的权利，如产假工资、在孕期以及分娩结束后重新回到工作岗位的权利，在因雇主原因导致工人不能上岗时雇员享有保证支付的权利，以及雇主破产时雇员享有工资保障的权利。前文已经提到，1974 年制定了全面的《工作健康与安全法》。从 1970 年《平等工资法》(Equal Pay Act 1970)开始，1975 年《性别歧视法》(Sex Discrimination Act 1975)继续坚持的理念是：职业中基于性别和婚姻状况的歧视已经受到遏制。而且，1976 年《种族关系法》(Race Relations Act 1976)(代替了 1968 年法案)对基于种族的歧视采取了措施。以下事实显示了立法数量的持续增加，在 1950—1959 年间，议会通过的关于规制就业的立法有 5 部，在 1960—1969 年间有 16 部，1970—1979 年间则达到 30 部。大多数新的个人权利能通过雇佣法庭得到实施，雇佣法庭建立于 1964 年(见下文第五章)。判例法也催生了专门研究劳动法的法律报告和期刊。

63　　改革的政策趋势在关于集体劳动关系的立法中也表现很明显。多万诺领导下的皇家工会和雇主协会(The Donovan Commission)想将"指令"引入大量的非正式的工厂谈判制度，以减少工资波动、限制性活动和罢工。他们希望，尽可能不破坏"劳资关系在法院外解决"的英国传统，就能实现改革。②然而，1970 年上台的保守党政府认为立法是引入改革的主要途径。1971 年《劳资关系法》包含了一系列改革谈判模式的条款，以保证雇主对工会的承认，鼓励具有法律强制力的集体协议，并修改工会规则，特别是要求监管主体对其成员的控制和处罚。1971 年法案失败的直

---

①　Royal Commission on Trade Unions and Employers' Associations.

②　皇家委员会关于工会和雇主协会报告(*Report of the Royal Commission on Trade Unions and Employers' Associations* Cmnd3623, 1968, para. 190)。

接原因,是希思政府 1974 年二月选举中的失败,而这次选举是由矿工工会对收入政策的对抗引起的。另外,英国总工会(TUC)对该法案的不合作政策使得该法案很大程度上不具有操作性,该法案试图通过法律对当时存在的机构及行为模式进行极端的改变。这一立法选择是基于这样的错误认识,即,雇主会使用该法案。而且,该法案对美国法律制度(如,谈判单位、罢工冷却期等)的简单移植,也没有充分考虑英美两国在政治、经济环境上的差异。

64 工党政府关于"社会合同"(social contract)的立法(1974—1976 年)又回到了改革的道路,其方式是回归到这样的认识,即,集体协议不应被看成是具有法律强制执行力的合同。同时,相关立法还把原来免予法律诉讼的"促成或激化劳资争议的行为"的范围进行了重新扩展。另外,立法创设了咨询、调解及仲裁服务局(ACAS)和中央仲裁委员会(CAC),授予了新的集体认可工会的权利,规定了为集体谈判而进行的信息披露以及将集体协议扩展适用于非组织工人的条款。立法还规定关于集体裁员(这是对欧洲经济共同体指令的回应)、健康、安全和职业养老金方案方面的咨询权利。上文提到的工资委员会制度在立法中得到了加强,并有相关条款鼓励在理事会所覆盖的行业内进行集体谈判。一些"个体"权利,如,为了履行工会的职责而缺工和参加活动,抗议自己因工会成员身份而受到惩处的相关活动,通过法律的方式得到确认,并成为集体谈判制度的首要内容。

65 劳动法政策包含了一些对工会权力以及集体谈判进行限制的内容。1969 年,威尔森(Wilson)先生主持的工党政府提议对那些没有遵守 28 天"调解暂停"(conciliation pause)和官方罢工的"投票要求"(ballot requirement)程序的非法罢工者给予刑事制裁(penal sanctions),并提议控制工会之间针对认可的纠纷。但这些提议没有结果。在一定程度上,保守党政府的《劳资关系法》与其对集体谈判的支持态度并不一致,该法案包含了强烈的个人主义哲学,体现在该法案禁止"只雇佣工会会员"制度,以及对那些不属于任何工会或特定组织机构的积极权利的规定上。这恰恰是能够侵蚀有组织力量以及工会的代表性的"个体"权利。《劳资关系法》也包含了对罢工权利的许多限制,也规定了对所谓"不公平劳资行为"的民事责任。这导致了工会同法院之间的一些对峙。"社会合同"具有改革家的性质,但是其中一些部分被法院或裁判所做了限制性的解释。例如,由于不赞成议会对法定豁免权使用范围的扩大,上诉法院(Court of Appeal)在 1977—1979 年间对这些豁免条款添加了许多限制,于是,法定承认条款由于限制性的司法解释变得很不具有操作性。对工会活动的保护措施也变得非常有限。而雇主们也持续抱怨这部法律给他们增添了不当的负担。个体权利的语言和哲学虽然在逐渐流行,但它受到了左翼人士(the Left)的批评,批评的理由是:立法加强了对职业的机械控制,刺激了管理者单方面制定规则的欲望,尤其是通过规定惩戒性程序来实施单方面的规则制定。对改革性立法带来最严重破坏的因素当数经济因素和政治因素。到 1979 年,失业人数大幅度上升,通货膨胀仍然很严重,公共支出被削减,民众对政府政策严重不满。1979年 5 月,由撒切尔夫人领导的保守党政府当选执政。

第三节　80 年代与 90 年代早期的发展

66　撒切尔夫人治下的政策与立法从根本上转变了劳动法的限定因素。20 世纪 70 年代的主要社会问题是通货膨胀以及工会的政治化,政府向自由市场的回归找到了对这些问题的解决办法。有人认为,工会的强势地位导致了通货膨胀、失业以及生活水平的波动。工会的"强制性权力"被认为是依赖于他们的法律特权。因此,用颇具影响的哈耶克(F. A. Hayek)[①]教授的话来说,只有收回 3/4 世纪以来给予工会的特权才能找到拯救英国的方

---

　　① 哈耶克:《20 世纪 80 年代的失业与工会》,伦敦,1980 年,第 58 页。(Hayek, F. A., *1980s Unemployment and the Unions*, London, 1980, p. 58.);另见韦德伯恩勋爵:"结社自由与劳动法哲学" [Lord Wedderburn, 'Freedom of Association and Philosophies of Labour Law', *Industrial Law Journal* 18(1989), p. 1]。

法。工会和劳工立法被认为是对雇主与雇员的市场关系的一种扭曲。[①] 为了使自由市场发挥作用,国家必须退出人们的交易并放松管制,也有必要抑制有效有效需求来缓解通货膨胀及削弱工会的力量,同时大幅度消减公共开支。这些思想反映在工党政府的七个主要的立法中。它们是:分别颁布于 1980 年、1982 年、1988 年、1989 年以及 1990 年的《雇佣法》(Employment Acts),1984 年的《工会法》(Trade Union Act 1984),1993 年的《工会改革与雇佣权利法》(Trade Union Reform and Employment Rights Act 1993)。1992 年《工会与劳工关系巩固法案》[Trade Union and Labour Relations (Consolidation) Act 1992]巩固了 1992 年之前的关于集体性事务的立法,1996 年《雇佣权利法》巩固了之前的关于个体就业的立法。该立法奉行四个具体政策。

67　　首先,职工通过集体性组织和劳资行动进行自救的权利被严格限制在他们自己的受雇单位内。例如,职工只被允许在他们自己的工作场所内设置纠察队,对劳资纠纷中的民事行为的豁免也被限制在职工同其雇主之间的纠纷。一个企业的职工支持别的企业的职工而采取的辅助活动或声援行动,也受到限制,直至被 1990 年《雇佣法》宣布为非法。这样的立法预防工会使用传统方法采取以下行动:第一,在纠纷发生时阻止向雇主供货;第二,禁止向非属工会的车间分派工作。第二项政策是,工会经费完全处于法律控制之下。之前,只有工会官员才能因超过"允许范围"的劳资行为而被诉讼。1982 年以来,即使行为是非官方的,工会经费自身也面临风险。同法院对峙的日益增加使得工会面临着另外的危险,即,因藐视法庭罪而受到高额的罚款以及为支付罚款、损害赔偿金而导致其全部或大部分财产被查封(见下文 481 段和 570 段)。第三,同前面几百年的公共政策不同,在新的劳动法结构中有对集体谈判的明确限制。政府首先做出表率,在 1984 年 1 月禁止英国国家通信总局(GCHO)成为工会成员(见下文 431 段),1987 年暂

---

① 波勒特:"非组织职工:集体主义的衰落"[Pollert, A., 'The Unorganized Worker: the Decline of Collectivism', ILJ 34(2005), pp. 217－218]。

时中止了教师的集体谈判权利。1980 年,雇主承认工会的法定条款被取消。1980 年以后的立法同样计划削弱工会组织。这一目的的实现部分依靠针对工会和雇主的大量刑事裁定,这些裁定都有利于那些离开工会且在当时被雇主辞退的职工。另外,立法要求工会在采取劳资行动前需进行秘密投票。1984 年法案将此投票义务限制于那些已经受到官方禁止的劳资运动,但这一限制好像刺激了工会管理者否认其与地方行动的关系,于是,1990 年《雇佣法》反而扩大了秘密投票要求的适用范围,除非工会官员预先否认该行动。然而,预先否认条款非常之严厉,以至于迫使工会领导者在实质上对其成员进行监管。该立法同样对那些因其非工会会员身份而被拒雇的人提供救济(例如,实施了"雇佣前'只雇佣工会会员'制度")。于是,迫使雇主只雇佣工会主义者并与工会协商或谈判,这样的做法都是不合法的。然而,诱使雇主不与工会进行谈判的行为却是合法的。

68　　1996 年《雇佣权利法》所奉行的第四类政策的核心是:通过市场实现劳动力的控制。1979 年以后,最显著的特征就是工会成员数量的下降。失业问题对劳动力市场产生了负面影响,它成为官方政策所强调的重点。对低收入的传统支持被取消了。1983 年政府支持对《公平工资决议》(Fair Wages Resolution)的废除。1980 年,那些将集体谈判扩展到没有工会组织的部门或行业的法律条款也被废除了。1986 年,工资委员会(wage councils)的功能被大大限制。接下来的,最低工资确定机制在 1993 年被全盘废除。事实上,根据青年培训计划(Youth Training Scheme),如果雇主给雇员的工资高于特定低标准时,雇主会遭到财政上的处罚。类似的是,传统的三方实体被取消或是转型,给予了雇主大多数投票权。例如,三方模式的"人力服务委员会"被撤销,倾向于由雇主主导的"培训企业委员会"(Training Enterprise Councils)行驶分散的管理权。系列指令减少了工作保障,最早从 1980 年 7 月开始,将不公正解雇权认定的合格期限从六个月延长到了一年,甚至从 1986 年 6 月开始将此期限延长到两年。一些福利性的权利也被取消。比如,与失业人员津贴和疾病津贴相关的福利在 1982 年被取消,还有些福利的实际价值被消减，如，以更低层次的法定疾病支付（雇主对雇员病休的头 28 周的支付）取代了原来的医疗福利，对之前的一些免费的服务强行收费。这些缩减不但减少了公共支出，而且形成对职工们有力的约束，迫使他们努力保住自己的工作岗位。

69　　这些措施加大了那些留在全职工作岗位上且有着相对稳定的优厚待遇的"精英"与那些处于核心劳动力市场边缘的"劳动力后备大军"之间的差距。处于市场边缘的劳动力大多是妇女、年轻人和少数族裔。自 20 世纪 70 年代以来就有一种趋向，即，有全职保障的就业者与各种边缘性的劳动者之间的不平等在增强。边缘性劳动者包括野外工作者、兼职工、不定期工作者、临时工等，他们大多处于雇佣立法保护之外。在这种背景下，劳动法发生了转变。一方面，失业削弱了工会的力量，高度"工会化"的公共企业被私有化的运动使得工会面临着自 1906 年以来最大范围的普通法上的义务，同时工会也失去了支持集体谈判的绝大多数辅助性立法的保障。另一方面，关于个体雇佣保护的立法都倾向于缩小劳动力市场的核心区域，由此带来就业者对失业的普遍担忧。

第四节　"新工党"政策（1997—2001 年）

70　　工党自 1997 年当选以来就致力于在劳动法和雇佣关系领域开辟"第三条道路"，既不同于前任托利党政府的政策，也不同于以前的工党政府的社团主义政策。所谓"第三条道路"的中心观点是：劳资关系的基础是合作而不是冲突，政府应该建立一个高效而公平的劳动力市场。① 这里包含着权利和义务。因此，政府已经或将要设定一系列的权利，包括个体权利和集体权利，同时保留了一些保守党政府制定的限制劳资行为的关键性条款。

---

　　① 基尔帕特里克："新工党重新构建了雇佣立法吗？"［Kilpatrick, C., 'Has New labour reconfigured employment legislation?', ILJ 32(2003), pp. 135—163］。

至于个体权利,首要措施之一是 1998 年《国家最低工资法》(National Minimum Wage Act 1998)的颁布。该法案为覆盖英国各地区各经济部门的国家最低工资体制的建立奠定了基础。为鼓励集体谈判,以往的最低工资机制只拟定在集体谈判没有扎根的领域实施,新的立法抛弃了旧的策略,以促进集体谈判为部分目标,同时承认,对国家调控的需求是设定最低工资体制的主要途径,而不仅仅是作为对集体谈判的支持。在低收入委员会(Low Pay Commission)看来,于 1999 年 4 月 1 日生效的《国家最低工资法》对大约 1300 万职工带来直接影响。[①] 通过法律设定而不是通过集体谈判来建立个体权利的统一门槛的运动,随着《欧洲人权公约》及 1998 年《人权法》(Human Rights Act 1998)在英国的生效而更加声势浩大。对《欧盟社会政策协议》(EU Social Policy Agreement)的认可,促使英国成为《阿姆斯特丹条约》的成员国。这反过来促使政府去执行那些日益兴盛的欧盟层面的调控立法,这些立法正在构建个体权利的框架体系。因此,1998 年《工作时间条例》(Working Time Regulations 1998)[②]使得欧盟《工作时间指令》(EU Working Time Directive)和部分《未成年劳动者指令》(Young Workers' Directive)在英国发挥效力,相对于以集体谈判作为规制工作时间和假期的主要手段的状况,这种立法选择是巨大转向。1998 年《信息保护法》(Data Protection Act 1998)执行了欧盟的《信息保护指令》(EU Data Protection Directive),该法案使得雇员有权知晓他的哪些个人信息被采集,有权知晓他的个人信息向哪些人披露,同时有权请求并取得自己个人信息文件的复本,有权要求对任何不实记载予以订正或祛除。父母基本权利在 1999 年《雇佣关系法》中得以规定。该法将不得被不公正解雇的权利主体扩展到工作期满一年以上的雇员(以前规定的受雇期限起点为两年),并且将对不公正解雇的最高补偿金额提高到了 5.84 万英镑,这些规定进一步加强了个体权利结构体系。另外,政府制定了《公共利益公开法》(Public Interest Dis-

---

① 低收入委员会:"国家最低工资:有所不同"(Low Pay Commission, 'The National Minimum Wage: Making a Difference', Third Report Vol. 1, Cm5075, London, 2001, p. 22)。

② SI 1998/1833.

closure Act 1998)以保护"告密者"或那些激起对工作中的以下问题给予普遍关注的人,这些问题涉及犯罪行为、审判不公(误判)、非法活动、有损健康、安全或环境的危险因素。最后,2000 年的《种族关系法(修正案)》[Race Relations(Amendment)Act 2000]代表了种族歧视立法的重大进步。

第五节 "新工党"的第三条道路 (2001 年至今)

71　2001 年选举的第二届工党政府和 2005 年选举的第三届工党政府在劳动法领域都采纳了第三条路①,达到了最低权利保障途径的顶点,并与笼罩在英国工场中的"欧洲化"氛围相协调。这种道路的潜在理论是试图将雇佣法纠纷排除在诉讼模式之外,转而通过内部解决的方式或是其他较为随意的机制。另外,关于孕产、父母权利、育婴权利的主要欧盟指令都强调工作的灵活性,并维持了基本的劳工标准,保留了建立于 20 世纪 80 年代的英国传统个人主义模式,然而关于雇员磋商和雇员信息获得的欧盟指令则对雇佣关系中的个人主义提出了挑战。

72　然而,自 2000 年以来,工党政府对《欧洲人权公约》的引入影响了英国劳动法,普遍地涉及劳动法的进程、程序、公平性以及内容。最终,英国劳动法专家见证了主导工场规则的法定程序的强化。而且,受到了欧盟发展的影响,法律的宽容度在增强,主要涉及变性、性别、宗教、年龄等方面。

----

　　① 吉登斯:《第三条道路及其批评》,剑桥政治出版社,2000 年。(Giddens,A.,*The Third Way and its Critics*,Cambridge:Polity Press,2000.)

第四章 政府机构在发展和实施劳动法及劳资关系政策中的作用

73 　　法律调控的进步伴随着政府规制机构的发展，这些机构由政府组建，但独立运行。在 20 世纪 70 年代的"社会合同"时代，主导性的原则是三方机构的创建，这些机构致力于促进集体谈判的实施和扩展。其中最重要的两大机构是：咨询、调解及仲裁服务局（ACAS）和中央仲裁委员会（CAC）。英国在反性别及种族歧视领域的立法模式有所不同，她追随美国的就业机会均等委员会（EEOC）模式，建立了两个委员会致力于提高机会的平等。在 20 世纪 80 年代和 90 年代，保守党政府政策反对三方代表制，致力于限制集体谈判的运用。所以，尽管咨询、调解及仲裁服务局和中央仲裁委员会得以保留，它们的核心权限已大大减少。尤为突出的是，咨询、调解及仲裁服务局在扩展、发展和改革集体谈判机制方面的法定职责被取消了，而且，中央仲裁委员会的大部分单边仲裁管辖权也不复存在。相反，保守党政府创立了两个新机构，工会成员权利委员会（Commissioner for the Rights of Trade Union Members）和反非法劳资行动委员会（Commissioner for Protection Against Unlawful Industrial Action），向那些试图对其所属工会或因其他非法劳资行为提起诉讼的个人提供帮助（包括支付合法费用）。不过，这两个机构的实际作用被高估了。工会成员权利委员会每年平均就接待了九位申请人。反非法劳资行动委员会总共就仅为一位申请人提供了服务。因此，新的工党政府颁布了 1999 年《雇佣关系法》（Employment Relations Act 1999）取消了上述两个机构。同时，新的立法对咨询、调解及仲裁服务局和中央仲裁委员会进行重大改革，尤其是关于法定认可程序的实施方面，政府拟建立新的组织。

74　尽管有上述机构的发展,事实上,大多数劳动争议没有通过国家的机制来解决。争议是非正式地通过工作场所的程序或联合性的劳资机构来解决。立法对自愿解决机制一般都是鼓励的。比如,雇主有义务向每位雇员书面告知适用于雇员的惩戒程序和申诉程序。[①] 又如,雇员在涉及不公正解雇[②]、裁员支付[③]以及担保金支付[④]中的法定权利,可以由集体协议当事人合意达成的程序来代替,当然需经国务大臣(Secretary of State)批准。不过,实践中,极少数当事人能获得批准,因为予以批准前须适用苛刻的标准。另外,咨询、调解及仲裁服务局的官员在介入个人或集体的纠纷之前必须尊重当事人选择自愿程序的权利。自 1998 年以来,在雇员胜诉的不公正解雇案中,如果原告(雇员)被通知雇主有针对解雇的上诉程序,而原告放弃使用,雇佣法庭必须降低其补偿标准。[⑤] 2001 年,一种新的仲裁模式被引入到不公正解雇案中,取代雇佣法庭而发挥作用。

第一节　咨询、调解及仲裁服务局

75　咨询、调解及仲裁服务局(ACAS)建立于 1974 年 9 月 2 日[⑥],它是对集体谈判予以法律支持的"社会合同"系列举措的核心内容。[⑦] 该服务组织的职责是优化劳资关系,并取代雇佣委员会(Department of Employment)行使调解、仲裁和协商的职责。它的职权范围最初包括对集体谈判机制的扩展、发展和必要的改革。但上述权力在 1993 年被取消。咨询、调解及仲

---

① Employment Right Act 1996, s. 3. 自 1989 年起,所雇雇员不足 20 名的雇主被免除了该义务。

② Employment Right Act 1996, s. 110.

③ Employment Right Act 1996, s. 157.

④ Employment Right Act 1996, s. 35.

⑤ Employment Right(Dispute Resolution) Act 1996, s. 13.

⑥ 咨询、调解及仲裁服务局取代了之前具有不同功能和组织结构的劳资关系委员会(Commission on Industrial Relations)。

⑦ 咨询、调解及仲裁服务局的法定基础是 1976 年《平等工资法》(EPA)第一部分,现在该法的相关内容在 1992 年《工会与劳工关系巩固法案》。

裁服务局有三大主要特征。第一点也是最重要的一点是,重视自愿解纷的
价值。所以,它没有强制权——它力求通过相关当事人的合作来履行自己
的职责。另外,它在介入个人或集体的纠纷前必须尊重当事人使用自愿解
纷程序的愿望。第二,该机构独立于政府。尽管咨询、调解及仲裁服务局每
年须向国务大臣汇报,它是独立于政府的并不受制于部长的意志。在收入
政策运行的过程中,该组织明确表示,它"不是政府收入政策的解释者或执
行机构"。① 第三,持续性的三方机制。咨询、调解及仲裁服务局的三方委
员会成员包括一位非全职的独立主席和 12 名委员,这 12 名委员包括四名
雇员代表(其中三名通过与英国总工会协商确定)、四名雇主代表(其中三名
通过与英国工业联合会协商确定)和三名独立委员。三方委员会成员由主
管劳资及产业的国务大臣指定。三方委员会对咨询、调解及仲裁服务局的
运行进行全方位的指导。服务机构的日常管理通过执行委员会(Executive
Board)实施,但受制于主席和执行主管的控制。

76　　为了履行优化劳资关系的一般职责,咨询、调解及仲裁服务局主要从
事三方面的工作:第一,预防及解决纠纷;第二,对送到雇佣法庭的实际的和
潜在的诉讼进行调解;第三,提供信息和咨询,促进实践运行。自 1983 年以
来,咨询、调解及仲裁服务局就承担起为有需求的法庭指派独立专家的责
任,因为,在有些诉求同工同酬的案件中,需要专家对当事人的工作进行评
价。在个人提起的不公正解雇案件中,咨询、调解及仲裁服务局还承担了新
的、重要的解纷功能。最后,根据新的法定认可程序,咨询、调解及仲裁服务
局还有好几种重要的职责,比如,在劳资谈判中帮助确定争议事项,帮助当
事人达成协议。

一、避免及解决纠纷

77　　咨询、调解及仲裁服务局对纠纷的预防和解决作用分为两类。第一类
包括集体调解(collective conciliation),并在必要时寻求仲裁或解纷中间人

---

①　咨询、调解及仲裁服务局 1976 年年度报告(ACAS Annual Report 1976)。

的支持。集体调解通常在解决对抗制争议中是最合适的。调解本质上是自愿性的,没有要求当事人接受特定结果的先决条件。相反,它致力于帮助当事人确认解决分歧的方法。第二类作用被称作咨询调停(advisory mediation),它用于强化一种合作及联合的纠纷解决途径。它预防那些即时解纷途径控制范围之外的问题引发的争议。咨询、调解及仲裁服务局继续通过调解积极预防纠纷的产生。在1999—2000年之内,咨询、调解及仲裁服务局接受了1500起调解请求,并完善处理1247件。它的调解成功率高达92%,这些案件中的一半都涉及工资支付和劳动条件。咨询、调解及仲裁服务局也处理解雇、劳工惩戒、裁员支付以及认可等事项。咨询与调停被咨询、调解及仲裁服务局看作是"对工作场所合伙人的实际表达",致力于建立合作的纠纷解决机制,以便预防争端,处理潜在问题,全面完善劳动关系。在1999—2000年之间,该组织完成了595件咨询调停项目,总量比1998—1999年间增加了12%,其中涉及的案件主要包括组织的有效性、管理变革、信息沟通、调解、咨询、雇员以及集体谈判协议等。

二、在雇佣法庭对实际的和潜在的诉求进行调解

78　咨询、调解及仲裁服务局的调解员有促进雇佣权利纠纷解决的法定职责,包括涉及不公正解雇、工资保护、种族及性别歧视、报酬平等、残疾歧视等已经或可以交到雇佣法庭的纠纷。所有这些诉求都需首先提交到咨询、调解及仲裁服务局。在2000年,咨询、调解及仲裁服务局处理了16.4525万件请求,增幅达32%。其中,不公正解雇案占到1999—2000年间案件总量的32%,工资保护和违约案件分别占到22%和18%。接近一半的不公正解雇案得到解决,但只有3%的案件中的原告被重新雇佣。相比之下,关于性别歧视、种族歧视和残疾歧视的案件却较少。

三、提供信息和建议并优化实践运行

79　咨询、调解及仲裁服务局对雇主、雇主协会、单个的雇员和工会就广泛问题提供免费的咨询。咨询、调解及仲裁服务局将其咨询功能(advisory function)看作是履行其法定职责——完善劳资关系的主要途径,并为此目的花费了大量资源。咨询包括对某一问题的短期帮助,也包括对某些咨询、调解及仲裁服务局认为将对劳资关系带来持续、深远影响的问题提供长期的、深度的帮助。咨询、调解及仲裁服务局也通过组织培训论坛,或大量宣传,积极推动涉及劳动关系的实践得以优化。最后,咨询、调解及仲裁服务局有权把实践指导经验加以法典化,以促进劳资关系的优化。据此,《惩戒实施与程序的实践法典》(Code of Practice on Disciplinary Practice and Procedures)得以颁布。咨询、调解及仲裁服务局还颁布了另外两部实践法典(Code of Practice),其中一部涉及为达成集体谈判的信息公开,另一部涉及工会官员与工会成员的休息时间。这三部法典在1997年及2004年经过修正。根据1999年的《雇佣关系法》,咨询、调解及仲裁服务局有权拟定一部法律适用规则,规定在雇员即将就法定认可进行投票之前,工会有权与工作场所保持合理接触。

四、纠纷解决的替代机制

80　　根据1998年《雇佣权利(争议解决)法》(Employment Rights (Dispute Resolution) Act 1998),自愿解纷机制是对雇佣法庭审理的替代,而且咨询、调解及仲裁服务局是该自愿机制的轴心要件。这一模式的目的是减少雇佣法庭的案件量,给当事人提供更自由、更快捷、更私密且花费更低廉的选择。根据该法,当事人可书面约定将其争议提交仲裁,雇佣法庭由此失去对该案的管辖权。咨询、调解及仲裁服务局被授权准备和实施这一仲裁程序。据此,该机构的仲裁作用扩展了,因为,在传统上,咨询、调解及仲裁服务局只对雇主和工会之间的集体争端进行仲裁。最重要的是,鉴于咨询、调解及仲裁服务局的仲裁从来没有法律约束力,在不公正解雇案中的仲裁权力需要一种新机制,通过它,仲裁裁定在必要的时候能像雇佣法庭的判决那样得到同等的实施。如果裁定包括重新雇佣命令[①],它的意义尤其重大。

---

① 所有统计数据皆来源于《咨询、调解及仲裁服务局2004—2005年年度报告》。

第二节　中央仲裁委员会

81　　作为永久性的三方仲裁委员会,中央仲裁委员会(CAC)由政府出资创立于 1975 年,并在 2000 年重新组建。[①] 中央仲裁委员会包括一名主席以及若干代表雇主和工人的委员。在具体案件中,主席和 2 名分别代表争议双方的委员共同裁定。中央仲裁委员会独立于咨询、调解及仲裁服务局,也不受制于政府的任何指令。在 20 世纪 70 年代,中央仲裁委员会为许多"社会合同"性质的成文法的实施发挥了积极作用,包括为许多争议提供单边仲裁,比如,主张延长雇佣期间的争议,要求政府签约人遵循公平工资的争议,未能遵循咨询、调解及仲裁服务局关于工会认可的建议而引发的争议,为达成集体谈判而要求公开信息的争议,涉及法定的联合产业会议的争议,关于集体协议中的公平报酬的争议等。在 20 世纪 80 和 90 年代的保守党政府取消了上述大部分法定权力,中央仲裁委员会的强制权限仅限于为达成集体协议而要求信息公开。直到 1999 年被授予新的权力之前,中央仲裁委员会唯一的重大活动是指控雇主未能按照法定要求为集体协议的达成而公开信息。不过,即便在这一领域,该机构的活动范围也是有限的。从 1999 年 1 月到 2000 年 3 月,中央仲裁委员会只接受了 11 起争讼,其中大部分都通过自愿协议解决而不是它的裁定。不过,中央仲裁委员会通常在自愿解纷程序中发挥积极作用。这些促进机制在该机构创立的第一年被广泛采用,主要是因为它们有方法来纠正因工资政策的运行而产生的反常现象。不过,中央仲裁委员会的自愿仲裁功能在萎缩,到现在近乎枯竭,它接受争议的数量从 1977 年顶峰时期的 1030 件以及 1978 年的 1065 件,滑落到 1989 年的 15 件,到 1999—2000 年间几乎为零。尽管经历这些变化,中央仲裁委员会仍然保持了非正式解决纠纷的价值取向。正如长期担任中央

　　[①]　1992 年《工会与劳工关系巩固法案》第 5 节。

仲裁委员会主席的约翰·伍兹(John Woods)先生所言:

"这个委员会不是传统意义的法院。它的程序和审理都本着彻底的非正式性来设计。该机构的目的是促进非正式解纷途径的建立,而方式是通过对问题的解决而不是通过对冲突和裁定的强调。总之,中央仲裁委员会追求的是劳资关系和劳资争议解决方式的健全。"①

82 依据1999年新工党政府的立法,中央仲裁委员会的核心作用再次得以发挥。它被赋予了两类主要的司法管辖权。第一种是由1999年《跨国信息和雇员协商条例》(Translation Information and Consultation of Employees Regulations)授予的权利,该法使1994年的《欧盟工作理事会指令》(European Works Council Directive of 1994)得以生效。1999年条例授权中央仲裁委员会对以下争议事项进行决定:雇员是否被提供了充足的信息去确定企业中员工的人数和岗位;关于建立"工作委员会"(work council)以及协商该委员会组建事宜的特定机构的请求是否充足。对于这些问题的优先解决方法是举行非正式会议,与会各方享有选择适用咨询、调解及仲裁服务局的调解服务的权利。必要的话,任何一方都有权提起正式的听证程序。

83 中央仲裁委员会被授予的第二类新权力,可能也是影响最为深远的权力,是关于1999年《雇佣关系法》引入的新的法定认可程序。根据该法的新规定,在特定的情形下,一个独立的工会可以向中央仲裁委员会申请一个宣告(declaration),该宣告承认该工会可以代表一个职工团体或者数个职工团体就工资支付、工作时间、假期事宜展开集体谈判。工会一经提交申请,中央仲裁委员会必须马上确定该申请是否会得到认可,其中要考虑的因素涉及:拟组织的谈判主体是否占到该工会成员的10%,是否该谈判单位中的大部分员工希望工会的申请被批准。一旦申请被接受,除非当事人自愿同意,中央仲裁委员会必须决定拟定的谈判单位是否合适。接下来,中央仲裁委员会必须决定是否要举行投票。如果谈判单位中50%的职工已经是

---

① 中央仲裁委员会1999—2000年度报告。

工会成员的话,中央仲裁委员会必须通过投票授予宣告。如果举行投票,需取得投票人中绝大多数人的赞同,这一数量需达到谈判单位职工数的40%。一旦获得认可,当事方必须就谈判程序达成一致,如果不能达成一致的话,中央仲裁委员会就必须决定谈判程序。通常,这一程序构成有法律强制力的合同,如果一方不遵守这一程序的话,另一方可以向法院要求强制执行的命令。中央仲裁委员会也有权力宣布一个工会不被认可。[①]

第三节 公平委员会:公平机会委员会,种族公平委员会以及残疾人权利委员会

84 2006 年《平等法案》(Equal Act 2006)建立了"平等和人权委员会"(Commission for Equality and Human Rights)。立法举措是想把英国已长期存在的反歧视组织——公平机会委员会(EOC)、种族公平委员会(CRE)和残疾人权利委员会(DRC)予以合并。这一新的实体组织从 2007 年开始运作,并致力于提高人权保障。"平等与人权委员会"负责执行有关歧视的成文法,以及关于宗教、信仰、性取向和年龄平等的规范。与被其取代的三个委员会的权力相比,"平等与人权委员会"增强了促进平等、限制歧视等多方面的权力。有关人士要求政府创设一部关于反歧视的单独法,以取代三部主要的相关法律。相关白皮书有望在 2007 年年初发布,希望在 2008 年的时候可以向议会提出议案。[②]

85 历史上,公平机会委员会(EOC)和种族公平委员会(CRE)有着相同的模式,所以可以在此对它们一并讨论。两个委员会各有 8 到 15 名国务大臣任命的成员组成,委员会的一般职责是消除歧视,为男性和女性提供平等

---

① 1992 年《工会与劳工关系巩固法案》附件 A1 第 1 部分,被 1999 年《雇佣权利法》附件 1 采纳。

② 参见赫普尔等人:《通向平等》,哈特出版社,2002 年(Hepple, *Towards an equality*, Hart Publishing, 2002)。

的机会(公平机会委员会的职责)或为不同种族的人提供平等的机会(种族公平委员会的职责),并考察反歧视法律的执行情况。^① 在诉诸到雇佣法庭的有关反歧视的诉讼中,这两个委员会所发挥的作用是对个人诉讼权利的重要补充。许多不合法的歧视案件可能不能送到雇佣法庭,原因如下:个体可能缺乏财力或者没有勇气提出诉讼;个人受到损害的证据很难收集;没有集体诉讼,个体问题的解决对其他的受到歧视影响的个体提供的帮助不大。为了解决克服这些缺点,每个委员会都有权力帮助个体提起诉讼,制定他们自己的诉讼程序,这些诉讼程序涉及歧视性宣传、歧视性指令或压力以及歧视性行为。

86 更重要的是,每个委员会都有对那些疑似非法歧视的案件发起并实施正式调查的权力。这一权力兼具调查和司法的功能,所以,它有权要求提供书面的或口头的证据并出示文件。调查的目的是确保对歧视性行为的改善,之后,委员会可以在调查期间或调查结束后就政策或实践的改善提出建议。另外,如果非法歧视被证实存在的话,每个委员会都通过"不歧视通知"的形式作出自己的制裁,"不歧视通知"(受制于上诉到雇佣法庭的权利)要求被告停止任何进一步的非法歧视,并让委员会知晓其所做的一切改进。只有在"不歧视通知"没有被上诉法院推翻以及在五年内存在持续性歧视的情况下,诉诸于司法裁判才被认为是唯一的最后解决手段,此时,委员会将被告移送到郡法院,并申请法院的禁止令。正式的调查没有发挥出预期的效果,部分原因是其程序太过复杂,而且法院暗含着的程序要求可以使一些被告逃避或者严重地拖延调查。^② 两个委员会都有权力承担和协助研究性或教育性活动,并发布实践法典(Code of Practice)。公平机会委员会的法典于 1985 年 2 月发布,种族公平委员会的法典于 1984 年 4 月颁布(参见下文 414 段)。

---

① SDA 1975,PartⅥ; RRA 1976,Part Ⅶ.

② 参见麦克拉登等:《工作中的种族公平:1976 年种族关系法在雇佣中的实施》,政策研究院,1991 年,第 48—120 页。(McCrudden, C. et al., *Racial Justice at Work*:*Enforcement of the Race Relations Act 1976 in Employment*, London, Policy Studies Institute,1991,pp.48—120.)

87　前面两个基础雄厚的委员会得到残疾人权利委员会(DRC)的加盟。残疾人权利委员会(DRC)于 2000 年 4 月开始运营,由 1999 年《残疾人权利委员会法》(Disability Rights Commission Act 1999)创立。该委员会的主要职责是消除对残疾人的歧视,为残疾人提供平等的机会,并促进残疾人的待遇。委员会的权力包括提出立法修正建议,对公共机构适用法律提供咨询,承担研究工作,为那些对基本原则有疑问或没有帮助的起诉者提供法律援助和建议。像公平机会委员会和种族公平委员会一样,残疾人权利委员会也可以通过非歧视通知来进行正式的调查,并且司法救济是唯一的最终诉诸的手段。在确信个体从事了不合法行为时,残疾人权利委员会还有权同个人达成具有法律约束力的书面协议,这一协议通过郡法院执行。残疾人权利委员会第一年的财政预算是 1100 万英镑,几乎是公平机会委员会的年度预算的两倍(公平机会委员会的财政预算为 580 万英镑),是种族公平委员会的 3/4(种族公平委员会的预算是 1450 万英镑)。在 2001—2003 年的法定计划中,残疾人权利委员会打算将其一年法律财政预算的 1/4(125 万英镑)用于支持个体的典型判例案件(test case),以阐明法律,并为各机构提供良好实践。残疾人权利委员会还宣布将在这段时间内至少要实施一次正式调查。①

第四节　资质认定官员

88　资质认定官员(CO)是有独立地位的法定官员,该职位设置于 1975 年。认证官员负责监管工会内部事务。认证官员建立之初的主要功能是:审查工会,确定其是否真正独立于雇主;签发独立认证(参见下文 474 段);监督年度收益、工会账目及雇员协会;监督政治性基金以及工会之间的合并。这些权力通过 20 世纪 80 年代的立法在逐步巩固。于是,认证官员有

---

①　*Equal Opportunities Review*,83(1999),p.2;96(2001)p.9.

权力受理以下诉求:工会成员就工会没能维持其工会成员身份的准确登记
而提起的申诉;因工会没能够遵守关于秘密邮寄投票选举执行委员会成员、
主席以及秘书长所涉及的法定条款而提起的申诉;认证官员还负责确保对
政治性基金的建立、运作、审查的法定程序得到实施;确保涉及工会成员的
退休金计划的精确计算的法定要求得以遵守。1999 年《雇佣关系法》进一
步扩展了上述权力,其中最重要的是:认证官员有权处理工会成员就(关于
选举和任命的)工会规则被违反而提起的申诉;认证官员执行职业惩戒程
序,负责对劳资行动以外的其他争议进行投票;认证官员还负责处理针对任
何执行委员会、会议或工会其他实体组织而提起的申诉。另外,认证官员的
执法权得以加强,认证官员的执行令具有与法院执行令同等的效力。[①]

第五节　其他相关的政府部门

89　　历届政府之中,与雇佣相关的职能由不同政府部门以及独立或半独立
的政府机构行使。劳工部劳资委员会(Labour Department of the Board of
Trade)于 1986 年成立,旨在收集关于工会、罢工和其他事务的信息。第一
次世界大战期间,成立了独立的劳工部(Ministry of Labour),该机构行使
与调解和仲裁相关的多种职能,这些功能并在后续的部门中得以保留,即就
业与产业部(Department of Employment and Productivity)和后来的就业
部(Department of Employment),最后,该机构于 1974 年 9 月转变为咨询、
调解及仲裁服务局(ACAS)。20 世纪 80 年代,就业部再一次被授权承担起
培训职能以及负责执行政府的放松管制政策。就业部一直在关于政策的协
调和制定以及对雇主协会和工会的研究和协商等方面发挥着重要的作用,
同时也在提供公平机会、收集劳工统计数据方面发挥着重要的作用。就业
部同时向工资委员会、雇佣法庭、雇佣上诉法庭以及调查法庭负责。不过,

---

① 1999 年《雇佣关系法》附件 4。

就业部在 1995 年被分为两个不同的部门：教育与就业部（Department for Education and Employment/DFEE）和劳资产业部（DTI）。2001 年 6 月，布莱尔首相对其实施了广泛的重组。这次改革保留了劳资产业部的核心功能，即，雇佣关系监管，具体作用是：第一，促进关于雇佣期限和雇佣条件的立法，比如，涉及工作时间、报酬、个体就业权利、雇员咨询、工会以及集体权利等事项；第二，谈判以及执行欧盟雇佣指令（European employment directives）；第三，促进工作场所的合作。劳资产业部也必须对以下三个机构负责：雇佣法庭；咨询、调解及仲裁服务局；低收入委员会。低收入委员会负责对国家最低工资提出建议。劳资产业部国务大臣也是现任的妇女部部长，负责妇女团体的事务。新的工作与养老金部（Department of Work and Pensions）承担了原先教育与就业部和社会保障部的部分职能。它的主要职能是执行在就业方面的新政，即，政府在失业控制、福利机构、工作中心、劳动力市场问题的研究以及残疾事务等方面所采取的策略。内政部主要负责种族平等、工作许可以及移民事务。内阁办公室主要负责协调政府部门间的平等，并实施欧共体条约第 13 条下的反歧视指令。

第五章　雇佣法庭和法院

第一节　雇佣法庭的管辖权

90　　劳动法院的专业组织,现在称为雇佣法庭(1996 年之前叫劳资法庭),自 1964 年才存在。该机构根据 1964 年《劳资培训法》(Industrial Training Act 1964)设立,旨在处理一些由雇主针对劳资培训委员会(Industrial Training Boards)对其施加的税负而提起的相对较小的纠纷。从此,雇佣法庭的司法管辖权极大地扩展,囊括了几乎所有法定的个体雇佣权利的纠纷。雇佣法庭处理的诉讼包括:不公正解雇、裁员支付、未能就拟定的裁员或企业转让达成和解、公平支付、违反性别、种族以及残疾歧视的法律条款、非法减少工资、不公正惩戒、被工会开除、星期天工作、工作时间和国家最低工资等。雇佣法庭对工作中的安全与健康、培训、补偿等问题也有管辖权。多万诺委员会认为,劳资法庭应该只处理关于个体权利的案件,不应该处理集体性事务,"因为集体性事务应该通过集体谈判的程序来协商。"然而,对于大部分的案件来说,很难区分它们是属于集体性事务还是个体权利的纠纷,比如,案件涉及不得因从事工会活动而被解雇的权利,或者涉及向工会就即将发生的裁员进行咨询的权利,就很难区分。新确立的、针对劳资行动期间的不公正解雇而提起诉讼的权利尤其打破了在集体性事务管辖和个体权利管辖之间的界限。雇佣法庭的司法管辖权最近又得到了扩展,包括对违反雇佣合同提起主张以及其他产生于雇佣终止的相关合同索赔。由此,之前存在于雇佣法庭同普通民事法院在管辖权上拙劣的划分得到了弥补。不过,鉴于集体纠纷也可能会引起民事诉讼,所以集体纠纷还是由普通法院管辖。

第二节　雇佣法院的管辖权

91　雇佣法院对两类案件享有专属管辖权：（1）侵权诉讼，这类诉讼中最为重要的因素是与劳资行动有关的强制令（禁止令）和赔偿金（参见下文第568—569段）；（2）涉及人身侵害（伤害）以及死亡的损害赔偿诉讼。雇佣法院对违约赔偿也有司法管辖权，但如前文所述，与雇佣有关的合同索赔现在可以由雇佣法庭管辖。在英格兰和威尔士，这些诉讼依据其赔偿数额的大小、重要性、复杂程度以及对处理速度的要求由郡法院或者高等法院管辖。在苏格兰，由地方法院（Sheriff Court）或最高民事法院（Court of Session）管辖。郡法院和地方法院对于小额索赔案件有特别的快速而相对低廉的程序。在英格兰和威尔士有向上诉法院（民事分院）的上诉程序。在苏格兰，当事人可以向地方法院提起上诉，甚至上诉到苏格兰最高民事法院的内庭。其他案件，特别是那些针对劳资行动的禁止令而提起诉讼，在英格兰和威尔士由高等法院（王座法庭或大法官法庭）的一名独任法官审理，在苏格兰由最高民事法院（初审庭）管辖。如果当事人仍不服判决，还有上诉法院和最高民事法院内庭两种上诉途径。上议院（House of Lords）是英格兰、威尔士、苏格兰的最终上诉法庭。上诉到上议院需得到上议院本身或下级法院的许可。高等法院和最高民事法庭对其下级法院有着一般的司法监督。另外，高等法院有固有的司法管辖权去复审特定的决定以及公共雇主的诉讼。

第三节　法庭的构成

92　雇佣法庭的主席（由上议院议长任命的司法官员）负责雇佣法庭的运作。伦敦（苏格兰的格拉斯哥也有中心办公室，辅助苏格兰的雇佣法庭主

席)的雇佣法庭中心办公室(COET)协助主席的工作,登记所有向雇佣法庭
(ET)提出的诉讼和最后的结果。雇佣法庭按地区设置,每一法庭包含一定
数量的地区办公室(ROETs)和一个地区主席,法庭一般设置在这些区域的
中心及几个永久中心。诉讼请求须向合适地区的雇佣法庭正式提出。雇佣
法庭服务委员会(ETS)(现在为法庭服务委员会的一部分),下设于宪法事
务部,负责对全部雇佣法庭的管理。雇佣法庭服务委员会的长官由劳资产
业部国务大臣任命,并向国务大臣汇报工作。雇佣法庭是三方组织结构,包
括一个法务主席(从上议院议长①指定的主席候选名单中遴选,至少担任了
七年的出庭律师②或事务律师)和两个具有雇佣或劳资工作经历的非法律
专业成员。传统上,这两个成员从主管劳资和产业的国务大臣指定的候选
人员名单中选取,其中一个成员同工会协商选取,另一个成员同雇主协会协
商后选取。不过,自2000年以来,工会和雇主对候选名单的指定人数减少
了,由此允许从一般公众中招募成员,组成更具广泛代表性的候选人名单。
这样的结构使得雇佣法庭较普通法庭更多地被工会认可,正如前文所说,普
通法庭经常同工会的利益相冲突。非法律专业成员享有完全投票权,他们
在不知不觉中以多数票击败法律专业主席,尽管他们在法律问题上并不愿
意这么做。非专业人员不打算成为工会或雇主协会的代表。相反,他们想
成为中立的仲裁人,依据他们在劳资关系中的经验提高其裁定的质量。事
实上,绝大多数的决定是全体一致通过的。

第四节　程序

93　　尽管雇佣法庭采用了三方结构,它还是保留了许多普通法院的特点。
对抗式诉讼程序在这些法院依然适用,各方当事人要陈述并证明案情,法庭

---

① 在苏格兰法庭由国务大臣指定。
② 苏格兰最高民事法庭庭长。

自身无调查权。而且,法庭自身也无权促成或强制和解,调解权在庭审之前已经授予咨询、调解及仲裁服务局。另一方面,法庭的强制执行权也没有普通法院那样强大。对于违反雇佣法庭命令的最终处罚也不过是支付一笔钱。雇佣法庭没有权力发出禁止令,无权处以罚金,无权因当事人蔑视法庭而将其监禁。相反,英格兰和威尔士的郡法院以及苏格兰的最高民事法院有权强制执行雇佣法庭的命令。1998 年和 2004 年[①]的立法简化了雇佣法庭的程序。另外,2001 年,咨询、调解及仲裁服务局的仲裁模式引入到不公正解雇案件中,作为到雇佣法庭进行诉讼的替代选择方案。这一仲裁程序必须是完全自愿的,而且必须适用于确实存在的纠纷。雇主和雇员达成的协议选择了仲裁而不是到雇佣法庭,该协议只有在咨询、调解及仲裁服务局调解官员采取了行动或者有和解协议时才生效,和解协议必须满足特定的标准,包括收到由具备资质的合适担保人出具的独立建议。仲裁协议必须附随一个弃权协议,即各方都自动放弃将纠纷提交到雇佣法庭的权利。仲裁协议必须提交给咨询、调解及仲裁服务局,然后由该机构在其仲裁员名单中指定一名仲裁员。仲裁员以及仲裁场地的费用由咨询、调解及仲裁服务局承担(其实是公共财政承担),当事人的费用由各方自己承担。虽然当事人可能会聘请律师代表自己参与仲裁,但实际上律师身份在仲裁中没有任何优势。仲裁的优点是私密性、非正式性、相对较快的处理速度及成本的低廉。该仲裁被设计为非法律性的,不适用正式的诉状、正式的证人或证明程序。而且,对证人的交叉质证程序不被采用。仲裁员将直接对当事人和证人提问,并主动确认事实。仲裁决定一般是终局性的,当事人上诉或改变仲裁结果的机会受到限制。仲裁员角色的优先性要求他或她"遵循公平原则以及雇佣关系中的良好实践……而不是适用法律规则。"这为创新方法的产生提供了可能性,即有别于雇佣法庭在不公正解雇案件中所采纳的方法。[②]

---

①　1998 年《雇佣权利(争议解决)法》。

②　咨询、调解及仲裁服务局解决不公正解雇纠纷的仲裁模式,在该网页上查询:www.acas. org.uk.

94　　雇佣法庭相对于普通法院来说有很多优点。雇佣法庭相对快捷,许多案件在 26 周之内就能进行第一次庭审,而民事法庭的案件往往可能要花几年的时间而不是几个月。另外,雇佣法庭遍布全国,对民众也更方便。尽管对抗制诉讼程序得以保留,但雇佣法庭比普通法院更加随意,没有复杂的法律文书,不受制于严格的证据规则。按照最初设想,雇佣法庭避免使用法律代理服务。当事人可以选择任何代理人或者不用代理。雇佣法庭不享有国家提供的法律援助。尽管有些基金为案件的准备提供法律帮助。在实践中,雇佣法庭中的法律代理服务还是比较普遍的,对于雇主方当事人尤其如此。不过,近几年来,在庭审中由法律代理人参与诉讼的当事人的比例有所下降。雇佣法庭服务委员会的年度报告(ETS Report)显示,在 2004—2005 年期间,有近 8.6 万件案件诉讼到该法庭。这一数据是近 10 年来的最低值,较上一年减少了 25%。其中的原因,部分在于多方案件的减少,部分在于自 2004 年 10 月起引入了新的惩戒(解雇)和申诉程序。这些案件中,大约 47% 为不公正解雇案。因不合法减少工资而引起的赔偿请求案件占了 43%,涉及违反合同和歧视的赔偿请求案件分别占了 26% 和 34%。需要注意的是,并不是所有的案件都到了庭审阶段。雇佣法庭服务委员会报告显示,在 2004—2005 年期间,37% 的案件是在咨询、调解及仲裁服务局调解官的协助下解决的,30% 的案件被撤诉,31% 的案件经过庭审成功解决,8% 的案件没有得到解决,7% 的案件通过其他方式处理了。另外,雇佣法庭服务委员会在 2004—2005 年期间的年度报告显示,82% 的个人案件在六个月内进行了庭审,其中的许多案件在三到四个月内就进行了庭审。

95　　历届政府都致力于创建程序以便有效解决案件积压问题,并消除不合理的案件。自 1989 年以来,有了审前评述(pre-hearing review)的规定,在该程序中,当事人如果想继续进行诉讼,就要交 150 英镑的押金。根据 2004 年的新法规,①押金提高到了 500 英镑。这一做法被批评为对穷人提

---

①　2004 年《雇佣法庭(组建与程序规则)条例》2004 SI 2001,1986;2001 年《雇佣法庭(组建与程序规则)苏格兰条例》2001.1170。

起诉讼设置了前所未有的障碍。同样地,诉讼费的目的是为了阻止不合理的和设想错误的案件。基本的原则是让各方当事人承担自己的花费。但是诉讼费必须考虑那些对案件的胜诉没有影响的不合理的程序。在这方面,当事人代理人的不合理行为也应该被考虑。2004年,雇佣法庭在没有对诉讼成本进行评估的情况下,将诉讼费用由500英镑提高到了1万英镑。这一做法也受到了批评,批评者认为它阻碍了诉讼,同时这一做法可能会鼓励雇主在认为可能会收回他们的诉讼成本时聘请律师。这也严重影响了雇佣法庭的非法律化目标。尽管雇佣法庭不经常进行诉讼费用裁决,但法庭可以发布三种形式的费用命令:(1)花费命令;(2)准备时间命令;(3)被浪费的费用的命令。只有当事人被合法代理时,雇佣法庭考虑了当事人的支付能力之后,才发布费用命令。费用命令的金额在正常情况下不超过1万英镑。具体金额的确定会综合考虑多种因素,如,在提起诉讼时,当事人或其代理人的行为是否无理取闹、放肆、或者是破坏性的或不合理的,或者考虑当事人选择和实施的程序是否被错误地设想(程序规则,第40条第3款)。雇佣法庭服务委员会的报告显示,至2005年3月31日之前的1年内,雇佣法庭对1036个案件做出了诉讼费用裁决,281个判决针对原告,755件判决针对雇主。裁决的平均费用为1828英镑。

第五节　雇佣上诉法庭(EAT)

96　1975年《雇佣保护法》建立了雇佣上诉法庭。新设立的法庭负责处理对雇佣法庭和认证官员的裁决不服的上诉案件。[①] 1996年《雇佣法庭法》(Employment Tribunal Act 1996)规定了雇佣上诉法庭的组织结构,并明确给予了其高等法院的权力。雇佣上诉法庭的司法管辖权覆盖了英格兰、威尔士以及苏格兰。该法院系统在伦敦有五个法庭,在苏格兰爱丁堡有一

---

① 见网站 http://www.employmentappeals.gov.uk.

个法庭,另有苏格兰分庭。上诉到雇佣上诉法庭的案件一般涉及法律问题,虽然一些特定来自认证官员裁决的上诉案件可能同时涉及事实审和法律审。雇佣上诉法庭通常将其作用定位成为雇佣法庭的法律适用提供指导和标准,尽管它有时倾向于拒绝上诉审,其方法是将上诉案件的争端归为事实审以降低法律性和技术性,从而显出雇佣法庭作为特有的快速、经济、便民的纠纷解决机制的特点。雇佣上诉法庭的功能规定于 2004 年的《雇佣上诉法庭(修正)规则》[Employment Appeal Tribunal (Amendment) Rules 2004]。① 就法律问题来说,当事人可以进一步从雇佣上诉法庭上诉到英格兰和威尔士的上诉法院(CA)和苏格兰的最高民事法庭的内庭(上诉庭),但必须经过雇佣上诉法庭或者是高级法院法官的许可。涉及法律问题的案件,可再进一步上诉到最高司法机构——上议院,但须得到上议院的许可。实践中,大部分的上诉案件都只能上诉到雇佣上诉法庭。

97　　对于一个上诉机构罕见的是,雇佣上诉法庭有三方组成人员:一名法官(从高等法院以及苏格兰民事最高法院的名单中选取);两名或者四名非专业成员(从有劳资关系知识和经验的候选名单中选取),像雇佣法庭的程序一样,雇佣上诉法庭的案件中,代表雇主的经验人士与代表雇员的经验人士的数量是相同的。同样,这样设置的目的是想利用他们的劳资关系专门知识,以避免法院裁决的偏袒性。大部分上诉案件都是由雇员提起的。

98　　遵循先例原则(the doctrine of precedent)意味着下级法院和法庭受制于上级法院所做判决的核心法理(*ratio decidendi*)。该原则同样适用于雇佣法庭和雇佣上诉法庭。因此,雇佣法庭受制于雇佣上诉法庭以及所有高级法院的判决,雇佣上诉法庭受制于上诉法院、苏格兰最高民事法院(内庭)以及处于司法体系顶端的上议院的判决。雇佣上诉法庭拥有等同于高等法院之王座法庭以及苏格兰民事最高法院(外庭)的司法管辖权,因此,这两大法院的判决对雇佣上诉法庭的判决有说服力(pervasive force)而没有

---

① 　SI 2004/2526.

拘束力(binding force)。遵循先例原则意味着判例汇编的重要性。既然雇佣法庭的判决只对当事人有约束力,而对这些判决的汇编只具有阐释雇佣法庭实践的意义。而雇佣上诉法院和上级法院的判例汇编则可能是潜在的先例。(主要的判例汇编已在参考文献中列出。)

第六章　劳动法的渊源

99　规范雇佣关系的法律规范来自多种渊源,包括普通法、制定法、实践法典以及自愿性的或自治性的渊源。

第一节　普通法

100　普通法中,法律分析的重点是雇主和个体雇员之间的法律关系。他们的关系被认定为合同关系,其中的假设前提与其他合同关系一样,即,受民事法律平等保护的当事人(雇主和雇员)之间自愿达成的交换允诺。实践中,大部分雇员并没有就雇佣合同的期限和工作条件等问题个别与雇主进行平等的谈判。绝大多数情况下,工作条件和期限或者由雇主单方面决定,或者由雇主或雇主协会与相关工会之间的集体协议予以规定。不管怎样,律师依然将劳资关系视为雇佣合同类型,大部分的权利和义务通过合同机制生效。例如,在集体协议中规定的条款和条件必须写入单个的合同才能发生法律上的效果。(参见第 156—157 段)

101　普通法也是规范集体劳动关系的一种法律渊源。法院发展了一系列调整劳资行为的民事侵权概念(如引诱违约的侵权行为)。尽管这些民事过错已经被复杂的法定豁免体系(参见第 547—552 段)更改和规范,但其基础仍然是普通法。工会与其成员之间的关系也被视为是合同关系(参见第 478 段)。

第二节　制定法

102　由于没有成文宪法(参见第 13 段),英国的立法主要由议会推动。尽管自愿的集体谈判是 20 世纪 60 年代以前英国雇员得到保护的主要法律渊源,但自 19 世纪以来,劳资关系中的某些方面也受到国家规制。包括保护儿童和妇女的立法,关于健康和安全的立法,以及在特定行业内建立起了最低工资标准机制。近来,雇佣立法在快速增加(参见第 70—72 段),另有众多的适用于特定雇佣部门(领域)的制定法。

103　除了议会以外,其他组织,如部长(Ministers)、国务部(Department of State)、公用事业局(public corporation)以及地方政府(local authorities)也享有有限的立法权。只是他们的立法受制于议会的废除或修改。在英国,这样的附属立法有数百项,覆盖了雇佣关系的各个方面,如雇佣童工,对劳资培训的征税,最低工资指令,雇佣机构许可以及雇佣法庭的程序。同样有大量条例适用于特定的雇佣关系领域,英国立法中一个突出特点是,调整中央政府公务服务人员的工作期限和工作条件的法规由公务部部长(Minister for the Civil Service)依据古老的皇室(Crown)特权制定。直到 1984 年才首次建立了这样的制度,即,这些特权要接受司法审查,法院对其合法性、合理性以及程序正当性进行审查。①

第三节　普通法与制定法之间的关系

104　立法干预与普通法上的雇佣合同概念并行发展并经常与之独立,所以,制定法与雇佣合同之间的关系比较复杂。

---

①　Council of Civil Service Unions v. Minister of the Civil Service [1984] 3 All ER 935 HL.

(1)一些制定法上的权利完全在雇佣合同之外运作。例如,依据 1974 年的《工作健康与安全法》,雇主对法定安全责任的违反可能使其成为刑事控告或行政强制的对象,或者,在有些案件中,雇员的受伤则可导致民事侵权案件。

(2)在有些案件中,则是法定权利与合同权利并存。例如,关于被解雇员工的收入保障、孕产期的工资、假期的报酬等事项的法定权利(参见第一部分第四、五章)。在这些案件中,成文法往往有明确规定来避免合同约定与法律规定的重叠,这些规定或者根据法定条款来核算支付总额,或者反过来适用合同中的条款而排除对法定条款的适用,或者通过创设一个"混合权利"(composite rights)使得雇员从法定条款中和合同条款中选择对其最有利的条款。

(3)有些立法明确规定法定义务须作为合同条款而生效。1970 年的《平等工资法》就是一例。该法规定"平等条款"理应被包含在受雇于大不列颠内机构的每一个男性及女性劳动者的合同之中。

(4)其他的制定法在此问题上保持沉默,任由法院或雇佣法庭自由决定合同是否产生法定权利。这样有时导致雇员被剥夺法定的保护(例如,合同因骗税而不合法的情况下,雇员就失去了不得被不公平辞退的法定保护)。

(5)中央仲裁委员会在其法定司法管辖权下做出的仲裁裁决具有效力,视同相关雇员的雇佣合同中的强制性条款。(参见第二部分第四章)

第四节　实践法典

105　实践法典(Code of Practice)的颁布须根据法定权利,即,劳资关系实践部门就法定条款的适用提供指导的法定权利。实践法典不享有等同于制定法及附属立法的法律位阶。不遵守实践法典并不意味着当事人面临法律诉讼。但是,在雇佣法庭、中央仲裁委员会以及其他法院,实践法典可作为证据采用,法庭、中央仲裁委员会以及法院在对某问题做出裁决时,必须考虑实践法典中与该问题有关的条款。① 现在有几个机构有权发布实践法典，但其内容必须得到上下两院的认可。最近的例子是与 2006 年《雇佣指令（指定日）》[Employment（Appointed Day）Order 2006]有关的《种族关系实践法典》（Race Relationship Code of Practice）。②

106　　数个机构有义务去制定实践法典，但必须得到国务大臣和议会的认可。因此，咨询、调解及仲裁服务局有发布立足于改善劳资关系的实践法典的一般权利。③ 该机构发布了三部此类规则，并经过定期修改。围绕集体谈判的信息公开的实践法典于 1977 年生效，并于 1997 年进行了最后一次修改。关于为雇员履行工会职责参加工会活动而请假的实践法典，制定和修订情况与前者一样。关于惩处方法和程序的实践法典于 1977 年生效，现已被新发布的《纪律惩戒程序和申诉程序实践法典》（ACAS Code of Practice on Discipline and Grievance Procedures）所取代。新规则于 2000 年 9 月 4 日生效。种族公平委员会和公平机会委员会分别发布关于消除种族歧视和性别歧视的实践法典，④健康与安全委员会发布关于安全代表和安全委员会方面的实践法典。⑤

---

①　1992 年《工会与劳工关系巩固法案》第 207 条。
②　SI 2006/630（www. opsi. gov. uk/si/si2006/20060630. htm）.
③　1992 年《工会与劳工关系巩固法案》第 199－202 条。
④　1976 年《种族关系法》第 47(1)条；1975 年《性别歧视法》第 57A 条。
⑤　1974 年《工作中的健康与安全法》第 16 条。

第七章 国际劳动法

第一节 范围和渊源

107 持续增长的国际劳工移民引发了三个突出的问题:(1)国家的法院和法庭的司法管辖权(审理和判决的权力)的有限性;(2)在处理涉及外国因素的案件时如何选择对法律的适用;(3)关于国籍的法律以及适用于外国国籍劳动者的最低保护标准。在英格兰和苏格兰,"国际私法"和"冲突法"以同样的含义适用于前面两个问题。关于国籍以及外国工人的待遇问题则被认为是宪法和行政法的一部分,在本书后文(第148—150段)将做探讨。由于英格兰、威尔士、苏格兰以及北爱尔兰各有独立的法律体系,因此英国的国际私法规则不同于英联邦中其他国家的国际私法。具体来说,苏格兰和北爱尔兰法对于英格兰来说就是像意大利法或法国法一样是外国法。苏格兰的国际私法规则与英国以及北爱尔兰的法律体系非常的相似,因此下文对英国的国际私法规则的简单说明与苏格兰和北爱尔兰的相关规则大体一致。

108 判例法是该领域的重要渊源。法官基于公平、礼让以及便利的原则逐渐发展起系列规则。司法管辖权的选择问题完全被认为是一个程序问题。法院或雇佣法庭有没有管辖权完全取决于程序,而不基于当事人的国籍、固定住所或居所。高等法院在受理诉讼时考虑简单,只要权利请求书送达给目前在该司法管辖区域内的当事人,即使该当事人是外国人,即使案件的诉因同英格兰没有事实上的联系,依据程序规则,该当事人也必须接受法院的司法管辖。这一基本的普通法规则已经被议会的立法（Acts of Parliament）和法院规则（rules of court）修改，这些法案和规则将法官对外国人行使送达程序的权力限制于有限的案件中。例如，只有当合同是在本司法管辖区内缔结，或者违约行为发生在本司法管辖区内时，才有可能在与此合同相关的诉讼中申请到向外国人送达的许可。通过这样的方式，法律创立了"拟定的管辖权"（assumed jurisdiction）。该问题的细节不属本书关注范围。雇佣法庭的司法管辖权，就是处理各种法定雇佣权利的案件，相关权利已在上文阐述。

109　对劳动法的适用选择取决于以下因素：(1)英格兰和苏格兰的国际私法规则。这些规则由法官发展而来，并决定合同或侵权是否受制于特定法律体系；(2)英联合王国议会的法案（Acts of the United Kingdom Parliament）以及附属立法中明示或暗示的领土范围规定。其中的一些问题还较少得到法院和法律学者的关注。[①]《罗马条约》第 48 条规定了迁徙自由及其第 51 条规定了结社自由，在此背景下，这些问题就显得尤为重要。1980 年《欧盟公约：合同义务的法律适用》（EU Convention on the Law Applicable to Contractual Obligations 1980）及其补充条约（Protocols），都试图为涉外的案件寻求一致的规则，而不论该案件是否与欧盟有关，关于合同义务的法律适用的《欧盟公约》第六条特别规定了雇佣合同案件中的法律选择问题。英国已于 1990 年通过《合同（准据法）法》对公约的规定予以实施。

第二节　法律选择规则

110　有三个问题必须予以阐明：(1)适用于合同或侵权的法律是什么？

---

①　更详细的阐述可以参见戴西及莫里斯所著的《论法律的冲突》（第十三版），第二部分，第三十三章。（Dicey and Morris, *on the Conflict of Laws*, 13th edn. London, 2000.）

(2)如果适用英格兰(或苏格兰)法的话,被适用的法是否本身限制了它的适用范围,也就是说,是否有自我约束的法定条款,例如,该法只适用于依合同一般在大不列颠境内工作的劳动者所签的合同,或者排除对那些根据英格兰或苏格兰的合同却一般在境外工作的劳动者的适用? (3)是否有法定的条款明确规定其适用,与适用于合同或侵权行为的法律是什么关系? 例如,依合同在英国境内工作的雇员,也包括那些受外国法规制的合同而在英国境内工作的雇员,也就是说,是否适用公共秩序原则?[①] 对于问题,(1)在实施《罗马公约》(Rome Convention)之前,英格兰的和苏格兰的法院适用"合适的合同法",即根据当事人意向来选择规制其合同的法律。如果当事人的意图没有明示,也无法根据情势来推导其"默示意图","合适的法律"就是与合同联系最紧密的法律体系。在后一种情况下,法官会把自己置于"理性人"的地位,去发现同该合同有"最密切最真实联系"的法律。《罗马公约》关于合同义务适用的规则[1990 年《合同(准据法)法》于 1991 年 4 月 1 日对该规则予以实施]允许以自由选择适用作为一般原则,如当事人没有选择时,则合同受制于与合同有最密切联系的国家的法律[②]。《罗马公约》的第 6(1)条对这一般原则进行了一定限制,规定在雇佣合同的案件中,当事人的法律选择不能剥夺雇员在当事人没有选择的情况下所享有的法定保护。这些强制性条款包含了与合同本身有关的条款,也包括了关于健康、安全等事项的其他法律规则。《罗马公约》第 6(2)条规定,没有有效的法律选择时,雇佣合同受制于雇员惯常从事其工作任务的国家的法律,即使该雇员偶尔也被其他国家临时雇佣。或者,如果雇员没有在任何国家惯常地工作,那么适用他从事的事务所属国家的法律。对这一问题,还有一个附带条款规定可以适用其他国家的法律,即综观所有情况,合同总体上与某国有最密切联

---

①　奥托·卡恩-弗罗伊德:《作品精选集》,伦敦,1978 年,第 271 页。(Kahn-Freund, O., *Selected Writings*, London, 1978, p. 271.)

②　参见以下文献:1.莫尔斯(C. J. G. Morse)在上文提及的戴西与莫里斯所编辑的著作之第二部分第三十三章;2.诺斯编辑的《合同冲突》第 143—173 页(*Contract Conflict*, ed. P. M. North, London, 1982, pp. 143—175);3.《欧洲法年鉴》[(1982) 2*Year Book of European Law* 107]。

系,则适用该国的法律。这里的"惯常"(habitual)工作地点同英国雇佣关系立法中的"正常"(ordinary)工作地点类似。

第三节 制定法的适用

111 在不列颠,对制定法的司法解释有一个重要的特点,就是法院拒绝将国际私法的标准适用于制定法。换句话说,英国并不认为制定法的地域适用范围与合适的合同准据法范围是同样的,劳动立法只对在大不列颠境内从事的工作生效。从雇佣权利立法的目的来看,支配个人雇佣的法律是不是英联合王国或其组成部分的法律并不重要①(需指出的是,大部分的劳动立法适用于整个英国,也包括苏格兰。有几个例外的情形,如,关于农业领域的工资以及教师报酬的相关规定,有单独的苏格兰立法)。例如,《工厂法》(Factories Acts)就被司法解释为只适用于大不列颠境内的工厂,② 大部分的现代雇佣保护立法都明确规定只适用于那些依其雇佣合同在大不列颠内"惯常工作"的雇员。③ 属于这种情况的权利很多,比如,关于就不公正解雇进行申诉的权利,还有产生于雇佣过程的各种其他权利,如,孕产权利,由雇主破产而产生的权利,以及工资保障权利等。适用 1970 年《平等工资法》、1975 年《性别歧视法》以及 1976 年《种族关系法》的标准是,工作必须是在大不列颠境内的机构开展的,而且受制于一系列例外,这些例外包括所有被证明"全部或主要地"在大不列颠境外从事其工作的雇员。④ 至于裁员

---

① 1996 年《雇佣权利法》第 204(1)条。

② Yorke v. British & Continental Steamship Co. [1945] 78 LI LR 181(该案中,根据英国法法签订了劳动合同的劳动者在直布罗陀海峡发生事故。法院判决,根据 1937 年《工厂法》制定的《码头管理条例》在本案不适用)。在案件 Tomalin v. S. Pearson Ltd [1909] 2 KB 61,《技工赔偿法》(Workmen's Compensation Acts)仅仅适用于以下事故:产生于大不列颠境内的雇佣或在雇佣过程中事故;现行 1975 年《社会保障法》第 131 条及据此制定的条例。

③ 1996 年《雇佣权利法》第 196 条,该条被 1999 年《雇佣权利法》第 33(2)条及第 44 条替代。

④ 1970 年《平等工资法》第 1(1)条;《性别歧视法》第 6 条,第 10 条;《种族关系法》第 4 条,第 6 条,第 8 条,第 9 条,第 37 条。

支付,惯常地在大不列颠境外工作的雇员无权享有裁员支付,除非在"相关日期"(辞退生效日),该雇员根据其雇主的指示正好在在大不列颠境内。如果雇员惯常地大不列颠境内工作,在相关日期却不在大不列颠境内的雇员有权享有裁员支付。[①]

112　确定法律的地域适用范围的一般标准是雇员是否在大不列颠境外"惯常工作"。上诉法院认为,正确的方法是考察在整个劳务合同期限内的相关明示或暗示的条款[②]。如果合同明示的或默示地要求在工作将全部或主要在大不列颠境外完成,不会产生什么问题。同样地,合同中明示或默示地要求工作将全部或主要在大不列颠境内完成,也没有问题。难以确定的是,合同中让雇主自由决定工作将在哪里完成。在这样的情况下,上诉法院认为,必须首先确定雇员将要被派驻的地方,如果导致相反结论的其他因素不存在,雇员被派驻的国家很有可能就是被认为是其"惯常工作"的地方。即便雇员在其他国家或地区工作了很长一段时间,该规则还是适用的。在确定其派驻地时,所有相关的明示及默示条款都必须予以考虑,包括那些界定雇员所属的总部所在地的条款,总部所在地表示了雇员旅程的起止地点、所受工作指示的来源地、雇员的住所地和工资支付的货币种类。似乎雇员的派驻地不可能是移动着的,而且在整个合同期限内,该雇员不可能同时在大不列颠境内和境外同时"惯常工作"。不过,上议院在劳森诉瑟科案[③]中认为,对于被派驻到国外工作的雇员(包括英国邮政工作人员)来说,享有居住在英国的其他工人的法定就业保护是不常见的。

113　一般来说,英国劳动立法包含了相应的公共秩序原则。例如,1992年《工会与劳工关系巩固法案》、1996年《雇佣权利法》和1970年《平等工资

---

　　①　1996年《雇佣权利法》第196(6)条,自1999年《雇佣权利法》生效之日起被废止。一般而言,要计算一个雇员的持续工作时间(这关系到该名雇员的某种资格和报酬)时,并没有考虑该名雇员存在数周在大不列颠境外工作及未得到任何社会保障的情况。

　　②　Wilson v. Maynard Shipbuilding Consultants A. B. [1978] ICR 376; Todd v. British Midland Airways Ltd [1978] ICR 959; Janata Bank v. Ahmed [1981] ICR 791.

　　③　Lawson v. Serco (2006) UKHL 3; (2006) ICR 250 HL.

法》在适用时都不考虑合同的准据法。①《实物工资法》(Truck Acts)调整对体力工作劳动者的工资扣减,对该法的司法解释也达到了类似的效果。②在这些案件中,英格兰或苏格兰法院会将英国制定法适用于根据国外法制定的雇佣合同中的雇员,只要不超越该制定法的领土适用范围(如,适用于在大不列颠境内惯常工作的雇员)。这一方法可能是合理的,因为劳动立法是法院地(大不列颠)公共政策的一部分,通过雇员同意对较低层次社会法的适用,防止雇主滥用他们的优势谈判权。

第四节　集体劳动关系

114　《罗马公约》的第 6 条不适用于集体协议。相反,集体协议的准据法必须通过《罗马公约》的第 3 条和第 4 条一般规则予以确定。不过,根据第六条的精神而适用的法律将决定集体协议中的条款是否已经融入单个的雇佣合同中。而且,如果依据第 6(2)条而适用的法律使得集体协议对雇主产生法律约束力,雇员不得被取消集体协议对他(她)的保护,该保护是通过选择单个雇佣合同中的其他成员国(Member State)的法律而获得的③。在不列颠,集体协议是经 1992 年的《工会与劳工关系巩固法案》第 179 条推定而成的,而不是由当事人达成强制合同的意图推导而来,除非当事人以书面形式明确规定集体协议具有执行力。上诉法院认为,在确定集体协议的准据法时,这一条款也不是具有实质意义的考虑因素。这一因素可以在对以下案件的分析中予以显示。马耳他籍的船主向位于伦敦的国际运输职工联合会(International Workers' Federation/ITF)提出损害赔偿请求,主要理由

---

①　1992 年《工会与劳工关系巩固法案》第 289 条;1996 年《雇佣权利法》第 204(1)条;1970 年《平等工资法》第 1(11)条。

②　Duncan v. Motherwell Bridge &Engineering Co. Ltd［1952］SC 131. 苏格兰最高民事法院内庭判决,如果在苏格兰境内没有适于工资扣减的相关法律,将适用 1831 年的《实物工资法》。

③　前文所引戴西与莫里斯之《法律的冲突》。

是该联合会错误地颁发了许可证,导致悬挂马耳他国旗、由西班牙船员操作的船只得以根据国际运输职工联合会的规则从事营运。颁发许可证的承诺包含于国际运输职工联合会在伦敦签发的一个打印格式合同中的"特别协议"中,但合同的最终签署地是在西班牙毕尔巴鄂(Bilbao)。根据英格兰法案第 18 条(section 18 of the British Law),这一格式合同没有包含对执行力的说明。按最初的观点,这一特别协议的准据法为西班牙法而不是英国法。因为,这份意在适用于全世界的协议,缔结于西班牙,并对西班牙的船员招募带来影响,所以该合同与西班牙的法律有"最密切和真实的联系"。英国法案第 18 条被认为具有实体性而非仅仅程序性的意义,因此,它是准据法而非对法律争端进行规制的法院地法。①

115　　就劳资行动来说,工会以及其他与别国职工采取国际一致行动的组织,很有可能要在英国法庭上要承担侵权责任。有一些行动往往会导致禁止令的发布。因为,针对那些"促成或激化劳资争议"的任何侵权行为的法定豁免权在此并都不适用(参见第四部分第五章)。② 1980 年和 1982 年《雇佣法》(Employment Acts 1980 and 1982)对"劳资争议"的重新定义,以及次生行动(指工会在罢工时针对第二或中立方进行的设立警戒线或抵制等活动,目的是通过施加压力,使其停止与工会的主要争议对手即雇主的业务关系)被定为非法,使得大部分的劳工行动陷入非法领域(参见第二部分第五章)。另外,1982 年的《雇佣法》大大压缩了豁免权的领土适用范围。只要行为人在英国境内的行为"促成或激化"了与不列颠境外的事务有关的劳资纠纷,该行为就可被定义为"劳资争议",行为人可能在规定的一个或多个

---

①　Monterosso Shipping Co. Ltd v. ITF [1982] ICR 675,CA. 该案判决没有引用 1974 年《工会与劳工关系法案》第 30(6) 条(现为 1992 年《工会与劳工关系巩固法案》第 289 条)。该款规定体现了《工会与劳工关系巩固法案》的立法目的,即,如果一部法律,除该《工会与劳工关系法案(修正版)》外,对某雇佣关系有所限制,无论其是否是英国的法律,或者是否是英国法律的一部分,都不影响该法律对这一雇佣关系的效力。

②　尤其在在涉及国际运输职工联盟(ITF)对"旗帜便利"而提起的诉讼中,以及南非的通讯职工对种族隔离制提起的联合诉讼中,这种后果的发生有多种理由。

主题下深受纠纷结果的影响。[①] 即便劳资行为在其发生地是合法的,法院也会基于经济胁迫的理由支持该劳资行为导致的赔偿金,因为相关的合同由英国法规制。[②]

---

① 1992 年《工会与劳工关系巩固法案》第 244(3)条。这些主题属于劳资纠纷的许可范围,并推定排除了基于跨国公司的投资计划而产生的罢工。

② Dimskal Shipping Co. SA v. ITWF [1992] IRLR 78.

第一部分

个人雇佣关系

第一章　雇佣关系的构成要素

第一节　劳动者的分类

一、概述

116　英国劳动法的属人（ratione personae）范围不是连贯一致的。正如我们看到的，劳动合同在很长的一段时间内都缓慢挣脱雇佣关系的前工业时代（pre-industrial）特征，也就是根据当事人的身份和雇佣的性质来决定关系的内容（如，家政仆人，手工劳动者及劳工）。19世纪，法律试图发展出一般的劳动合同概念而不论工作的类型。欧洲大陆的民法法系，从合同的一般理论发展出了特有的雇佣合同的自治概念。与之不同的是，英国劳动法利用前工业时期"劳务"（service）概念，通过一个又一个的案例基础，逐渐将"雇佣合同"概念化。英国普通法在劳务合同（contract for service）下的劳动者（self-employed workers，自营的劳动者）和劳动合同（contract of service）下的劳动者（employee，雇员）之间做了区分，这种区分与大陆法系对劳务合同（locatio conduction operis）与劳工雇佣（locatio conductio operarum）的区别不尽相同。英国普通法中"雇员"的范畴常常要比民法法系中雇佣合同下的劳动者的范畴狭窄。苏格兰法尽管有着大陆法系的传统，但已经广泛地采用了英国普通法的模式。19世纪以来，制定法通常只限制适用于劳动合同下的劳动者，但决定该合同是否为劳动合同的标准，则由普通法确定。1951年，卡恩-弗氏（Kahn-Freund）认为普通法陷入了诡辩的迷宫[1]，这一趋势

---

[1]　(1951)14 *Modern Law Review* 504.

在过去的50年里变得更加明显。劳动力结构发生了变化①,由全职雇佣职工作成为劳动力市场核心的模式转向新的多元模式,即,兼职工、临时工作和家庭工作(包括家庭小工业的扩展)广泛存在,自营的人数在增多,处于受雇与自营之间的模糊状态的人数在增多。这些转变突出了普通法概念的不确定性、不连贯性和不充足性。有许多劳动者事实上被划分为独立劳动者,如那些在建筑行业中不受雇于他人的分包商,这些独立劳动者通常不被认为是在劳动合同下工作,这形成了规避适用劳动立法的巨大漏洞。普通法对于雇佣合同的判断标准的确不充足,此外,制定法有时被限定只适用于特定的雇佣关系,如适用于商船上的水手、教师、农业工人或特定类型的劳动合同,而且具体的制定法还有复杂的排除适用情形,如排除适用于兼职工作者、临时工作者以及私人家庭中的家政服务员。

二、劳动合同 (contract of service)或劳务合同 (contract for service)

117　　法院在实践中发展出了区分劳务合同与劳动合同的标准。为此目的,法官曾阐述过若干标准。早期的判决强调雇佣关系中的命令和服从因素,由此确立的标准以雇主对工作完成方式的控制为基础。② 依此标准,在劳动合同中,雇主不仅有权命令或要求雇员去做什么还要求其如何做。③ 在某些案件中,该标准可以简单明了地得出答案,但是,在雇员的技术要高于雇主或雇主是团体组织时,该标准的适用遇到困难。④ 所以,越来越多的判决认为,当涉及专业人员或有技术和经验的人员时,雇主的控制力不能成

---

① 参见弗雷德曼:"变动的劳动法:劳动力构成的变化"[Fredman, S., 'Labour Law in flux: the changing composition of the workforce', *Industrial Law Journal*, 26(1997), p. 337]。

② Performing Rights Society Ltd v. Mitchell and Baker Ltd [1924] 1 KB 762; Mersey Docks and Harbour Board v. Coggins and Griffiths Ltd [1947] 1.

③ Collins v. Hertfordshire County Council [1947] KB 598.

④ Cassidy v. Minister of Health[1951] 2 KB 343 at 579; Morren v. Swinton and Pendlebury Borough Council [1965] 2 All ER 349; Market Investigations v. Minister of Social Security [1969] 2 QB 173.

为决定因素。技术性越强,"控制力"在决定雇员是否受制于劳动合同的重要性就越弱。[①] 然而,在最近,上诉法院在确定某人是否为雇员时,依据的标准依然是:"谁规定要做什么?谁规定完成工作的方法以及完成工作的手段。"[②]

118　第二种标准只在少数的情形下适用,它是考察劳动者是否属于雇主组织中的一员来判断。丹宁大法官(Denning L. J.)对该标准的解释为:在劳动合同中,劳动者被雇佣作为企业的组成部分,他所做的工作为企业整体工作中的一部分;然而在劳务合同中,尽管劳动者的工作是为了企业而为,但它并没有融为企业整体工作的一部分,而是附属于企业。[③] 这一标准的适用例证如下:确定为报纸定期供稿的撰稿者是否为报社的雇员。[④] 但是,该标准也是不全面的。特别是在特殊案件中,例如,劳动者提供了一些设备,或者是根据按件计酬方式赚取工资的情形。

119　因此,法院采用了一个更复杂的判断标准,即所谓的多重或混合标准。这一标准参考众多因素,其中任何一个因素都不具有决定性。该标准的逻辑起点是考察是否有足够程度的控制力使劳动者成为雇员,然后考察合同的条款是否与劳动合同中的应有条款一致。[⑤] 这种方法相当于纠问式的方法,因为,如果人们设问的是该合同是否符合劳动合同标准,确实能得出相反的结论。而且,一切取决于与劳动合同"不符合"(inconsistency)的程度。一些案件强调的是自雇(self-employment)的企业性质,这是与劳动合同最"不符合"之处,法官提出的问题是:劳动者在企业中是否代表她(他)自己?[⑥] 在该背景下须考虑的因素包括:第一,劳动者通过投资金钱或设

---

　①　Beloff v. Pressdram Ltd [1973] 1 All ER 241at 250.

　②　Lane v. Shire Roofing [1995] IRLR 493 at 495.

　③　Stevenson Jordan & Harrison Ltd v. Macdonald & Evans [1925] 1 TLR 101.

　④　Beloff v. Pressdram Ltd [1973] 1 All ER 241.

　⑤　Express and Echo Publications Ltd v. Taunton [1999] IRLR 367,CA.

　⑥　Ready-Mixed Concrete (SE) Ltd v. Minster of Pensions [1968] 2 QB 497;Lane v. Shire-Roofing[1995] IRLR 493 at 496.

备,从而得到的赢利几率有多大以及遭受损失的风险有多大;① 第二,在多大程度上劳动者独立于或依赖于开发其才能的出资人。② 这一标准被认为"是基本的标准"。③ 但是上诉法院拒绝认为单独的标准就是基本标准。于是,在任何案件中,所有因素都必须得到考察,包括:控制的程度,遭受损失的风险以及获利的几率,设备的提供,纳税的方式以及国家保险的支付和当事人的意图。雇佣法庭(ET)应该考虑劳动关系的所有方面,任何单独的一点都不具有决定性,每一因素在分量和侧重点上是不同的。④ 另一方面,在麦克法兰诉格拉斯哥市议会⑤案中,雇佣上诉法庭的判决对坦顿(Tanton)案做了区分。该案涉及合格的体操教练在政务委员会(Council)经营的体育中心工作的事宜。如果教练不能上课,她可以从政务委员会确认的注册教练名单中挑选一名替代教练。替代者的报酬由政务委员会而不是由原教练承担。雇佣上诉法庭的主席认为,该案不同于其他案件,因为申请人(即调休教练)不能自己简单地选择不工作,而且她不能自由地提供代替人选,而必须从政务委员会的注册教练名单中选择。

120　　对合同的分类是法律问题还是事实问题呢?上诉到上级法院只是触及法律层面的问题。上议院对前述争论进行了明确解释,即,只有当事人打算将合同的所有条款都包含于一个书面文件或数个书面文件时,对这些文件的解释就是法律问题。⑥ 如果采用客观的方式,当事人的意图必须通过书面文件、当事人的口头承诺以及具体行为等来证实,此时,对合同条款的解释则为事实问题。当事人是否将书面文件作为他们协议条款的唯一记

---

①　Market Investigations v. Minister of Social Security [1968] 3 ALL ER732.

②　参见库克法官(J. Cook)在以下判决中的意见:1. Market Investigations v. Minister of Social Security [1968] 3 ALL ER732;2. Ferguson v. John Dawson & Partners (Contracts) Ltd [1976] 1 WLR 1213;3. Young & Woods v. West [1980] IRLR 201;4. Lee v. Chung [1990] IRLR 236。

③　Addison v. London Philharmonic Orchestra Ltd [1981] ICR 261;Midland Sinfonia Concert Society Ltd v. Secretary of State for Social Services [1981] ICR 454;Warner Holidays Ltd v. Secretary of State for Social Services [1983] ICR 440.

④　O' Kelly v. Trusthouse Forte (plc.) [1983] ICR 728 at 743.

⑤　MacFarlane v. Glasgow City Council [2001] IRLR 7.

⑥　Carmichael v. National Power Co. [2000] IRLR 43.

录,这也是事实问题。上议院在1999年卡迈克尔诉国家电力公司案中再次考虑了临时工的问题。这一案件中,劳动者同雇主单位交换了一份书面文件,协议内容为在单位有需求时则临时性地雇佣他们作为该旅游公司的导游,该公司是由被告的前身公司经营的。像在克拉克案中一样,劳动者没有义务从事工作,该公司也没有义务保障为他们提供工作,只按劳动者实际工作支付报酬。雇佣法庭和雇佣上诉法庭认为他们不是雇员,但上诉法院却支持了劳动者的上诉,认为书面文件的交换已经建立了雇佣合同。上诉法院的大部分法官通过推导关于导游职责履行的默示条款而回避了义务相互缺乏的问题。上议院反对这一做法,支持了雇主单位的上诉。大法官欧文勋爵认为,上诉法院单纯地依赖了文书交换的解释,他将毫不犹豫地判决:公司没有义务提供工作,导游也没有义务接受工作。大法官认为,当事人显然没有打算让文件成为"对他们关系的排他性的备忘录",而且,通过研究他们的交换文件、相关情势,以及当事人的履行情况,雇佣法庭得出的结论是:双方当事人并没有要他们之间的关系受制于雇佣合同的意图。同时参见另外两例判决。[①]

121　最难处理的领域之一涉及边缘性劳动者,如家政工作者、临时工以及代理工作者。他们都不能说成是企业家,也不能归为传统的劳动合同下的劳动者的类别。对于这类劳动关系的研究,不仅需要确定当事人之间合同的性质,而且还要确认是否或有没有合同存在。所有的雇佣中,无论持续时间多么短暂,都构成了简单的工资与工作的交换,如果相同当事人在一段时间内形成了系列的合同,产生的问题是,是否存在一个持续支配性的或全局性的合同主宰了整个合同关系呢?法官已经将相互性(mutuality of obligation)认定为劳动合同中"不可简化的最低标准",相互性即雇员有义务工作,雇主有义务持续地提供工作和报酬。如果劳动者可以在任何具体情形下拒绝工作,那么他(或她)就不能说是根据劳动合同受雇。在实践中,即便

---

①　Stevedoring & Haulage Services Ltd v. Fuller [2001];Wilson v. Circular Distributiors Ltd (2006).

是经济压力迫使劳动者接受工作,这种情形也不能被认定为雇佣合同关系。因此,法院认为,定期性的临时工,[①] 以及在持续一定时间段的航程中工作的渔民,[②] 都并非根据全局性合同受雇,因为,他们并非根据特定的协议而负有去工作的合同义务。由于许多就业保护取决于劳动合同的存在,其结果是,一些弱势的劳动者则仍然没得到保护。不过,在一些重要的案件中,上诉法院乐于根据交易的持续存在推导出合同义务的存在。所以,定期为雇主工作的家政工作者被认为是根据劳动合同而工作。[③]

122　　另一种比较难处理的情形是,雇佣关系中的一方或双方当事人选择将自己定位为某一类型的劳动者以获取特定的税收优惠或社会保障福利。按照严格的合同理论,当事人的协议具有终局决定性。然而,法院则乐于超越当事人对其实质关系的定位。例如,雇主违犯了对建筑工人的法定安全义务时,雇主不能以此作为免除责任的抗辩理由:建筑工人为了误导税务局而同意自雇(self-employment)。[④] 但是,如果有详细的书面合同表达了当事人创设自雇关系的真实意图,那么,该合同被视为"发现双方当事人真实法律关系的最佳材料"。[⑤] 由此,雇佣合同已经成为私人工作合同。[⑥]

三、劳动者的具体分类

A. 雇员(Employees)

123　　对雇员的法定定义以普通法上的劳动合同为基础。因此,雇员被定

---

①　Carmichael v. National Power Co. [2000] IRLR 43; O' Kelly v. Trusthouse Forte (plc.) [1983] RLR 369.

②　McCleod v. Hellyer Brothers [1987] IRLR 232. 另见赫普尔的著述:载《劳资法律杂志》[(1986)15(ILJ)at 75]。

③　Nethermere (St. Neots) Ltd v. Gardiner [1984] ICR 612(CA); Airfix Footwear (Ltd) v. Cope [1978] ICR 1210.

④　Ferguson v. John Dawson & Partners (Contracts) Ltd [1976] 1 WLR 1213.

⑤　Massey v. Crown Life Insurance Co. [1978] ICR 590.

⑥　弗里德兰:"从雇佣合同到个人工作关系"[Freedland, M., 'From the contract of employment to the personal work nexus', ILJ 35 (2006), pp. 1—29]。

义为:缔结了雇佣合同的个体,或者根据雇佣合同(有可能雇佣关系已经终止)工作的个体,不包括从事警察服务的个体。反过来说,雇佣合同则为劳动合同或学徒(见习)合同(contract of apprenticeship),不论其为明示还是默示,(如果是明示)不论其是口头还是书面形式。[①]

124 大部分的雇佣权利仅限于雇员享有。例如,对不公正解雇的申诉权[②],对裁员的赔偿请求权[③],雇佣条款都对这些权利给予了书面陈述。[④] 其他多种个别雇佣保护措施也只适用于雇员。类似的是,一些集体权利,如咨询、调解及仲裁服务局向工会提出的要求信息公开的具有法律约束力的建议,只能通过雇员的雇佣合同发生效力。[⑤] 1999 年《雇佣关系法》之第 23条,授权国务大臣赋予劳动者以雇佣权利,在具体场合使用"职工"(workers)或"雇员"(employee)的描述。这是对普通法对"雇员"定义不充足的承认,也将扩大对劳动者的雇佣保护。

B. 职工(Workers)

125 一些制定法的适用范围超越了雇员,还适用于那些根据合同而亲自完成某项工作或劳务的人。在 1996 年《雇佣权利法》中,"职工"的定义为:缔结或根据(a)雇佣合同或(b)任何其他合同而工作的个体,合同不论其为明示是默示,(如果是明示合同)不论其为口头还是书面形式,据此,该个体为合同另一方当事人履行工作或提供劳务,而对于劳动者个体的知识和业务来说,合同的另一方当事人不是专业性的客户或顾客。[⑥] 1992 年《工会与劳工关系巩固法案》对"职工"的定义与此相似。这些定义都宽泛到足以够涵盖所有的雇员,包括那些临时受雇者和待就业人员,以及那些根据劳动合

---

① 1996 年《雇佣权利法》第 230(1)条;关于学徒的内容见《工会与劳工关系巩固法案》,但受制于该法第 235 条,该条对劳资行动前的投票定义更为宽泛。

② 1996 年《雇佣权利法》第 94(1)条。

③ 1996 年《雇佣权利法》第 135 条。

④ 1996 年《雇佣权利法》第 1 条。

⑤ 《工会与劳工关系巩固法案》第 185 条。

⑥ 1996 年《雇佣权利法》第 230(3)条。1992 年《工会与劳工关系巩固法案》第 296 条。

同而亲自完成工作的人。这些定义排除了那些不亲自履行劳务而请别人代劳的人①,也排除了根据合同出卖劳动成果的劳动者(如作家)②,也不包括为专业客户服务的事务律师(socilitor)。③ 不过,议会已经明确规定,在国家健康服务委员会(National Health Service)从事一般的医疗、药剂、牙齿保健、眼科服务的人员在某些情况下可以被认定为"职工"。④ 被包含在"职工"范畴,对于劳动者享有特定的集体权利是很重要的,比如,可以成为工会的成员(工会必须职工组成)。同样地,《种族关系法》⑤ 和《性别歧视法》⑥不仅适用于根据劳动合同或见习合同而受雇的劳动者,也适用于那些根据合同亲自完成工作或劳务劳动者。如果合同允许当事人将全部的合同义务转让给他人去履行,则不属于亲自完成工作的合同。⑦

C. 公营领域雇员(Public Employees)

126　　尽管本书主要关注私人领域的职工,但对公营领域雇员的法律地位进行简要说明还是很必要的。尤其是许多公共服务的外包,导致许多工作人员从公营部门转向私人领域。⑧ 公营领域的雇佣包括:(1)公营法人单位的雇员;(2)地方政府的雇员,包括从事教育、社会服务及消防服务的人员;(3)中央政府雇员,包括国家健康服务委员会的雇员以及军队人员。在有些方面,公营领域雇员享受的待遇等同于私人领域雇员。特别是地方政府的雇员,国家安全服务委员会的雇员以及公营公司的雇员都

---

① Express and Echo Publications Ltd v. Taunton [1999] IRLR 367.

② Writers' Guild of Great Britain v. BBC [1974] ICR 234.

③ Carter v. Law Society [1973] ICR 113。

④ 1992 年《工会与劳工关系巩固法案》第 27 条。

⑤ 1976《种族关系法》第 78(1)条。

⑥ 1975 年《性别不合格法》第 82(1)条。

⑦ Mirror Group Newspapers Ltd v. Gunning [1986] IRLR 27;Tanna v. Post Office [1981] ICR 374;Hitchcock v. Post Office [1980] ICR 100.

⑧ 参见以下文献:1. 弗里德曼、莫里斯:《国家雇主》(Fredman, S. and Morris, G., *The State as Employer*, *London*, Mansell,1989);2.赫普尔、奥希金斯:《英国公共雇员工会》(Heppel and O' Higgins, *Public Employee Trade Union in the UK*, Ann Arbor,1971)。

是通过雇佣合同受雇的,他们符合大部分雇佣保护权利范畴。不过,这些部门的雇员是否可获得公法上的救济是有争议的,而且存在的判例法很复杂。[1] 从事警务以及公务的人员较特别,其待遇不同于私人领域的雇员。警察不是通过雇佣合同录用,而被视为独立的官员,行使着从其职责蕴含的法律权利中衍生出"天赋权利"。[2] 警察的报酬由地方警局支付,由警察局总长控制和指挥。[3] 在重要的自然公正领域,普通警察被认为是官员(office-holder)。警察的基本工作期限和工作条件在法定条例中做了规范。但警察的工作还受制于法定的纪律规范。警察被排除在大部分个体雇员的雇佣权利之外[4],但享有与性别、种族歧视有关的成文法的保护[5],也享有集体权利的保护。[6] 狱警可以享有雇佣保护权利,但没有参加劳资行动的权利。[7]

127 公营领域雇员中最为特殊的群体就是公务员(civil servant)或王国服务人员(crown servants)。规制公务员的法律框架要追溯到君主的个人随员,而不是现代公共服务复杂的官僚主义结构。王国服务人员能被随意地辞退,他们有没有雇佣合同还在争论之中。国家作为雇主的权力来源于皇家特权,即,保留在君主手中的自由裁量权的残余。[8] 这一权力由主权者在历届部长的建议下通过议会的连续命令授予,其核心是由公务部部长(Minister for the Civil Service)决定雇佣公务员的任职期限和任职条件。不过,随着法定雇佣权利向公务领域的扩张,反歧视权利以及集体权利的发

---

① 弗里德曼、莫里斯:《国家雇主》(Fredman and Morris, *The State as Employer*)第 251—275 页;迪金和莫里斯:《劳动法》(第二版)(Deakin and Morris, *Labour Law*, 2nd edn)第 182—184 页。

② *Fisher v. Oldham Corporation* [1930] 2 KB 364; *Attorney-General for New South Wales v. Perpetual Trustee Co.* [1955] AC 477.

③ 1996 年《警察法》。

④ 1996 年《雇佣权利法》第 200 条。

⑤ 1975 年性别不合格法第 17(1)条;1976 年《种族关系法》第 16(1)条。

⑥ 1992 年《工会与劳工关系巩固法案》第 280(1)条。

⑦ 1994 年《刑事司法与公共秩序法》第 127(1)—(2)条。

⑧ 戴西:《宪法》(第八版),第 421 页(Dicey, *Law of the Constitution*, 8th ed. p. 421)。

展,这些古老的普通法规则的作用已大大减少。①

D. 官员(office-holders)

128　　有时,"官职"(office)概念适用于那些在公营机构以及私营机构中的有一定职权的岗位。例如,剑桥大学和牛津大学的董事,工会管事和执法官等。历史上,这些官员职位区别于劳动合同,附属于这些官职的财产利益受普通法的特别保护。在现代,税收立法针对"官员"做了特别规定。在其他情形中,某人拥有官职的事实并不阻止他(她)被归属于职工或雇员的范畴。② 在这些情形中的判断取决于以下因素:该人是否为系争组织的一员,该职位是否是制定法创设的永久职位,该职位是否持续存在且在任何特定时间都有人任职,以及职位上的官员如何被免职。在现代法中最重要的"官职"例子就是有限责任公司的董事。如果他(或她)也是执行董事的话,那么他(或她)将与公司有劳动合同。③ 另外,还有关于选举官员职位与其他官员职位(如工会中的职位)之间的区分,法院基于自然公正原则(nature justice)对这种区分给予特别保护。④

E. 体力劳动者(Manual Workers)

129　　一般而言,劳动立法平等地适用于体力劳动者(蓝领)和非体力劳动者(白领)。不过,19世纪的立法只适用于体力劳动者,最后一部这样的立法是《实物工资法》,该法被1986年《工资法》(Wages Act 1986)取代。

---

① 1996年《雇佣权利法》第191—193条(最主要的例外是对于以下事项的权利:雇佣条款的书面陈述、最短的解雇提前通知期限、裁员支付要求,但在裁员支付的情况下,"公务员赔偿方案"有更优势的权利);1975年《性别歧视法》第85条;1976年《种族关系法》第75页;1995年《残疾歧视法》第64条(但该法不适用于军队成员);1992年《工会与劳工关系巩固法案》第273—276条(但军队成员不能享受集体权利)。

② Miles v. Wakefield [1987] IRLR 193,at p. 197.

③ 如,Secretary of State for Trade and Industry v. Bottrill [1999] IRLR 326.

④ 如,Taylor v. NUS [1967] 1 WLR 532;Ridge v. Baldwin [1964] AC 40.

F. 家政服务者(Domestic Servants)

130　19 世纪,有特别规则适用于这类劳动者,即"其主要的一般性功能是服务于雇主的人或机构,住宿或半住宿在雇主家,满足雇主、雇主机构中的成员以及该机构的常客的需求。"①《实物工资法》没有将这类劳动者作适用对象。尽管这类劳动者最易受到伤害,《实物工资法》的模式还是被一些现代立法沿用了。最为典型的是例子是 1976 年《种族关系法》。该法就不适用于私人家庭的服务人员,除非这些劳动者遭受了表现为羞辱方式的歧视。② 1975 年的《性别歧视法》做了同样的处理,但欧盟法院认为,这样的立法意味着英国政府违反了欧共体条约(EU Treaty)下的义务。③ 之后,法案才做了相应的修正。现在《性别歧视法》适用对象包括了家政和其他私人领域的劳动者,只有当该工作涉及同雇主有一定程度的社会交往或身体接触,或者工作要求对雇主的生活细节有深入的了解,雇主才可以对工作者的性别有特别的要求。④

G. 特定雇佣从业者(Specific Employments)

131　特别立法适用的对象包括:农业劳动者、糕点师傅、糖果甜食制造商、建筑工人、工程工人、旅馆和餐饮工作者、民用航空企业的雇员、码头港口的雇员、司机、教师、电力及燃气公司雇员、消防员、理发师、洗衣店雇员、法庭行政人员、地方政府官员、商船的海员、国家健康服务委员会的雇员、石油钻井平台上劳动者、商店雇员、邮递员、铁路职工、渔民以及一些运输职工。⑤

H. 学徒与培训生(Apprentice and Trainees)

132　不同的社会背景形成了许多关于学徒的案例以及法律规则,它们在

---

① Junior Carlton Club [1922] 1 KB 166.

② 《种族关系法》第 4(3)条。

③ Commission of the European Communities v. United Kingdom[1984]IRLR29 ECJ.

④ 1975 年《性别不合格法》第 7(2)(6a)条,该条被吸收进 1986 年《性别不合格法》第 1 条。

⑤ 详细参见《雇佣法百科全书》(*Encyclopedia of Employment Law*, Sweet and Maxwell)。

现代社会已经显得过时。学徒关系合同的内容主要是：雇主同意指导学徒并向学徒传授其行业知识、专业技能或经营经验，并在学徒关系存续期间供养学徒。同时，学徒同意为雇主服务并向雇主学习。只有当雇主的行为表示雇主不愿意教学徒时，学徒才可以离开，而且，只有当学徒的表现使得知识传授不能继续进行时，雇主才可以辞退学徒。如果是恶意辞退，学徒可以就其收入损失以及未来预期的损失请求赔偿。雇佣保护立法一般都适用于学徒，[①]但是，学徒在固定期限的学徒关系结束后不能请求裁员支付或主张不公正解雇。[②] 政府资助方案中有许多与就业有关的培训的法律规定，这些方案可追溯到 1964 年《劳资培训法》(Industrial Training Act 1964)。20 世纪 80 年代到 20 世纪 90 年代，政府资助方案的数量激增。1998 年以来，新政为培训生的雇佣提供国家补助。在有些情形下，这些培训生明确被当作"雇员"。但在有些情形下，尽管培训生在雇主的控制下工作，他们可以拿到津贴，却不被当作"雇员"。[③] 见习出庭律师既不是学徒也不是雇员，因此不享有国家最低工资等权利保障。[④] 国务大臣(Secretary of State)为特定目的有权确定培训生是否被当作"雇员"，并依据反歧视立法[⑤]和健康安全立法发布指示命令。最近，上诉法院再次对使用学徒的雇主施加了责任，也就是说，雇主要在学徒合同持续期间为学徒提供工作以及工作中的安全保障。[⑥]

I. 散工与固定期限工人 (Casual and Fixed-term Worker)

133　　在劳动者法律分类中并没有单独的散工这一类别。到 1979 年，国家在取消散工方面取得了重要的进步，尤其采取了特别方案对注册在编的码

---

① 如，1996 年《雇佣权利法》第 230(2)条。

② Northeast Coast Shiprepairers Ltd v. Secretary of State for Employment [1975] ICR 755.

③ 一个根据较早的工作经验项目作出的判决，见 Daley v. Allied Suuplier Ltd [1980] ICR 649。

④ Edmonds v. Lawson QC [2001] IRLR 391.

⑤ 1975 年《性别不合格法》第 14 条；1976 年《种族关系法》第 13 条。

⑥ *Flett v. Matheson* [2006] ICR 673 CA.

头工人的工作及收入给予保障。① 不过,20 世纪 80 年代,政策方向发生逆
转,其标志是《码头工人方案》(dockworkers'scheme)于 1989 年被废止。至
1977 年,出现了一些重要的劳动者群体,他们尤其出现在季节性贸易和季
节性服务领域,受雇时间段较短,且工作连续性经常被中断,并受雇于特定
雇主。上述工作特性常常使这些劳动者被排斥在雇佣保护之外。首先,劳
动者对于在特定时间点是否工作的选择自由,以及雇主拒绝劳动者工作的
自由,导致他们的关系没有充足地构成雇佣合同所需的义务相互性(mutu-
ality of obligation)特征。第二,即便他们是"雇员",他们也不具备被雇佣
的连续性以便有资格享有特定的法定权利。② 2001 年英国在执行欧盟 99/
70/EC 指令时,落实了固定期限工作合同的框架协议,该协议只涉及了一
种类型的散工,包括的劳动者属于以下情形:雇主与雇员签订了雇佣合同或
直接达成了关系,合同或关系的终止取决于某个客观条件,如,到达特定的
日期,完成了特定任务,特定事件的出现。该协议遵循非歧视原则,要求固
定期限工人不得比无固定期限的工人享有更劣等的待遇,除非存在正当的
客观理由。该协议同样遵循适当的临时比例(pro rata temporis)原则,雇主
必须把无固定期限的工人职位空缺信息通知给固定期限的工人,而且雇主
必须为固定期限的工人提供适当的培训机会并增强其工作技能、职业发展
以及职业流动性。该协议要求成员国在使用这种类型的散工时设置一般性
的限制。在写本书时,大不列颠还未出台关于设定这些标准的立法。

J. 由中介提供的临时工(Temporary Worker)

134　　与上述类型的散工不同的是被称为"临时工"的劳动者类型。他们的
劳务机会是中介(职业介绍机构或雇佣代理企业)组织为第三方(雇主)的利
益而在限定时间段内供给的。收费的职业介绍所的行为由已经修改的

---

　　① 法律根据是 1967 年《码头工人雇佣方案》(Dock Workers Employment 1967)。该法案后被
1989 年《码头工人法》(Dockworkers Act 1989)所替代。

　　② 对框架协议的批判,参见默里·吉尔的观点[Murray,Jill (1999)28 ILJ 269 para. 89,note
6]。

1973 年《就业代理法》(Employment Agencies Act 1973)规范。职业介绍机构是为雇主供给劳动力,而雇佣代理企业则是把自己雇佣的人员提供给他方。相关监管规范适用于这两类机构,但监管事项不限于对短期劳动力提供,尽管在实践中这是它们的主要活动。具体的法规[①] 规定了两者的行为标准。雇佣法庭可依国务大臣的申请,禁止劳动者继续在有违规行为的职业介绍所或雇佣代理企业工作。除特殊情况下,职业介绍机构或雇佣代理企业不得收取劳动者的费用,但法律没有对第三方雇主的收费进行规制。由职业介绍机构以及雇佣代理企业提供的劳动者同第三方(雇主)以及劳动力供给单位都有法律关系。这些法律关系具有模糊性。法官认为,"当 A 与 B 缔结了为 C 服务的合同,该合同不是劳务合同(或劳动合同/雇佣合同),而是自成一类的(sui generis)合同,与前面两类合同都不一样。"[②] 由于劳动者没有义务接受中间机构分配的工作,那么职业介绍所与劳动者之间也没有雇佣合同。[③] 即便有充足的"义务相互性"因素,控制的不足也无法将劳动者定位成职业介绍机构的雇员。[④] 临时职工与第三方(雇主)之间是否有劳动合同呢? 这要取决于第三方雇主对劳动者的控制程度。[⑤] 但有案例判决认为,劳动者与第三方雇主之间没有任何合同。[⑥] 劳动者与职业介绍机构之间的关系受到法律调控的程度很有限(例如,雇佣代理企业必须向劳动者提供书面的雇佣条件,而且有义务为劳动者扣除社会保险金)。依据健康与安全立法,第三方雇主要对劳动者的工伤负责。这与 2001 年的摩托罗拉公司案[⑦] 的判决不同,在该案中,劳动者被认定为最后一个雇佣者的雇员(employee)。

---

① 1976 年《职业介绍机构和雇佣代理企业行为规范条例》及其相关条例。

② Construction Industry Training Board v. Labour Force Ltd [1970] 3 All ER 220; Ironmonger v. Movefield [1988] IRLR 461.

③ Wickens v. Champion Employment [1984] ICR 365.

④ Montgomery v. Johnson Underwood Ltd [2001] IRLR 269.

⑤ Motorola Ltd v. Davidson [2001] IRLR 4.

⑥ 如,O' Sullivan v. Thompson-Croom [1973] 14 KIR 108。

⑦ Motorola Ltd v. Davidson and Melville Craig Group Ltd (2001).

135　在目前情况下,上诉法院对 2004 年达卡斯案①的判决的重要性不容忽视,尽管该案仅限于对劳动者和职业介绍机构之间的关系的考察(因为劳动者没有就雇佣法庭对她与最后的雇佣者的关系的认定提出上诉)。上诉法院的意见很清楚,雇佣法庭在处理这类案件时应该仔细考察事实以确定劳动者同最后的雇佣者之间的雇佣关系能否被推定存在。至少从马默里法官(Mummery LJ)的判决可以明显看出,他认为达卡斯夫人和被告之间可能存在默示合同,但这一案件不得不发回雇佣法庭以确定法律争端。之后,雇佣上诉法庭对该案的判决显示,有将劳动者认定为最后雇佣者"雇员"的趋势。雇佣上诉法庭最近的两个案件,②2005 年的电报有限公司案和 2005 年皇家救生艇协会案都维持了雇佣法庭的判决,认为劳动者为最后的雇佣者的"雇员"。在关于该争议的最近判决中,上诉法院认为,达卡斯案中的多数人的观点是正确的。史密斯法官认为,雇佣法庭吸纳了该案中的指导性意见是正确的。他同时指出,指导性意见并不指示雇佣法庭得出任何具体结论,只是引导雇佣法庭考虑劳动者与最后雇佣者之间存在着默示合同的可能性。

K. 居家工作者(Homeworkers)

136　另一类重要的劳动者类别为工作场所外的工作者(outworker)。他们通常在家工作而不是雇主的场地,或者是以家庭作为主要工作地点(如,市场调查)。这些是早已发展成熟的工作方式,其起源可以追溯到 20 世纪早期的"苦力劳工"(sweated labour)。最近的估算表明,居家工作者的人数还在增长。在英格兰和威尔士,有 22.98 万人居家工作,40.08 万人以家庭作为工作基地,两者共占了社会总劳动力的 4%。③ 在传统上,居家工作在

---

①　Dacas v. Brook Street [2004] IRLR 358.

②　Cable & Wireless plc. v. Muscat [2006] ICR 97SCA;Bushaway[2005]IRLR 674.

③　本段所有的数据皆来自哈基姆:《大不列颠居家工作者》(Hakin, C. *Home-Based work in Britain*),1987 年就业部第 60 号调查报告,1987 年第 95 期《就业公报》第 92—104 页以及第 221—225 页。

手工业领域最为普遍,如缝纫构成了家庭手工业的主体。事实上,到 1981 年,只有不到 1/10 的居家工作者(5.875 万人)从事家庭作坊式制造业。相反,随着新技术领域的增加,白领和服务性的工作成为居家工作的主要类型,如打卡操作和文字处理。居家工作者受到的法律保护不如在工作场所的工作人员。虽然工作的平均报酬相似,但是对特殊费用的津贴、工作守则或假日薪酬则很不一样。[①] 绝大多数的居家工作者受雇于非工会成员的单位。尽管居家工作者处于弱势地位,他们并没有在法律上成为独立类别。立法对居家工作者提供了一些法定保护,如要求雇主遵守最低安全要求[②]以及国家最低工资标准。[③] 不过,这些规范并不足以保障家庭工作者的权利而且未得到强制实施。另外,正如我们所看到的,雇佣权利的享有依赖于劳动合同的存在和必要的连续性服务。居家工作的就业地位是模糊的。最近的一些案件中认为居家工作者存在于雇佣合同之下,[④]但只限于他们的具体事实。最近的调查发现,57％的居家工作者认为他们是自营劳动者,有20％的人对他们的就业地位表示质疑。[⑤]

L. 兼职工作者(Part-time Worker)

137　　兼职工作者成为劳动力中越来越重要的组成部分,并且 80％的兼职工作者是女性。间接性别歧视的概念对女性就业障碍的消除发挥了重要的作用(参见下文第一部分第八章)。这一途径的局限性在于必须有男性参考对象的存在(有时可能不存在男性比较对象,如,全是女性工作的单位),寻找对女性有重大不利影响的证据很困难,而且客观正当性的抗辩理由甚至包括了引发歧视的极端市场力量。1994 年国际劳工组织第 175 号公约

---

①　哈基姆:"雇主对居家工、单位外工以及自由工的使用",载《就业公报》['Employers' Use of Homework and Outwork and Freelances,(1984)92 Employment Gazette 146]。

②　1961 年《工厂法》第 133 条。

③　1998 年《国家最低工资法》第 35 条。

④　Airfix Footwear (Ltd) v. Cope [1978] ICR 1210;(St. Neots) Ltd v. Gardiner[1984]ICR 365.

⑤　前引哈基姆著作。

(ILO Convention No. 175 of 1994)以及相应的第 182 号建议(Recommendation No. 182),计划给予所有兼职工作者特定的权利。欧盟委员会指令(97/81/EC)实施了欧盟协会成员缔结的协议,该协议规定了对全职工作者和兼职工作者一律不得歧视的一般原则,该原则受制于客观正当性的抗辩。另外,该协议促进了兼职工作的质量和灵活性。

138　英国 2000 年的《兼职工作(防止差别对待)条例》[Part-Time Work (Prevention of Less Favourable Treatment) Regulations 2000]实施了欧盟的兼职工作者指令(the Part-Time Work Directive)。该条例赋予兼职工作者享有等同于全职工作者的待遇的权利。

第二节　雇佣条款的书面陈述

139　雇主有责任向每一位雇员(有一些例外)提供反映主要雇佣条件的书面文件。① 该规定的目的是保障雇员的权益,以书面的形式列出其受雇佣的条件,以便雇员可以知晓其合同权利,如果有必要的话,雇员可以对雇主提起诉讼。②

140　雇主必须在劳动者受雇开始后的两个月内将书面文件交给雇员。该文件需明确当事人,规定雇佣开始的日期,陈述雇员持续雇佣开始的时间(之间的每一次雇佣期限都计算在内)。书面文件还需规定下列雇佣条款,这些条款在书面文件发给雇员之前的七天内(包括七天)生效:

(i)报酬标准或金额,或计算工资的方法(比如,按件计酬,或加班费支付)。

(ii)支付工资的时间间隔(周付还是月付或是特别的期限内一付)。

---

① 1996 年《雇佣权利法》第 1—7 条。相似条款于 1963 年被首次颁布,于 1993 年根据欧盟理事会指令(91/533/EEC)修订,最后在 2002 年《雇佣法》予以修正。

② Owens v. Multilux Ltd [1974] IRLR 113 at p. 114.

（iii）关于工作时间的条款（包括与正常工作时间有关的条款）。

（iv）关于下列事项的条款：（a）休假的权利，包括公共假期，及假期工资（为了充分保障雇员的权利，在雇佣关系终止时仍可获得假期支付，必须准确计算。）；（b）由于疾病或受伤不能工作，包括涉及疾病支付的任何条款；（c）养老金和养老金方案（被特别的法定养老金法案包括在内的雇员以及其雇主已经依法向雇员提供了相关信息的雇员除外）。

（v）提前通知终止雇佣的时间期限。对于雇佣关系的终止，雇员有义务提前通知雇主，雇员也有权获得雇主对此事宜的通知，这个提前通知的时间期限需书面规定。

（vi）雇员的工种名称，或者对雇员受聘工作的简单描述。

（vii）如果雇佣不是永久性的，须规定准备持续的时间，或者如果该雇佣是固定期限的，则须写明雇佣终止的时间点。

（viii）工作场所，或者雇员被要求或允许在不同的地点工作，表明雇员工作的地点和地址及雇主的地址。

（ix）集体协议中直接影响雇佣的条件和条款的因素。当雇主不是直接当事人，明确合同的签署主体。

（x）当要求雇员在英国境外工作且期限超过一个月，要明确雇员在境外工作的期限，以及在此期间支付薪酬的币种，对雇员支付的额外报酬及任何福利，关于雇员回国的相关条款和条件。

大部分的特别要点必须以一个单独文件规定，但是雇员可就疾病支付和养老金事宜参考别的文件。雇员可参考法律或涉及通知的集体协议。如果雇佣开始后两个月之内雇员要被派往境外工作一个月以上时，该书面文件必须在雇员离开英国之前交给雇员。

141　　另外，1996 年的《雇佣关系法》要求交给雇员的书面文件还必须包括一个通知，该通知必须包含以下内容：

（i）明确适用于雇员的纪律规范（而不是关于工作中健康与安全的规则），或者指出对雇员的纪律管理将参考什么文件的规则，该文件对雇员来说是可以合理知晓的。

（ii）描述雇员在下列情形下可向谁提起权利诉求，并明确雇员提起诉求的方式：

（a）当雇员对与其有关的纪律决定不满意时；

（b）雇员为其在雇佣中受到不公平待遇而寻求救济时；

（iii）在（ii）中（a）（b）情况下的进一步救济措施，解释这些步骤，或指出对这些步骤作出解释的参考文件，但该文件须对雇员来说须合理知晓；

（iv）雇主是否有自己的职业养老金计划，即该计划通过合同约定排除适用 1993 年《养老金法》（Pension Schemes Act 1993）下的国家养老金方案。

1996 年《雇佣关系法》规定的提供书面文件的义务并不适用于特定的雇员类别。比如，王国服务人员，在根据船员协议在英国注册的船只上工作的船员。如果在雇佣开始时，雇主或联合雇主（associated employer）所雇用的雇员数量少于 20 人，则不需要提供确定纪律规范的记录。[①]

142　有必要指出的是，书面文件本身不是合同本身，只是对当事人实际达成条款的不准确反应。"该文件只是单方面陈述了雇主对条款的意见……如果当事人没有承认书面文件本身就是合同以及其表述都是正确的，那么这一法定书面文件并不构成书面的合同"。[②] 然而该书面文件是对合同具体条款的有力证明，但并不具有决定性。[③] 而且，雇员签字接受书面文件的事实，并不必然意味着雇员签署了合同或接受了文件条款的准确性。只有当事人都认可文书内容，它才可能是一份合同。[④]

143　对于书面文件中所列事项的任何变更，必须尽早通知雇员，在任何情况下都必须在改变后一个月内通知雇员。如果变化导致雇员被要求到英国

①　1996 年《雇佣权利法》第 3（3）条。

②　System Floors Ltd v. Daniel［1982］ICR 54 at 58.

③　同上，该案的判决在 Robertson v. British Gas Corporation［1983］ICR 351 得到认可，这也反映了指令（91/5333）的观点。

④　Gascol Conversions Ltd v. Mercer［1974］ICR 420.

境外工作一个月以上时,该变化必须在雇员离开英国开始工作之前让他(她)知晓。文件陈述的改变本身不改变合同的条款,至多是提供了当事人合意改变的证据。而且,雇员毫无异议地继续工作也不意味着他或她默认了文书的变化,尤其当改变涉及的事项没有立即发挥作用。①

144　　如果雇主没有提供书面文件,或文件不完整,或其准确性有疑点时,雇员可向雇佣法庭起诉,雇佣法庭将确定文件所遗漏的条款,或者确认、修正或替换不准确的规定。② 雇佣法庭致力于发现当事人真实的意思表示,"综合考虑所有的因素,包括当事人后续的行为。"在这一实践中,雇佣法庭并不局限于用来确定商业合同默示条款的检验标准。如果雇佣法庭无法确认合意条款,它会推定合理条款。"第 11 条看似对雇佣法庭施加了认定具体条款的法定义务,甚至创设相关条款并以书面形式写入合同。"③尽管这种做法似乎背离了发现合同条款的传统方法,近期的一些案件都强调,雇佣法庭的功能是建立法定书面文件的准确性,而不是改写合同,也不对雇佣关系的公平与否进行判定。④ 这种定位的影响是,雇主只能以正确的方式提供书面文件。然而,雇佣法庭不可强制执行合同条款,雇员因违约而请求的救济只能由郡高院或高等法院管辖。

第三节　签约的主体资格以及雇佣限制

一、儿童和青少年劳动者

145　　根据 1996 年《未成年劳动者条例》(Young Worker Regulations 1996),18 周岁以下的自然人只有限制性签约能力。未成年人可在雇佣合

---

① Jones v. Associated Tunnelling Company Ltd [1981] IRLR 477.
② 1996 年《雇佣权利法》第 11 条。
③ Mears v. Safecar Security Ltd [1982] ICR 626.
④ England v. British Telecommunications [1990] IRLR 330. at 331.

同中获得利益,但一般规则是,只有义务对于他(她)是全部有益时,未成年人才受合同约束。似乎,简单的财产优势足以使合同是"有益"的。①

146 　对于那些不到法定离校年龄(16 周岁)的未成年人的雇佣,英国有法定限制。可被雇佣的最低年龄是 13 岁。13 到 16 岁的孩子不得受雇于任何工厂、矿场、运输企业或英国注册的船只。只有当未成年人的家庭成员受雇于某生产企业时,13 岁到 16 周岁的未成年人才可受雇于同一企业。之前,地方政府有权调控 16 周岁以下的未成年人的雇佣,但是,该权力于 1973 年被取消,源于国务大臣在限制雇佣方面的权限扩张。对处于工作实践计划义务教育最后一年的未成年人的雇佣,国家有特别的监管。对于受雇于娱乐行业的未成年人,国家也有特别的条例。直至 1989 年,英国才有大规模的立法规制对未成年劳动者(即 16 周岁以上,未满 18 周岁)的雇佣。不过,这些规制被 1989 年《雇佣法》取代。其原因是,这些条例增加了雇主的"行政负担",而且,对于未成年劳动者的工作时间没有做出不同于成年人的规定。不过,英国必须根据《关于保护未成年劳动者的欧盟指令 94/33/EC》(Council Directive 94/33/EC on the Protection of Young Persons)(由 1996 年《未成年劳动者条例》实施)对该领域进行重新调整。1998 年的《工时条例》(Working Time Regulations 1998)包括了未成年劳动者的周工作时间长度、夜间工作以及休息时间等。1998 年《国家最低工资法》不适用于 16 岁到 17 岁的劳动者,而且工资低于成年劳动者的对象被设定为 18 周岁到 21 周岁的劳动者。(参见下文第一部分第五章)

二、妇女

147 　单身及已婚妇女享有与男子相同的缔约能力,由婚姻状态引发的性别歧视自 1975 年以后被宣布为非法(参见第八章)。限制妇女从事夜间工作、轮班工作以及其他差别对待的保护性立法,已经被废除了。②

---

①　Chaplin v. Leslie Frewin (Publishers) Ltd [1966] Ch. 71.

②　1986 年《性别不合格法》第 7 条;1989 年《雇佣法》第 9 条。

三、外籍劳动者

148　英国历届政府一直严格限制欧洲经济区(EEA)外的劳动者在英国工作的权利。欧共体条约(EC Treaty)第 17 条禁止了对欧盟公民的歧视,劳动者的自由迁徙废除了国籍对雇佣、薪酬以及其他雇佣条件带来的歧视。详细的欧盟条例直接适用于英国。[①] 欧盟内各成员国的一般义务扩展到了欧洲经济区内的国家(如挪威、冰岛、列支敦士登)。1976 年的《种族关系法》禁止对任何人基于种族、肤色、人种、国籍的歧视(参见下文第一部分第八章)。本部分只谈论所谓的"第三世界国家"的公民(TCNs)。移民控制以及工作许可主要由复杂的非制定法性质的条例所规范,在具体事务的处理中还伴有广泛的自由裁量权。所以,在此只作一个简要说明。

149　非欧洲经济区的国民只有在有限情形下才能在英国工作。这些情形包括:(1)为来英三个月以上的全日制学生提供季节性工作,以便他们在没有公共资助时可以维持生存;(2)通过交流项目来英国两年以上的教师或语言助理;(3)英联邦公民,其祖父母之一出生在英国,且已来英四年;(4)专门来英国接受工作培训或学习工作经验的培训生;(5)海外记者和播音员,销售代表,外交使馆的私人服务人员,宗教管理人员,国际航线的地勤人员;(6)其他经批准的雇佣形式中的雇员。只有某项工作没有合适的英国或欧洲经济区内的国民来从事时,上述类别之外的劳动者才能获得该项工作的许可。

150　还有其他的限制就业条件。比如,未经许可,非英国人不得受雇于公务人员岗位(如果没有相关资质)以及军事岗位。[②] 私人职业介绍机构或雇佣代理企业在英国境外招募劳动者是受到规制的,例如,第三世界国家须确保劳动者获得了以其能够通晓的文字书写的详细材料。[③]

---

　　① 参见巴纳德:《欧共体雇佣法》(第三版),伦敦,2006 年,第 111－154 页。(Barnard C., *EC Employment Law* 3rd edn, London, 2006, pp. 111－154.)

　　② 1955 年《外国人雇佣法》。

　　③ 1976《职业介绍机构和雇佣代理企业行为条例》。

第二章　雇佣合同条款的渊源

第一节　明示及默示的条款

151　　雇主与雇员之间的对等权利义务取决于雇佣合同的明示及默示条款。如果当事人对某些事务没有明确约定，法院会发掘其中的默示条款以便使合同有效。这些条款有时依拟定的当事人意图（事实上的默示条款）推导而成，有时基于习惯和惯例，有时依雇佣关系的法律性质或雇主及雇员的法律地位来推定（法律上的默示条款）。在确定是否根据当事人拟定的意思推定合同条款时，法院传统地采纳了商事合同法上的两种特定方法。第一种方法是，尽量依当事人意图赋予交易的商事效力；①第二种方法是，推定出"不言而喻"的内容来。也就是说，双方当事人进行谈判时，如果好事的第三人为他们的协议建议一些明示条款，双方当事人会确定地说"当然"。②近来，法院认识到，默示条款涉及司法性质的规则制定，而不反映当事人的实际意图。据此，雇主与雇员的关系要求在特定事务上的合意条款，比如，疾病支付或雇佣场所方面。如果这些问题没有形成条款，以及当事人没有就合同条款应该是什么达成一致，法院必须对合同条款进行推定。③在这类案件中，雇佣关系的所有事实和相关情形都必须被考虑到，包括在合同缔结后双方履行合同的方式。最近的一些判决中，法院对以下问题发生分歧：

---

①　The Moorcock (1889)14 PD 64 at 68.

②　Shirlaw v. Southern Foundries Ltd [1939] 2 KB 206 at p. 227.

③　Litster v. Forth Dry Dock & Engineering Co. Ltd [1989] IRLR 161;Mears v. Safecar Security Ltd [1982] ICR 626.

仅仅是对关系"必要"的条款是否被认定为具有法律特质①,或者,更加弹性的"合理性"检验方式是否更加合适。② 在法律中被默示为雇佣关系"必要"特质的最重要条款是:(1)相互合作的义务;(2)雇员诚信服务的义务;(3)雇主对雇员的健康安全进行合理注意之义务,雇员对雇主的业务进行合理注意之义务。这些将在下文第三章讨论。

152 对默示条款的范围界定非常重要。一些默示条款的发展背景是,雇主在普通法上享有不给通知就可辞退雇员的权利。如果雇员严重违反合同条款,他可以被指责为预期违约,雇主因此享有不经通知就解雇他(她)的权利。相反地,当雇主预期违约时,雇员可请求违约损害赔偿。关于裁员支付和不公正解雇的立法将合同概念引入到对"解雇"的法律定义。这一点在"拟制解雇"(constructive dismissal,也译为推定解雇)背景下有特别的意义,即,假如雇主预期违约,雇员有权不经通知就终止合同。因此,立法引起了关于默示条款的系列判例法,尤其是法律默示条款。本文必须考察法院将集体协议、工作规则和通知、实践惯例引入合同的司法技巧。

153 有两点必须强调。第一是默示条款(包括惯例)的选择性质。某内容若与明示条款相矛盾时,它不能成为默示条款。惯例若与明示条款或默示条款相矛盾,则惯例不能被证成。这些原则使得普通法显著区别于大陆法系,也就是说,在普通法中,雇主与雇员的法律关系中没有强制性的规范,尤其突出的是,默示条款总是可以被明示条款取代,即便明示条款对雇员相对不利。在涉及集体协议时,这一点非常重要。第二个基本点是,对雇佣合同要点内容的书面陈述要求增强了合同明示条款与默示条款的证明力,尽管它不是结论性的证据。

---

① Mears v. Safecar Security Ltd,at pp. 650－651,参见史蒂芬逊法官(Stephenson LJ)的观点;Courtaulds Northern Spining v. Gibson [1988] IRLR 305 at 309。

② Howman & Son v. Blyth [1983] ICR 416(EAT) at 420;Jones v. Associated Tunnelling Company Ltd [1981] IRLR 477(EAT).

第二节　来自集体协议的条款

154　英国劳动法的根本观念依然是：工作期限与条件属于个体之间的合同问题。集体协议被推定为无意在工会与雇主之间形成强制性合同，除非当事人受法律约束的意向以书面形式明确表示。① 不过，当集体协议的条款被吸收进当事人的雇佣合同，则发生法律效力。吸收并不是自动发生的，即便是作为最低标准条款，明示协议总是具有优先性。在这一方面，英国劳动法与其他国家呈现出极大差异，比如，在法国，集体协议条款总适用于个体合同，但当个体合同条款对劳动者更有利时除外。英国劳动法上的这一缺陷在经济衰退时就明显暴露出来，此时，雇主可以通过简单地终止劳动合同并提供重新雇佣（其雇佣期限和条件都不如集体协议的规定对劳动者有利）的方式来降低劳动者工资。

155　那么在什么情形下集体协议中的条款才能作为合同的条款而具有强制力呢？遗憾的是，学者们虽然试图建立一套既符合合同原则又反映现实的合并理论，但未能取得完全的成功。其中的困难不少。首先，集体协议通常适用于某种类别的所有劳动者，而不论其是否为缔约工会的成员，即使他后来加入或退出了工会。许多劳动者可能都不知道集体协议的存在。这很难符合合同法基本原则，即当事人双方需对合同条款达成一致。第二，集体协议包含了程序性条款，个人可能并不依照这些条款实施，这些条款也没打算创设个体权利。第三，集体谈判可能在不同层级同时进行，地方和工厂层级上的协议对全国性或整个行业的协议进行补充。法院必须决定这些集体协议中哪些内容可以移入个体合同。须注意的是，劳动者不可直接依据集

---

① 米尔沃德、史蒂芬：《大不列颠工作场所中的劳资关系》，伦敦，1986 年，第 226 页。（Milward and Steven, *Workplace Industrial Relations In Britain*, London, 1986, p. 226.）

体协议进行诉讼,因为他不是集体协议的缔结者。①

156　　条款合并尝试中面临的第一个大问题就是,如何在集体协议和个体合同之间搭建桥梁,填补二者之间的鸿沟。已经出现的合并原则如下:

(a)明示合并:雇主与雇员明确表示个体合同受制于特定的集体协议。如关于雇佣条件的书面文件(这是雇主有义务提供的)明确表示参照了集体协议,则进一步证明了雇主与雇员之间就明示合并达成了合意。②

(b)按惯例合并:作为普遍认可的合同法原则,合同可包含约定俗成的条款,除非当事人明确排除适用。成为合同条款的惯例必须是确凿的、合理的而且广为人知的,尽管劳动者可能忽视它的存在。奥托·卡恩-弗罗伊德将集体协议描述为"惯例的结晶",并认为这是条款合并的基础。③ 这一描述解释了雇佣条件的大体现实,特别是这样的事实,即,集体协议适用于所有的劳动者,不论其知晓该协议与否,支持该协议与否。但是该描述没有解释新的或变更后的集体协议如何被并入个体合同。

(c)默示合并:实践中,即使缺乏明示的合并协议和惯例证明,劳资法庭和法院也很乐意认为集体协议的条款已经被默示地吸纳到了个体的劳动合同中,法院几乎都做了这样的事实推定,即,集体协议被吸纳到了个体合同中,除非有相反的证据存在。④

157　　明示条款、默示条款或惯例等技术手段解决了条款合并的"桥梁"问题。一般来说,在进行集体协议谈判的工会并不被看作是其会员的代表,即便工会意在以会员的"代表"行事。唯一的例外是,谈判涉及的职工数量少,而且争议问题为地方性的,对那些职工来说是个别性的。英国法不喜欢代

---

① 但这在苏格兰法律中是可行的。参见:凯西:《司法评论》(*Judicial Review*,1973,p. 22,at p.39)。英国 1999 年《合同法(第三方权利)》似乎无法改变在英格兰和威尔士的状况。

② 《雇佣权利法》第 1 条。

③ 奥托·卡恩-弗罗伊德之著述,载《大不列颠劳资关系制度》(编者:弗兰德斯、克莱格),牛津,1954 年,第 58—59 页。(Kahn-Freund, *System of Industrial Relations in Great Britain*, ed. Flanders and Clegg, Oxford, 1954, pp.58—59);另见案例:Donelan v. Kirby [1983] IRLR 191.

④ Marley v. Forward Trust [1986] IRLR 369.

理的方法，因为，用韦德伯恩（Wedderburn）的话来讲，"其中会产生许多困惑。"①例如，集体协议普遍适用于工会成员与非工会成员的事实，与"工会只是其成员的代表"的概念不相融合。如果劳动者是在协议缔结后才加入该企业，又会引起另一个问题。根据英国的代理法理论，只有那些在代理人缔结合同时就有缔约能力的被代理人才能在事后认可代理行为。这意味着，集体协议缔结时未至缔约能力年龄（18 周岁）的人不受集体协议的约束。所有问题中最棘手的是，工会成员是否可以在任何时候像代理中的本人撤销代理人行为一样撤销工会的行为。如果可以的话，个体对工会谈判权威的撤回将会使稳定的谈判陷入僵局。②

158　　以上理论面临着一些共同问题。首先，并非集体协议的所有条款都可以并入个别合同中。法院必须区分哪些条款适合并入个别合同中，哪些不适合。③ 但对特定条款的区分必须在个案中根据推定的当事人意图来进行。④ 因此，关于工作时间⑤、辞退程序⑥以及裁员选择程序⑦的集体协议被认为适合吸纳到个别合同中去，因为这些条款个别地影响劳动者。不过，雇主与工会之间就集体谈判机制以及解决劳资纠纷机制达成的集体协议就不适合并入个别劳动合同，即便这些协议对于个别劳动者来说也很重要，因为"几乎不可想象……这些条款曾被打算在职工的诉讼中具有强制力。"⑧相反，这些程序由缔结协议的工会和雇主来实施。法院也没有发展出明确的

---

① 韦德伯恩：《职工与法律》（第三版），伦敦，1986 年，第 327 页。（Wedderburn, *The Worker and the Law*, 3rd edn, London, p. 327.）

② Land v. West Yorkshire CC [1979] ICR 452; Singh v. British Steel Corporation [1974] IRLR131.

③ National Coal Board v. National Union Minerworkers [1986] IRLR 439 at p. 454.

④ Alexander v. Standard Telephones & Cables Ltd [1990] IRLR 55.

⑤ National Coal Board v. Galley [1958] 1 WLR 16.

⑥ Barber v. Manchester Regional Hospital Board [1958] 1 WLR 181; Irani v. Southhampton and South West Hampshire Health Authority [1985] IRLR 203.

⑦ Alexander v. Standard Telephones [1990] IRLR 55.

⑧ National Coal Board v. National Union of Mineworkers [1986] IRLR 439 at 454; City and Hackney Health Authority v. National Union of Public Employees [1985] IRLR 263 (CA)，在该案中，法院裁定，工会管事的认可程序被写入个别合同中。

原则处理国家和地方层面的集体谈判。① 不过,一些集体协议通过自身条款特别规定了自己与其他协议相冲突时的解决办法。如果雇主或工会单方面退出集体协议,又会出现新的难题。因为,合同理论要求双方当事人对合同的更改达成合意。于是,一般认为,一旦集体协议被吸纳进个别合同,雇主或工会单方面退出集体协议也不能否定协议条款的效力。② 雇员的同意可以推导而成,只要他(她)没有反对继续工作。而且,除取消并入的条款,雇主仍有权通过终止个别合同,以及以新的条件重新雇佣劳动者的方式终止来自集体协议的条款的效力。③ 如果,集体协议在工会的同意下做出了改变,那么个别劳动合同也相应的做出改变,其依据是"个别合同在集体协议生效期间受制于集体协议"这一明示或默示的条款。

第三节　来自工作守则和通告的条款

159　　个别劳动合同条款的渊源还可存在于工作守则、通告和其他文件,这些文件是管理部门在聘用雇员之时或之后对雇员发布的。有时,这些规则是集体协商达成的,在这种情况下,规则并入个别合同的方法如前文所述。然而,在很多情况下,这些规则是单方面施加的,此时,规则依以下方式进入到个别合同。

160　　单方确定的规则可能成为劳动合同的一部分:

(1)通过明示并入,例如,在劳动合同缔结之时或之后,劳动者单独签署了一份承认书,承认规则对其具有约束力,或者雇主以合理方式向雇员通知规则的存在,而雇员遵循规则,没有提出反对意见;

(2)通过默示方式并入,比如,劳动者以"通常的条件"接受雇佣,意味着

---

① 比较以下两案:1. Clift v. West Riding CC, The Times 10 April 1964,该案中地方集体协议获胜;Z. Gascol Conversions Ltd v. Mercer [1974] ICR 420,该案判决中,国家层面的集体协议取胜。

② Robertson v. British Gas Corporation [1983] ICR 351; Gibbons v. Associated British Ports [1985] IRLR 376;Airlie v. City of Edinburgh DC[1996]IRLR516.

③ Burdett Coutts v. Hertfordshire CC [1984] IRLR 91.

接受了相关的工作守则;

(3)证明该规则通过习惯和惯例得到认可。

明示规则优先于第二种和第三种并入方式。

161 英国劳资领域的工作守则各不相同,对其作为合同条款的功能不能作一般的陈述。须强调的是,不是所有的工作守则都具有合同法上的特征。例如,上诉法院①在1972年的判决表明,英国铁路守则(British Railways Rules Book)对铁路职工义务的规定不是那些雇员的雇佣合同条款,这些规则只是对职工如何工作进行指导。这意味着,雇主可以在任何时候对工作规则单方面做出修改,而不需要取得雇员的同意。另一方面,雇员必须遵守这些时时被修订的规则,因为他们有义务遵守雇主的合法指示。因此,在这种情况下,工作守则只是合法的管理要求。在其他情况下,工作守则可能被推断为在当事人之间具有合同上的约束力。

第四节 来自习俗和惯例的合同条款

162 行业的习俗和惯例在传统上是劳动合同条款的重要渊源,尽管,由于雇主有义务提供法定的关于雇佣条件的书面文件,工作条件越来越格式化,行业习俗和惯例作为劳动合同条款渊源的机会在不断地减少。20世纪50年代,在制造业领域出现了不同类型的习俗与惯例,即通过非正式的工厂谈判取代全国性的集体协议。这越来越被认可为合同条款的重要渊源。在过去10年里,工厂谈判本身越来越格式化,非正式的工厂谈判不再普遍。要成为合同中的条款,习俗和惯例必须是确凿的、合理的且广为人知的。即使个别劳动者对某一习俗不知情,他(或她)也被拟定为知晓当地的惯例。②

---

① Secretary of State for Employment v. ASLEF [1972] 2 QB 443.

② 典型的例子是:Sagar v. Ridehalgh [1931] 1 Ch. 310. 现参见:Bond v. CAV Ltd [1983] IRLR 360,在该案中,"知晓"的要求被更加严格地适用。

第三章　合作、诚信及注意之义务

163　本章讨论每一劳动合同中蕴含的最重要的三项法律默示义务（参见上文第 146 段）：(1)相互合作的义务；(2)诚信服务的义务；(3)合理注意之义务。

第一节　相互合作的义务

164　近年来，法院将合同当事人之间的一般合作义务发展成为雇佣关系中由法律默示的相互信任之义务。这一义务被称为现代劳动合同的核心，阐述了雇员应该如何被对待。[①] 然而，这一义务是模糊的，而且还有一些问题没能够得到解决，如，义务的相互性程度有多大，当事人是否可以通过合同约定排除该义务。本文首先从雇员有义务遵守合法、合理命令的角度展开，然后再分析雇主的义务。

一、雇员遵守合法、合理命令之义务

165　普通法默示于雇佣合同的最重要概念，就是雇员有义务遵守合法的、合理的命令。这一理念实际上反映了司法部门对雇主的管理特权以及雇佣关系中固有的从属关系的认可。有时，这一义务被认为是忠实服务义务的一个方面（参见下文第 173 段）。但是判例法认为这一默示条款的合理性存

---

① ILJ 27(1998)，ILJ 84(2001)30；赫普尔（Hepple）、莫里斯（Morris）：IJL 31(2002) 245，253；巴米斯（Barnes）：(2004)MLR 435.

在于雇员不得阻止雇主的商业目之义务①,这种观点认为雇主同雇员有着共同的目的,它区别于大多数人的假设——雇主与雇员之的利益冲突根深蒂固。由此,人们阐述了这样的默示条款,即,"在遵守合法的指示时,雇员不会采取具有扰乱工作体系等负面效果的完全不合理的方法,雇员受雇就意味着要保证工作体系的有效运行。"②

166 上述默示条款的范围对于认定雇主享有的普通法上的简易解雇权(right of summary dismissal)的范围具有非常重要的意义。19世纪,如果雇主的命令是"合法的",仅仅是雇员的不服从行为就赋予了雇主快捷地解雇该雇员的权利。于是,雇主拒绝雇员去看望其病重母亲的命令被认定为合法,同样,只要不存在对雇员即时的伤害或疾病危险,要求其继续在危险区域工作的命令也被认定为合法。③ 近来的一些案件认为,只有当雇员的不服从行为足以构成对合同的预期违犯时,该行为才能让解雇行为正当化。④ 1974年,司法判决认为,"许多判决引用上个世纪的判例,与当前的社会条件完全脱节了……现在我们开始意识到,劳动合同对当事人施加了相互尊重之义务。"⑤而且,近来的案件表明,雇员可以拒绝超长时间的工作,以及拒绝承担导致与压力相关疾病的超额任务。⑥

167 一些案件开始关注"要求雇员转移到新的工作场所"的命令的合理性。如果没有明示的转移义务,法院倾向于推导出相应的默示条款,综合考虑多种因素,包括雇主经营的特性,以及雇员之前是否有过转移工作地点等。⑦

---

① Secretary of State for Employment v. ASLEF〔1972〕2All ER,949 at pp.971-972,巴克利大法官(Buckley LJ)的观点;Ticehurst v. British Telecommunications plc.〔1992〕IRLR 219, CA.

② Ibid., at p.980,罗斯基尔法官(Roskill LJ)的观点,同时参见丹宁勋爵(Lord Denning)的观点, at p.965.

③ Turner v. Mason〔1845〕14 M & W 112.

④ Laws v. London Chronicle (Indicator Newspapers) Ltd〔1958〕1 WLR 698(CA).

⑤ Wilson v. Racher〔1974〕ICR 428 at 430.

⑥ Johnstone v. Bloomsbury AHA〔1991〕IRLR118(CA);Walker v. Northumberland CC〔1995〕IRLR 35.

⑦ Jones v. Associated Tunnelling Company Ltd〔1981〕IRLR 477.

即便有明示条款要求雇员转移到其他工作场所,雇佣法庭也会推定这样的默示条款,即雇主实施其要求雇员转移的权利时,必须给雇员合理的通知。① 尽管上诉法院拒绝推定这样的默示条款,即雇主只有基于"真实有效原因"(该概念在范围上很不确定)才能行使其要求雇员转移工作场所的明示或默示权利②,但雇佣上诉法庭最近则使用了这样的默示条款,即,雇主在行使其要求雇员转移的权利时,其方式不能伤害双方之间的信任关系。③当转移对女性有不利影响时,要求雇员转移可能构成间接性别歧视,除非能得到客观的正当化认定。④

二、雇主采取措施以达成雇佣关系目的之义务

168　　与雇员广泛的默示义务相比,雇主的默示义务则传统地限于不要阻止或干扰雇员履行合同义务所需明示条件的发生(如为按计取酬的工人提供工作)。在不公正解雇法的影响下(参见下文第七章),雇主的上述默示义务被发展成相互信任的默示义务。⑤ 尽管它没有扩展至雇主应合理对待雇员的要求⑥,但它确实要求雇主的行为方式不得伤害双方的信任关系⑦,并要求雇主须善意而体恤地对待雇员。⑧ 雇主需采取积极的措施以促成雇佣关系之目的,不仅需关注雇佣的物质条件,如支付以及安全等,也需关注心理状况,这对雇员履行合同义务至关重要。 比如,雇主需采取积极措施保护雇员不受其他雇员骚扰⑨,不得在其下属面前严厉批评主管雇

---

① Prestwick Circuits Ltd v. McAndrew〔1990〕IRLR 191 Ct of Seeion;United Bank v. Akhtar〔1989〕IRLR 507,EAT.

② Murco Petroleum v. Forge〔1987〕ICR 282.

③ United Bank v. Akhtar〔1989〕IRLR 507.

④ Meade Hill v. British Council〔1995〕IRLR 478.

⑤ 如,Woods v. W. M. Car Services (Peterborough) Ltd〔1982〕ICR 693.

⑥ Post Office v. Roberts〔1980〕IRLR 347.

⑦ Courtaulds Northern Textiles Ltd v. Andrew〔1979〕IRLR 84.

⑧ Woods v. W. M. Car Services (Peterborough) Ltd〔1982〕ICR 6.

⑨ Wigan BC v. Davies〔1979〕IRLR 1278;Bracebridge Engineering Ltd v. Darby〔1990〕IRLR 3.

员①，积极调查雇员受到的不公正待遇②，一视同仁地尊重雇员。③ 雇主不得基于不充足证据就指责雇员的行为失当④，也不能无理地警告雇员以致对其心灵造成伤害。⑤ 雇主不得在没有明示条款的情况下要求雇员接受药物检查或搜身，甚至在雇员拒绝时就勒令其暂停工作。⑥ 尽管雇主的偶尔行为可能不构成对上述条款的违犯，雇主的系列行为就无疑要遭受制裁。⑦ 在不公正解雇的情形下，对合作义务的扩展尤其重要，因为，如果雇主违犯其义务，雇员有权辞职并就被"推定解雇"（constructive dismiss）提出索赔。

169　最近的发展有两点，一是雇主必须善意行使其明示权利的观念，二是雇主不得行使弹性的合同权利由此损害合同关系的目的。⑧ 不过正如一些评论家期待的那样，判例法的发展并没有将雇佣合同关系当作善意关系。⑨ 因此，在雇员依照合同实施提前退休方案（early retirement scheme）时，雇主没有法定义务提醒雇员这对雇员不是经济上最有利的选择。相互信任的义务不能与托付关系混淆。⑩ 在开创性的 1997 年马利克诉国际商业信贷银行案中⑪，上议院认为，裁定雇主对信任义务的违犯必须满足以下条件：

---

① Courtaulds Northern Textiles Ltd v. Andrew [1979] IRLR 84.

② British Aircraft Corporation v. Austin [1978] IRLR 332.

③ Garner v. Grange Furnishing Ltd [1977] IRLR 206；Palmanor Ltd v. Cedron [1978]ICR 1008.

④ Robinson v. Crompton Parkinson Ltd [1978]ICR 401.

⑤ Walker v. Josiah Wedgewood & Sons Ltd [1978] ICR 744 at 754.

⑥ Bliss v. Southeast Thames Regional Health Authority [1987] ICR 700.

⑦ Lewis v. Motorworld Garages Ltd [1986] ICR 157.

⑧ Imperial Tobacco Pension Trust Ltd v. Imperial Tobacco Co. Ltd [1992] 2 QB 333；Johnstone v. Bloomsbury AHA[1991]IRLR 118；Aspeden v. Webbs Poultry & Meat Group Holdings Ltd [1996] IRLR 521.

⑨ 布罗迪（D. Brodie）：(1998)ILJ 79 at 87。

⑩ University of Nottingham v. Eyett [1999] IRLR 522；Scally v. Southern Health and Social Services Board [1991] IRLR 522；弗里德兰（M. Freedland）之著述，载《劳资法律杂志》[125 ILJ (1992)135 at 138—140]。

⑪ Malik v. BCCI [1997] IRLR 462.

(1)雇主行为对双方的合同关系造成损害,"客观看来,该行为破坏或严重伤害了雇员在雇主那里应合理享有的信任。"①这里强调的是对雇员的影响而不是雇主的主观意图。② (2)当雇员在雇主实施上述行为期间就意识到行为的存在,雇员有权不经通知雇主而终止合同。如果雇员在终止合同后才意识到上述行为,并能证明雇主的行为对他(她)造成了比较直接的影响,雇员可提起经济损害赔偿。不过,信任义务并不是支持雇佣关系终止而放任以下后果,即,雇员无权因辞退方式不妥(导致雇员精神失常)或者让其更难找到新的工作,而享有普通法上的损害赔偿权。③ (3)雇主的行为必须破坏或严重伤害到雇主与雇员之间的信任。因此,在雇员不知情的情况下向雇员的未来雇主揭露雇员的不良行为以此阻止雇员再就业,该行为构成了对信任义务的违犯。④ 这意味着,在雇主辞退雇员时,不论雇主解雇雇员时的行为有多么不公正、不合理,雇员都不得因解雇方式提起损害赔偿请求。可将前述 2001 年的案例与 2004 年的案例⑤进行比较。如果雇主在"解雇前"的行为不合理,则可导致因违犯默示条款而引起的损害赔偿之诉,违犯默示条款可以解释为独立于后来的解雇,经济损失直接来自于雇主的违约,雇员可就其经济损失提起诉讼。该诉讼不受雇佣法庭关于不公正解雇的诉讼时效的限制。而且,由于该诉讼并非不公正解雇案,因而雇员的索赔金额没有上限,当然原告的主张受制于双倍赔偿规则。这是由上议院的判决确定的。⑥

三、提供工作之义务

170　　　雇主与雇员有合作完成合同义务的责任。从雇主的立场上来看,这

---

① 同上,参见尼科尔斯(Lord Nicholls)勋爵的观点,第 464 页。

② 同上,参见斯泰恩勋爵(Lord Steyn)的观点,第 469 页;Macari v. Celtic FC [1999] IRLR 787.

③ Johnson v. Unisys Ltd [2001] IRLR 279.

④ TSB v. Harris [2000] IRLR 157. 在某些情况下由于疏忽而造成的误述可能也要承担责任, Cox v. Sun Alliance Life Ltd [2001] IRLR 448.

⑤ Dunnachie v. Kingston upon HullCity Council [2004].

⑥ Eastwood v. Magnox Electronic plc. (2004).

一般就意味着支付薪酬的义务。超过一定时间不支付薪水就是对雇主的基本义务的违犯，由此，雇员有权不经通知就终止合同。不过，一般情况下，雇主没有为雇员提供工作的义务，只要他持续支付薪水。

171　在下面三种例外情况下[①]，雇主必须为雇员提供工作：

（1）合同约定雇主须向雇员提供薪水并为其提供成名的机会，比如，涉及演员、艺术家的经纪合同就是这种情形；

（2）约定佣金或同按件计酬的劳动合同，约定向雇员提供一定比例的报酬，同时默示了为雇员提供合理数量的工作；

（3）与技术性劳动者签订的劳动合同，雇主承诺向雇员支付薪水同时也默示了为劳动者提供一定数量的工作以保持或提高其技术水平。

172　丹宁大法官（Denning L J）[②]建议，劳动者有被提供工作的一般权利，但该观点没有被普遍采纳。前面所提到的例外情况下，雇主有义务为雇员提供工作，当雇主不履行该义务时，雇员享有不经通知雇主就终止合同的权利。有时，因不可抗力的发生，双方都没有过错的情况下，雇主不能提供工作导致合同受挫，于是合同自动终止（如大火烧毁了整个工作场所）。（参见下文第 289 段）

第二节　受雇人诚信服务之义务

173　雇员必须忠实为其雇主服务。[③] 这一基本义务可以明示合同条款来扩展，但是，即便合同中没有具体规定，雇员的义务也存在于基本的法律默

---

①　Langston v. AUEW（No. 2）［1974］ICR 510. 参见约翰·唐纳森（John Donaldson）的观点，第 521 页。

②　Langston v. AUEW（No. 2）［1974］ICR 180 at p. 190.

③　赫普尔："英国法中的雇员忠诚"［B. Hepple, 'Employee Loyalty in English Law', *Comp. Lab. Law and Policy Jo.* 20（1990），205－224］。

示,即,雇员不得侵占雇主的财产,不得滥用雇主的商业秘密和保密信息(竞业禁止内容将在第九章讨论)。不过,雇主与雇员的关系不同于托付关系。雇员为自己的利益而行为的自由受明示和默示的合同条款调整,并不受制于一般的受托人义务,即以雇主的利益而行事。受托义务产生于合同关系中的特定事实。①

一、侵占挪用财产

174　　雇员有义务保持其适当的账目,当雇员秘密收受属于雇主的财产利益,雇员必须对此予以赔偿。② 侵占财产在普通法构成简易解雇的理由,即便侵占的事实在雇员被辞退之后才曝光。③ 依据不公正解雇条例,只要雇主在解雇雇员时有合理的理由相信其雇员有侵占行为,并且展开了在当时情形下尽可能的合理调查④,那么对雇员的解雇就是合法的。如果侵占行为在合同依正当通知而终止之后才发现,雇员仍然有权获得他在违反合同义务之后的正常工作期间的报酬。⑤

二、业余时间的工作

175　　除非双方当事人以明示方式在合同中做出了相反约定,一般情况下,法律对雇员在业余时间的工作没有任何限制。但是,雇员不可以从事对其主要雇主可能有不利影响的工作。于是,法院可能颁发强制令禁止雇员在其业余时间为对其主要雇主形成竞争的雇主工作,而"竞争性工作"常常成为雇主解聘雇员的正当理由。当然,业余时间的工作与其主要雇主所从事商业活动属于同一领域对于"竞争性工作"的认定还是不够的,还必须有业余工作占用了

---

① Nottingham University v. Fishel [2000] IRLR 471.

② Reading v. Attorney-General [1951] AC 507.

③ Boston v. Ansell [1988] 39 Ch. D. 339 (CA).

④ British Home Stores v. Burchell [1980] ICR 303; Weddell & Co. Ltd v. Tepper [1980] ICR 286 (CA).

⑤ Horcal v. Gatland [1984] IRLR 291(CA).

雇员大量的时间、精力，以及对主要雇主造成损失的其他明显危险因素的存在。[①] 当这些因素能得到证明时，法院会发布否定性的强制令，禁止雇员为主要雇主的竞争对手工作，只要雇员不面临"工作或挨饿"的选择。[②]

三、商业秘密和保密信息

176　　雇员不得向第三方泄露雇主的商业秘密，也不得滥用在雇佣过程中所获得的保密信息。有时，保密义务会延续至雇佣关系结束之后。在雇佣合同没有明示条款对这些问题做出规定时，雇员的上述义务属于默示条款范畴。当雇员处于雇佣期间，忠实义务的范围因雇佣合同的性质而不同。雇员制作或复制雇主的客户名单以便在其劳动关系结束后使用，或刻意记忆这样的清单，都构成对忠实义务的违犯。不得使用或泄露信息的义务显然涉及以下内容：保密的生产流程，如，化学配方、设计以及其他具有足以达到高度秘密性的信息。[③] 在托马斯·马歇尔（出口）有限公司案中[④]，法官对受保护信息的等级划分做了以下建议，即，(i)信息所有者合理地相信信息的泄露会对其造成有害影响；(ii)信息所有者合理相信信息还没有进入公共领域；(iii)根据其他工业或商业领域对该信息的使用，该信息应该被判定为具有机密性。在司法判决中[⑤]，法官对足以构成商业秘密的信息和相对不重要的信息做了区分。在雇佣期间，这两种信息，即雇员只有在雇佣期间或因雇佣才能获得的信息，都是属于默示保密条款所涵盖的内容。但上诉法院认为，在雇佣关系结束后，默示保密条款只保护那些足以构成商业秘密的信息。需综合考虑的因素很多，包括雇佣关系的特点（经常使用有重要信息的雇员应负更高的保密义务，因为其非常熟悉这些材料），信息的性质，雇

---

① Hivac Ltd v. Park Royal Scientific Instruments Ltd［1946］Ch. 169；Novac Plastics Ltd v. Froggett［1982］IRLR 146.

② Warner Bros Pictures Inc. v. Nelson［1937］1 KB 207.

③ Faccenda (Chickens) v. Fowler［1986］ICR 297；Herbert Morris Ltd v. Saxelby［1916］AC 688 at 704.

④ Thomas Marshall(Exports) Ltd v. Guinle［1978］ICR 905.

⑤ Faccenda (Chickens) v. Fowler［1986］ICR 297.

主是否向雇员强调了信息的机密性,以及这些信息是否能轻易地同雇员可以自由使用或泄露的信息区别开来。当然,雇主可以通过明示的担保书对雇员的默示保密义务予以补充(参见下文第 365 段)。有时,雇员故意记忆或拷贝信息以便于其在雇佣关系结束后使用,明显违犯默示的善意和忠实义务。早在 1895 年,上诉法院就判决,在这类案件中雇主不必证明这些信息的机密性。[①] 该观点得到上诉法院的再次确认,雇员带走包含了客户的名称和地址的卡片,上述法院拒绝了雇员的抗辩,即他可以在行业期刊以及电话通讯录上收集到这些信息。[②] 虽然该雇员的确可以像其他竞争者一样通过正当途径免费获取这些信息,但是其他人不会非法使用特定雇主的客户信息。所谓的"跳板理论"(springboard doctrine)阻止雇员不付出任何代价就获得新的发展。

A. 举报者

177   普通法上,如果雇员为了公众利益对一些不轨行为进行揭发,不构成对保密义务的违犯。[③] "不轨行为"无疑包括雇主的犯罪行为和其他不法行为,但是为了公共利益必须被揭发的其他事项还不甚清晰。在一个案例中,雇员有权揭露其前雇主为控制价格而实施的违规行为,因为这些行为违犯了公平竞争的立法,影响了公共利益。在此类案件中,接受信息披露的主体必定在其中有"合适的利益"。很少的违规行为具有向公众披露的正当特质。1998 年的《公共利益信息披露法》(Public Interest Disclosure Act 1998)规定了对涉及"合格揭发"的雇员的保护条款。为了达到合格标准,信息披露者有合理的理由相信下列后果之一已经发生或即将发生:犯罪行为;行为人未能遵守法律义务;违背公平正义;威胁人们的健康或安全;破坏环境;蓄意隐瞒与上述事项有关的信息。揭发行为必须按照授权的方式进行

---

① Robb v. Green [1895] 2 QB 315,CA; Wallace Borgan & Co. v. Cove [1997] IRLR 453 (CA).

② Roger Bullivant Ltd v. Ellis [1987] ICR 464,CA.

③ Initial Services Ltd v. Putterill [1968] 1 QB 396.

才能受到法律的保护。一般来说,这些信息必须向雇主或雇主指定的人揭发,或向对所涉问题的负责人揭发。同时,还可以向法律顾问、王室大臣或者监管个体或机构揭发。外部揭发只在有限的情形下受到法律保护。劳动者首先必须证明他(或她)合理地相信所披露的信息是真实的;第二,信息揭发不是为了自己的私利;第三,所揭露的信息涉及"性质特别严重"的行为。如果性质不是特别严重,雇员必须另外证明以下几点:在披露信息之时他(或她)将遭受来自雇主的伤害,如果他们内部处理相关问题的话;(当没有相关的规制主体时)雇员有理由相信,内部揭发会导致雇主隐瞒证据;雇员之前已经将同样的信息反映给雇主或监管机构;在任何情况下,雇员做这样的信息揭发都是合理的。根据法案规定,合理性取决于诸多因素,如,接受信息者的身份,涉及问题行为的严重性,信息揭发是否违犯了雇主对第三方的忠实义务,职工代表或监管主体在收到先前的信息揭发后所采取的回应措施,以及雇员在信息揭发过程中是否遵循了雇主规定的相关程序。雇员可以向雇佣法庭起诉他(或她)因信息揭发而遭受的伤害。与信息披露有关的解雇被认为自动不当。[①] 阻止劳动者进行保护性信息揭发的任何合同条款都是无效的。

B. 法律救济

178　　当雇主宣称其商业秘密和机密信息受到侵犯时,可在普通民事诉讼法院请求救济。法院可能会颁发禁令,禁止其雇员或前雇员违反保密义务的行为,并要求雇员交出在使用雇主信息中的获利,并支付违约赔偿。[②] 雇主可以不经通知就解雇雇员,只要正当程序得到遵循。

C. 为谈判而披露信息

179　　关于机密信息规则的后果是,个体雇员不能自由地向工会透露与集

---

① 1996 年《雇佣权利法》第 103A 条。

② Attorney-General v. Blake [2000] All ER 385. 该案判决认为,在一些例外情况下,雇员可以免除雇佣合同中规定的保密义务。

体谈判有关信息,在公司机构工作的职工代表同样也受制于违犯保密义务的普通规则。为集体谈判的目的,工会官员在准备权利主张之前引诱雇员向其透露信息,法院会对该行为颁发禁止令,并要求工会官员支付赔偿金。[①] 不过,当雇员同雇主之间的纠纷的确存在或在预料之中,工会官员诱导雇员披露信息的行为可能免予民事诉讼,因为法律对于诱使雇员违反那些"可能促成或激化劳资争议"的合同的人,给予法定保护。[②] 那些向工会披露这些保密信息的雇员则可能构成违约,即便在劳资纠纷期间也是如此。[③]

180 在特定情况下,雇主有义务为集体谈判向工会披露相关信息,这一内容将在第二部分第四章进行讨论。

D. 披露违规行为的义务

181 忠诚义务并不要求雇员揭发其自身的违规行为。在开创性的判例中,大法官阿特金(Atkin)认为:"仆役有不偷窃的义务,但当他已经实施偷窃行为时,他需要承担坦白其偷窃行为之义务吗? 我认为,如果法律默示了这一义务,将背离历史悠久的人类惯例,并将完全在当事人的正常意图之外创设了义务。"[④]最高法院的这一判决奠基于不能自证其罪的原则,并主张,雇员的违规行为被发现之前,雇员仍有权利获得其应享有的工资。[⑤] 然而,根据忠诚原则,雇员,尤其是在管理职位上的雇员,有义务揭露其同事的违规行为。[⑥]

[①] Bent's Brewery Co. Ltd v. Hogan [1945] 2 All ER 570.

[②] 1992 年《工会与劳工关系巩固法案》219 条。参见本书第二部分第五章。

[③] Norbrook Laboratories v. Sands [1984] IRLR 201.

[④] Bell v. Lever Bros Ltd [1932] AC 161 at 813.

[⑤] 弗里兰德(Mark Freedland)之著述,载《劳资法律杂志》[*Industrial Law Journal*] 13(1984) 25 at 30]。

[⑥] Sybron Corporation v. Rochem Ltd,[1983] ICR 801(CA);Nottingham University v. Fishel [2000] IRLR 471;Swain v. West (Butchers) Ltd [1936] 3 All ER 261.

第三节　双方合理注意义务

一、雇员的义务

182　　雇员有义务在履行其合同义务时采用合理手段并尽到合理注意之义务。什么是合理的呢？这取决于综合因素。对下列情形的判断标准很困难：(1)因雇员的过失导致雇主遭受经济损害时，雇主是否请求损害赔偿；(2)雇主是否有权辞退有过失的雇员。

A. 雇主的损害赔偿请求权

183　　雇主主张损害赔偿请求有两大基础。第一根据 1978 年《民事责任(分担)法》[Civil Liability (Contribution) Act 1978]，对第三人的损害承担赔偿责任的共同侵权人之一，可向其他侵权人(如果该人被诉的话，也会对同样的损失承担责任)要求分担赔偿责任。该规则适用的通常情形是，雇员在雇佣期间过失地伤害了同伴工人，受害人向他们的共同雇主请求损害赔偿。如果过失雇员还没有成为共同被告的话，雇主可以将过失雇员列为诉讼第三人，要求他分担赔偿责任。雇主行使损害赔偿请求权的第二个法律依据是上议院在利斯特诉罗姆福冰冻冷藏有限公司案①中的判决，尽管该判决引发了争议。判决的内容是：作为一个法律问题，在卡车司机的雇佣合同中默示了雇员对其雇主业务的合理注意之义务。

184　　在实践中，雇主一般不对雇员行使赔偿请求权。②　原因在于，通常情况下，雇主不会遭受任何损失，因为他已经对自己雇员的相关责任投保(自

---

①　Lister v. Romford Ice and Cold Storeage Co. Ltd(1957) 1 ALL ER 125.

②　一个行使诉权的例子是：*Janata Bank v. Ahmed* [1981] ICR 791，该案判决的赔偿金超过了 36000 英镑。

1972年以后该保险为强制性的）①，对遭受交通事故伤害的第三人责任也有专门保险（该保险也是强制性的）。只有当雇主的保险公司依据保险合同行使代位求偿权时，才会产生向雇员提起赔偿请求的情形。事实上，在利斯特案之后，面临着国有化的威胁，大部分保险公司达成了"君子协议"（gentlemen's agreement），承诺不向雇员行使代位求偿权。近来，上诉法院在劳资审判中拒绝行使代位求偿权，因为不适用"君子协议"的情形往往对劳动关系带来潜在破坏。②

B. 解雇权

185　　一般来说，仅仅一次过失行为不能成为雇主不经通知就终止劳动合同的正当理由。③ 根据不公正解雇法，只有在雇员存在重大过失的情况下，才可能让雇主不给雇员警告和改正机会就直接将其解雇。但是，对于一些特殊的职业（如飞行员、高速列车的司机），一次过失行为足以破坏其核心职责，所以可以构成解雇的正当理由，尽管雇员没有不当行为的前科，且有长期的任职经历。④（参见下文第七章）

二、雇主的义务

186　　在工作中受到伤害的雇员，要求其雇主负责的理由有二：（1）雇主违反了应对雇佣过程中的雇员安全尽到合理注意的普通法义务，或者，雇主违犯了为雇员的安全采取特定防护措施的法定义务；（2）雇员违犯了对其同伴工人的普通法义务或法定义务，于是雇主替代其雇员承担责任。第一种责任可以归类为雇佣合同的默示条款下的责任，也可归类为侵权责任。第二种责任一般单纯归为侵权责任。1948年以前⑤，共同雇佣原则阻碍了基于

---

①　1969年《雇主责任（强制保险）法》。

②　Morris v. Ford Motor Co. Ltd [1973] QB 792.

③　Jupiter General Insurance Co. Ltd v. Shroff [1937] 3 All ER 67.

④　Turner v. Pleasurama [1976] IRLR 151.

⑤　1948年《法律改革（人身伤害）法》第一条。

第二种基础对雇主提起的诉讼。对工伤事故进行赔偿的理由，一部分基于雇主责任，一部分基于社会保险，该问题不属于本文的讨论范围。必须提及的是，根据1977年《不公平合同条款法》（Unfair Contract Terms Act1977）（1978年2月生效）的第2(1)条，任何合同条款或通告，如果排除或限制因过失导致的死亡或人身伤害事故中的责任，一律无效。该法第2(2)条也禁止在其他"损失或伤害"案件（如财产或经济利益损害）中对于过失责任的免除或限制，除非合同条款或通知满足了"合理性"的要求。这些条款也扩展适用于雇佣合同，但只对雇员有利的情形下才有效。这些条款似乎并不影响利斯特案中的赔偿条款（参见上文第183段）。

第四章 工作时间与休假

第一节 工作时间法令

一、欧共体《工作时间指令》的实施

187 在 1988 年[①]之前,英国劳动法的一大特色是,没有一般立法对于工作日的时间长度、休息日及节假日天数的最低标准做出规定。为数不多的法定限制,比如,关于未成年者和工厂里的妇女的工作时间的限制,也于 20 世纪 80 年代被撒切尔政府实施的放松管制政策所取消。唯一保留下来的限制性规定是,在特定情况下,对拒绝在星期日工作的零售店雇员的解雇行为被视为自动不当。[②] 作为对立法不足的弥补,许多企业中关于工作时间的实质进展,并不是通过立法取得,而是集体谈判的结果。[③] 在 1881—1981 年这 100 年里,男性的年工作小时数减少了 35%,终生劳动小时数缩短了 43%。女性的终生工作小时数的降幅小于男性,只有 10%。原因在于,工作年数的增加抵消了每周、每年减少的工作小时数。1992 年之前,每个工作日的工作时间长度小于八小时,一周工作五天,平均每周工作 37 小时,同时,只有少数劳动者是按照正常工作时间工作的,而且还有相当数量的小部

---

① 1998 年《工作时间条例》,于 1999 年和 2006 年修正(SI 2006/99)。

② 1994 年《星期日贸易法》和 1996 年《雇佣权利法》第四章第 101 条。

③ 参见 B. 赫普尔、哈基姆之著述:载《欧盟关于工作时间的法律限制和合同限制》(编者:布兰朋、科勒、罗杰特),1997 年,第 659—693 页。[B. Hepple and C. Hakim, 'United Kingdom' in R. Blanpain, E. Kohler and J. Rojot (eds.) *Legal and Contractual Limitations on Working Time in the European Union*, 2nd edn.]

分人每周工作时间相当长。每 100 万雇员中,有 6％的人数通常每周工作超过 48 小时,其中还不包括加班时间。如果带薪和不带薪的加班时间也算进去的话,那么有 320 万人通常每周工作超过 48 小时,占劳动者总数的 15％。不像大多数欧盟成员国家,英国对于每周最长加班时间没有法律限制。除了对特定职业的限制外,英国对于对每周休息时间没有法定要求,也没有关于节假日的一般立法。就连"尊重银行假日"的习惯在许多行业中也是集体谈判的结果,因为相关的唯一立法只是简单地禁止在特定日进行某些金融交易,而没有规定公共休假的一般权利。[①]

188 正是在上述背景下,联合王国必须实施欧洲经济共同体《工作时间指令》(Working Time Directive 93/104/EEC)和欧共体《未成年劳动者指令》(Young Workers Directive 94/33/EC)。起初,联合王国对《工作时间指令》的法律基础(即欧盟条约第 118a 条)[②] 提起挑战,但未能成功。保守党政府于 1996 年 12 月发布了磋商文件,该文件表明,它不打算严格执行或粉饰该指令,因为它不能回避《指令》对企业施加的不必要负担。于 1997 年 6 月新当选的新工党政府,更富有同情心,并在白皮书[③] 中表明,对工作时间的调控是政府的"家庭友好"政策(family-friendly policies)的要点,同样也是为了保持劳动力的效率。于是,系列《工作时间条例》(Working Time Regulations)[④]于 1998 年 10 月 1 日生效。《未成年劳动者指令》的条款,在上述法令以及其他法令(关于雇主对未成年工作者的责任的法令,关于对工作中的青少年的保护的法令)中同样得到执行。[⑤]《工作时间条例》的主要问题是,它们只简单地抄写了欧盟指令的措辞,而没有根据英国的现实背景进行详实的法律指导。[⑥]

---

① 1971 年《银行和金融交易法》第一条,附件 1。

② Case C-84/94,United Kingdom v. Council [1996] ECR I-5755.

③ 《工作中的公平》(*Fairness at Work*, Cmnd 3968, para. 5-6)。

④ SI 1998/1833.

⑤ SI197/135, SI 1998/276, SI 1998/2411.

⑥ 参见,C. 伯纳德:"1998 年工作时间条例"[C. Barnard, 'The Working Time Regulation 1998', (1999)28 *ILJ*,61-75],该文包含了一些指导性的见解,但其中有些解释具有争议。

二、法律规制的范围

189　欧盟指令和联合王国的法令适用于一切"劳动者"（workers），而不局限于"雇员"（employment）（见前文第一章第一部分）。"劳动者"包括了为积累工作经验的实习生或受训的实习生，但不包括那些接受由教育机构或培训机构提供的课程训练的培训生。大部分的机构工作人员受法令的规制，受雇于王室政府、特定的公共活动和军队的人员以及部分家政服务人员也受到这些法令的保护。不过，他们将某些职业种类完全排除在外，如，航空、铁路、公路、海洋和内陆航道、湖泊运输、海上捕鱼以及所有在海上作业的工作，实习医生的活动，特定的警察、武装部队及国民保护服务。（期待这些职业能被以后的《指令》保护）

三、基本权利

190　前述法令和指令的首要原则是工作的人性化原则[①]，《指令》的 13 条将该原则解释为："让工作适合劳动者，坚持的观念是：减轻单调乏味的工作，根据工作的性质、健康和安全要求，尤其是工作中间的休息时间，预先确定工作的报酬。"关于休息时间的具体规定如下：

每 24 小时期间内有至少 11 小时的每日休息时间；

每周至少有不被中断的 24 小时休息时间。这一规定可以变通，或者 14 个工作日内可以享受两次不被中断的休息，或者每 14 个工作日内有一次持续 48 小时的不被中断的休息；

日工作时间长于六小时的，班中休息时间至少 20 分钟（集体协议可以约定更长的休息时间）；

带薪年假至少要有四个星期。雇主应事先通知休假事宜，且不能用支付报酬来代替休假，除非是合同终止时雇员还没休年休假。如果职工休假

---

①　参见，哈迪："在扩展的欧盟协调欧洲的工作时间：非人性的案例？"（Hardy, S., 'Harmonising European Working Time in an Enlarged EU': A Case of Failed 'Humanization'?, IJCLL, 2006）。

时间超过其享有的法定时间，劳资双方可协商由雇员对雇主做出赔偿；

基于一段（通常）为 17 周的参考期内，周工作时间（包括加班时间）平均不超过 48 小时；

基于一段（通常）为 17 周的参考期内，24 小时之内的夜间平均工作时间平均不超过 8 小时，这一平均值不适用于"特别危险或者体力脑力特别繁重"的工作；

职工在从事夜间工作之前，享有免费的和保密的体检，之后也有定期检查；

经注册医疗从业人员认定，夜间工作者遭受了与夜间工作相关的健康问题，该雇员必须被安排转岗，在可能的情况下，应被转到合适的白天工作岗位。

四、实施例外

191 上述规范的适用有许多复杂的例外情形。第一种类型也是范围最广的类型涉及那些劳动时间无法计算的劳动者，即，"由于劳动者所从事工作的特殊性使得工作时间无法计算或预先确定，或劳动者自己也不能确定。"这类例子包括主管、经理等拥有自主决定权的劳动者，还包括家庭工作者和宗教活动仪式的主持者。第二类包括了五种"特殊"情况：(1)劳动者的工作距离其工作地点较远；(2)从事安保、监视及监测等需要劳动者持续注意的工作；(3)劳动者的工作需要持续的服务或产出（如医院、码头、媒体等）；(4)能够预见工作量增加的行业（如农业、旅游业、邮政服务）；(5)劳动者的工作量受不正常的、不可预见的情况的影响。工作时间规则适用于这些工作，但参考期延长为 26 星期。第三类为轮班工作者，当他们在换班且换班使得他们无法在两班之间（即上一班结束到下一班开始时之间）保证其日休息时间或周休息时间，他们可以不受日休息时间或周休息时间规则的限制。工作时间分散的劳动者（如清洁工）也不受日、周休息时间规则的限制。

五、集体协议、全体职工协议和个人协议

192　　最重要的一类规则适用例外情形是,允许通过集体协议以及全体职工协议来修改或排除适用法令中关于夜间工作、日、周休息时间以及班中休息时间的规定。另外,由于客观的、技术的原因或涉及工作组织的原因,这些协议还可以延长参考期限,使工作时间的计算期限从 17 周延长到 52 周。这种情形下准予修改或排除适用规则的可能性是为了鼓励管理者和职工代表协商,并使规则适应他们各自的实际情况,这一过程许可了可控范围内的灵活性存在。如果通过协议排斥了对限制性规则的适用,雇主必须"尽可能"地确保劳动者可以享有等量的补偿休息时间。如果条件不允许的话,劳动者必须得到其他的适当保护。集体协议是同独立工会签订的协议,全体职工协议(Workforce agreements)允许雇主与那些不受制于集体协议中任何条款的劳动者签订工作时间协议。换句话说,集体协议具有优先性。全体职工协议的生效要件为:(1)书面形式;(2)在不超过 5 年的确定时间内有效;(3)适用于全体职工中的所有相关员工(而不是被集体协议囊括的雇员),或者适用于那些隶属于特定团体(即分享某行业内的同一工作场所、功能或行业内的组织单位)的全体劳动者的相关员工;(4)由全体职工的代表或特定团体的代表签署。如果在协议起草完毕供签署的当日,雇主又雇佣了 20 个以下的员工,协议必须由全体员工的合适代表或由多数新员工签字(为多数人协议)。雇主必须在员工签订协议之前使他们知晓协议以及相关说明,从而使全部职工全面透彻地了解协议的内容。为上述目的的"代表"(代表全体职工或特定团体)必须根据确定规则正当地选举产生。他们不得因为履行其代表职责而遭受损失或被辞退。他们不享有为履行其代表职责而请假的明示权利。

193　　为了明确参考期限的起算时间以及工作时间的含义,书面的、有法律约束力的个人协议也可以排除前述法令关于时间规则的效力,这和全体职工协议和集体协议的作用一样,这两种协议成为雇主与雇员个人协议中的

一部分。另外,劳动者个体可以签订合同排除周工作时间最长 48 小时这一条款的适用,但不能排除其他条款的适用,只要个体协议满足以下要件:(1)协议必须采用书面形式;(2)可以确定期限或不确定;(3)协议可经劳动者至少提前 7 天以书面形式通知雇主的方式而终止,但协议可以规定更长的提前通知时间期限,但上限为 3 个月;(4)雇主必须保持最新的记录信息以明确每一个同意放弃 48 小时限制规则的劳动者;(5)雇主必须允许由健康与安全管理局(HSE)或其他行政管理机关委派的检察员检查记录,并必须向检察员提供雇员同意放弃适用 48 小时规则的相关案例。

六、执行

194　　对于涉及工作时间、夜间工作、健康评估、工作类型、记录保存以及补偿休息的限制性条款的实施方式是,对违反规则的雇主加以刑事制裁。在工厂、建筑工地、矿井、农场、游乐场、采石场、化工厂、核设施、学校、医院等机构,这些条款则通过健康与安全管理局(HSE)得以实施。地方的环境与健康部门则保证在零售业、写字楼、旅馆、餐饮、酒席承办、体育、休闲娱乐及消费者服务行业对上述规则的实施。雇员的最少休息时间和带薪年假则通过劳动者向雇佣法庭的起诉得到保证,正常情况下,劳动者应在被诉的作为或不作为发生起三个月内提起诉讼。雇佣法庭受理案件后,可以做出宣告,并判决在各种情形下都是公平正义的补偿。在此过程中,法官会综合考虑多种因素,比如,雇主拒绝给予劳动者权利时的过错程度以及劳动者因雇主的过失而遭受的任何损失。雇员由于涉及《工作时间指令》有关的原因而被辞退时,可以主张这种解雇的自动不当。

七、改革

195　　2003 年《工作时间指令》(Working Time Directive 2003/88)第 88 条致力于带来变革,特别是想要抛弃英联邦的自由工作时间制。不过,这样激进的改革,包括将每周的工作时间增加到 96 小时的做法,在近四届欧盟主席的任期内都被延迟了。

第二节 请假

196 雇员享有在特定情况下在工作期间请假的法定权利。

一、工会官员

197 若雇主为集体谈判目的而认可某雇员为独立工会的官员,该雇员享有合理时间段的带薪假期。[①] 这一权利范围在 1989 年被大大缩小。之前,工会官员可以用带薪假期去行使涉及雇主或联合雇主与雇员之间劳资关系的职责,法庭也通常对劳资关系做出比较宽泛的解释。不过,1989 年《雇佣法》(Employment Act 1989)取消了工会官员为那些未被雇主认可由工会处理的事务而享有带薪假期的权利。于是,工会官员只为以下职责才有权享受带薪假期:第一,职责涉及同雇主的谈判,而谈判的事项已经由雇主认可由工会处理。第二,职责涉及雇主已经同意由工会代表其雇员发挥作用。雇员因接受培训而请假的权利被严格限定在与这些职责相关的有限培训类型之内,而且该雇员不再享有为履行与联合雇主之间的劳资关系职责而请假的权利。

二、工会成员

198 得到雇主认可的独立工会的成员有权为参加工会活动、担任工会代表而享有合理的休假时间。[②] 但这不包括为劳资行动而请假。这里的请假是不享有工资的。具体的指导意见由《咨询、调解及仲裁服务局实践法典》(ACAS Code of Practice)作出说明。

---

① 1992 年《工会与劳工关系巩固法案》第 168 条。
② 1992 年《工会与劳工关系巩固法案》第 170 条。

三、公共义务

199 每个雇员必须被允许为履行特定公共义务（如担任治安法官、法庭的成员，地方政府成员或教育机构的管理机构成员）而享有合理时间段的请假。① 这种假期只能因为参加会议或履行行政职能而提出，而且没有薪水。暂时没有专门的实践法典对此予以规范。

四、被裁员的雇员

200 因单位裁员而被辞退的雇员，有权在通知期间内享有合理时间段的休假，以便去找新的工作或安排进修。② 不过，享有这种权利的被裁雇员必须被连续雇佣两年或以上。

五、孕期保健

201 怀孕的雇员有权不被无理拒绝工作时间内的带薪请假，使她可以按期接受产前预约检查，③ 这种产前保健必须在开业医师、助产士或卫生访视员的建议下进行，并且雇员必须为下次以及后续的产前保健预约出示相关的证明或预约卡。

六、安全代表

202 根据 1977 年的《安全代表和安全委员会条例》（Saftey Representatives and Safty Committees Regulations 1977）④，雇主必须允许安全代表⑤带薪请假，只要该假期对于雇员行使他（她）的法定安全职责以及接受与这些职责相关的合理培训是必须的。

---

① 1996 年《雇佣权利法》第 50 条。
② 1996 年《雇佣权利法》第 52 条。
③ 1996 年《雇佣权利法》第 55 条。
④ SI 1977 500, reg. 3(1), as amended 1999.
⑤ 参见下文第二部分第三章关于这些委员会及代表的结构和功能的介绍。

七、雇员代表与职业养老基金受托人

203   雇员如果成为了雇员代表(代表的目的是协商集体裁员、转岗、选拔职工代表等事宜),该雇员有权在工作期间享有合理的带薪假期,以便履行其职责或接受针对其职责的培训。[①] 作为职业养老基金受托人的雇员享有类似的权利。[②]

八、雇员的受扶养人

204   雇员在工作期间有权为受其抚养的人享有合理时间段的假期,或者是受其抚养的人发生疾病、需要照顾或死亡,需要雇员采取必要措施,或者是雇员的子女在上学期间在由学校对其负责的期间发生意外,需要雇员处理。[③]在这里的"受抚养人"包括配偶、子女、父母以及同雇员一起生活的特定人。

九、对雇主违权的救济主张

205   如雇主违反以上任一情形下的义务,雇员可以在请假失败后的三个月之内向雇佣法庭提起诉讼。如果诉讼有充分证明,法庭会做出判决。在关于工会官员、安全代表与雇员代表、职业基金受托人以及寻求孕期保健的案件中,法庭会考虑雇主的不履行过错和雇员的损失,然后判决雇员享有的赔偿金和相应补偿。在其他类型的雇员只能获得相应的补偿而不能获得赔偿金。已经被裁员的雇员能主张的补偿金不得超过 2/5 的周薪。

第三节   兼职

206   2004 年的《工作场所雇佣关系调查报告》(2004 Workplace Employ-

---

①   1996 年《雇佣权利法》第 63 条。
②   1996 年《雇佣权利法》第 58 条。
③   1996 年《雇佣权利法》第 57A 条,产假与育儿假是分开规定的。

ment Relationship Survey)显示，①全职雇员占到全部就业人口的85%，而兼职人员占到15%，与前几年相比有所下降。另外，女性占到兼职雇员的80%，而女性兼职雇员占到所有女性工作人口的42%。间接性别歧视的观念在清除女性兼职工作的障碍中发挥了重要作用(见下文第八章第一部分)。但是，这一发展也受到一些限制：(1)女性必须以男性雇员作为比较对象；(2)对女性有重要不利影响的证据难以收集；(3)客观正当性可能包含了导致歧视的市场力量。1994年国际劳工组织制定的第175号公约和与之配套的第182号建议书，考虑了所有兼职工作者的特定权利。欧盟理事会指令(97/81/EC)贯彻执行了社会团体间明显弱势的协议，其依据的原则是：(1)不得歧视的一般原则受制于客观正当性的抗辩；(2)致力于增强兼职工作的质量与获得机会。联合王国于2000年通过的《兼职工作(防止差别对待)条例》贯彻执行欧盟的《兼职工作指令》，该法令2000年7月1日生效。这些法令赋予了兼职工作者的权利，也就是，兼职工作人员在特定方面的待遇不得低于全职工作者。雇主的惯例和实践确定某人是否为兼职。这里必须有一个事实的全职雇员作为参照(有别于性别歧视的情形)，参照对象不需要是异性。选择的参照对象目前须受雇于同一雇主，受制于相同类型的合同。如果在兼职雇员所在的部门没有可参考的全职雇员的话，参照对象可以是同一雇主在其他机构的全职雇员。参照职员必须从事与被讨论雇员相同的工作或广义上类似的工作，这主要是考察参考雇员是否具备类似程度的资质、技能以及经验。但这并像性别歧视情形中那样存在同工同酬的主张。不得歧视原则只适用于直接歧视的情形，(不像性别歧视)不适用于间接歧视的情形。差别对待成立的前提是雇员为兼职雇员，相对于确定是否因怀孕或残疾而受到歧视，这一考察基础要狭窄得多。不像性别歧视的情形，针对直接歧视提起客观正当性的抗辩是允许的。欧盟指令，而不是英联合王国法令，要求雇主尽可能地考虑那些促进兼职工作被获得的积极措施，但这些规范只适用于在工作机构中可被获得的岗位。在联合王国，

---

① 《工作场所雇佣关系调查报告》，劳资产业部，www.dti.gov.uk.

女性在妊娠期和分娩结束后要想回去兼职或分享一份工作,必须继续依赖"间接性别歧视"的概念。如果女性的就业愿望被拒绝,雇主可以成本和行政效率的原因使拒绝事实获得客观正当的抗辩。

第五章　报酬与福利

第一节　对报酬的国家规制

207　除了一定时期的收入政策,对于工资水平的国家干预很少。工资干预的主要例子是国家最低工资标准和 1970 年的《平等工资法》。该法强制雇主对从事类似工作或同等价值工作的男女雇员给予同等的工资。在过去的 20 年里,确定工资的方式发生了重大变化。根据《工作场所劳资关系调查报告》,以集体谈判方式作为工资确认主导模式的单位的比例在 14 年里下降了一半,从 1984 年的 60％降到 1990 年的 40％,而到 1998 年则只剩下 29％。[①] 在此期间,集体谈判的特点也发生了实质性的变化。采用多方雇主协议作为工资决定方案的工厂的比例也下降了 2/3,从 1984 年的 41％降低到了 1998 年的 13％。1998 年,25％的单位由其高级管理者确定工资,30％的单位由其中层管理者确定其雇员工资,还有占 14％的工厂,其工资由外部人员确定。在 1998 年的私营制造和加工领域,只有 23％的企业通过集体谈判确定工资,由企业管理层确定工资的企业占到 48％,由高级管理者确定工资的企业占到了 24％。在 1998 年,在私人服务领域,通过集体谈判确定工资的机构只占 14％,由单位的管理者确定工资的单位占了 39％,由高级管理者决定工资的单位占了 36％。只有在公营领域,工资还是主要由集体谈判确定,但即便在这些领域也呈现出下降的趋势,采用集体

---

①　本段落的信息摘自尼尔·米尔沃德、亚历克斯·布赖森、约翰·福思:《都在工作中改变?》,伦敦,2000 年,第 184－222 页。（Neil Milward, Alex Bryson and John Forth, *All Change at Work?* London, 2000, pp. 184－222.）

谈判确定工资的单位的比例从 1984 年的 94% 下降到 1998 年的 63%，到 2003 年只占到 52%。

第二节　薪酬支付体系

208　薪酬支付方式是劳资关系的核心，它们对谈判机会的获得和管理控制的程度有着重要的影响。① 在大规模的谈判中，影响薪酬规模的因素包括：生活成本、一般劳动力市场的条件（目前的比例）以及经济因素，例如，雇主的支付能力、劳动力或机构对合同的履行情况以及一般性经济条件。近年来，一般性经济因素变得更加重要。在那些不以集体谈判作为主导性薪酬决定形式的工作部门，一般性经济条件也具有越来越重要的意义。②

209　英格兰有多种多样的薪酬支付体系。最普遍的方式是以时间为单位（月付，周付，日付或小时付）。按月支付标志着较高的社会地位，通常与非手工劳动联系在一起。加班通常获得更高的报酬（一般是正常工资的1.5倍），加班费构成手工劳动者收入的主要部分。依据 2003 年的《工作场所雇佣关系调查报告》（WERS），一半以上的雇员经常加班，1/4 的人每星期加班 5 小时，17% 的人每星期加班达到 6 至 10 小时，11% 的人每星期加班超过 10 小时。加班的主要原因是对金钱的需要，但并不是所有的劳动者都可以得到加班费。管理者和一些专业人员经常没有"标准"的工作时间，因此也谈不上"加班"。办公室文员以及技术员往往通过休假来替代加班费，操作人员和手工业劳动者则需要领取加班费。

210　同样重要的是"按结果支付"（PBR）这种薪酬支付方式，员工所得与雇员的努力和产出有关。尽管这一方式的传统目的是为了鼓励劳动者提高

---

①　W. 布朗（编）:《劳资关系多变的界限》，第 110 页。（W. Brown ed.，*The Changing Contours of Industrial Relations*，p. 110.）

②　米尔沃德等人上述著作，第 208—209 页。

产出,它后来发展成为了雇主保持其效益的管理方法。"按结果支付"的具体方式也不少,有长期存在的计件支付,也有复杂的佣金、红利支付等方式。根据《工作场所劳资关系调查报告》,"按结果支付"在 1998 年更多地用于非手工劳动领域,而不是手工劳动领域,而 1990 年的情形正好相反。[①]

211   20 世纪 80 年代,保守党政府通过一系列的税收豁免政策鼓励与利润相关的薪酬支付方式。这些方式已经相当普遍,使用机构覆盖率从 1984 年的 19% 达到 1998 年的 46%。雇员达到或超过 1000 人的大多数用人单位都使用了这种支付方式。在 1980 年,有 13% 的用人单位采纳了股权分配方案。到 1990 年,这一数据上升到 30%,到 1998 年则下降到 24%。

第三节　附加福利

212   附加福利可以被定义为除工资、红利及佣金以外的现金收入。附加福利已成为薪酬体系中越来越重要的组成部分,特别是对于那些高收入者以及社会地位较高的职业群体而言。高收入群体所享有的这些附加福利很多,如公车、免费午餐、医疗保险、股份持有方案(享受免利或者低利率)。为避免对非现金福利的避税,复杂的税收体系尽可能对所有的福利都发生效力。总裁(有一些除外情况)以及高收入的雇员按照其所享福利的"现金等值"(cash equivalent,一般为雇主为提供这些福利所花费的财力)进行征税。对于公车、油耗、优惠的贷款方案以及购买股份方案,则适用特殊的税收规则。那些不是总裁或收入未及规定数额的雇员经常处于有利地位,但有特别的税收规则适用于他们的住房条件、信用卡以及相关票证。

---

① 米尔沃德等人上述著作,第 213—218 页。

第四节　职业退休金

213　对职业退休金（occupational pensions）的规定主要被视为社会保险法的内容，而不属于劳动法的范畴，因此不在本书的讨论范围之内。①

214　但是，《欧盟性别歧视法》（EU sex discrimination law）、被修订后的1995 年《养老金法》（Pension Act 1995）以及系列 2005 年《养老金条例》（Pension Regulations 2005），都从不同的角度涉及了职业退休金。

第五节　国家最低工资

215　1998 年以前，英格兰没有一般性的最低工资立法。1909—1993 年，与法国、美国等国家的做法不同，传统做法在英格兰是选择适用的。最低工资的规定并不适用于整个经济环境，只适用于特定的劳动者类别。历届政府在 1980 年以前的处理方法必须基于两个并列政策目标来理解，也就是说，防止过低工资，鼓励集体谈判。最早的最低工资立法创立于 1909 年，集中消除过低工资的情况，尤其针对"苦力劳工"等收入不足以维持温饱以及工作条件不人道的雇佣领域。后来的立法也包含了鼓励集体谈判的政策，其理念是，低工资与充足集体谈判机制的缺乏密切相关，相应地，对集体谈判机制的完善无疑是消除低收入的最佳途径。这一思想反映在了立法中，根据法律，如果国务大臣认为某类雇员的薪酬缺乏充足的调控规制，则必须对该类雇员建立最低工资确定机制。不过，在 1980 年之后，上述两个政策目标都倾向于允许雇主"完全根据经营的最大利益原则"建立自己的工资支

---

①　罗宾·埃里森：《养老金法与实践》，伦敦，1987 年（Robin Ellison, *Pensions Law and Practice*, London, 1987）。

付体系①,尽管这可能导致工资水平的降低。实际上,工资委员会形成的最低工资确定机制通过减少就业岗位和加剧失业等方式,导致了贫困。依据1985年的雇佣咨询部文件(Department of Employment Consultative Paper in 1985),"工资委员会干预了雇主提供工作的自由,也干预了就业者以其可接受的工资水平来择业的自由。"②这一做法导致了立法对工资委员会(该委员会包括了2500万的职工,占就业总人数的10%)的运作进行了严格的限制,并于1993年废除了该委员会。

216　　新劳工政府上台执政后兑现其竞选承诺,迅速出台了1998年的《国家最低工资法》。该法为26周岁以上的雇员规定了最低(小时)收入标准,保留了青少年劳动者工资更低的可能性。该法及其实施细则③于1999年4月1日生效。从2006年10月1日起,22周岁以上雇员的国家最低工资为5.05英镑(每小时)。负责向政府提出建议的低收入委员会,建议将21周岁的劳动者也纳入到该法的调整范围之内,但该建议没被接受。④该法的最主要的特征是,它规定的工资标准适用于所有雇员,不论其所属行业或地域。这一适用范围是最广泛的,包括所有雇员(参见上文第一部分第一章),甚至居家工作者。被排除在外的有家政工作人员(family worker)、不足18周岁的劳动者、小于26周岁且处于学徒关系第一年的学徒,以及其他特定的培训生。"志愿者"的定位是模糊的。若学生在雇主单位见习,且该实习属于高等教育课程设置的一部分,该实习生不适用国家最低工资标准。只

---

①　就业工资委员会(Department of Employment Wages Council.);1988年咨询文件(Consultation Document)第5页。

②　1985年雇佣委员会咨询报告第7段(DE Consultative Paper 1985,para.7)。

③　SI 1999/583, and SI 1999/584. 参见鲍勃·辛普森:"工资支付法律调控的里程碑:1999年国家最低工资法"[Bob Simpson, 'A milestone in the legal regulation of pay:the National Minimum Wage Act 1999', ILJ 28(1999)1];"国家最低工资制度的实施:1999年条例"['Implementing the National Minimum Wage:the 1999 Regulations', ILJ,28(1999)171]。

④　低工资委员会2005年报告七:《国家最低工资:迄今为止的故事》[*The National Minimum Wage:The Story so Far.* Seventh Report of the Low Pay Commission (2005)];B.辛普森:"国家最低工资制度实施五年来……"[Simpson, B. 'The National Minimum Wage five years on….', ILJ 33(2004),pp.22—41]。

有当该实习课程由联合王国的大学或学院提供时,上述法定最低工资标准规定才适用于本科生。

217　在既定的工资支付参考期间内,雇主对雇员支付的工资(平均每小时的工资)不得低于国家最低工资标准。立法规定了在特定的工资支付参考期间内算作工作时间的四种参考,即,计时工作、计薪工作、计量工作以及无法测算的工作。尤其需要注意的事实是,那些作为后备的职工(standby)、零工时(zero-hours)职工、随时待命的职工(on-call arrangements),以及(由于厂方原因导致的工厂、部门的)停工期(downtime)等情况的职工,有权利要求得到国家最低工资,即便在其被要求出现在工作场所期间事实上没有工作。但是,如果备用职工离开了雇主的工作场所,或者因其不被要求待命而被送回家期间,该职工不得要求雇主支付国家最低工资。只有当实际工作对最低工资造成影响时,职工可被要求睡在工作场所。职工在休息期间或提起劳资诉讼期间,他也不得享有国家最低工资。上述规制也规定了把雇员所得的小费、赏金以及加班费包括于最低工资的情形。

218　根据法案,享有国家最低工资的权利作为劳动合同条款而发生效力,当雇主违反该条款时,该条款默示了雇员可依据1996年《雇佣权利法》第13条向雇佣法庭起诉请求全额支付工资的权利。强制执行官(来自税务与财政分配机构)有权发布强制执行通知,要求雇主支付国家最低工资,他们也可代表劳动者提起诉讼。拖欠工资的雇主可能受到刑事制裁(涉及六种新的刑事犯罪)。雇主还必须保存记录,并向雇员发布关于国家最低工作标准的陈述文件。雇员不得因行使要求国家最低工资的权利而遭受损害或被辞退。

第六节　工资的支付和计算

一、合同问题

219　除国家最低工资标准外,工资的确定完全属于合同问题。正如前面指出的那样,工资可以通过集体谈判来确定。在这种情形下,相关的集体协议都并入到了个别的雇佣合同中,而不论其是以明示方式还是默示方式(参见上文第 149 段)。在少数的情况下(如,雇主未能遵守向工会披露信息的有效命令),中央仲裁委员会有约束力的仲裁裁决也并入到了个别雇佣合同中。在其他情况下,当管理部门单方面决定工资时,只有通过明示或默示的协议方式,才能具有法律强制力,这里也涉及合同解释问题。如前所述(前文第 44 段),对这些问题的解释可通过动态的谈判程序自行解决,但是随着雇佣关系的个别化增强,合同解释问题更多地诉诸法院或雇佣法庭来处理。中央仲裁委员会有权对自己的裁决进行解释。

二、周薪(Week's Pay)的概念

220　　为了实现法制化,有专门的规则调控"周薪"的计算。对很多数据需要准确的计算,例如,在计算裁员支付(redundancy payment)的数额,计算停工(lay-off)期间,以及终止合同前的最短通知时间段的保证金数额,都需要精确的计算。1996 年《雇佣权利法》第二章的第 14 条规定了这些计算规则。这里有必要确定的是,是否存在"正常工作时间"(不包括加班时间,除非雇员被要求加班,且雇主被要求提供加班)。如果有"正常工作时间"的话,那么"周薪"的数额是否取决于劳动者的周工作量呢?如果二者之间没有关系,"周薪"是依据关于"计算日"(该日期根据涉及的法定权利而不同)的合同而确定的金额。如果"周薪"的确是变量的话,那么"周薪"通常是一周内的正常工作小时数的工资,而每小时的薪金额则按 12 星期内的平均每小时的工资来确定。在没有"正常工作时间"时,"周薪"的数额就是雇员在12 个星期内的周平均工资。为这些目的来计算工资,有些津贴(如交通津贴)是不计算在内的。法定的最高周薪数额在各个时期有所不同。

三、对工资数额没有明确约定的情况

221　　如果在雇佣合同中没有关于"周薪"数额的明示或默示条款,雇员可以要求支付合理的报酬。只要能证明当事人约定工作的完成以相应的报酬

为基础,那么,普通法就默示了支付劳务价值的允诺。但是,如果事实显示雇主与雇员没有让协议发生法律效力的意向,则支付条款无法推定存在。例如,向雇员作出"按照总裁决定"来支付的允诺,就会阻止雇员主张任何报酬,除非总裁做了具体的决定。[①] 类似的是,双方当事人对未来加薪的计划并不能强制雇主达成这样的协议。

四、非完整工作期限的工资支付

222　　双方当事人没有约定提前支付报酬时,雇员一般是在每一支付周期期满时才得到支付。计薪周期取决于当事人明示或默示的协议。比如,它可以按小时付、按周付、按月付或按季度付。依据普通法,当雇员工作时间不足一个完整的计薪周期时,除非是因雇主的违约[②],雇员无权要求任何报酬。不过,1870 年《分配法》(Apportionment Act 1870)的第 2 条规定,薪酬(salary)应该是一天一天积累起来的,所以应该相应地一天天地分配。通常认为薪酬(salary)包含工资(wage),不过这种观点还没有得到法院判决的权威认可。[③] 另外一种情形也不完全明确,当雇员因其不当行为被辞退导致一个计薪周期没有完成,雇员是否有权请求他已履行那段时间的工资呢?尽管学术界倾向于认为雇员有请求权。[④] 如果合同不因当事人的过错而"受挫"(即达成后履行不能)终止,1943 年的《法律改革(合同受挫)法》[Law Reform (Frustrated Contracts) Act of 1943]允许法院判决雇主对他在合同受挫事由(工作场所发生火灾)发生之前已经获益的履行做出"公平"的支付。实践中,雇主都为雇员已为的履行给予支付,即便履行不足计薪周期。

---

①　Re Richmond Gate Property [1965] 1 WLR 335.

②　Cutter v. Powell [1795] 6 TR 320.

③　Moriarty v. Regent's Garage Co. Ltd [1921] 1 KB 423.

④　格兰威尔·威廉姆斯(Glanville Williams)之著述,载《法律季刊》[*Law Quarterly Review*,57(1941) at p. 383];保罗·马修斯(Paul Matthews)之著述,载《法律研究》[*Legal Studies* 2(1982), p. 302]。

五、支付方式与扣减

223 作为一般规则,雇主与雇员自由地约定支付方式,也就是说,以现金、支票或其他形式支付。同样地,工资支付地点以及支付时间由当事人自由决定。1986 年以后,手工劳动者以及一些情形下的商店店员的工资支付方式由 1831—1940 年期间生效的《实物工资法》规制。该法要求上述雇员的报酬必须以"王国现行货币"支付。该规定的最初设想是为了防止雇主通过强制交易和实物支付来剥削劳动力,但随着实物支付的减少,这一保护措施不再有意义。前述规定被 1986 年《工资法》(Wage Act 1986)取消了。现在,各种现代工资支付方式都是允许的,包括向雇员的银行账户存钱的支付。

224 工资的扣减是更具争议的问题。雇主因雇员工作中的过失、违纪、雇主现金短缺而扣减雇员工资的事件并不少见,有时,上述原因甚至导致雇员工资被大幅度扣减。[①] 1986 年的《工资法》建立了在上述情形下对雇员的保护机制。1996 年《雇佣权利法》第二部分对这些保护措施予以巩固。与前一部立法不同的是,新法强调了雇佣合同的核心作用。即,只有劳动合同对工资扣减做了要求或认可,或者劳动者之前以书面形式同意了相关扣减,扣减雇员工资的行为才被承诺。相反,在旧法框架中,仅仅合同对工资扣减的认可还是不充足的理由,它们还需同时满足"公平合理"的要件。另外,对工资的扣减在法律上是允许的(如交纳收入所得税或者交付国家保险金)。法律没有就扣减工资的比例做一般限制,仅有针对零售业的规定。当雇主遭遇现金不足时,雇员在任何支付日最多可被扣减其所领工资的 10%。不过,分期扣减的方式是允许的,而且,对于雇佣合同终止时对雇员最终收入的扣减上限,没有法律规定。尽管 1986 年《工资法》取消了旧法中的一些不合理因素,该法的最终后果是降低了对劳动者的保护,并重申了"合同的核

---

① T. 格雷利:"工资扣减及实物工资法的废止"[T. Goriely, 'Arbitrary Deductions from Pay and the Proposed Repeal of the Truck Acts', ILJ 12(1983) 236]。

心地位",法律忽视了这样的重要事实:对于缺乏议价能力以对抗合同条款的劳动者来说,合同对他们没有任何用处,尽管他们表面上处于自治地位。

225 1986 年工资法建立了新的强制执行方法。对上述规定的违犯构成刑事犯罪,监察人员监督上述条款的运行,并由雇佣法庭根据现行法律对雇员提供救济,不过,雇佣法庭只判决什么被非法扣减了,却没有惩罚性或赔偿性的措施。雇佣法庭对涉及工资扣减的主张的管辖权范围导致了相互冲突的判例,因为对纯粹源自违约的主张的管辖权仍然留在普通法院(参见上文第 80 段)。有时,很难把工资扣减纠纷与涉及依照合同约定金额恰当支付的纠纷区别开来。在德莱尼诉斯特普尔斯案中①,上议院认为,在 1986 年工资法范畴中,未向雇员支付雇员应得的工资就可构成工资扣减,所以,雇佣法庭可以受理这样的诉求,即,雇主没有在应该的时间向雇员支付其全额工资。不过,上议院判决,雇佣法院依法无权受理那些要求以支付代替通知的主张,因为该请求本质上就是为非法辞退而提起的损害赔偿请求,且该赔偿支付与雇佣合同的终止有关。不过,雇佣法庭对特定的违约诉求也享有司法管辖权,因此,对于源自雇佣合同终止的权利救济,雇员可以在普通法院和雇佣法庭之间选择。另一方面,如果劳动者因参加劳资行为而被扣减工资,雇员就此提起的诉讼在劳资法庭(industrial tribunal)得不到受理。

226 法律认可工会会费扣款机制,这是在实践中广泛存在的做法,雇主代表雇员从其工资中扣除工会会费并交给工会。但是,只有在雇员以书面形式同意这种代扣模式时,雇主的扣减行为才是合法的。另外,从雇员工资中扣除工会政治税负,也有成文法进行规制,政治税负是有些工会向其会员收取的以支持工会的政治基金的经费。②

227 该法适用于所有的劳动者,包括劳动合同下的劳动者以及学徒关系合同下的劳动者,也包括那些根据其他任何形式合同为合同"另一方当事

---

① Delanet v. Staples [1992] IRLR191, HL.

② 1992 年《工会与劳工关系巩固法案》第 86 条。

人"亲自提供劳务的劳动者,其中的"另一方当事人"不得是该劳动者所经营业务的客户或顾客。该法也没有对于手工劳动者和非手工劳动者进行区分,但对零售业的和非零售业的劳动者作了复杂的区分。

六、工资条中的分项说明

228　　1996 年《雇佣权利法》的第 8 条规定,雇主在每次支付工资时,必须向每一雇员提供书面的工资分项说明,包括:(1)工资或薪金的总额;(2)变动的和固定的扣减项目;(3)扣减后的工资净收入;(4)如果净收入中的不同部分用不同的方式支付,那么须明确每一笔支付的金额及其支付方法。如果雇主不遵守这些规定,雇员可以向雇佣法庭寻求救济。

第七节　在雇主破产时的报酬权利

229　　雇员未得支付的工资或薪金是雇主破产时须优先偿还的债务。不过,雇员较其他债权人所享有的优先权也只限于领取在雇主破产前四个月的工资,并且其总额不超过法律的规定额度。[①] 优先权也必须符合特定的法定支付规定。[②]

230　　1996 年《雇佣权利法》的第 182 条规定,雇员可以请求从国家保险基金(National Insurance Fund)中获得破产雇主对其所欠的款项。包括,上限为八星期内的应付报酬,法律最短通知期限内的应得支付,上限为六星期的假期报酬,因不公正解雇而获得的基本补偿金,以及办事员岗位上的学徒的应得报酬,这笔支付的总额也有上限,且该上限在不同时期有所不同。职业养老金基金的受托人也可以请求未得支付的基金份额。从国家保险基金里进行的支付,国务大臣就享有了代位权,代替雇员向破产的雇主主张权利

---

① 　1986 年《破产法》第 286-387 条,附件 6。
② 　1986 年《破产法》第 6 条,第 13 段。

寻求救济。这类纠纷由雇佣法庭处理。这一规定为遭遇雇主破产的雇员提供了有效的安全保护网。不过,雇员在行使这一权利时相当耗时。后来的规定缓解了程序的冗长。即,允许国务大臣在接到清算人或收款人的书面陈述文件之前对雇员先行支付,只要该陈述不影响对支付数额的确定。

第八节　在停工期间以及缩短
工时期间的报酬

231　劳动者可能会由于各种各样的原因而被停工或缩短工时,例如,产量的临时波动,由于不受雇主控制的原因(如能源供应断给)或经济衰退导致的工厂关闭。"停工"没有法律上的定义,但在裁员支付的情形下,"停工"指劳动者不被提供工作,但根据合同,却有权得到报酬。当然,这一含义并不被所有的劳资实践采纳。在实践中,"停工"(lay-off)概念被用来包括工人不被提供工作的任何情形。"缩短工时"(short-time)的情形是指,工人被提供的工作量少于平时正常工作时间。

232　涉及维持劳动者在停工期间以及缩短工时期间的收入的法律规则非常复杂。[①] 首先需要考虑的是,"停工"依具体情形就有四种法律形式。下文对其依次介绍。

一、合同受挫的情形

233　"合同受挫"意味着合同达成后的履行不能,即由于某事件的发生使得合同的履行变得实际不能或者不合法(如工厂失火)。在这种情形下很少出现"停工",并且,如果雇员在短时间内可能重新被雇佣的话,"合同受挫"也不成立。如果真是这样,雇员从事件发生时起就失去请求报酬支付的任

---

①　参见 E. Szysczak:《部分失业:不列颠对缩短工时的规定》,伦敦,1990 年。(E. Szysczak, *Partial Unemployment: The Regulation of Short-Time Working in Britain*, London, 1990.)

何权利。

二、雇员被解雇的情形

234　　这种情形是很少见的,因为停工的持续时间一般较短。不过,在个别例外案例(参见上文第 164 段)中,不能给雇员(如演员)提供工作可能构成雇主对雇员的解雇。在那种情况下,雇员没有权利继续获得合同约定的报酬,但他可以就不正解雇提起赔偿请求(参见下文第七章)。

三、雇员被解雇但在复工时被重新雇佣

235　　这一种情形在造船业、建筑业等工业领域很普遍。由于雇员被解雇,雇员在停工期间不得享有任何合同约定的报酬,但是他可能有资格请求裁员支付(参见下文第 243 段),或者如果雇员被不公平地选为裁员对象的话,他可以就不公正解雇提起赔偿请求(参见下文第七章)。如果雇员不请求裁员支付并在后面被重新雇佣,这种由于停工而导致的"工作暂时中断"不影响其雇佣的持续性(即累计工龄资历的权利)。

四、雇员被临时中止工作的情形

A. 普通法的规定

236　　我们已经看到,在普通法上,尽管雇主没有为雇员提供工作的一般义务,但雇主必须向雇员支付报酬。雇主不能临时中断雇员的工作而不支付报酬,除非有明示协议对此做出规定。这意味着,不论劳动者是按时间计薪还是以工作结果计薪(计件工作),即使雇员没有工作可做,他们仍然有权利获得合同约定的薪酬。

237　　不过,上述一般规则有两种例外情况。第一获得报酬权可能被明示的或默示的协议或者被惯例所排除。例如,1936 年的一个案件中,合同以明示的条款规定:乐师在不表演期间就没有报酬。但是法院对该条款作了限制性解释,判决认为:只有演出可被合理取消时,雇主才能拒绝对乐师的

支付。① 据作者所知,仅在一个案例中,合同默示条款或惯例允许雇主拒绝支付的主张得到法院的支持。该案例的案情是,一个锅炉工与其雇主之间的状态是,有活供他干时就受雇,在工作中断期间他就被停工。法院判决双方存在默示条款:由于雇佣的随意性,锅炉工在其被停工期间无权获得报酬。② 但是,如果雇主真的有了不定期地让工人停工而不必支付报酬的合同权利,却没有默示条款要求确认停工的持续必须是合理的。这样的后果是,雇员不能主张雇主预期违约并导致其被推定解雇。③

238   第二个例外是,雇主不能为雇员提供工作是由于雇主不能控制的情势。例如,1926 年的一个案件中,为了修复地下的险情,煤矿被迫关闭。雇主对这一情况的发生没有过错。法院认为,当事人之间存在这样的默示意向,即双方共同分担未来的意外事故,如不安全生产环境或机械系统的毁损等。④ 至于该原则的实施范围有多广,还不是很清楚。什么样的情况"超过了雇主的可控制范围"(outside the employer's control)呢? 例如,基于雇主供工的前提,由罢工导致的停工似乎符合"超过了雇主的可控制范围"的概念。但是,在一个先前的案例中,法院认为由于行业衰退而导致的停工是雇主能够控制的,由此,雇员在停工期间仍有权获得薪金。⑤ 上述判决表明,英国法对"停工"做了很特别的区分,即,如果因行业波动导致的停工,雇主需继续向雇员支付薪酬,如果因机器故障或原料短缺等原因造成的停工,则适用风险共担原则。近来的案件都倾向于限制这一例外原则的适用。⑥

---

① Minnevitch v. Cafe De Paris (Londres) Ltd [1936] 1 All ER 884.

② Puttick v. John Wright & Sons (Blackwall) Ltd [1972] ICR 457. 在涉及白领雇员的案件中,这种条款被推定存在的可能性更小,Namyslo v. Secretary of State for Employment [1979] IRLR 450(Industrial Tribunal);具有法律效力的习惯必须是合理且确定的,且众所周知的,Bond v. CAV Ltd [1983] IRLR 360。

③ Kenneth MacRae & Co. Ltd v. Dawson [1984] IRLR 5.

④ Browning v. Crumlin Valley Collieries Ltd [1926] 1 KB 572.

⑤ Devonald v. Rosser & Sons [1906] 2 KB 728.

⑥ Johnson v. Cross [1977] ICR 872;Bond v. C. A. V. Ltd[1983]IRLR 360.

B. 保证性的"周集体协议"（Week Collective Agreement）

239 劳动者在停工期间的收入是不稳定的，由此导致了各种类型的集体协议的产生，以保证劳动者在停工的最初几天，或最初几周，或整个停工期，以及缩短工时期间的收入。这些集体协议大都要求雇员接受合适的替代性雇佣模式，并且协议规定的保证薪金通常低于整周的工资收入。这些集体协议一般通过个别协议中的明示或默示条款而发生效力。总的说来，雇主不能在没有取得雇员同意的情况下单方面地中止保证协议。如果保证协议中规定的工资标准低于法律规定的支付标准，则法定标准取代协议标准。反过来，当替代性方案达成时，当事人可以请求不受法定方案的约束。事实上，能获准豁免的例证不多。

C. 《雇佣权利法》中的保证支付①

240 集体谈判并不能为雇员在停工期间的收入提供足够的保障，因此，1977 年 2 月 1 日以来，每一个雇员（有少量的例外）在雇主没有提供工作的特定期限内，有权获得保证支付，但保证支付的数额有法定上限。

241 为了达到获得保证支付的法律资格，雇员必须连续一个月受雇于同一个雇主。他（或她）只能就其被要求正常工作的日子提出主张，而且，他（或她）必须在这整天都无工作可干，且无活干的原因是：雇主在雇员所属工作类别的业务需求下降，或者是其他突发情况影响了雇主在雇员所属工作类别的业务的正常工作量。但是，雇员在以下情形不可请求保证支付：第一，雇主不能提供工作的原因，涉及该雇主或联合雇主的雇员所举行的罢工，甚至因罢工而闭厂等劳资行动；第二，雇员无理拒绝在无工作可干时为其提供的替代雇佣；第三，雇主为了保证工作机会而给雇员设定了合理的要求，而雇员拒绝遵守这样的合理要求。

242 尽管对法定保证支付的主张独立于对约定保证支付的主张权（包括

---

① 1996 年《雇佣权利法》第 28—34 条。

集体协议中的保证支付权利),它们之间适用相互抵消的原则。雇员针对一个无活可干的工作日接受的合同薪酬倾向于免除雇主的法定保证支付的义务。反过来,法定保证支付同样被合同约定的保证支付抵消。涉及法定保证支付的纠纷由劳资法庭管辖。

D. 裁员支付

243　　根据 1996 年《雇佣权利法》的第十一部分第三章的规定,雇员有权依据其年龄和服务时间就停工期间以及缩短工时期间向雇主请求裁员补偿,具体分为两种情形:(1)雇员因集体裁员而被解雇;(2)在该法第 139 条所含术语的语境下,雇员处于雇主的停工期间或缩短工时期间。第一种情形类似于其他的裁员解雇,将在下文第七章讨论。在两种情形下,雇员都必须持续被同一雇主雇佣两年或两年以上。在第二种情形中,停工期或缩短工时期(或两者的混合)必须持续四周,或 13 周中有六周出现上述情况(受罢工或闭厂影响的周不计算在内)。雇员必须向雇主通知其主张支付的意向,并在法定最短通知期限内发出结束雇佣合同的通知。若雇主要提出抗辩,必须在雇员发出通知后的七日内发出反通知(counter-notice),并证明存在对雇员提供工作的合理期待。为了满足这些规定,"停工"需具备以下特点:雇员在此期间的工资依赖于雇主提供的工作,而雇员没有得到工作,于是他没有权利得到报酬。关于"缩短工时"的规定适用于以下情形:工作量的减少导致了雇员的收入降到不足原周薪的一半。不过,这些规定在实践中用得并不多。

第六章 无能力工作之情形

第一节 缺勤统计资料

244 每周有大约 5.8% 的雇员缺勤，缺勤的主要原因是生病或受伤。不同工种和行业间的缺勤率相差很大。

245 研究显示，造成缺勤的原因很多。其中有：（1）年龄结构。年老雇员的缺勤率高于年轻人。（2）公司规模。规模较小的公司缺勤率较低。（3）上班路途。上班距离远与缺勤率高紧密相关。（4）公司缺乏管理也经常导致高缺勤率。（5）病假工资制度（sick-pay schemes）。有此制度的公司缺勤率高于其他公司。

第二节 伤病缺勤期的收入

246 雇员在因伤病而缺勤期间的收入取决于相互作用的三个因素：（1）雇佣合同条款，包括明示的、默示的或惯例。（2）社会保障金和法定带薪病休。（3）由雇主或其他责任人的过错造成伤病的，经法院判决（或调解）的一次性赔偿金（lump-sum damages）。

一、雇佣合同规定的薪酬

247 在过去 40 年里，由集体谈判或资方单方提供的带薪病休制度已经很普及了。实际上,大多数机构都提供津贴,即在雇员病休期间发放工资,尽管不同的雇主对于支付的期限和支付的数目差别很大,这主要取决于雇员在该机构的服务时间等因素。只要有带薪病休制度,相关规定通常会直接或间接地吸纳在合同中。雇主有法定义务以书面形式明确涉及因生病、伤痛而导致的无法工作的术语和条件,包括病休期间的报酬,这也是雇员获得权利的证明。①

248　如果没有带薪病休制度,就可能有关于带薪病休的惯例或默示条款存在。在一些稍早的案件里,法院判决:如果合同没有明确规定雇员的病休工资权,就推定雇主一直有支付工资的义务,直到合同被通知解除。② 不过,近来越来越多的案件不认可这样的假设。③ 相反,上诉法庭宣布,每个案例的证据的获得途径都应该"是开放的,不因先入之见或假设而有偏见",④ 证据的目的是了解协议的具体内容。为了寻找协议的证据,法院有权审视各方的后续行为。这样,如果雇员从未获得病休工资,法院可能默示他无权获得。而且,如果合同有约定病休工资,但没有具体规定领取期限,就不能推定病休工资延续到合同终止。相反,法院将推定一个合理的期限。如果一个行业的一般做法是在一个有限的期限里支付病休工资,那么这个行业适用的通常期限就是合理期限。⑤ 对雇主唯一的法定要求是,雇员在预先告知病休的最短法定期限内要获得全额工资。⑥

二、社会保障津贴和法定病休工资

249　1911 年颁布的《国家保险法》(National Insurance Act 1911)(仿效德国)制定了强制保险原则。交纳保险费后,体力劳动者和某些低收入的非体

---

①　1996 年《雇佣权利法》第 1 条。

②　Morrison v. Bell［1939］2 KB187;Orman v. Saville Sportswear Ltd［1960］1 WLR 1055.

③　Mears v. Safecar Security Ltd［1982］ICR 626(CA); Howman v. Blyth［1983］ICR 416.

④　1982 ICR 626 at 649.

⑤　Howman v. Blyth［1983］ICR 416.

⑥　1996 年《雇佣权利法》第 87－91 条。

力劳动者有权从自愿参与的医生那里获得免费医疗服务;投保者也能得到延续 26 周的病休津贴,而且对残疾者期限还可以延长。该项目由经认可的社团(Approved Societies)管理,包括友好协会(friendly societies)和行业工会。从 1911—1946 年,该项目的覆盖人数持续增多。1942 年,威廉·贝弗里奇爵士(Sir William Beveridge)在他著名的报告《社会保险和相关服务》(Social Insurance and Allied Services)[①]中批评了关于伤病残疾的救助制度,其焦点是该制度没有充分立足于增进健康,提供的福利水准太低,管理社团的工作开展不足。根据贝弗里奇报告,新的方案在 1946 年启动,新方案保持了社会保险的基本原则,针对收入损失的主要原因提供统一的基本补助。社会保险的综合性增强,涵盖了以前被排除在外的群体,并由一个政府部门统一管理。同时,该方案建立了免费的综合的国民医疗服务体制(National Health Service)。贝弗里奇方案未能达到其根本目标:建立国家性的最低收入以满足"正常需求",同时允许并鼓励个人通过自愿行动为自己及其家人提供高于基本水平的福利。历届政府将统一保险津贴维持在基本水平之下。所以,依赖收入限定性补充津贴(以前叫国民救助)的人数不断增多。收入限定补助,不同于自筹社会保险,它向生活最困难的伤残人提供最低收入救助。而且,贝弗里奇方案未能为长期残疾人提供足够救济。为了回应压力,政府为特殊的残疾群体提供了专门的救助,比如,那些得了职业病而前雇主已停业的职工。[②] 1966 年制订了与收入相关的疾病津贴(earning-related sickness benefit),这一方式打破了原来统一的补助政策,并扩展到其他一些福利项目,如残疾养老金(invalidity pensions)。这种变革使得英国社会保障体系接近欧洲大陆的模式。不过,1982 年又发生了突然逆转,与收入挂钩的模式在短期疾病津贴领域被废除了。这样的设计是为了节省公共支出,便于把相关福利纳入税收范酬。贝弗里奇的统一筹集原则激发充足的福利水准,因而发生了向与收入挂钩的交纳体制。

---

① 　Command 6404 (1942).

② 　尘肺病等,1979 年《职工赔偿法》(Workers' Compensation Act 1979)。

250 　现在,针对那些因疾病、残疾而不能工作的人提供的最重要的国家福利是丧失工作能力福利(incapacity benefit)。申请该种福利的必须至少连续 4 天不能工作。分别不足八周的两个或多个不能工作的时段连在一起作为一个连续的时段来计算。申请人必须是不符合《法定患病工资法》(Statutory Sick Pay/SSP)条件的人,且不能超出领退休金年龄,而且必须已缴纳国民保险金。该福利无须调查经济状况,故受助金额不看个人的收入或存款。受益人在最初 28 周有金额较低的短期补助,从 29 周到 52 周有金额较高的短期补助,52 周以后就有长期补助。那些享受了 28 周的法定患病津贴的人,在交纳了国民保险金以后,可以转到金额较高的"丧失工作能力福利"。经过 24 周后,他们可以继续领取长期补助。自 2000 年 4 月,此种福利的领受条件变得更严格:大多数人需要在最近两个纳税年度里(以前是任意一年)交足一年的税费;对于超过法定金额的任何职业津贴或个人养老金,其中的一半要从丧失工作能力福利中扣除。不可能在申请丧失工作能力福利的同时,还申请政府退休金或失业补助金。其他福利,诸如孕产补助、伤残医疗补助和失业救助,称作叠加福利。受益人能获得的金额等于这些福利的最高额。其他福利能支付到丧失工作能力福利的最高点,包括残障人士津贴、护理津贴等。

251 　从 1983 年 4 月起,对那些因疾病、受伤而短期不能工作的人进行收入支持的主要依据是《法定患病工资法》。之前,有短期的工伤津贴针对与工作相关的事故和法定职业疾病。另外,针对其他疾病还有国家疾病津贴。随着与收入相关的补充方案在 1982 年被取消,高收入者获得的福利减少很多。现在雇主必须为雇员支付法定患病工资。从 1986 年 4 月 6 日起,这种福利只适用于任何缺勤期限不超过 28 周的情况。[①] 在此期间,雇员不能享受政府的丧失工作能力福利(见上第 246 段)。实施法定患病工资法的主要理由是要让雇主承担责任,从而减少行政支出。但是,就最初方案而言,政府承担了最终的财政职责:雇主可以从他们交纳的国民保险款中取回他们

---

① 　1992 年《社会保险出资与收益法》,另参见《法定病假工资(一般)条例》(SI 1982,894)。

所支付的法定患病工资。不过,在 1991 年,雇主只能返回 80％。到 1994 年,只有小企业雇主可以获得退款。

252　雇员在生病的最初三天不能享有法定患病工资(SSP)。与丧失工作能力福利不同的是,SSP 不要求雇员满足保险交纳条件。因此,雇员一开始工作就可以享受法定患病工资。以前,即使雇主按照雇佣合同支付了患病工资(sick pay),雇员也能享受政府福利。不过,现在的方案允许雇主通过支付法定患病工资而免除支付患病工资的合同责任(反过来也一样),以避免重复补助并且解除雇主的一些合同责任。法定患病工资法不是为了代替收入,而是在收入的两端提供统一的救济。由此,许多职业病工资方案在运行过程中对政府补助的增加以雇员的收入水平为限。

三、一次性赔偿金(Lump Sum Damages)

253　如果雇员能够证明,雇主违背了合理保障雇员安全的普通法职责,或者雇主违背了法定安全职责,或者雇主应该对同伴工人的疏忽或违法负连带责任,那么雇员可以得到一次性赔偿。由于确立赔偿金的基本原则是补偿性的,在评估赔偿数额时,雇员从雇主那里已经收到的(或将来可能支付的)费用要扣减出来。有关雇主赔偿责任的相关法律不在本书范围之内。

第三节　孕产假工资

254　因怀孕或分娩而缺勤的雇员可以享受两种孕产福利(maternity benefit):(1)根据雇佣合同从雇主那里获得的收入;(2)法定孕产工资(stutory maternity pay/SMP),由政府支付,但由雇主按照上面的法定患病工资法的类似程序来实施。妇女有四种涉及怀孕和分娩的权利:孕产休假权、孕产期工资、产前护理(ante-natal care)假、不得因怀孕或分娩而受损和被解雇的权利。欧盟《怀孕职工指令》要求成员国给女工最少 14 周的孕产假。相关的国内立法包括 1996 年《雇佣权利法》中的第 71 至 75 条以及《孕产假育儿假条例》(Maternity and Parental Leave Regulation/MRLR),该条例的修订版是 2002 年《孕产假育儿假(修正)条例》(SI2002/2789,MPLAR2002),适用于在 2003 年 4 月 6 日及以后分娩的产妇。

255　妇女有 26 周的基本孕产假(OML)(从 2002 年 11 月前是 18 周),享有者无须连续性受雇期的要求(《孕产假育儿假条例》第 7 条)。妇女享有基本产假和其他正常休假。在一个案例中,[①] 欧洲法院裁定,妇女有权享有孕产假及其他的法定基本年假。

256　雇员在申请孕产假期时,需遵循复杂的告知程序,对这些程序的缺失可能导致孕产假的丧失。雇员必须在不迟于预产周(EWC)前第 15 周的周末(或者尽早的合理时间)通知雇主以下事实:她怀孕的事实、预产日和她打算的基本孕产假的开始日期(第四条)。她可以改变这个开始日期,但她需要在旧日期之前的第 28 天或新日期之前告知雇主,两者之一皆可。雇主须告知雇员其基本孕产假的结束日期(第 8 条),否则,雇员可以提前上班,而且不得因推迟上班而遭受损害或被解雇。

257　按照法定的孕产假工资方案,一个在英国工作的妇女,截止到预产周(EWC)前第 15 周之时已连续工作 26 周,并且平均薪酬达到或超过国民保险计划支付标准(National Insurance contributions)(从 2006 年 4 月起为每周 84 英镑),可以享受法定孕产假工资(SMP),这一点可参见 1992 年《社会保险缴款与福利法》(Social Security Contributions and Benefits Act 1992)第 164—171 条。具体支付标准是:在孕产假的头六周,按产妇的正常周薪的 90% 支付。在剩下的 20 周,按法定病假工资支付(从 2006 年 4 月起是每周 108.85 英镑)。产妇必须提前 28 天告知法定孕产假工资的起始日。在计算与收入挂钩的法定孕产假工资时,雇员在孕产假期间的任何工资上涨都要计算在内,即便不能溯及既往。(参见:*Alabaster v. Woolwich plc*

---

① Merino Gomez v. Continental Industrias del Caucho SA,Case C—342/01[2004]IRLR 407.

［2005］IRLR 576,CA,本案遵循了欧洲法院的判决)[1]

一、雇佣合同的约定

258　　在引进法定补助之前,只有15—20％的雇主设立了给予妇女带薪孕产假的方案。[2] 现在,绝大多数企业为其雇员提供孕产福利,且标准高于法律的规定,比如,假期时间更长,6 到 12 周的全额工资休假。

二、法定孕产假工资

259　　正如上文所述,和法定患病工资一样,法定产假工资可由雇主支付,但从国民保险系统中得到偿还。根据 1992 年《社会保险支付与福利法》,满足以下条件的女雇员有权得到法定孕产假工资:截至资格周(预产周之前第15 周),她已连续被雇佣 26 周,而且她在资格周前的 8 周之内的平均周薪高于国民保险支付的较低收入线。[3]

260　　法定孕产假工资延续的最短时间为 26 周。在整个支付期间,雇员可以按法定孕产假工资的较低水平获得政府孕产津贴,非雇员也可获得政府孕产津贴,只是水平比前者更低。如果雇员享有合同约定的补贴,她可以在相关周里选择合同约定补贴或法定孕产假工资,她可以选择金额更高者,但不能二者兼收。如果不能获得津贴,可以向裁判官起诉,还可上诉到社会保障上诉庭(Social Security Appeal Tribunal),直至社会保障委员会(Social Security Commissioners)。

---

①　麦克根・A.:"家庭友好措施:1999 年孕产假育儿假条例"［McColgan, A., 'Family friendly Frolics: the Maternity and Parental Leave Regulations 1999', ILJ 29(2000)125—144]。

②　方达・N.:"英国的法定孕产假",见《工作与家庭》,编者:马斯、方达,伦敦,1980 年,第 121页。(Fonda, N., 'Statutory Maternity Leave in the UK' in P. Muss and N. Fonda, *Work and the Family*, London, 1980, p. 121.)

③　同时参见《怀孕职工指令》(Pregnant Workers Directive,Council Directive No. 92/85),该指令要求对孕产期内的女雇员保持工资和(或者)充足的补助,孕产福利的金额至少相当于职工由于身体状况缺工所得的补助,不超过国家立法规定的最高限额。

第四节　因卫生原因而中断工作①

261　根据健康安全立法,雇员可基于卫生原因而向雇主要求暂时中断工作,比如工作环境的不安全因素等。达到法定要求的工作中断期间,雇员有权获得雇主支付的工资,但支付期限不得超过 26 周。

第五节　重返工作岗位的权利

一、生病和受伤

262　长期不能上班可能导致合同的"履行受挫"而自然终止。法院对该问题的认定标准是:"雇员的伤残严重程度以及伤残将持续的时间段,是否会使雇员无法履行自己的职责,或者雇员的履行与雇佣协议的规定大相径庭。"②其他的相关因素包括,合同中的疾病补助规定,雇员是否处于关键岗位,疾病性质和雇员的服务年限。最近的案件趋向于把这种做法局限于无通知规定的长期合同。③

263　如果合同没有因"受挫"而自动终止,那么基于伤病而解雇雇员的雇主必须满足雇佣法庭的认定标准。即,根据不公平解雇法,在所有情况下(根据案件的公平和是非曲直),雇佣法庭都合理地将雇员的"无力工作"(incapability)作为解雇的充足理由(见下文第七章)。那些没有急于采取措施且对伤病雇员慷慨大方的雇主可能会满足雇佣法庭的要求。这样的认定

---

①　1996 年《雇佣权利法》第 64—65 条。

②　Marshall v. Harland & Wolff Ltd [1972] 1 WLR 899 at 902—904.

③　Harman v. Flexible Lamp Ltd [1980] IRLR 418;Notcutt v. Universal Equipment Co. (London) Ltd [1986] ICR 414.

并没有成文法规定,唯一的标准是所有情况下的公平。一般来说,雇主必须表明他已调查了事实,告诫了雇员,并听取了雇员的陈述。如果雇主在合同规定的疾病工资期限尚未期满就解雇了雇员,这种解雇通常是不公平的。雇主没有责任特地为生病的雇员创设适合其能力的岗位,无论雇员已经服务了多长时间。但是,有些情况下,如果刚好有较轻闲的工作,雇主应该提供给健康状况不佳的雇员。在一些企业,集体协议规定:在经过共同约定的缺勤期后,患病雇员即被转到"容纳部"(holding department)或"闲置编制"(inactive register),集体协议还对这一措施的相关权利做了明确的界定。这种协议不给予雇员自动返回原岗位的权利,但保留了雇员的雇佣连续性,虽然雇员没有真正从事工作。如果雇员没被解雇,合同没有终止,雇员没有自动权利返回到病休前的同一岗位。他(她)的权利取决于雇佣合同中的工作条款,也可以允许灵活变通。如果岗位消失,雇员可领取裁员支付。①

二、与怀孕有关的解雇

264　以下解雇将被认为自动不公正,如果解雇的原因或主要原因和下列情形有关:(1)雇员怀孕;(2)雇员生育了孩子的事实,解雇终止了雇员所享有的常规的或额外的孕产假;(3)基于与怀孕有关的原因,而按照某些法律或健康安全建议而让雇员中止工作;(4)雇员得到,或试图得到,或实际享有普通孕产假的事实;(5)雇员已享有或试图享有下列假期的事实:(i)额外孕产假,(ii)育儿假,或(iii)符合 1996 年《雇佣权利法》第 55—57 条规定的产前保健假;(6)雇员现在被闲置的事实,孕产假期间她被闲置且没有被安排到其他合适岗位。② 上述保护不适用于下列情形:(1)雇主所雇员工不超过 5 人,实际情况很难让雇主或其继任者允许雇员回到对雇员合适的岗位;或(2)实际情况下,很难有别的理由(即除了"闲置雇员"以外的原因)允许雇员回到对她合适的岗位,唯一的办法是一个联合雇主向她提供了工作,她可能

---

①　如果缺勤的原因是身体损伤,且这种损伤对雇员的正常活动有实质性和长期的影响,1995 年《残疾歧视法》有可能适用。

②　1996 年《雇佣权利法》,被 1999 年《雇佣关系法》及 1999 年《孕产假育儿假条例》修正。

接受，也可能无理拒绝。这些权利的运用并不受服务期的限制。

三、孕产假、陪产假、收养假和育儿假

265　　2000 年 12 月，劳资产业部（DTI）针对前文确定的权益，发布了名为
《工作和父母：竞争和选择》（*Work and Parents：Competitiveness and
Choice*）的绿皮书。并且，工作和父母工作组（Work and Parents Task-
force）于 2001 年设立，以探索"家庭友好性"（family-friendly）和"企业友好
性"（business-friendly）灵活工作方法。2003 年，政府发布了《平衡工作和家
庭生活：给父母更多选择和支持》（*Balancing work and family life：en-
hancing choice and support for parents*）。该文件探讨了如何促进工作与
生活之间的平衡。2004 年末，政府宣布了未来十年的"家庭友好战略"
（Family-friendly Strategy）。该战略包含了许多提议，包括了从 2005 年 4
月 6 日起推行育儿支持方案，给收入不超过 5.9 万英镑的家庭提供税收抵
免支持，以帮助支付家庭育儿费用（现在已经实行），该战略还计划在下届议
会结束前推行 12 个月的带薪孕产假。而且，该战略还打算，孕产假从 2007
年 4 月起延伸到九个月。2006 年《工作与家庭法》（Work and Family Act）
于 2006 年 6 月获得王室签署，该法将实施上述变革。

A.　育儿假（Parental Leave）

266　　欧盟是育儿假的主要推动者。在 20 世纪 80 年代和 90 年代早期，英
联合王国否决了欧共体委员会的育儿假建议（是否带薪）。其他成员国适用
了《社会政策议定书》（Social Policy Protocol）规定的程序，据此，他们可以
适用社会政策法规，而英联合王国不得妨碍。议定书要求根据《罗马公约》
第 138 条（即以前的《条款 118a》）组织代表劳资双方的社会伙伴（UNICE，
CCEP 和 ETUC）进行协商，以提出社会建议。社会伙伴可单独就社会政策
事务达成协议，然后要求欧共体理事会实施（见《罗马公约》第 139 条）。
1995 年 12 月 14 日，社会伙伴按此程序达成了关于育儿假的框架协议，由
《育儿假指令》（Parental Leave Directive 96/34/EC）执行。根据《社会政策

议定书》(联合王国没有选择适用)而制定的《育儿假指令》对联合王国没有约束力。但是,于1997年开始执政的工党政府接受了《社会政策协议》,《育儿假指令》随之根据《欧盟指令97/75/EC》而适用于联合王国。

267　　根据《孕产假育儿假条例》(MPLR),男女雇员,不论全职或兼职,只要他们有一年的持续雇佣期,并且对一个不足5岁的幼儿有(或应该有)抚养责任[MPLR,第2和13(1)(a)(b),14(1)条],都可享受到长达13周(每对父/母,每个小孩)的无薪育儿假。根据1989年《儿童法》(Childeren Act 1989)第三部分的定义,雇员的"父母责任"(parental responsiblility)的广泛定义包含了对收养子女的责任,或者雇员在孩子出生证上被登记为父母,该雇员就对该幼儿负有责任。不同父母得到的资格权利不一样。13周的假期必须被分割为单周地或多周连续地享有,只有以下情形的父母可单天或多天连续地休假(该规定的限制在下面讨论):第一,残疾幼儿(在未满5岁时)的父母;第二,收养子女在收养后的头5年,或18岁生日,以较早发生者为准。如果雇员的小孩享有残疾生活补助,该雇员的最长假期可延长至18周。该假是特别"为了照顾特定的小孩"而获准的。《孕产假育儿假条例》在最初生效的时候,它规定只有在1999年12月15日及以后出生的小孩的父母才有育儿假,当然这个限制最终被取消了,因为政府为此遭到社会各界的严厉批评,包括英国总工会(TUC)的批评,该组织认为前述立法限制违背了欧盟《育儿假指令》,并主张,其孩子已达五周岁的父母本应该享有育儿假[①]。2001年《孕产假育儿假(修订)条例》(SI 2001/4010)对于上述限制也给予反对。现在,其孩子在1999年12月15日之时不足5岁的雇员也有权利享有育儿假。雇主和雇员可以按照个别的、集体的或全体劳工的协议约定如何使用育儿假。以下事宜都可由当事人协商,如,雇员每次休假的单位时间可以不足一周,甚至一天一天地使用,只要对雇员更方便。

268　　按照《孕产假育儿假(修订)条例》第17条,除了享有薪酬权外,雇员

---

①　R v. Secretary of State for Trade and Industry, ex parte TUC[2000].

拥有适用于育儿假期间的特定雇佣条款所包含的权利。包括：默示的信任条款；对合同终止的通知；裁员补偿；惩戒和申诉程序。在休假期间，雇员须遵守以下义务：默示的诚信义务、通知义务、保密信息不得公开、接受其他补助的赠与；参与特定事务。享受了四周或不足四周的育儿假期就返岗的雇员有权回到原来的工作岗位。享受了更长休假的雇员有权回到原岗位，如果雇主难以安排，雇员可以被安排到其他适合岗位（MPLR 第 18 条）。一旦返岗，雇员的薪酬、资历、养老金及其他类似权利都不得低于休假前的水平。

B. 孕产假（Maternity Leave）

269　享有基本孕产假（OML）且截至预产周（EWC）前第 14 周时已连续被雇佣 26 周的妇女能享受到 26 周的额外孕产假（AML）。这使得符合法定资格的妇女可获得长达一年的孕产假。但是，孕产假中只有前 26 周是法定带薪（参见法定带薪部分），这意味着，在实际操作中，只有产妇的雇佣合同涵盖了休假当年的后半年时，她才有望休满 52 星期的假期。正如在基本孕产假中，妇女不得因行使或寻求行使其额外孕产假而遭受损失，如果出于怀孕、分娩或孕产假权利相关的原因而解雇女性雇员，那么这是自动不公正的。

270　同样的例外也适用于额外孕产假，正如第 20(7) 条所规定，即如果实在没有合理可行性让雇员休完额外孕产假后回到适合的岗位，且她已经承认或不合理地拒绝了一个联合雇主提供的工作要约，那么此种情形下解雇该雇员（不因为裁员）不属于"自动不当"。不过，就额外孕产假也有针对小雇主的例外：雇主所雇员工不超过五人（包括联合雇主的雇员），实在没有合理可行性给雇员提供一份"对她合适且符合她的具体情况"的工作，此时解雇她也不属"自动不当"的解雇。

C. 陪产假（Paternity Leave）

271　2002 年《雇佣法》（EA 2002）通过在 1996 年《雇佣权利法》加入新的

条款,即80A和80B(从2002年12月8日起实施),在其第一条引入了陪产假(PL)权利。这些规定涉及两类陪产假:一类关于分娩[叫做"陪产假:分娩"(paternity leave:birth)],另一类关于收养[叫做"陪产假:收养"(paternity leave:adoption)]。虽然关于这两类假期的条款相似,它们之间也有差异,下文将对这两种形式的陪产假分别论述。根据1996年《雇佣权利法》第1条,国务大臣有权制定关于陪产假的法规,具体制定了2002年《陪产假收养假条例》(Paternity and Adoption Leave Regulation/PALR,SI2002/2788),该条例于2002年12月8日实施。如果存在关于陪产假的合同权利,雇员不可分别享受两个权利,但可以选择对其更有利的权利,也就是说,可选择合同权利或法定权利,但不能二者皆要(PALR,reg. 30)。而且,新的陪产假是独立于上文所述的13周的陪产假的。从2005年12月5日起,陪产假权利也适用于同性伴侣(civil partners),参见2005年的《对2004年同性伴侣关系法(法规增补)指示》。①

272　　《陪产假收养假条例》(PALR)适用于符合以下条件的父亲:孩子出生于2003年4月6日及以后,截至孩子预产周前第14周时已持续被雇佣26周及更长时间。不过,应该注意第2条对"伴侣"(partner)的解释,它把"伴侣"定义为"一个人(无论同性还是异性),和母亲一起生活……使得孩子处在持久家庭关系中,但不是母亲的亲戚"。这个解释很宽泛,足以包括第4(2)条的目的(下文讨论),即可以适用到女性,尽管该种假期事实上被叫作陪产假。也就是说,陪产假的权利也适用于(如果满足了第2和4条的要求)同性恋关系中妇女的同性伴侣,如果该妇女有孩子。然而,《陪产假收养假条例》是从男性角度来描述的,其实该条例也应该从女性角度来解读。

273　　根据《陪产假收养假条例》第4(2)条,父亲要享有这种权利,还要满足许多其他的要求,即他必须是:

(i)是孩子的生父或;

---

① Civil Partnership Act 2004(Amendments to Subordinate Legislation)Order 2005,SI 2005/2114,Sched. 17.

(ii)是孩子母亲的配偶或伴侣,但不是孩子的生父;

(iii)如果是孩子的生父,他有(或应该有)抚养孩子的责任;或

(iv)如果是母亲的丈夫或伴侣但不是孩子的生父,他有抚养孩子的主要责任。

孩子的生母已经死亡的情形下,上面(ii)(iii)的要求被视为自动满足,即便小孩已死亡。

274 雇员所享有的是长达二周的带薪假,假期必须被连续使用;雇员无权间隔地一天一天地零星使用假期,当然雇员可以选择使用一周或连续的二周——而且必须在分娩后 56 天内。雇员享有法定陪产假工资(SPP),其支付额度与法定孕产假工资(SMP)一样,即从 2006 年 4 月起,每周为 108.85 英镑,或者雇员平均周薪的 90%,如果后者数额更高,这些数字一般每年都有变化。[①]

D. 收养假(Adoption Leave/AL)

275 2002 年《雇佣法》在 1996 年《雇佣权利法》中增加了关于收养假(AL)的规定,即第 75A 和 75B 条。与涉及收养的陪产假不同,关于收养假的条文允许出生于 2003 年 4 月 6 日或以后的被收养孩子的养父母享受带薪收养假。收养假有两类:26 周的常规收养假(OAL)和增补 26 周的增补收养假(AAL)。常规收养假有法定工资,即是带薪假;增补收养假无法定报酬(虽然可能有关于收养假报酬的合同约定)。享受常规收养假的职工须符合以下条件:连续被雇佣 26 周,收养经收养机构认定的孩子而且同意孩子和他们一起生活。结束了常规收养假的雇员可享有增补收养假,即总计 52 周的收养假。根据《陪产假收养假条例》的规定,雇员可以选择何时开始休假,可以要求和陪产假相似的告知程序和证明材料。未能遵从第 17 条规定要

① 参见以下文件:1. 2002 年《雇佣法》第 7 条;2. 2002 年《法定陪产假工资及收养假工资一般条例》[Statutory Paternity Pay and Statutory Adoption Pay(General)Regulations 2002,SI 2002/2822,reg. 3];3. 2002 年《法定陪产假工资及收养假工资(周薪)条例》[Statutory Paternity Pay and Statutory Adoption Pay(Weekly Rates)Regulations 2002,SI 2002/2818,reg. 2]。

求的雇员无权休收养假。和陪产假一样,常规收养假期间,雇员的雇佣合同条款(包括职责)得以保留,而在增补收养假期间,只有特定条款可以保留。

四、弹性工作制

276 2001 年 11 月,"工作与父母工作组"(*Work and Parent Task Force*)发布了一个报告,建议孩子不足六岁的父母应该能够请求弹性工作安排,而且要求雇主认真对待该请求。该建议得到政府采纳,而且 2002 年《雇佣法》在 1996 年《雇佣权利法》加入了一些条款,即该法 80F 至 80I 条,该条文从 2003 年 4 月 6 日开始生效。关于弹性工作制的规定有两个条例:第一,2002 年《弹性工作(程序要求)条例》;第二,2002 年《弹性工作(资格、申诉和救济)条例》。① 该权利是雇员对弹性工作的请求权(即请求合同变更的权利),而不是可以自动地弹性工作。其中的变化涉及工作的时间长度、次数和场所。

277 为了获得该权利,雇员须满足以下条件:

他(她)是合格雇员,即有至少 26 周的连续雇佣期;

他(她)有或预计有抚养六岁以下孩子(或 18 岁以下残疾孩子)的责任;

他(她)是父母,养父母,监护人或孩子的收养者,或者是具备前述特征的人的丈夫、妻子或伴侣(包括同性伴侣)。

278 弹性工作权利须以书面形式申请,且须详述请求改变的内容,包括雇员希望权利开始的日期和申请人认为该改变对雇主的影响(如果有的话)。申请须在小孩年满六岁(残疾小孩 18 岁)日前的第 14 天之前提出。雇主须在收到请求后的 28 天内召开会议,且在会后的 14 天内把决定通告雇员。雇员可以由一同事陪伴。雇员可以在 14 天内对雇主的决定向上级机构提起申诉;申诉会议须在申诉提出后的 14 天内召开,除非在其提出后 14 天内

---

① 这两个条例是:1. Flexible Working (Procedural Requirement) Regulation 2002,SI 2002/3207;2. Flexible Working (Eligibility, Complaints and Remedies) Regulations 2002,SI 2002/3236.

得到支持。

279 　根据 1996 年《雇佣权利法》，雇主可基于"业务理由"拒绝雇员的弹性工作制请求。这些理由可以是：

额外的成本负担；

为满足顾客需求带来的不利影响；

在现有雇员中无法重新组织工作；

无法招聘到增补雇员；

对工作质量和工作状况的不利影响；

雇员提出计划结构变化期间工作量的不足；

国务大臣可借鉴的其他依据。

第六节　工龄权的保护[①]

280 　雇员出于雇佣计算的持续性的目的，而有权享有几周缺勤，而工龄的持续性的不因缺勤而受影响。缺勤的几周具有以下特征：(1)在其中的全部或部分时间中，雇员由于伤、病不能工作，最长可达 26 周；(2)在此期间，雇员因为怀孕或即将分娩而完全或部分地缺勤。

---

① 　1996 年《雇佣权利法》第 212 条。

第七章　职位保障

第一节　"职位保障"(Job Security)
概念的发展

　　从 1963 年开始,英国相继有系列制定法旨在给雇员遭受突然的或不公正的解雇时提供保障,并且在雇员的工作因经济原因而消失时提供赔偿。评论家们使用了许多不精确的概念。一个是"职位财产"(property in the job)概念,或"非经正当法律程序不得被剥夺的不受干扰地拥有工作的权利"。[①]正如 H. A. 特纳(H. A. Turner)教授所说,这"是对雇员受雇所蕴含的资本在相对不足时的补偿"。[②] 另一个概念是"工作的权利",在英国指"不仅辞掉或失去旧工作有获得新工作的权利,而且是继续旧工作的权利"。[③] 但是,一直有人主张,这些立法非但没有促进职位保障或工作财产权,反而刺激了英国工人放弃对工作的"保护"态度,他们往往为了现金补偿而接受解雇。[④] 也有

---

　　① 这一古典阐述来源于 F. 梅耶:《职业所有权:比较研究》,洛杉矶,1964 年,第 1 页。(F. Meyers, *Ownership of Jobs: A Comparative Study*, Los Angeles, 1964, p. 1.);同时参见以下文献:1. B. 赫普尔:"工作之权?"[B. Hepple, 'A Right to Work?', *Industraial Law Journal* 10(1981)65];2. H. 柯林斯:《解雇中的正当性》,牛津,1992 年(H. Collins, *Justice in Dismissal*, Oxford, 1992);3. 阿佩克思:《关于关系终止的法律》(第七版),布里斯托尔,2006 年(R. Upex, *Law on Termination*, 7edn. Jordans, Bristol, 2006)。

　　② H. A. 特纳等:《汽车行业的劳动关系》,伦敦,1967 年,第 337 页。(H. A. Turner *et al.*, *Labour Relations in the Motor Industry*, London, 1967, p. 337.)

　　③ 梅耶(Meyers),前文所引著作,第 18 页。

　　④ R. H. 弗拉:"裁员支付法的奥妙"[R. H. Fryer, 'The Myths of the Redundancy Payments Act', *Industrial Law Journal* 2(1973),1]。

人提出,对管理性纪律惩戒中的个人权利的强调,法律已经削弱了劳动者对工作的集体控制,反而在一定程度上强化了管理控制。①

282　　1875 年以前,雇员实际上受制于雇主,雇员可能因为违反合同将遭受刑罚制裁,甚至可能因拖欠雇主的债务(比如预付工资)而被监禁。违约的刑事责任在 1867 年被修正,并于 1875 年被废除。正如西德尼(Sidney)和比阿特丽斯・韦布(Beatrice Webb)所说,"这种法律的根本改变"意味着,②从那时起雇主和雇员成为民事合同的平等主体。对雇佣关系的合同定位表明,按照正式的法律条款,雇主不能强迫雇员继续服务——这会"使劳务合同变成奴役合同"③——而且,根据互惠和互信的原则,雇员不能强迫雇主维持雇佣关系。因此,作为一般原则,强制履行救济(或强迫履行合同义务)不适用于雇佣合同被违反的情形。

283　　20 世纪 60 年代早期,促进职位保障的提议主要是要求雇主应该提前更长时间对雇员正式告知其解雇决定。原来的 1963 年《雇佣合同法案》(Contracts of Employment Bill 1963)(自 1875 年以来英国第一个关于雇佣条款的综合立法)给予雇主和雇员对等的义务,所以双方被给予的最短通知(提前告知结束雇佣关系)期限相同。工会担心这样的权利对等会限制雇员在发出终止合同通知后的罢工权利。迫于压力,保守党政府修订了最初的提议,将雇员提前发出终止合同通知的最短时间定为一周。另一方面,雇主提前告知的最短时间则为一(对服务时间为 26 周到两年的雇员)到四周(对服务时间为 5 年及以上的雇员)。后来的法案将雇主的提前告知时间要求又延长了。现在的相关立法是 1996 年《雇员权利

---

①　梅里斯、柯林斯-斯奎尔斯:"惩戒和解雇中的法律规范和社会规范"[M. Mellish and N. Collis-Squires,'Legal and Social Norms in Discipline and Dismissal', *Industrial Law Journal* 5 (1976),164]。

②　S. & B 韦伯:《工会主义历史》(修订版),伦敦,1919 年,291 页。(S. & B. Webb, *History of Trade Unionism*,rev. ed,London,1919,p. 291.)

③　福拉法官(Fry LJ)在以下案例中的意见:*De Francesco* v. *Barnum* (1890)45 Ch. D. 430 at p. 438.

法》(见下文第 292 段)。

284 1965 年《裁员支付法》(现在被包含于 1996 年《雇佣权利法》,第 11 部分)规定,雇主有责任根据被裁雇员的年龄和服务年限,给予雇员一次性偿付金。其最初设想是让雇主分担这笔费用。因此,雇主有权从"裁员基金"(由所有雇主交纳建立)中返回一定比例的裁员偿付金。1980 年后裁员事件的增加,基金陷入财政困境,为了增加财源,雇员缴费制于 1982 年 4 月建立,据此,雇员以其工资的 0.35% 的比例交纳裁员金。其结果是,裁员经费变成部分由同伴雇员支付。事实上,自 1982 年以来,从交费在工资中的比例和占基金的比例来看,雇员交费都高于雇主交费。20 世纪 80 年代,裁员基金支付了 2 亿英镑。1986 年,雇主从基金中的部分退款权只限于所雇雇员不足 10 人的雇主,到 1989 年,部分退款权被完全废除。[①] 据估计,只有大约 45% 的被裁雇员依法有资格获得偿付金,而且一次性偿付金的平均额度大约相当于中年人平均工资的 1/5。[②] 这种情况的部分原因是"服务期满二年"这一资格限制,而且,相对于法国工人获得离职金或比利时和意大利工人因为裁员获得失业保险补助金的情形,英国法中的"裁员"定义要严格得多。法案所述目的包括缓解裁员的经济影响、对工作财产权利的补偿以及鼓励劳动力的流动。针对"裁员"事实上或可能涉及群体的调查发现[③],法案对人们的态度和行为都产生了一定的影响,增加了劳动力的流动和适应性,减少了裁员纠纷。法案展示的最重要的结果是增加了年龄在裁员标准中的意义,因为,服务时间长的年长雇员会得到更多的裁员金,这样的机制鼓励了他们离开岗位。[④] 从这个意义上说,该法案促进了

---

① 1989 年《雇佣法》第 17 条。

② 《劳动市场趋势》(*Labor Market Trends*),1999 年 5 月,第 253 页;R. H. 弗拉:"裁员、价值和公共政策"[R. H. Fryer, 'Redundancy, Values and Public Policy', *Industrial Relations Journal* 4(1973) 12;ILJ 2(1973),1]。

③ S. R. 帕克等:《裁员支付法的效果》,伦敦,1971 年。(S. R. Parker *et al.*, *Effects of the Redundancy Payments Act*, London, HMSO,1971.)

④ 就业部:"年资与裁员",载《就业公报》[Department of Employment, 'Age and Redundancy', *Employment Gazette* 86(1978),1038]。

劳动力流动。

285 作为 1971 年《劳资关系法》的一部分,保守党政府制定了非法解雇法规,立法在很大程度上是受到国际劳工组织关于终止雇佣的第 119 号提议(1963 年)的激励,并以之为依据。非法解雇法规在许多方面都得到了完善,成为工党政府在所谓"社会合同"期间(1974—1979 年)制定的劳动法的中心内容。然而,保守党政府在 1979 年后对其持续限制,并将这种限制作为其"减少商业负担"观念的一部分措施。于是,该法的囊括范围缩减了,其方法是把服务资格期从六个月增加到一年,再到两年。"公平"的证明标准也受到削弱,补偿水平降低。新工党于 1997 年执政后,废除了保守党实施的一些变动。特别是,资格服务期缩短到一年,[①] 补偿金的最高限额也大大提高。不过,现在的英国立法还是没有欧洲其他国家相关立法那样宽泛,某些方面的规定和惯例甚至低于 1982 年《国际劳工组织终止雇佣公约》(ILO Termination of Employment Convention 1982)的标准,英国没有加入该公约。现在,关于裁员支付的规定主要体现在经修正后的 1996 年《雇佣权利法》。

286 雇员就不公正解雇提起诉讼的权利标志着现代法制对普通法传统的重大背离。[②] 于是,雇主无须任何理由仅通过合法通知或补偿(代替通知)就终止雇佣的权利受到了约束。雇主得证明其解雇的理由(如果理由不止一个,则证明主要理由),以下可能是许多潜在正当理由之一,如,雇员的能力或表现的欠缺,或雇员属于剩余劳动力,或雇佣他(她)就是对某些法律规定的违犯,或其他重要理由使得解雇该岗位的雇员得到正当的解释。某些

---

① 1999 年《不公正解雇及陈述解雇原因(资格期变动)条例》[Unfair Dismissal and Statement of Reasons for Dismissal (Variation of Qualifying Period)Order 1999, SI 1999 1436]。

② 参见以下文献:1. B. 赫普尔:"不公正解雇的兴衰",见《劳资关系中的法律介入》,编者:W. 麦卡锡,牛津,1992 年,第 79 - 102 页[B. Hepple, 'The Fall and Rise of Unfair Dismissal', in W. McCarthy(ed.), *Legal Intervention in Industrial Relations*, Oxford 1992, pp. 79－102.];2. B. 赫普尔、莫里斯:"2002 年雇佣法及个体雇佣权利的危机"[Hepple B. & Morris, G., 'The Employment Act 2002 and the crisi of individual employment rights', ILJ 31(2002), 245－269]。

理由是自动不公正的，比如，工会会员资格，或工会活动，或非工会会员资格。在其他案件中，法庭必须"依照案件的公平性和实质性的是非曲直"考虑雇主给出的理由，判断解雇在具体情形下是否公正。[①] 由于雇主非经正当法律程序后不得解雇雇员，从这个意义上说，雇主对工作的管理逐步祛除了个人擅断的缺陷。[②] 而且，雇员可以在解雇生效日起三个月内向雇佣法庭（参见上文第 80 段）提起诉讼，这是相对廉价、非正式而迅捷有效的救助途径。与普通法不同的是，立法（自 1976 年）规定，胜诉的雇员可以获得复职或再雇佣的指令（以前只有相应的建议）。

287　尽管 1982 年《国际劳工组织终止雇佣公约》第 4 条明确规定："联系到职工的能力或表现，基于岗位、机构或服务的实际要求，有（持续受雇权的设立）正当理由"，事实上，持续受雇权远没有达到预期的效果。首先，被解雇雇员利用司法救济的比例不大。资格服务期增加到两年后，情况尤其突出：尽管在 1984 年有 3.7 万起案件起诉到雇佣法庭，[③] 但是在 1989—1990 统计年度[④]，案件量急剧下降到 1.8098 万起，仍未达到 1984 年的水平。在这一年，雇佣法庭受理了 3.2632 万件雇员声称被违法解雇的案件，其中，1.0139 万件经历了完整的审理程序，但只有 3246 件诉讼获胜。[⑤] 资格服务期再次缩短到一年以后，雇员起诉的案件数量有所上升。在 2004—2005 统计年度，咨询、调解及仲裁服务局（ACAS）收到 8.5 万份违法解雇申诉书，其中有的没有直接向雇佣法庭求助。[⑥] 其实，这些也仅仅占被终止解雇案例的小部分。

---

①　1996 年《雇佣权利法》第 98(4)(b) 条。参见下文第 309 段。

②　在这种意义上讲，这就是前引迈耶斯（Meyers）著作第 1 页中的"职位所有权"（ownership of jobs）。

③　《咨询、调解及仲裁服务局 1984 年年度报告》，伦敦，1985 年。

④　《就业公报》，1991 年 5 月，第 303 页及以下；《就业公报》1991 年 12 月。

⑤　雇佣法庭及雇佣上诉法庭诉讼统计资料，1997－1998 年度，1998－1999 年度，载于《劳动力市场趋势》（*Labor Market Trends*），1999 年 9 月，第 494－495 页。

⑥　《咨询、调解及仲裁服务局 2005 年年度报告》。

288　　第二,提起诉讼的雇员发现自己处于比雇主更弱势的地位。其中一个原因是,雇员和雇主在法庭上的被代理权限的不平等,雇主比雇员更有可能获得专业的代理人。不过,更为重要的理由存在于对立法中的"正当"标准的司法解读。正如我们将会看到的(见下文 305—312 段),法院和法庭正是依据普通法中的雇佣合同观念来解读"不公正解雇"这一法定概念。其中潜在的假设是:天赋的管理权来自企业主人的财产权。这样的假设导致了对解雇的"潜在正当理由"的宽泛解释(尤其是"其他重要理由"范畴),足以让雇主主观地相信某个理由的存在。而且,"正当"的标准是基于这样一个观点:法庭不应该就他们是否会在同样的情形做出解雇的问题强加他们自己的意见,而应该判断这个解雇行为是否属于理性雇主可能采取的措施的范围。这种不干预(non-interventionist)思潮最近得到重申,以抵抗那些让法庭起更积极作用的企图,而近来"重视程序忽略结果"的浪潮在一定程度上缓和了不干预思想。① 不过,最近出现复苏迹象的观点是:如果雇主能在遵循公正程序的前提下合理地解雇员工,程序本身的瑕疵并不造成不公正解雇。通过这样的方式,法庭的全部方法强化了传统的合同观念,即雇员的职位保障利益次于雇主的经营管理权。用帕特里克·伊莱亚斯(Patrick E-lias)的话说,② 通过考察一个理性的雇主团体可能的行为,法庭已经成为了"标准的实施者"(norm-reflecting)而非"标准的制定者"(norm-setting)。不足为怪的是,法庭的判决反应了普通法惯例而不是更为激进的"工人控制工作"的观点。其结果是,直到最近,雇员在雇佣法庭的胜诉率都相对较低。

289　　第三,立法未能保障被不公正解雇的雇员得到重新雇佣。文字记载显示,重新雇佣从 1976 年起就是主要救济措施形式,并可以赔偿金作为替代选择,实际上法庭很少实施这种救济。2005 年,法庭只在 2% 的胜诉案件

---

　　① Polkey v. A. E. Drayton Ltd [1988] ICR 142.

　　② P. 伊莱亚斯(P. Elias)之著述,载《劳资法律杂志》[*Industrial Law Journal* 10 (1981),201]。

中向原告颁发了复职或再雇的裁决。① 在新工党政府的主导下，赔偿金限额在最近大幅度提高，这无疑会对重新雇佣的适用产生一定积极影响。但现在的赔偿金额度不能说达到了国际劳工组织专家委员会（ILO Committee of Experts）的要求，即，只要赔偿金能起到制止非法解雇的作用，它就是最为有效的救济措施。

290　第四，立法在推动集体谈判以完善基本权利方面并未取得明显成功。立法者最初打算是让集体协议取代法定条款，于是，立法规定允许协议中的规定取代法定条款，只要协议的标准不低于法规标准，而且相关部门予以认可。② 事实上，这些免责安排很少适用：在 20 年里关于裁员支付的免责安排被适用了三次，在 13 年里关于不公正解雇的集体协议被适用了一次。③集体谈判只是对立法的补充，比如，规定高于法定最低额的自愿"附加"金额或规定自愿程序，但并非取代立法。

291　在许多方面，立法只不过是支持了企业管理人花钱买下工作支配权。但是，不公正解雇的立法有一定积极效果。在工会组织不起作用或不存在的情况下，立法为个别雇员提供了保护，使他们不受雇主擅断行为的侵犯。立法也使工会能够为组织规模小且分散的群体提供更好的服务，因为集体谈判很难以他们的名义开展。特别重要的是，该立法和后续的《咨询、调解及仲裁服务局行为准则》，推动了处理纪律惩戒及解雇的正式程序的普及。调查表明，在 1998 年，正式的惩戒程序在最少 92％ 的工场得到采纳。虽然正式惩戒程序在较大的工场使用得更加普遍，但它们至少已经是较小工场

---

①　《咨询、调解及仲裁服务局 1999－2000 年年度报告》，第 33 页；《劳工法庭服务 1999－2000 年度》（*Employment Tribunal Service Report 1999－2000*）。

②　1996 年《雇佣权利法》第 110 条。

③　米尔沃德（Millward）及史蒂芬斯（Steven），前文所引著作，第 176 页；同时参见：1. 丹尼尔、米尔沃德：《不列颠工场劳资关系》（W. W. Daniel and N. Milward, *Workplace Industrial Relations in Britain*, pp. 163－170）；2. 狄更斯：《解雇：不公正解雇和劳资法庭制度研究》，第 232－234 页，252－255 页（Dickens, *Dismissal: A Study of Unfair Dismissal and the Industrial Tribunal System*, pp. 232－234, pp. 252－255）。

的操作规范。① 正式惩戒程序在有工会的工场适用得尤其普遍,普及率高达 97%。同样重要的是,这些程序在 9/10 的案件中都受到工会的认可。② 1999 年《雇佣关系法》规定的新权利很可能会提高工会对上述程序的参与,这个权利允许雇员自己选择一个同伴,并根据 2004 年《雇佣关系法》陪同自己出席纪律惩戒听证会。该同伴可以是工会官员或同一雇主的另一名雇员,同伴必须被允许在听证会上发言并在听证会期间与被询问的雇员商议,但是他不能代表该雇员回答讯问。③ "同伴可以是工会官员"的事实(无论该工会被雇主认可)是工会为雇员服务的重要机会,因而也非常有利于留住现有会员并招募新会员。

292   1997 年以来,持续压缩个人雇佣权利的新自由主义政策被寻找"第三条道路"的方案取代。在"第三条道路"模式中,社会正义不再被认为在经济效益方面代价高昂,而是对经济增长和福利的潜在促进。新自由主义者主张限制或废除雇员享有的不公正解雇主张权,其理由是,立法对雇佣施加了额外成本(包括审查和监管工人的管理成本),并阻碍了雇主对新员工的招聘,因为立法降低了就业岗位通过解雇来回应市场变化的灵活性。也有人认为,立法诱使雇主出于对不公正解雇诉讼的恐惧而低效地使用劳动力,这一影响对于小企业和那些开展新业务或拓展业务的企业尤其明显。但是,对资方的看法和回应的调查却支持了相反观点。④ 该调查表明,很少有

---

① 科里·M. 等:《1998 年工作场所雇员关系调查:初步发现》,1999 年,第 14 页。(Cully, M. et al. *The 1998 Workplace Employee Relations Survey*: *First Findings*,1999,p. 14.)

② 米尔沃德、布莱森、福斯:《都在工作中改变》,2000 年,第 156 — 157 页。(Millward, N., Bryson, A. and Forth, J., *All Change at Work*,2000,pp. 156—157.)

③ 1999 年《雇佣关系法》第 10(2)条。

④ W. W. 丹尼尔、斯提奇:《雇佣保障法的影响》,伦敦,1978 年。[Daniel, W. W. and Stilgoe, E., *The Impact of Employment Protection Laws*,London (Policy Studies Institute),1978];克利夫顿、坦顿·布朗:《雇佣立法对小企业的影响》,就业研究部报告六(Clifton, R. and Tatton Brown, C., *Impact of Employment Legislation on Small Firms*,Department of Employment Research Paper No. 6,London,1979);S. 埃文斯、J. 古德曼、L. 哈格里夫斯:《20 世纪 80 年代的不公正解雇法及雇佣实践》,就业研究部报告五十三,伦敦,1985 年(Evans, S., Goodman, J. and Hargreaves, L., *Unfair Dismissal Law and Employment Practice in the 1980s*,Department of Employment Research Paper No. 53,London,1985)。

雇主会因为立法的存在而放弃招募新员工,立法所做的只是鼓励雇主在招聘中更加谨慎以提高劳动力质量而非限制雇员数量。[①] 这种结果趋向于支持另一群体的观点,即,立法使劳动力更接近工作的要求从而提高了效率。有证据表明,雇主对临时合同工和散工的使用在增加,不过这一现象似乎是由经济因素而非法律策划来推动。[②] 另一种减少法律调控的观点认为,立法将更多的形式主义带进了劳动关系,而形式主义逐渐削弱了资方对劳动力的灵活管理。对此,有人强烈反驳,并认为正当程序的广泛采纳使得纪律管理变得更加公开和可接受,并且使针对解雇的集体劳工诉讼失去了合法性。[③] 调查已经表明,[④] 绝大多数雇主现在更加注意为解雇做好准备,以确保法律上的"安全",虽然许多小公司继续着不正规的行为。约 2/3 的抽样雇员和工会代表觉得,资方总体上都正当地处理了纪律问题。但他们也表达了一些担心,即,程序要求和不公正解雇的立法正在侵蚀工会对纪律惩戒案件的谈判范围。[⑤]

第二节 雇佣的连续性

293 为了获得法定的职位保障权利(包括法定通知期限、主张不公正解雇和裁员补偿),雇员须有必要的"连续雇佣"(continuous employment)期。例如,除非雇员已连续被雇两年,他无权获得法定裁员补偿,而且,补偿金额取决于雇员的年龄和持续雇佣期长短。大多数情况下,雇员不可提起不公

---

① 该结论来源于以上所有调查。

② S. 埃文斯(S. Evans)等,前文所引著作,第 15—18 页。

③ 亨利:《私人正义》,伦敦,1983 年(Henry, S., *Private Justice*, London, 1983);威廉姆斯:"不公正解雇:奥秘和数据"[Williams, K. 'Unfair dismissal, myths and statistics' *Industrial Law Journal*, 12(1983)157]。可得证据显示,法定程序的引入事实上没有缓解因解雇而进行的罢工。参见狄更斯(Dickens):前文所引著作,第 224—232 页。

④ 埃文斯(Evans)等,前文所引著作,第 33—35 页。

⑤ 同上,第 35—40 页。

正解雇之诉,除非他被连续雇佣了一年。连续雇佣期也影响其他工作权利,比如孕产假工资、保障工资等。但有些权利没有这些条件要求,包括不得受种族或性别歧视、孕期保健假和不得因工会原因被解雇的权利。

294　1996 年《雇佣权利法》第十四部分第一章规定了认定雇员是否被连续受雇的方法。这些规定很复杂,这里只展示了主要原则。"持续雇佣"概念在根本上包含两个要素。第一个要素是持续性,即存在雇佣关系,而雇佣关系基于一份雇佣合同,或基于与同一雇主(有些情况下与雇主继任者)的系列合同。第二个要素是雇员须有必要的雇佣期的连续性,即该雇员须被认定具备必要的雇佣周数。对于某一周(一直以周六为结束)来说,是否依据该周的某个时间点来认定雇员和雇主雇佣关系的存在,须由雇佣合同来规定。

295　一般原则是,如果一个星期不能记入雇员雇佣期,那么不仅这个星期不能算作一个雇佣期,而且它破坏了雇用的连续性。如果连续性被打破,那么已记入雇员的任何周数都被取消,雇员得从恢复工作的那周开始重新计算。有一个假定,即雇用是连续的,雇主需要提供证据来反驳该假定。与前雇主的任何连续雇佣期如果算作目前雇主的雇佣期,雇佣条件的书面证明有必要包括其详情。这种证明的效果可防止雇主辩称变换雇主已经打破了连续性。

296　这个一般原则有两个主要例外。第一,有几周不算作一个雇佣期但是也不打破连续性。这些周是下列任何时候:雇员参加罢工,或因为停工而缺勤,雇员在国外工作或服兵役。第二,有些周,没有合同的存在,但雇员有权算作雇佣期且不打破连续性。这些周属于以下情形,雇员由于伤病缺勤,或临时停止工作,[①]或按照约定或习俗被看做继续雇佣,或由于怀孕或分娩。如果雇员由于伤病缺工连续超过 26 周,不会打破连续性。但是只有第

---

　① 例如,一位教师订立了一系列参与学术会议的固定期限合同(十月到六月),法官判决,合同之间的间隔属于工作的临时中止。参见案例:Ford v. Warwickshire CC[1988] 2 AC 71(HL).

一个 26 周有这种效果。

第三节　基于企业转让的雇员权利

297　　企业控制权的变动会对雇员的职位保障产生重大影响。[1] 这一点得到了欧洲共同体的认可，其表现是欧共体通过制定《获得权利指令》(Acquired Rights Directive)来规定雇主变动时对雇员的保护。该指令最初于 1977 年通过(77/187)，但在 2001 年被 2001 年《获得权利指令》取代。[2] 英联合王国通过 1981 年《企业转让(雇佣保护)条例》[Transfers of Undertakings (Protection of Employment) Regulations /TUPE]使前述欧共体指令在联合王国内生效。首先应该强调的是，国内法的规定没有包括联合王国最常见的企业转让形式，即股份转让。在股份转让的具体情况下，前雇主公司的股份融入到取得公司并成为后者的子公司；或者，取得公司的股东收购前雇主公司的股份；或者，企业由取得公司管理而名义上仍属于被收购公司。在这些情况下，为了集体协议和雇佣合同的目的，雇主的身份维持不变。但它对工会和雇员影响却是很大的。目前，劳动法没有对这些情况提供保护，除非涉及对资不抵债企业的出售导致"债务脱手"(hiving-down)。然而，如果企业的吸收合并、兼并或多企业合并采取不太常用的获得企业所有权的形式，其采取的方法是变动雇主的身份，那么关于收购权的立法能够对雇员提供一些保护。立法旨在克服普通法的不足，并规定，雇主的变动就终止了雇佣合同，而新的雇主不是自动继承旧雇主的权利和义务。[3]

---

[1]　参见哈迪：《理解企业转让(雇佣保护)规则》，牛津，2001 年。(Hardy, S., *Understangding TUPE*, Oxford, 2001)；哈迪等：《2006 年企业转让(雇佣保护)规则》(Hardy, S., *TUPE 2006*, London, 2006)；麦克米伦："2006 年企业转让(雇佣保护)规则分析"(McMullen, J., 'An analysis of the TUPE Regulations 2006', *ILJ* 25(2006), pp. 113-139.)。

[2]　OJL61/26，1977 年 3 月，已被欧盟指令 1998 年 6 月 29 日的指令 Directive 98/50 修正，修正得到指令 Directive 01/23 的巩固。

[3]　Nokes v. Doncaster Amalgamated Collieries Ltd [1940] AC 1014 (HL).

298   欧共体 1977 年的《获得权利指令》在后来的指令(98/59/EC)中得到修正,两指令现在被合并到欧盟理事会指令(Council Directive 2001/23/EC),其中的部分规定将摘录于下文。1981 年《企业转让(雇佣保护)条例(修正稿)》将 1997 年指令的内容变成了联合王国国内法。而 2001 年指令则通过 2006 年《企业转让(雇佣保护)条例》已经融入到英联合王国的法律体系,① 该条例于 2006 年 4 月 6 日生效。

299   关于《合并指令》(Consolidation Directive 2001/23)的条文。该指令的第 1(1)(a)条首先陈述,该指令适用于"把任何企业、商行或部分企业或商行通过合法转让或兼并形式转移给另一雇主的行为"。条款第 1(1)条继续规定如下:

"(b)……该指令所指的还有一种转让,即,对经济实体实行的保留它身份的转让,也就是为了某经济活动而进行的资源组合,无论该活动是经济实体的主业或副业。

(c)该指令要适用于从事经济活动的公共及私人企业,无论这些经济活动是否以盈利为目的。"

《合并指令》第 3 条规定的是让与人的权利义务向受让人的自动转让,包括产生于雇佣合同或雇佣关系(存在于转让发生日)的权利义务。在 2005 年的案件中,② 欧洲法院说"转让日"是一个特定的时间点,不能由转让人或受让人的意愿被推迟,它还是(继续经营被转让企业的)雇主责任从转让人转移到受让人的日期。欧洲法院继续认定,为了《合并指令》第 3(1)条,雇佣合同或雇佣关系在转让日是存在的,它们必定要在"转让日"移交,无论双方达成何种协议。《合并指令》第 4(1)条(按已被替代)规定:

"任何企业、商行或部分企业或商行的转让本身不构成转让人或受让人解雇雇员的理由。这个规定不涉及因为经济、技术或组织原因导致劳动力变动而可能发生的解雇。"

---

① SI 2006/246.

② CELTEC v. Astley [2006] HR 992,HL.

　　《合并指令》第4(2)继续规定,如果雇佣合同或雇佣关系被终止是因为转让涉及对雇员不利的工作条件方面的重大变动,雇主须为该合同终止负责。

300　　这个问题很重要,因为它关系到《合并指令》的范围及其包含的转让种类。在 2000 年的阿兰诉合成建筑公司案中(Allen v. Amalgamated Construction Co. Ltd)案中,法庭判决认为:

　　"……很清楚,该指令旨在包括对雇主身份的任何合法变动……而且……它因此能适用于同一集团下的两个子公司之间的转让,每个子公司是独立法人,与其雇员有各自的雇佣关系。从这个意义上说,即便涉及转让的公司不仅属于同一所有权而且隶属于同一管理部门和同一营业场所,并且从事同样的业务,似乎都没有差别。"由此,隶属于同一企业集团的子公司之间的转让也被包括在《合并指令》内。

301　　在此背景下要考虑的最后一个案件是欧洲法院的最新裁决,该案是 2004 年埃布勒案①。此案涉及餐饮服务经过招标程序转让给 Sodexho 的行为。受让公司拒绝接管前承包商的原料、库存和雇员。欧洲法院的裁决是,在餐饮这样的行业,商业活动基本上以设备为基础。新承包商未能接收前承包商雇用的主要员工去履行同一业务,但这样的事实不能足以排除实体转让的存在,该转让保留了《指示》包含的特征,《指令》的主要目的是保持商业活动的连续性,即使该连续性不符合受让人的意愿,不符合转让人与雇员的雇佣合同。法庭说,餐饮业不能被视为主要基于人力的经营活动,因为它需要大量的设备。从而,对医院提供的场地和设备的转让足以构成经济实体的转让。法庭补充,如果新承包商接管的有形资产不属于前承包商而是由订约主管方提供的,这样的事实也不排除转让的存在,因为,《指令》很清楚地适用于继续业务的法人或自然人发生的一切变动。另外,2002 年 Temco 案也具有参考意义。② 本案中,欧洲法院认定,转让人是原承包商的分包商,转让也可以成立。

---

①　Abler v. Sodexho MM Catering Gmbh [2004] IRCR 168,ECJ.

②　Temco Service Identities SA v. Imzilyen [2002] IRLR 214,ECJ.

302 在 2006 年《企业转让(雇佣保护)条例》第 3 条的标题是"关联转让"(relevant transfer)。在该条中,两种情况被视为关联转让。第一类与 1981 年《条例》中的情况相似。2006 年《企业转让(雇佣保护)条例》的第 3(1)(a)条将第一类转让做了如下定义:

"(在转移行为发生前处于英联合王国的)企业、商行或部分企业或商行被转移给另一个人,就构成符合特征的经济实体转让。"

2006 年《条例》第 3(2)条对"经济实体"做了定义;这在下一部分讨论"企业"和"商行"的含义时再做探讨。

303 第二类关联转让即所谓的"服务提供的改变",2006 年《条例》第 3(1)(b)条将其定义为符合下述特征的情形:

"(i)活动不再由某人('委托人')以其自己的名义实施,转而另一个人代表委托人完成('承包人');

(ii)活动不再由承包人以委托人的名义实施(无论这些活动以前是否由委托人自己实施),而由另一人('后续承包人')代表委托人实施;

(iii)活动被承包人或后续承包人代表委托人实施(无论活动之前是否由委托人以其自己的名义实施),而由委托人以其自己名义实施。"

同时,2006 年《条例》第 3(3)条所列的条件必须得到满足。它们是:

"(a)服务条款变动之前——

(i)在英国有组织好的雇员团体,其主要目的是代表委托人实施相关的活动;

(ii)委托人打算随着服务提供的改变由受让人来完成活动,除了涉及特定项目或短期任务的情形;而且

(b)相关活动不是全部或主要地提供委托人所用之货物。"

304 这里应该注意以下几点:

(1)必须有"组织好的雇员团体";

(2)这个团体可以只有一个人;

(3)该规定不适用于以下情形:承包人组织一个单独的具体项目或任

务,且该项目或任务持续时间短;

该规定不适用于以下情形:委托人聘请承包人供应货物以满足委托人所需。

上述规定旨在适用于以下三种情况:(1)包出去或"外包"(out-sourcing);(2)将合同转让给通过重新招标的新承包人;以及(3)包进来或"内包"(insourcing),即与外部承包人的合同结束,服务由前委托人带回"内部"。在所有情形,都必须有"组织好的雇员团体……其主要目的是代表委托人完成相关活动"。如此规定的目的是为了把《条例》的范围限于下面情形——让与人准备好一群雇员致力于从事拟转让的活动,而无相应雇员团体的情况被排除在外。

305　　关于是否存在企业转让的讨论,起于欧洲法院对下列案例的判决,即1997年和1999年的两个案件。接下来的是雇佣上诉法庭(EAT)在2002年联合工会案(RCO Support Services and Aintree Hospital Trust v. UNISON)中的判决,该判决得到上诉法院的认可。该案涉及清洁工人和餐饮服务人员。清洁工人由创新医院服务有限公司(Initial Hospital Service Ltd)雇佣于沃尔顿(Walton)医院,该医院是安特里医院国民保健服务信托公司(the Aintree Hospitals NHS Trust)经营的两家医院之一。创新公司投标争取法扎克利(fazakerley)医院(信托公司经营的另一家医院)的清洁合同,但最后RCO公司成功中标。可是,没有沃尔顿医院的清洁工人向RCO公司申请工作,也没有人被雇佣。后来,在沃尔顿医院的清洁工雇佣合同被终止,几名清洁工提起不公正解雇诉讼。餐饮服务人员是被信托公司自己雇佣于沃尔顿医院的。其中三名后勤人员因为公司裁员而被解雇。持有法扎克利(fazakerley)餐饮合同的RCO公司发出招工要约。其中一人未能得到工作,另一人拒绝了提供给她的工作。雇佣法庭裁决,就清洁工人而言,存在从初始公司到RCO公司的关联转让,就餐饮人员而言,存在从信托公司到RCO公司的关联转让。雇佣上诉法庭驳回上诉。法官认为,缺乏重大资产或大部分劳动力的转移未必否认关联转让的存在,而且1997

年 Süzen 案例不再适合作为以后判决的参考。上诉法院维持雇佣上诉法庭的判决,赞成欧共体上诉法庭(ECM)采取的思路胜过上诉法庭先前在 1999年 Betts v. Brintel 案中的办法。上诉法院的判决表明法官对上述方法的偏爱。上诉法院法官马默里(Mummery LJ)(上诉法院另外两位法官同意该观点)认为,假定受让人实施了与假定转让人同样的活动或提供了同样的服务,这一事实本身并不有利于对转让的认定,这一事实本身不支持这样的结论,即经济实体保留了它的身份一致性。同样地,没有员工被雇佣未必决定了一致性得到保留。马默里说,这些问题必须在对所有与交易有关的因素进行全面评价时予以考虑,其中的任何事项都不能被孤立对待。

306　　只有存在被"转让"的"企业"时,相关的条例才有适用的必要。所以,首先要确定是否有"企业"存在,然后再确定是否它已被"转让"。[①] 以前曾试图排除非商业性企业,但现在的观点很清楚,企业包括任何稳定的经济实体,其活动不限于履行某一特定工作合同。服务行业的兴起,以及劳动密集型劳务"外包"的增长趋势,推动了欧洲法院做出这样的认定:一个企业未必需要有形或无形的重大资产,只要它有完善的组织和自主权利。这意味着,在诸如清洁、保安等领域,其资产被减少到最基本需求的程度,其活动基本上靠人力完成,它们仍然可能属"企业"性质。[②] 的确,一个经过组织的工薪族团队,且其成员特别地、长期地受雇于共同的任务,它足以构成一个经济实体。企业是否已被"转让"的问题更加复杂,且更富争议,尤其在合同已经先转让给一个承包人,接着又转给另一人的情况下。根据《指令》,如果"经济实体的转让保持了该实体的特性",则"转让"成立。[③] 判例法已经认定,如果企业的经营事实上得到继续或恢复,则经济实体保留了它的特征。这在劳动密集型产业更难确定。因此,法官提出,如果新雇主不仅仅经营所转

---

①　本段遵循了林赛(Lindsay)的指导意见,见该案例:Cheesman v. Brewer Contracts〔2001〕IRLR 144EAT.

②　Sanchez Hidalgo C—173/96〔1999〕IRLR 136 ECJ;Francisco v. Vidal〔1999〕IRLR 132 ECJ.

③　《获得权利指令》第 1(a)条〔Acquired Rights Directive Article 1(a)〕。

让的活动,而且接管被前雇主安排到那项工作中的大部分雇员,那么该实体也能够被称之为维持其特征。这个原则导致了 Suzen 案中特别有影响但很有争议的判决。^① 其判决是,如果没有重大的有形或无形资产的转移,或新雇主未接纳前雇主安排到所转让业务的大部分雇员,则《指令》不得适用。这将意味着,如果某地方政府将其清洁服务外包给某承包人,后来,当第一份合同终止时,政府又包给了新承包人,如果新承包人不招收任何现有员工,"转让"就不成立。这好像是鼓励第二个承包人拒绝招收现有员工。这样的后果在根本上违背了《指令》目的。^② 不过,英国雇佣上诉法庭强调,孤立考虑任何特定因素都是错误的。因而,有必要把这样的因素看成企业的特定类型,不论其有形资产是否转让,不论其无形资产在转让时的价值,不论新公司是否招收了大多数原雇员,不论其客户是否被转让,也不论转让前后从事的两个业务的相似程度。不过,是否存在"转让"的问题远未解决。在最近一个涉及公共汽车承包人变动的案件中,欧洲法院的判决是,大多数现有司机被新的承包人重新雇佣的事实不足以形成"转让",因为没有有形资产(比如公共汽车本身)被转让。^③ 该判决似乎对某些因素给了不必要的强调,而忽略了其他因素,比如客户的相似性以及雇员的转让。

307　　条例规定,若转让发生时有集体协议,则集体协议在转让后继续有效,如同资方与受让人订立的一样,而且,企业在新雇主下保留了原有特征,那么"工会认可"(trade union recognition)也随之被转让。^④ 这些规定以欧共体指令蓝本,但它们并不能对英国国内提供法律保护,因为,人们普遍地存在一种假设,即,当事人并不打算让集体协议具有法律约束力,尽管集体协议在获得法定认可或协议有法律强制力时会发挥作用。更为重要的是,条例施加了通知义务以及与被认可工会进行协商的义务。^⑤ 转让人与受让

---

① Suzen Case C—13/95 [1997] IRLR 255 ECJ.

② Cheesman v. Brewer Contracts [2001] IRLR 144 EAT.

③ Oy Likenne Ab v. Liskajarvi Case C—172/99 [2001] IRLR 171.

④ 《条例》第 5—6 条。

⑤ 《条例》第 13—16 条。

人都有义务告知工会代表如下事项（转让的事实、时间安排、"法律、经济、社会影响"以及设想的措施）及其与受转让影响的雇员的关系，无论该雇员是否为工会成员，无论该雇员是否被雇从事被转让的业务或被转让的部分业务。转让人与受让人还同时承担与被认可工会进行协商的义务。对上述责任的违犯而引发的救济是向雇佣法庭提起诉讼。如果工会的起诉有充足依据，雇佣法庭必须发布声明，也可以对受损雇员判决"公平合理的赔偿"。如果赔偿未得支付，雇员（而非工会）必须再次起诉，然后法庭可能判决雇主支付。任何雇员可得到最高限额赔偿金是 500 英镑。

第四节　纪律惩戒性质的中断工作

308　对雇员不当行为的普遍惩戒方式是中断其工作。由于这可能侵犯雇员的报酬权（参见上面 219 段），所以只有雇员得到明确或默示同意后才能实施该惩罚。雇员的同意可以提前作出，因此它常出现在发给雇员的纪律守则里。1975 年《雇佣保护法》的奇特后果之一是使雇主更容易对雇员采取这种纪律惩戒，因为，该法案现在已被纳入了 1996 年《雇用权利法》的第 3(1) 条要求雇主用雇佣条款的书面陈述记录申诉和惩戒程序。这个有利于证明惩罚规则作为雇佣合同的内容而存在。除了无薪停职，雇主有时还施行罚款。所有这些造成工资减少的情况都受 1996 年《雇用权利法》规制。

第五节　雇佣终止的方法

一、合同受挫

309　雇佣合同在本质上被看作是个人性的约定，所以一些事件可自动导致其终止，例如雇主的死亡，合伙的解散，或强制公司关闭的命令。另外还

有宽泛的合同受挫原则(即合同履行不能)。根据这个原则,如果环境变更
使合同的履行变得非法,或能力上不可能,或合同目标不能实现,合同将自
动终止,无需雇主解雇或雇员辞职。认定合同受挫的影响很严重:按照不公
正解雇的立法,如果雇员不被认定为解雇对象,他(她)不能要求赔偿,不论
解雇是否合理。同样,雇员也不能要求裁员赔偿,除非合同受挫事件关系到
雇主而非雇员。两种最常见的合同受挫情形涉及雇员患病或被监禁。法庭
在这方面已经制订了许多重要原则。① 可有助于决定争端的因素很多,包
括:以前受雇的时间长度、对雇佣期限的预期、工作性质、疾病或伤残的性
质、患病以及致残事件的期限和影响。另外还要考虑的是:康复的预期状
况、雇主对完成工作的需求性、雇主为更换雇员而承担的责任风险、工资是
否已持续支付、雇主的行为和陈述,包括病假工资的合同条款,以及是否所
有情况下一个通情达理的雇主被期望等待更长时间。在认定合同受挫后果
的严重性时,法院应该防止对该原则的滥用,尤其在雇主裁员的背景下。不
过,上诉法庭驳回了这样的建议:如果一个固定期限合同经通知而终止,那
么合同受挫原则不能适用。如果雇员再次不能履行其雇佣合同,则雇主可
依据合同受挫原则在发出终止通知前就终止合同,雇主无须就任何告知期
限向雇员支付工资,也不需为解雇做任何合理性抗辩。② 判处监禁可导致
合同受挫,如果监禁使履约不可能或完全不同于各方的预期。在这种情况
下,雇员不能认为他(她)已预期违约,并进而认为雇主对预期违约的接受构
成了受不公正解雇立法规制的"解雇"。因为,雇员不能依赖自己的过失而
获利。③

二、通过协议

310 各方可就合同持续时间作出以下约定:(1)固定期限;(2)直到某个不

---

① Egg Stores (Stanford Hill) Ltd v. Leibovici [1976] IRLR 376,Notcutt v. Universal Equip-
ment Co. (London) Ltd [1986] ICR 414,FC Shepherd v. Jerrom [1986] ICR 802,Williams v. Wat-
sons Luxury [1990] IRLR 164.

② Notcutt v. Universal Equipment [1986] ICR 414.

③ FC Shepherd v. Jerrom [1986] ICR 802.

确定事件的发生（如，直到宣战）；（3）直到时间不能确定的某一特定事件发生（如，在国王在世期间）；或（4）履行一份具体的工作（如，讲授一门课程，或砍下一棵树）而要求的不确定期限。某些法定权利（如，担保金和医疗支付，见上第 235、254 段）不适用于期限为三个月或以下固定期限合同的雇佣关系，除非雇员能够证明三个月的连续雇佣。拥有两年或更长固定期限合同的雇员可以书面方式同意取消任何领取裁员补偿金的权利。^① 一个类似的规定——雇员可以放弃期限为一年或更长的固定期限合同中的"不公正解雇权"——被认为是让短期工人遭受剥削风险的入口，所以，该规定于 1999 年被废除。^② 上诉法院认为固定期限合同只包括上面第（1）类，即持续一段确定时间的合同，即便合同可在这个期限内通过通知而终止，它也是属于固定期限合同。^③ 对"解雇"的法律定义包括以下要素，^④合同约定为固定期限，该期限届满之前不在本合同下发生重新起算。由此，这样的解释没有包括上面的（2）、（3）及（4）类。当约定的时间发生之时或任务完成之时，^⑤在这三类合同中的当事人无法律基础提起不公正解雇之诉或主张裁员补偿。有时，雇主和雇员约定，如果雇员未能满足某个条件（比如雇员必须在规定日期前休完延长假期返岗）雇佣关系将自动结束，这样的情形会面临更多的困难。系列早期判决认为，如果情况属实且雇员被证实表示了自己的真实同意，那么这是双方合意的终止雇佣而非雇主单方面的终止。^⑥ 不过，法庭不太愿意支持影响雇员法定权利的协议。在一个重大案件中，法官裁决为，如果协议限制了雇员不得被不公正解雇的法定权利，它就违背了 1996 年《雇佣权利法》第 203(1) 条的宗旨。因为，该法条宣称：协议的任何规定都

　　① 1996 年《雇佣权利法》第 197(3) 条。

　　② 1978 年《雇佣保护（加强）法案》(EPCA) 第 142(1) 条，从 1999 年 10 月 25 日起被《雇佣权利法》第 18 条废除。

　　③ Dixon v. BBC [1979] ICR 282 (CA).

　　④ 1996 年《雇佣权利法》第 95(1) 条，第 136(1) 条。

　　⑤ Wiltshire County Council v. NAFTHE [1980] ICR 455 (CA).

　　⑥ British Leyland UK Ltd v. Ashraf [1978] ICR 979(EAT)；Midland Electrical Engineering v. Kanji [1980] IRLR 185(EAT)；Tracey v. Zest Equipment Co. Ltd [1982] ICR 481(EAT).

是无效的,只要它企图排除或限制该法案任何条文的作用,或妨碍任何人根据该法向雇佣法庭提起诉讼。[①] 这是对雇主和雇员的议价能力在特定情形下事实上的不平等的重要认可。

三、雇主以通知解雇

311　如果雇员据以受雇的合同被雇主终止,无论雇主有没有使用通知,该雇员都被认为是遭遇了符合不公正解雇立法和裁员法之立法目的的"解雇"。在普通法中,雇主有权通过在合理期限内发布通知的方法而让合同无确定期限地停止生效。只有在特定原因下,当事人才可以明示方式限制对方以通知终止合同的权利。例如,合同可以被阐述为"延续到退休年龄"或"延续终身"或"永久并长俸"。在这种情况下合同不能以通知方式终止。

312　如果合同的持续期限没有明确约定或以惯例规定,通知的合理期限取决于多种情形。相关因素包括:雇员的地位、工作的性质、拟提供的服务的一般特点。工资的支付周期(如按周或月支付)可以是方便的参考依据不具结论性。这些普通法规则现在都归属于 1996 年《雇佣权利法》第 86 条的规定,该条款规定以下最短提前通知期限:
　　(1)对连续雇佣期为一月到两年之间的雇员,一周;
　　(2)对连续受雇两年以上 12 年以下的雇员,每个连续雇佣年可获得的提前通知期限为,一周;
　　(3)对连续受雇 12 年或更长时间的雇员,12 周。
　　雇员可以以接受薪酬的方式代替接受通知权,或放弃其接受通知的权利,但是,如果雇佣合同约定的提前通知期限短于法案规定的期限,则合同规定无效。

313　1996 年法案也保障了雇员在法定最短通知期限(statutory minimum

---

① Igbo v. Johnson，Matthey Chemicals Ltd［1986］ICR 505.

notice period)的收入。法案的第 87—91 条罗列了详细规则。

314　在 2004 年的雷诉萨默菲尔德百货有限公司（Rai v. Somerfield Stores Ltd)案中，雇佣上诉法庭认为，如果仅仅依据雇员是否履行了通知所列的行为（而只有雇员能选择要不要履行该行为），某通知就能使雇主终止雇员的雇佣合同，该通知不具有终止雇佣的说服力。在本案中，雇员被告知，如果他不能在规定日期前返回工作岗位，其雇佣合同将被视为终止。雇佣上诉法庭认为这里不构成通知解雇（dismiss with notice）。最后需要注意的一点是，如果雇主在通知期限内当场解雇雇员，则通知解雇可转换成简易解雇（summary dismiss）。这样的行为将构成过错解雇（wrongful dismiss）。

四、雇主无通知的解雇

315　在普通法上，如果雇员违背了一个基本的合同条款，则雇主有权以简易方式解雇雇员，无须发出通知。由于司法态度的不断变化，旧的案件在这方面没有提供什么参考价值。早期判决常常不是关于"主"和"仆"的权利，而是关于《济贫法》出现的问题，问题往往涉及某个社区是否有责任向某个贫困者提供帮助，因为他（她）已经在那儿受雇一段时间并因此获得了居住权。1867 年前的其他判例往往是根据关于遗弃者的刑法规定而做出的。现代案件趋向于遵循预期违约的一般原则，被强调的因素包括：是否有重要的合同条款被违犯，雇员的行动是否破坏了相互的对等信任，雇员对自己的行为是否有合理的辩解。每个案件的判决结果取决于各自的情况。合同不是因雇员的违约行为而终止，而是取决于雇主对雇员违约行为的接受。[①]雇主未经通知的解雇行为被看作不公正解雇立法目的之下的"不公正解雇"（unfair dismiss）。即便雇主有普通法上的解雇权，认定的结果也是这样。不过，解雇未必都是不公正的。

---

① London Transport Executive v. Clarke［1981］ICR 334(CA)；Rigby v. Ferodo［1988］ICR 29；Dietman v. London Borough of Brent［1988］IRLR 299.

五、不同于解雇的合同变更

316　在有些情况,雇主可能(经通知或不通知)做出一些工作条件的变更,而且变更会给雇员带来不利影响。在普通法上,如果雇员以明示或默示方式同意了条款的改变,此时的变更叫做"合意变更"(consensual variation),那么雇员不可以抱怨自己遭到"解雇"。不过,法院会"逐步发现雇员在有些'合意变更'中面临两难选择,即要么被解雇,要么接受变更对自己利益的不利影响"。① 如果没有同意,则雇员可能提起违约之诉。有时,雇主会试图避免对雇员同意的需要,辩称工作条件的变动根本不是合同变更,而是通知原雇佣合同的终止并按新条款发出重新雇佣的要约。不过,已有判决认定,这种情形下不能推定通知解雇的存在。② 也有人主张,雇员对变更的同意可以默示存在"雇员继续按照变更后的条款在工作"的事实。法院再一次不愿意草率地从行为中推导"合意"的存在。假如雇员非常清楚地表明他们不愿意接受新条款,他们留在原职位的事实不足以构成对变更的同意。③ 这种情形和主张不公正解雇的法定权利有些不同。在普通法中,雇主会竭力证明通知解雇的存在而且他们在按新条款重新雇佣,而在成文法下,恰恰是雇员希望证明解雇的成立以便获得法律规定的救济。法院对雇员的此类主张往往抱之以同情,多次清楚表明,他们不赞成雇主企图把"雇员自愿工作,即便为了更低工资"的自愿,作为避免"被认定为解雇"并逃避由此应该承担的裁员补偿或不公正解雇责任的手段。于是,法院接受的观点是:在雇员继续工作的情况下,合同条款的单方面变更可能根据不公正解雇立法受到挑战,只要变更足以构成对原合同的终止并被新合同取代。④

---

①　Sheet Metal Components Ltd v. Plumridge〔1974〕ICR 373. 雇主单方撤销集体合同如无雇员认可,则无效。参见上文第 153 段。

②　Burdett Coutts v. Hertfordshire CC〔1984〕IRLR 91.

③　Rigby v. Ferodo〔1987〕IR. LR 516(HL).

④　Hogg v. DoverCollege〔1990〕ICR 39;Alcan Extrusions v. Yates〔1996〕IRLR 327.

317　鉴于这样的困难，在任何雇佣合同条款变更的情形下，雇员被赋予了在 1 个月之内主张裁员支付的法定权利。这意味着，如果雇佣关系已经终止，雇员在诉讼期间仍有权主张裁员支付。但在不公正解雇案件（以及雇员在已经变动的工作岗位上超过 1 个月的裁员案件）中，如果雇员没有清楚表明他们是迫于压力而工作，或如果他们已经在变动后的岗位上持续很长时间，他们可能会丧失主张"被解雇"的权利。

六、雇员终止合同

318　在普通法中，雇员可以通过发出合意的通知，或者（在合同没有规定具体期限的情况下）合理通知的方式终止合同，具体情况各异。按照 1996 年《雇佣权利法》，雇员在连续受雇 1 月或更长时间之后，雇员做出提前通知的最短法定期限是一周。在一些雇佣情形下，合同规定的提前通知最短期限长得多。

319　在普遍法中，如果雇主违反了合同的一个基本条款，雇员有权未经通知终止合同。这和雇主有权以简易方式解雇雇员的情形是相对应的。雇主对合同的单方面变动会造成雇主的预期违约，只要被违反的义务是合同的核心内容。例如，减少雇员工资，中止雇员工作，不支付雇员工资，对工作时间作重大改变，迫使雇员加入工会，要求雇员在不安全条件下工作或迫使其上交辞职书，而合同对此未做规定，另外，性骚扰也会造成预期违约。[①] 一般来说，由集体协议作出的变更不会构成雇主的预期违约，除非集体协议条款未被纳入个别的雇佣合同。例如，如果雇员从工会辞职了，且清楚表明他们不会接受辞职后所达成的雇佣条款，那么重新达成的条款对雇员没有约束力。[②]

320　这些普通法规则的重要意义在于，在雇员有权根据普通法无须通

---

①　Bracebridge Engineering Ltd v. Darby [1990] IRLR 3.
②　Singh v. British Steel Corporation [1974] IRLR131；Land v. West Yorkshire CC [1979] ICR 452.

知就终止合同的情况下，如果他（她）确实终止了合同（不论有无通知程序），他（她）可以主张自己被解雇了，以便得到不公正解雇立法和裁员立法的保护。这被普遍地称为"推定解雇"（constructive dismiss）。其认定标准为是否雇主预期违反了合同。[①] 需要强调的是，"推定解雇"未必都是不正当的。

第六节　解雇原因及品行证明

321　普通法不要求雇主就解雇提出理由。而且，如果雇员提起诉讼要求为雇主的过失解雇获得损害赔偿金，雇主有权通过提供雇员在被解雇时并不知道的原因来为解雇行为做正当性辩护。[②]

322　这两种普通法规则现在都已经被立法修改。根据 1996 年《雇佣权利法》第 92 条，有连续 12 个月受雇期限的雇员有权利要求他（她）的雇主对其被解雇的原因做出书面陈述，而且，雇主必须在雇员提出要求后的 14 天内提供这样的陈述。雇主不能对雇员的怀孕或孕产假权利提出连续受雇期限上要求。反之，不论雇员有无请求，雇主都必须给出理由。如果雇主"无理拒绝"，雇佣法庭会判决给雇员补偿（金额相当于雇员两周的工资）。对原因的书面陈述可以用于不公正解雇和其他诉讼中。普通法上关于后来被发现的不当行为的规则，不适用于不公正解雇诉讼，在这种诉讼中，雇主只能依赖在解雇发生之时雇员已经知道的事实。[③]

323　雇主没有义务向雇员提供品行证明。如果雇主的确提供了某种证明，他（她）必须注意，不能说诽谤性、欺骗性的内容或无合理注意地评述其准确性。[④]

---

① Western Excavating (ECC) Ltd v. Sharp［1978］ICR 221.

② Boston Deep Sea Fishing and Ice Co. v. Ansell［1888］39 Ch. D. 399.

③ W. Devis & Sons v. Atkins［1977］ICR 662（HL）.

④ Lawton v. BOC Transhield Ltd［1987］ICR 7；Spring v. Guardian Assurance plc.［1994］ICR 596.

雇主不可以提及一个改过自新的犯罪人员的某些罪行或任何与那些定罪相关的情形。① 1998 年《信息保护法》的 13 条规定了另外一种救济方法,该法条赋予雇员就事实上不准确的信息记录主张索赔的权利,如果他(她)因为数据的不准确而遭受损失。这种权利将适用于以雇主保存的资料为基础的"证明材料不准确"的诉讼。雇员也有权要求纠正或删除对其记载不精确的资料。

第七节　对过失解雇的救济

324　"过失解雇"(wrongful dismiss)的概念适用于这样的情形:雇主没有取得普通法上的简易解雇权时,也未能按照法律规定做出提前通知。雇员能获得的唯一救济常常是在郡法院或高等法院请求赔偿。基于过失解雇的索赔额度通常相当于该雇员因未得到必要的提前通知而损失的报酬。精神伤害、解雇的方式②或解雇使雇员更难找到工作的事实,都不是索赔的基础。上议院最近重申,雇员不能因为解雇方式(如违反公平程序)③造成的精神伤害而请求赔偿。赔偿金是扣除税收、社会保障交费以后的净收益,而且会因雇员获得的其他福利而被减少,如,雇员在另一替代岗位上的工资收入、求职津贴和其他补充津贴。④ 雇员有责任采取合理措施找到另外的工作或主张他应得的福利,以此缓解自身的损失。

325　总的来说,法庭不会命令对雇佣合同的强制履行。对该惯例的合理

---

①　1974 年《违法者改造法》(Rehabilitation of Offenders Act 1974)。

②　Addis v. Gramophone Co. [1909] AC 488;Bliss v. Southeast Thames Regional Health Authority [1987] IRLR 308 (CA).

③　Johnson v. Unisys Ltd [2001] IRLR 279; Malik v. BCCI SA [1997] IRLR 462,该案中,法官基于当事人对诚实信用义务的违背而判决责任的承担。同时参见:BCCI SA v. Ali (No. 3) [1999] IRLR 508.

④　Lincoln v. Hayman [1984] 2 All ER 819.

性解释是:强迫雇佣合同的执行不符合劳资关系需要相互信任的基本原则。① 这意味着,雇员一般得不到"复职",尽管这是对过失解雇最有效的救济措施。尽管类似的原则适用于那些约束雇主违约行为的禁止令(injunction),但法庭最近表示出授予更多禁止令的意愿。② 当解雇发生于对约定的惩戒程序的破坏时,法院的上述倾向更加突出,在诉讼未决的非正式法律程序中,临时禁令(interim injunction)也得到适用。 总的来说,如果赔偿金不足以弥补雇员损失且雇佣关系中的信任得到维持时,法庭才发布禁止令。如果雇主是一个大公司或公共机构,则法院更可能发布禁止令,因为,比起小企业或合伙组织的情形,信任在这种场合下更可能得到维持。然而,如果原告不要求完全复职,而只是希望根据企业内部的纪律程序被停工但不被扣减工资,那么"维持信任"的要求可以放宽。③ 只有合同关系仍然存在时法院才会发布禁止令。这把重心放在了这个问题上,即雇主的预期违约行为在何时可有效地终止合同。几个案例的判决表明,常规的合同原则(只有无辜方接受对方的预期毁约时,违约才终止合同)不适用于雇佣合同。相反,法院判决,雇主的预期违约可以自动地终止合同。④ 如果真是这样的话,那么合同本身走到尽头了,法院发布禁止令阻止雇主终止合同也无济于事了。 不过,如果正如大多数权威所建议的那样,⑤ 让常规的合同原则真的

---

① Hill v. Parsons Co. Ltd [1972] 1 Ch. 305; Chappell v. Times Newspapers [1975] ICR 145 at pp. 173,176,178.

② Jones v. Lee [1980] IRLR 67; Irani v. Southhampton AHA [1985] IRLR 755; Powell v. London Borough of Brent [1987] IRLR 466(CA); Hughes v. London Borough of Southwark [1988] IRLR 55; Wadcock v. London Borough of Brent [1990] IRLR 223.

③ Robb v. London Borough of Hammersmith and Fulham [1991].

④ London Transport Executive v. Clarke [1981] IRLR 166,参见丹宁(Dening)法官在该案的观点; Gunton v. Richmond-on-Thames LBC [1980] IRLR 321,参见肖法官(Shaw LJ)在本案中的观点; R v. East Berkshire AHA [1984] IRLR 278,参见梅法官(May LJ)在本案的观点。

⑤ London Transport Executive v. Clarke [1981] IRLR 166,参见特普勒曼法官(Templeman LJ)的观点; Gunton v. Richmond-on-Thames LBC [1980] IRLR 321,参见伯克利法官(Buckley LJ)的观点; R v. East Berkshire AHA [1984] IRLR 278; Dietman v. Brent LBC[1988] IRLR 299; Burdett Coutts v. Hertfordshire [1984] IRLR 91; Boyo v. Lambeth London Borough Council [1995] IRLR 50。

得到适用,那么,雇佣合同在雇员接受雇主的预期违约前一直是存在的,所以禁止令也是可以发挥作用的。然而,法院会轻易推导雇员已经接受了雇主的预期违约的事实。延迟起诉将被解释为对雇主的预期违约的接受,寻求其他工作也将被做这样的解释。不过,在有限的案例范围内来看,发布禁止令比不公正解雇下的救济方式更加有效。

第八节 不公正解雇

326 每个雇员(除了下面列出的某些例外)都有不被其雇主不公正解雇的权利。第一步,必须证明某雇员被"解雇"了。这意味着:(1)雇主终止了合同;(2)固定期限合同到期了且无续约;或(3)"推定解雇"。一旦上述要件得到证明,那么雇主必须提出解雇的理由(或如果理由不止一个,则主要理由)。第三步则确定是雇主给出的解雇理由是否正当。有些理由自动地不正当,除此以外,当法庭对雇主把所罗列的理由看作解雇的充足理由的处理方法感到不满意时,则该理由是不正当的。

一、法定的纠纷解决程序

327 2002 年《雇佣法》引入了旨在改善工场纠纷解决的条款。[①] 法案的相关条款(第 29—33 条及附件 2)在 2004 年 10 月 1 日生效。作为实施条例,《2002 年雇佣法(纠纷解决)2004 年条例》[Employment Act 2002 (Dispute Resolution) Regulations 2004 SI 2004/752]同时生效了。

328 2002 年法案第 30(1)条规定,每个雇主和雇员都必须遵守关于法定程序适用要素的程序要求。附件 2 的第 1 和 2 条列出了下列程序:(1)解雇和纪律惩戒程序及(2)申诉程序。每套程序都包含一个标准程序和修订程序。条例规定了程序适用的情形及其例外情形。应当注意的是,当雇主打

---

① 参见前文所引赫普尔(Hepple)与莫里斯(Morris)的著作。

算解雇雇员时,法定的解雇和纪律程序也是适用的。在雇员提出推定解雇的情形,法定的申诉程序是适用的。雇主或雇员对程序的部分违背会导致特定后果。就雇主而言,未能完成适当的程序就意味着解雇的自动不当,只要未完成程序是"完全或主要地"造成了雇主未能到程序要求,参见 1996 年《雇佣权利法》第 98A 条(已被吸纳进 2002 年《雇佣法》第 34 条)。此外,2002 年《雇佣法》第 31(3)条,任何不利于雇主的补偿裁定受制于 10％—50％的调整幅度。同时,2002 年《雇佣法》第 31(4)条,在"例外的情况"(exceptional circumstances)下,且法院认为更少的增加将是"不公平或不公正的",法庭可做较小幅度的增加。雇员未能完成所适用的程序将有两个结果:第一,2002 年《雇佣法》第 32 条规定,程序得到遵守前,他(她)将不能向法院提起不公正解雇之诉(不包括例外)。第二,2002 年《雇佣法》第 31(2)和(4)条规定,与对雇主的效力一样,法院做出的任何有利于雇员的补偿裁定都可在 10％—50％幅度内被减少,同时受制于在"例外的情形"下的更小幅度的减少的可能性。

二、纪律惩戒程序和解雇程序

329　　2002 年《雇佣法》的附件 2 第 1 条规定了"标准"(standard)程序和"改进"(modified)程序。标准程序包括三个步骤:(i)雇主陈述的行为理由和发出会议邀请以对该事宜进行讨论;(ii)会议的进行本身;(iii)上诉程序。改进程序只有两个步骤:(i)雇主陈述行为的理由;(ii)上诉。"标准"和"改进"程序之间的差异在于雇主须做出的陈述的性质。陈述是标准程序的第一步,雇主必须以书面形式列出雇员所实施的导致雇主考虑对其解雇或采取纪律处分的行为(或雇员个性或其他情况)。在改进程序里,雇主所陈述的行动理由不仅须列出雇员所实施的导致解雇的行为,还要列出雇主看法的基础,即在解雇发生之时雇员对不当行为是有过失的。如果雇员已经被解雇,但他(她)保留针对解雇的诉讼权,此种情况适用改进程序。

330　　根据 2004 年条例第 3(1)条,标准程序旨在适用于雇主考虑解雇或针对雇员采取"有关纪律处分"的各种案件。而且,根据第 2(1)条,标准程序适用于实际解雇及发生于固定期限合同期满时的解雇,它不适用于推定解雇,由推定解雇不属于第 2(1)条所定义的"解雇"范畴。因而,雇员声称受到推定解雇应归属关于诉讼程序的规定。改进解雇程序适用于下列情形:(a)雇主因为雇员未经通知的行为而解雇雇员;(b)雇主意识到行为之时或随后就立即采取的解雇;(c)特殊情形时,雇员行为的性质使得雇主有权不经通知或以支付替代通知程序就解雇雇员;(d)特殊情形下,雇主可以合理地在调查行为发生的情形之前就解雇雇员:条例的第 3(2)条。实际上,改进程序适用于因雇员的重大过失而导致简易解雇的情形。

331 2002 年《雇佣法》附件 2 第 3 部分列出了关于程序的"一般要求"。第 11 段规定:程序中的每一步骤每一行为都不能被无理延迟。第 13 段规定:会议的时间和地点必须选择合理。会议的进行方式必须让双方得以在会上对案情做出陈述。最后,在非首次会议的上诉会议(appeal meeting)的情况下,代表雇主的管理人员必须是比出席首次会议的管理人员的级别更高(除非最高级管理人员出席了首次会议)。如果一方未能遵守纪律惩戒的要求,包括附件 2 第 3 部分规定的常规要求(关于按程序采取的时间表和措施以及举行的会议),那么,程序将陷入实际结束,程序的未完成将归咎于违约方,该内容参见第 12(1)条。

332 2004 年条例规定了法定程序不能适用的许多情形。如果某个特定案件属于例外情形之一,上述后果不被适用。要么解雇和惩戒的程序要求得不到适用,或者,如果已经开始程序了,则视为程序已经得到遵守,但这仅限于雇主或雇员由于下面原因之一而未能开始或完成程序的情形:

(a)一方有合理理由相信开始或完成程序将导致对自己或自己的财产,或他人及他人的财产带来重大威胁;

(b)一方受到骚扰并有合理的理由相信对程序的遵守将导致进一步的骚扰;

(c)在合理的期限内开始或完成程序在事实上不可行。

333　2004 年条例(第 4 条)也规定,解雇和纪律程序不适用于下列解雇类型,例如对整个雇员团体的解雇和对参加劳资行动的雇员的解雇。

三、法定的申告程序(Grievance Porcedures)

334　与解雇程序和纪律惩戒程序一样,关于不公正解雇和纪律惩戒的申告程序也分为两种类型:"标准"(standard) 程序和"改进"(modified)程序(见 2002 年《雇佣法》附件 2 第 6—10 段)。标准程序包括三步骤:(i)雇员的申告陈述,且必须送达雇主;(ii)会议的进行;(iii)上诉程序:见 2002 年《雇佣法》附件 2 第 6—8 段。改进程序只有两个阶段:(1)雇员的申告陈述;(2)雇主的回复(见 2002 年《雇佣法》附件 2 第 9 段)。该程序实际上包含了文书往来。标准程序要求雇员以书面形式提出申告并把陈述或一份复制本送达雇主。改进程序要求雇员必须不仅写出书面申告还要写出申告的理由。应当注意的是,在依程序召开的会议上,雇员有被陪同的法定权利。

335　2004 年条例第 2(1)条将"申告"定义为:"雇员就雇主针对他已经采取或正考虑采取的行为而进行的控告"。第 2(2)条继续规定,判定一个书面交流是否满足 2002 年法案附件 2 的要求与该交流是否论述其他问题无关。雇佣上诉法庭表示,雇员没必要亲手完成申告要求的信件,这样的行为可以由一个代理人,比如律师,代表雇员进行。① 到目前为止,引起大多数疑问的是,雇主的书面交流需满足那些必须要求才能构成 2004 年条例所要求的"申告"。在 Commotion Ltd v. Rutty 案中,②雇佣上诉法庭表示,要求改变雇员的工作模式的信件(根据《1996 年雇佣权利法》第 80 条)可以满足段落第 2(2)的要求,只要它规定了"申告"。

336　在 2005 年的案件中,当时的雇佣上诉法院院长伯顿法官(Burton J.)处理了上述问题及适用 2004 年条例所产生的其他问题。该案件的事实是,雇员被辞职后提起不公正解雇之诉。原告的辞职是提前通知雇主的,她写

---

①　Warner Ltd v. Apsland[2006] IRLR 87. EAT.

②　Commotion Ltd v. Rutty [2006]ICR 290,EAT.

信详细表述了她辞职的原因。雇员和雇主都出席了为此召集的会议;会议建议她提交正式的申告文书,但她的雇佣关系在她未提交文书时就被结束了。雇佣上诉法庭表示,辞职信足以满足 2002 年《雇佣法》第 32 条及附件 2 的要求。伯顿法官评述道,申告程序的第 6 段的要求既"简单"又"基础",所以该要求仅仅就是"申告须采用书面形式"。于是,辞职信可以被视为申告程序。雇佣上诉法庭也说,书面文书没必要清楚表示是申告或实施申告程序。雇员也不必遵守任何公司或合同约定的申告程序。然而,法官说"如果辞职有立即后果将会产生许多不同考虑",而且,这种情形还会有一些争论,即标准程序或改进程序是否该被适用。该问题就是,在提交会产生立即解雇效果的辞职书时,雇员是否已经被终止了雇佣。鉴于"辞职是认可雇主所称的预期违约"的事实,有人提出,直到辞职信被送给雇主,雇员才停止被雇主雇佣。不过,显而易见的是,由于 2004 年条例对申告程序的书面要求,口头辞职是不充分的。

337　　2004 年纠纷解决条例规定了法定程序不能适用的情形。如果由于下列原因之一,雇主或雇员未能开始或完成程序,将不得适用申告程序,或假如已经开始,将被看作遵循了申告程序:

（a）一方有合理的理由相信,开始或完成程序将对其自身或其财产,或对他人或他人的财产造成威胁;

（b）一方受到骚扰,并有合理的理由相信,继续程序将导致进一步的骚扰;

（c）在合理的期限内开始或完成程序在事实上不可行(见条款 11)。

此外,两个申告程序都不能适用于下列情形:(1)雇员已经停止被雇主雇佣,而且对他来说写出上述步骤要求的申告信是不合理的;(2)申告是针对实际发生或即将发生的解雇(但不是推定解雇);(3)申告是关于雇主已采取或正考虑采取的纪律惩戒[见条例第 6(4)—(6)条]。条例第 8(1)条规定,如果适用标准程序,各方将被视为已经遵循了程序要求,假如下列全部条件得到满足:(1)雇员已停止被雇佣;(2)起诉书已经被发出;(3)自雇佣结束以来,任何一方要遵守后续程序要求都已不合理可行。这受制于条例第8(2)条的规定,即,如果雇主已经完成了直到出席会议的步骤,雇主仍必须以书面形式对申告做出回应并通知雇员。

四、不遵循程序

338　2002年《雇佣法》引进了旨在促进工场纠纷解决机制的规定。这方面的重点是,未能遵循适用程序的雇员,只有在程序得到遵循后(不包括例外情况),才能向雇佣法庭提出诉讼(见第32条)。此外,雇佣法庭判给雇员的任何赔偿都受制于最低程度的减少。

339　法案的第32条适用于不公正解雇案件,并且,在雇员不得不走申告途径的情况下有剥夺雇佣法院司法管辖权的效果。所以一个被解雇的雇员不受该条款的影响,并可立即提起诉讼。

340　雇佣上诉法院关于这些规定的判决已经开始出现。请注意这两个案件:Galaxy Showers Ltd v. Wilson(2006年)及Shergold v. Fieldway Medical Centre(2006年),这两个案件已经考虑上述第32条的第一个要求。在两个案件中的争端都是:是否雇员已经提起申告以及雇佣法院根据第32条节的规定是否有管辖权。雇佣上诉法院在两个案件都明确表示,申告信可包含辞职信。在后一个案件中,伯顿法官说《争议解决条例》第6段的要求既"简单"又"基础"。他也认为书面文件没必要清楚表示雇员是在申告或实施申告程序。他还注意到第2(2)条,该条认为书面交流是否"处理任何其他问题"是无关的。应当注意的是,在两个案件中,相关雇员的辞职都是由提前通知的。至于雇员立即辞职将会是什么性质,则不清楚。

341　依据《争议解决条例》(Dispute Resolutions Regulations)第15(1)条,新法的第二个方面是期限的延长。如果适用条例第15条,时间期限将在原期限届满日起再延长3个月。条例第15条(a)条在以下情形发挥作用:解雇程序或纪律程序都可适用,雇员在正常期限届满后向法院提起诉讼,但"有合理依据相信,当期限届满时,解雇或纪律惩戒程序正适用于起诉状所包含的事项。"在 Piscitelli v. Zilli Fish Ltd 案中，[①] 雇佣上诉法院判决，以潜在不公正解雇为由寻求现金补偿的信件不构成对解雇的内部诉讼。这意味着，提起不公正解雇之诉的时间期限并没有被《争议解决条例》第 15(1) 条延长，他的诉讼权利因此超过了时限。该法第 15(1)(b) 条适用于推定解雇，在"第(3)段规定的情形"中也发挥作用。这就是说，雇员在下列两个情形之一向法院提起诉讼：第一，在正常时限之内，但第 32(2) 或(3) 条不允许提起诉讼；第二，正常期限已届满但符合附件 2 第 6 段的要求，在正常期限内则符合附件 2 第 6 段的要求。

五、允许解雇的理由

342　　为了让解雇具有潜在的正当性，雇主必须出示他（她）所知道的系列事实，或解雇发生之时促使他（她）解雇该雇员的想法。这些事实必须属于下面类别之一[②]：(1)"雇员被雇主雇佣从事某项工作的能力或资格"（"能力"的评估参考技能、资质、健康或任何其他身心特征）。(2)"雇员的行为"。(3)雇员属"被裁员"。对这个概念的界定参考裁员支付法。(4)"雇员不能在不违背（以雇员自己的名义违背或以其雇主的名义违背）法律规定的职责或限制的情况下继续工作（例如安全法规，或施加给卡车司机的驾驶限制规则）"。(5)"其他的重要理由，能证明解雇某职位上的雇员是合理性的"。其中，符合这种类型理由的最常见例子涉及雇主的业务需求，比如，雇员拒绝同意雇佣条款的变更，一个重要客户要求解雇某雇员的压力，雇佣的临时性质，雇员个性上不可调和的冲突性。最后的一类理由只起着"过滤器"作用：根据上诉法院的看法，这类理由只是防止雇主因为琐碎或无价值的原因而解雇雇员。[③] 根据 1996 年《雇佣权利法》，[④] 解雇临时顶替因怀孕或分娩或

---

①　Piscitelli v. Zilli Fish Ltd，未经报告，2006 年 1 月 12 日，雇佣上诉法庭。

②　1996 年《雇佣权利法》第 98(1) 条，第 98(2) 条；1978 年《雇佣保护（加强）法案》(EPCA) 第 57(1) 条，第 57(2) 条。

③　Kent County Council v. Gilham [1985] IRLR 18(CA).

④　1996 年《雇佣权利法》第 106 条；1978 年《雇佣保护（加强）法案》《能源政策与节约法案》第 61 条。

病休而停工的雇员,被看作"实质性原因",假如顶替者被告知了关于工作的临时性质。而且,在企业转让过程中,"经济、技术或组织的原因导致让与人或受让人的劳动力状况发生变动",因此发生的解雇被看作具备"实质性原因"。[①] 在所有这些案件中,法院仍然必须确定是否雇主在所有情形中行为合理。

343 如果雇主出示了由王国政府大臣签署的证书证明解雇是"为了保障国家安全",[②] 则该解雇不能引起不公正解雇之诉。这种类型不包括基于家庭、健康和安全或职工代表制而对解雇提出不正当主张,不过,雇员可能根据适当法规提起反歧视诉讼。过去的情形常常是,罢工或工厂停工期间发生的解雇是自动正当的,但最近的立法首次规定了对罢工期间被解雇雇员的救济。

六、致解雇自动不公正的原因

344 造成解雇自动不公正的原因被近期的立法大幅度扩展,现在涉及的范围包括:工会会员资格及工会活动;雇员拒绝加入工会;违反共同议定的程序就选择裁员;怀孕,分娩或其他事假;向雇主要求法定权利(包括工作时间,最低工资或税收优惠权,拒绝在星期日做商店店员或赌场服务员);参与作为健康安全代表、雇员代表或职业退休金模式受托人的活动;与企业转让相关的解雇(除了因为经济、技术或组织原因的解雇);改过自新;告密。将工会会员资格及其活动作为自动不公正的原因形成了保护劳动者结社自由的主要手段之一,1998 年《人权法》于 2000 年 10 月从《欧洲人权公约》中吸纳结社自由权,此后,该权利首次在英国得到重视。正如 1998 年法案所定义的那样,这个权利的核心是,基于以下情况的解雇是不正当的:

"(a)本来是打算加入一个独立工会;(b)已经参加或打算在适当时候参加一个独立工会的活动;(c)不属于任何工会或某个特定工会或许多特别工

---

① 1981 年《企业转让(雇佣保护)条例》第 8(2)条,见前文第 282 段。
② 1996 年《雇佣权利法》第 193 条。

会之一,或者已经拒绝或打算拒绝成为或继续为会员。"①

根据"适当时候"的定义,雇员可以在工作时间以外且在雇主的营业场所外参加活动,或在雇主的明确表示或默认同意的前提下在营业场所但不在工作时间(如在进餐休息期间)参加活动。在工作时间参加活动的权利取决于雇主的同意,这种同意可根据具体情况来认定。在谈判雇佣条款时得到工会官员的援助是工会会员的重要权利。② 咨询、调解及仲裁服务局(ACAS)发布了一个包含指导原则的《操作守则》。第二部分第一章讨论了这些涉及工会会员协议(即只雇佣工会会员)的规定的效力以及工会自由。而上文第6章讨论了对怀孕雇员的解雇及雇员在分娩后返回工作的权利。下文第361—362段将讨论裁员选择。

七、公正性(fairness)

345　　长期存在的"合理性"(reasonableness)概念适应现代需要成为了广泛使用的且更规范的"公正性"的条件。仍然,除非解雇是因为某个自动不公正的原因,法院都要裁定是否雇主行为合理。1996年《雇佣权利法》第98(4)条规定:

"……决定解雇的公正与不公正(关于雇主提出的理由)

(a)取决于在这种情况下(包括雇主企业的规模大小和管理资源),雇主把某种因素看作解雇雇员的充足理由这种做法是否合理;而且

(b)须依照案件的公平性和是非曲直来决定。"

自1980年以来,对这个问题的确定已没有正式的举证责任。由三方组成的雇佣法庭被期望充当一个"劳资陪审团"(industrial jury),吸收非专业人士的劳资经验并依据常识和公平认知得出结论。然而,根据1996年《雇佣权利法》的解释,雇佣法庭成员不能用自己的意见代替管理方的意见。丹宁勋爵(Lord Denning)说:"务必记住的是,在所有这些案件中,

---

① 1992年《工会与劳工关系巩固法案》第152(1)条。
② Discount Tobacco & Confectionery Ltd v. Armitage [1990] IRLR 15.

都有一个范围内的合理性,在这种框架中,一个雇主可能会有种这种观点,而另一个雇主可能会持不同的观点。"①于是,雇佣法庭的作用,"就是作为劳资陪审团,决定在每个案件的特定情形下,解雇雇员的决定是否属于通情达理的雇主可能采取的合理反应范围"。②"合理反应范围"的认定标准明确地给予雇主相当大的自由裁量范围,尤其是,如果"通情达理的雇主"概念直接地反映了大多数雇主的实际做法。但是,对于雇佣上诉法院建立更具干涉主义的认定标准的尝试,上诉法院在近期给予了强硬拒绝。③

346 　　不对决定的实质干涉太多又能控制管理特权的一个方法,就是要求雇主遵守那些意在确保解雇公平性的程序。这种要求包括,给雇员警告并在其被解雇前获得陈述的机会的。在 Polkey v. A. E. Dayton Services 案中,④上议院的判决改变了雇佣法庭和法院对程序的要求。在此判决之前,法庭在有些案件中认为程序的缺失并没有让雇员遭遇不公正对待,这些案件极大地弱化了程序要求。⑤ 不过,在 polkey 案中,上院重申了程序的重要性,并认为,解雇的合理性只能根据解雇发生之时雇主的认知来认定,不能依据后来出现的情况,即使后来的情况表明雇员没有遭受不公正。⑥ 这意味着,未能遵循公平程序本身可能导致解雇的不公正,即便如此,根据程序解雇了雇员也可能是公正的。在这种情况下,按照 Polkey 一案,赔偿应当减少,但解雇的不公平性仍然存在。同时,没有遵守程序未必就是不公平解雇。"如果,根据解雇时雇主所知道的具体情况,雇主合理地断定协商或告诫将无济于事,他完全可以合理地行为,即便他没遵守《咨询、调解及仲裁服

---

① British Leyland UK Ltd v. Swift［1981］IRLR 91（CA）at p. 93.

② Iceland Frozen Foods v. Jones［1983］ICR 17（EAT）at p. 25.

③ Foley v. Post Office［2000］ICR 1283（CA）.

④ Polkey v. A. E. Drayton Ltd［1988］ICR 142.

⑤ British Labour Pump v. Byrne［1979］ICR 347at 353 — 354；W. ＆ J. Wass v. Binns［1982］ICR 486（CA）.

⑥ 同时参见：Devis v. Atkins［1977］ICR 662（HL）；Sillifant v. Powell Duffryn Timber Ltd［1983］IRLR 91.

务局操作章程》的规定。"① 相关的例外范围仍不清楚,但它不足以损害基本原则。② 自 Polkey 案以来大量案件详细阐述了所需程序的标准。最难的领域是关于纪律惩戒的听证程序。早期的英国杂货联营店诉伯切尔案③ 所设定的指导原则得到广泛采纳。根据该认定标准,在诉称行为不当的案件中,法官首先必须认定的是,雇主事实上也相信发生了这个不当行为。第二,雇主有支持这种认识的合理理由吗? 第三,雇主得出这种认识的时候对事件进行了合理程度的调查了吗? 这里是不需要准司法调查(quasi-judicial inquiry)的。④ 在这方面,雇佣法庭应考虑到雇主的业务需求。不过,一些基本原则需要适用:雇员应知道针对他(她)的案件,如果案件取决于证人的书面证明,通常雇员也应该看到。⑤ 上诉只是纠正原判决中的瑕疵,如果它只是重审而非仅仅是复审。⑥

347   合理性问题对于雇佣法庭来说是事实问题之一。而上诉法院仅限于对法律问题的审查。所以,只有雇佣法庭在考虑事实合理性时未正确定位其法律职责,或他们做出了任何理性的法庭在依法行事的情况下都不会得出的结论,这样的上诉才有效。⑦ 这一方法导致不同法庭做出的裁定不一致,所以受到批评。不过,上诉法庭认为:

"雇主在解雇雇员的时候是否行为合理是一个事实问题,是不同的人就同样的情况可能得出不同的合理结论的问题。因此,如果不同的雇佣法庭就大体相似的情形给出了不同的裁决,而且两者都要有效,而当事人没有对这样的判决提起上诉,这是系统特有的问题。因此,重要的是,上诉法院应

---

① [1988] ICR 142 at p. 153, p. 163. 参考麦凯勋爵(Lord Mackay)及布里奇勋爵(Lord Bridge)的观点。

② 例如,Mathewson v. RB Wilson Dental Laboratory [1988] IRLR 512;Fuller v. Lloyds Bank [1991] IRLR 336; McLarenv. NationalCoal Board[1988]ICR 370.

③ British Home Stores v. Burchell [1980] ICR 303.

④ Ulsterbus v. Henderson [1989] IRLR 251.

⑤ Spink v. Express Foods Group Ltd [1990] IRLR 320;Louies v. Coventry Hood & Seating Co. Ltd [1990] IRLR 324;Fuller v. Lloyds Bank [1991] IRLR 336,EAT.

⑥ Whitbread plc. v. Mills [1988] ICR 776.

⑦ Gilham v. Kent County Council (No. 2) [1985] ICR 233.

该克制通过寻找模糊的法律要点而推翻它不同意的事实裁定的欲望,上诉法院试图在这些模糊的法律要点上戴上自己的结论以便对不同的判决提供统一性。如果我们采取这样的途径,将可能出现以下的可怕后果:产生无数上诉判决,却没有对法律带来进步,只能依赖对事实的比较认定。"[①]

在最近的案例尤其那些涉及程序的案例中,雇佣上诉法院已准备制定供雇佣法庭遵守的指导原则。然而,不遵守这样的原则未必构成法律错误。

348　在几种情形下,裁员被视为不公正解雇。这些情形包括:雇员证明自己被裁主要原因是他(她)的行业工会会员身份[②]或参加工会活动或拒绝加入工会及大多数(而非全部)自动不公正原因。[③] 如果选择裁员不是自动不公正的,裁员也须合理地符合 1996 年《雇佣权利法》第 98(4)条的要求。这意味着,对裁员的选择和运用机制都必须公正。[④] 过程必须是客观正当的,尽管这需要考虑到雇主的用人规模。[⑤] 其他合理标准包括,雇主是否尝试为被裁雇员寻找其他合适的就业岗位,是否与雇员所属的工会进行了协商。雇主应该适用一个明确而客观的裁员程序,但是,也没有义务提供针对裁员的上诉权利。[⑥]

八、对不公正解雇的救济

349　1996 年《雇佣权利法》提供的主要救济措施有:(1)复职(reinstatement),指雇主在各方面必须像解雇发生以前一样对待雇员,恢复他(她)的工资、养老金及其他津贴;(2)重新雇佣(re-engagement),与复职的不同之处在于:雇员可被安排从事与以前不同的工作,如果新工作比旧工作更合适的话。在行使授予复职或重新雇佣的自由裁量权时,雇佣法庭必须考虑以

---

①　同前,格里菲斯(Griffiths LJ)的观点,第 240 页。

②　1992 年《工会与劳工关系巩固法案》第 153 条。

③　1996 年《雇佣权利法》第 105 条。

④　British Aerospace plc v. Green［1995］IRLR 433,437,参见米利特法官(Millett LJ)的观点。

⑤　Williams v. Compair Maxam Ltd［1982］ICR 156.

⑥　Robinson v. Crompton Parkinson Ltd［1978］ICR 401.

下因素：原告的意愿，是不是雇员造成或助长了解雇，雇主执行复职或重新雇佣的裁定是否可行。[①] 仅仅是雇主已经雇佣了永久替代者的事实不能自动地使上述救济"不可行"。如果雇员被复职，而裁定的条款又没能完全得到遵循，且部分不遵循已经给雇员带来损失，那么雇佣法庭必须判决赔偿，其最大额度是 58,400 英镑（2006 年 2 月）。如果复职或重新雇佣的判决完全没有得到遵守，那么法庭必须给以基本的、补偿性赔偿金（见下文第 315段）和额外赔偿金，除非雇主能证明履行判决事实上不可行。额外赔偿金的金额界乎雇员的 26 周到 52 周工资收入之间（从 2006 年 2 月起最高周薪是290 英镑）。

350   如果雇佣法庭没有做出复职或重新雇佣的裁决，法庭必须按照两个类别支付赔偿：（1）基本赔偿，按裁员支付的方式计算，以雇员的年龄和服务年限为基础。雇员在 41 岁时，每年获得一周半的工资；在 22—40 岁时每年获得一周的工资；22 岁以下时每年获得半周的工资。对于 64 岁以上的所有雇员，赔偿金额每月减少 1/12。[②] 最高周薪为 290 英镑（从 2006 年 2 月 1日起），但受制于 20 年的最长雇佣期限。这意味着，最高的基本补偿额为8,700 英镑（30 周的工资）。不存在最低补偿额，除非两种情形：第一，如果解雇因裁员而不公正，但是，因为雇员接受或无理地拒绝了替代的岗位，雇主无须支付裁员补偿，那么，雇佣法庭会裁定相当于雇员两周工资的固定补偿金。第二，基于以下原因的解雇是自动不公正的：雇员的工会会员身份，或雇员参加工会活动，或雇员不是工会会员，或雇员参与了涉及健康与安全、工作时间、职业养老金的托管人或雇员代表方面的活动。此时，最低补偿金在扣除前的额度为 4,200 英镑（2006 年 2 月 1 日）。在下列情形，基本补偿额可被降低，有必要的话可以为零：（a）雇员不合理地拒绝了可让他被复职的提议；（b）雇员在解雇前的行为使得对基本补偿额的减少是公正而合理的；（c）根据指定的解雇程序协议或基于裁员的事实，雇员已收到一笔

[①] 1996 年《雇佣权利法》第 116 条。
[②] 1996 年《雇佣权利法》第 119 条。

涉及解雇的补偿金。[①]

351 （2）赔偿金裁决的额度，就是雇佣法庭"考虑原告因解雇所受的损失（只要这些损失归咎于雇主采取的行动），认为在所有情形下都是公平正当的额度"。[②] 这是按照法院规定的原则来计算的，包括直到听证日及以后雇员在工资和津贴上的损失，以及养老金领取权、业务津贴和法定雇佣保护权的损失。赔偿金排除了雇员所遭受的情感伤害、不方便或其他非金钱的损失（与性别、种族歧视和过失解雇比较）。赔偿金在下列情况下要被适当扣减：雇员未能缓解自己的损失，雇员对于解雇该负的责任，在通知期限外收到的来自雇主的其他支付或其他来源的收益。此外，如果雇主未能遵守要求的程序，从而使解雇失去应有的合法性，赔偿金额也必须降低。[③] 而且，如果存在内部上诉程序而雇主阻止雇员适用该程序，或雇员未能适用该程序。[④] 赔偿金的增减幅度在雇员的两周工资范围内，但其最高额固定为58,400英镑（2006年2月）。不过，如果解雇基于涉及健康和安全的活动或信息泄露而变得不公平，上述限额原则不适用，在涉及种族、性别或残疾歧视的解雇中，上述限额原则也不适用。

352 声称自己被解雇是因为以下因素（他们的工会会员或工会活动，或拒绝加入工会，或健康和安全活动，或职工代表制，或对工作时间的投诉，或受保护的不得泄露，或职业退休金方案）的人，他们可适用一个特别程序，叫做临时救济（interim relief）。这个程序赋予雇佣法庭裁决雇员复职，或者，如果双方同意，重新被雇佣到另一岗位，或如果雇主拒绝履行上述两种选择，就让雇员带全薪停职（"确保雇佣合同延续性的判决"），直到案件的最终判决。[⑤] 上述主张必须在解雇之日起7天之内提出，雇员必须有在最后的听

① 1996年《雇佣权利法》第122条。
② 1996年《雇佣权利法》第123(1)条。
③ Polkey v. A. E. Drayton Ltd [1988] ICR 142. 参见前文第310段。
④ 1996年《雇佣权利法》第127A条。
⑤ 1992年《工会与劳工关系巩固法案》第161—166条；1996年《雇佣权利法》第128—132条。

证会上成功的可能性,如果是工会会员,主张一定要得到独立工会的合法官员提供的证明支持。这是制定法下的唯一情形——在问题悬而未决期间解雇可被暂时中止。关于普通法的临时禁止令,见上文。

九、同其他诉求的关系

353　　尽管基于普通法的过失解雇而在普通法院提起的诉讼远远少于雇佣法庭受理的不公正解雇案,普通法救济在有几类案件中仍然很重要。具体包括以下情形:职工没有资格获得法定保护;针对不公正解雇的法定时效届满;雇员以为禁止令是合适的救济,或者雇员被解雇的情形在制定法中是公正的,但没有支付替代通知的赔偿金。应当注意的是,解雇在普通法中有无过错与不公正解雇的认定(涉及仅向雇佣法庭提起的诉讼)没有关系。如果普通法院就雇员的收入损失给予了补偿,不公正解雇赔偿金必须被扣减这部分。雇佣法庭的审理通常在普通法院开庭审理之前很长一段时间就结束了。如果雇佣法庭判决了不公正解雇赔偿金,这将包括代替通知的工资损失,以及其他任何有待赔偿的损失。但是,高收入雇员可以提起两个申诉,如果解雇导致的总损失超过了不公正解雇诉讼的法定最大赔偿额。在这种情况下,普通的法院不可以用不公正解雇诉讼中裁定的赔偿,来抵消合同约定的赔偿金。①

354　　雇员获得的法定裁员支付或雇主自愿支付的补贴,将从不公正解雇补偿金中扣除。对于那些既属于不公正解雇、又属于成文法下的性别歧视或种族歧视的行为,法院不能判决双重赔偿。

十、不公正解雇立法的例外情形

355　　以下类型的雇员不能提起不公正解雇诉讼:(1)连续受雇期不满一年的雇员,除非解雇的原因涉及:健康问题(一个月)或工会会员身份或工会活动或者非工会会员身份、家庭因素、健康和安全活动、拒绝在星期日做零售

---

　　① O'Laoire v. Jackel International [1991] IRLR 170 (CA).

工作、职业退休金的托管人、雇员代表、被保护的不得泄露信息或主张包括工作时间、最低工资或课税扣除(无最小期限)的法定权利。[①] (2)除非解雇基于那些无最短期限的理由之一,而雇员已经达到特定工作要求的"正常退休年龄"(normal retirement age)(假如男女退休年龄相同),或者(如果没有正常退休年龄)65岁。[②] 这一排除的效果使得65岁前退休的女性可以主张受到不公正解雇,除非她已经到达男女相同的正常退休年龄。(3)无合同保护的渔民。(4)在注册于英联合王国但在境外作业的船只上工作的人,或通常不居留在英国的人。(5)根据签订于1972年2月28日以前的固定期限合同,或于1972年2月28日以后签订的为期两年或以上的固定期限合同而工作,且已经书面放弃合同权利的人。(6)未在雇佣终止日起三个月内提起诉讼的人,或雇佣法庭认为对于当时情形合理的更长期限,也就是说,要求原告在三个月期限届满前提起申告事实上不可行。(7)被国务大臣免除了对解雇程序协议的遵守义务的人。

A. 雇员离职

356 雇员辞职情形中的法律要求与解雇情形中的法律要求非常相似。对于雇主来说,确知雇员是否已经辞职是很重要的,因为,如果雇主视雇员已经辞职而事实并非如此,他们可能被认定为解雇了雇员。如果雇员的辞职源于雇主的预期违约或实际违约行为,此时的辞职可视为雇主造成的推定解雇。辞职无需雇主的同意,而且,如果雇员想改变主意收回辞职,就需得到雇主的同意。没有表示同意并不构成雇主的推定解雇。

B. 推定解雇(constructive dismiss)

357 关于雇主的预期违约或实际违约造成雇员辞职的情形,有不同的观

---

① 1996年《雇佣权利法》第108条;1992年《工会与劳工关系巩固法案》第154条。

② 1996年《雇佣权利法》第109条;参见 Nothman v. Barnet London Borough Council [1979] ICR 111(HL);Waite v. GCHQ [1983] ICR 653(HL);Hughes and Coy v. DHSS [1985] ICR 419 (HL).

点存在。在那种情况下,辞职被称作"推定解雇"(constructive dismissal)。应该注意的是,这一术语没有法律权威,而只是对于特定情形下雇员辞职的一个方便快捷的表达,也就是说,雇主方具有预期违约或实际违约性质的行为促成了雇员方的辞职。在 Western Excavating(ECC)Ltd v. Sharp(1978)案中,丹宁勋爵认为:"如果雇主有过错行为,该行为或者是对雇佣合同基础的严重破坏,或该行为表明雇主不愿再受制于合同的一个或多个基本条件,那么雇主有权视自己被免除了进一步履约的义务……雇主的行为须……足以严重而使他有权立即离开……。"

358 　在推定解雇的案件里,第一个问题就是,是否雇主的行为构成对合同义务的实际违反或预期违反。这里涉及对合同的明示条款的确认,还要考虑是否有任何默示条款的存在。一旦预期违约被证实,违约必须严重到使雇员有权无须通知就立即离开。而且,雇员的辞职一定是由雇主违约引起的。最后,如果雇员放弃终止合同的权利,如维持合同,则推定解雇不存在。同时参见上诉法院在 Meikle v. Nottinghamshire CC(2004)案件中的判决,以及雇佣上诉法庭在 Greenhof v. Barnsley Metropolitan Borough Council(2006)案件中的判决。在这两个案件中,雇主未能就残疾雇员做出合理调整,该行为被视为违背了雇佣双方相互信任的默示义务。在 Horkaluk v. Cantor Fitzgerald International(2005)案中,上诉法院认为雇员遭到恐吓和辱骂,从而认定推定解雇的存在。

第九节　雇主裁员

一、含义

359 　随着失业率自 1979 年以来的急剧上升,裁员成为劳资关系的核心内容。裁员提前通知在 1980 年达到 150 万人次的顶点,到 1990 年降到

37.6314万人次,到 2000 年则为 34.8848 万人次,到 2005 年为 41.1 万人次。① 按照 1996 年《雇佣权利法》第 11 条的规定,雇员有权获得裁员补偿金。除了一些例外情况外,裁员补偿金的确认主要有两个标准。首先,雇员遭到解雇,而且解雇的目的与不公正解雇的目的相同。第二、解雇一定是由于"裁员"(员工过剩)。这一概念在 1996 年法案第 139 条有特定含义,即雇员被解雇全部或部分由于:

"(a)他的雇主已经停止或者打算停止以下事宜的事实:

(i)继续以前该雇员受雇的业务;

(ii)继续雇员受雇地的业务;

(b)该业务有以下要求的事实:

(i)要求雇员从事特定工作;

(ii)要求雇员在前雇员被雇佣地进行特定工作;

已经停止或减少或者被期望停止或者减少。"

法律上有"解雇是由于裁员"的推定,由此雇主有责任举证。

360　　上述法律定义,强调"对雇员从事特定工作的需求在减少"的必要性。比起 1982 年《国际劳工组织雇佣终止公约》(ILO Termination of Employment Covention 1982)谈到的"企业操作要求"(the operational requirement),或《欧共体集体裁员指令》定义② 的"与个体工人无关的原因"(reasons not related to the individual workers),上述"裁员"概念都太狭窄。正如法院所解释的那样,这个定义没有包括所有情形,比如,为了减少劳动力成本或者增加产量,雇主改变工作的条件或者重新组织劳动力。即便雇主行为构成预期违约,或如果解雇完全是由于雇主的操作需要而非雇员的行为,雇员也没有获得裁员补偿的权利,除非雇主对雇员进行的特定工作的需求已经停止或减少。因此,雇主没有义务向雇员(那些在雇主停止提供免费

---

① 需注意的是,现今雇主仅有义务对于 20 人以上的即将发生的裁员作出通知,而不是 10 人。

② 《欧共体集体裁员指令》[EC Collective Redundancy Directive(Directive 98/59, OJ 1998 L225/16)]。

班车服务后不能安排上下班的交通问题的雇员)支付裁员支付,尽管雇主有违约的事实。① 类似的是,工作配置和轮班制方面的改变不一定构成裁员的条件,即便改变是由于销售下降并引起雇员收入的实质下降,② 只要雇主仍然要求雇员从事某特定工作,裁员依旧不一定成立。法院也不会质问雇主宣布裁员的理由;③ 相反,如果雇主真诚地相信解雇会因裁员以外的理由而正当化,雇员也就不是被"裁员"了。④ 这是"裁员"的狭隘定义的后果,它只涵盖了很直接而简单的情形。第 139 (1)条所说的"雇员被雇佣的地点"在司法中被解释为"雇员被雇佣合同要求工作的地点"。于是,如果一个雇员在某地点工作七年之久,当雇主把企业搬到另一地点时,他也不被"裁员"了,因为他的合同要求他在雇主的任何机构工作。⑤ 这意味着,如果合同能要求雇员从事大范围的工作,假定雇主要求雇员做合同规范内的任何工作,雇员也不能获得裁员补偿。因此,如果雇员的合同要求雇员从事他能力所及的任何工作,雇员可能无权获得裁员补偿,只要雇主要求雇员从事合同规定范围之内的工作。

361 上议院在 Murray v. Foyle Meats Ltd(1997)一案中达成了稳妥的判决。上议院大法官艾尔文(Irivine)勋爵说:

"第 139 (1)(b)条的文字……提出了两个事实问题。第一、是否有不同的经济状态存在。在此情形下,相关问题是,是否雇员从事的特定工作的业务需求已经减少。第二个问题是,解雇是否全部或部分归因于上述经济事态。这是一个因果关系的问题……法规中的关键词是'归因于',而且法律没有解释为什么雇员被解雇不应该归因于雇主不论合同条款或雇员的作用对雇员需求的减少。"

---

① Chapman v. Goonvean and Rostowrack China Clay Co. Ltd [1973] ICR 50(CA).

② Johnson v. Nottinghamshire Combined Police Authority [1974] ICR 170(CA); Lesney Products & Co. Ltd v. Nolan [1977] ICR 235 (CA).

③ Moon v. Homeworthy Furniture [1977] ICR 117(EAT).

④ Hindle v. Percival Boats Ltd [1969] ITR 86 (CA).

⑤ UK Atomic Energy Authority v. Claydon [1974] ICR 128 (NIRC); Sutcliffe v. Hawker Siddeley Aviation Ltd [1973] ICR 560 (NIRC); Rank Xerox v. Churchill [1988] IRLR 280.

362 在肖凯特诉诺丁翰城市医院[Shawkat v. Nottingham City Hospital NHS Trust(2002)]案中,上诉法院再次探讨了这一问题。在案件中,雇员被雇为胸外科医生。心胸科建立后,他被要求进行心脏和胸部两类手术。他拒绝履行,然后被解雇。雇佣法庭驳回了他提出的裁员解雇之诉,而雇佣上诉法庭由于不清楚一个雇佣法庭只能达成一个结论,认可了他的诉讼并把案件发回基层雇佣法庭。再次审理时,雇佣法庭再次认定雇主对雇员进行特定工作(即胸外科手术)的要求没有减少。法庭的结论是:胸外科手术的数量或被要求做那份工作的雇员的数量都没有减少,该雇员做胸外科手术的时间减少是因为医院想要他在部分时间里做心脏工作。所以,医生没有因为裁员而被解雇。雇佣上诉法庭驳回了雇员的上诉,上诉法院也持同样的态度。上诉法院认为,对1996年《雇佣权利法》第139条的满足仅仅是事实问题。于是,法庭的裁决没有暴露出法律错误,因而不应该被推翻。①

363 根据1996年《雇佣权利法》,如果雇员无理地拒绝雇主的以下两种要约:向雇员提供另一合适岗位,或立刻或被解雇四周内以相同的条件继续合同,那么该雇员不能获得裁员支付。这样的规定是激励雇主试图重新安排被裁雇员。② 同时,雇员有权在决定接受新工作前有四周的试用期。试用期后不愿继续工作的雇员可以获得裁员支付,如同没有试用期一样。

二、补偿的计算

364 根据1996年《雇佣权利法》第162节的规定,18—21岁的雇员在每个雇佣年度可获得的裁员补偿为半周的工资收入;22—40岁的雇员在每个雇佣年度可获得的是一周的工资收入;41—64岁的雇员在每个雇佣年度可获得的是一周半的工资收入。雇员的第65岁时的薪资补偿开始逐渐减少,即超过64岁就每月减少1/12。但周薪超过290英镑且雇佣期限超过20

---

① Lamber v. 186K Ltd (2004),(CA). 需要注意的是,不符合"裁员"(redundancy)法定定义的雇员重新安排(reorganization)情形可能构成"其他实体理由",第五种潜在的正当原因。

② 1996年《雇佣权利法》第138条。

年的情况不受此限。周薪按 1996 年法案第十四部分第二章的规定来计算。在实践中,41 岁以上且服务期超过 20 年的雇员可获得的最高补偿是 8700 英镑。

三、例外情形

365　　下面是无权获得裁员补偿的雇员的主要类别:(1)未被连续雇佣两年或两年以上的雇员。(2)雇员已经达到其所属行业规定的正常退休年龄(如果退休年龄对男女要求相同,且在 65 岁以下);或者,在其他的情况,雇员已经到达 65 岁。(3)雇员无理地拒绝来自雇主或雇主的继任者(在企业所有权改变的情况下)给予的另一份合适的工作。(4)雇员接受来自雇主或雇主的继任者(在企业所有权改变的情况下)的续约或重新雇佣。(5)在解雇的通知期间就离职的雇员,除非他们遵从特定的正式要求给予雇主一个的离职通知。(6)在某些情况下,雇员有不当行为,或在解雇通知期间参加了罢工。①

第十节　集体裁员

366　　实施《欧洲共同体集体裁员指令》的英国国内立法,现在受制于 1992 年《工会劳工关系巩固法案》的第四部分第二章。② 该法案规定,雇主打算在 90 天内以裁员方式解雇一个机构内 20 或以上数量的雇员,该雇主必须和可能受到影响的雇员群体的代表协商,必须告知就业部。雇主的职责是与由雇主认可的工会协商,目的是就拟被裁掉的雇员的情况展开谈判,或者,在没有工会的情况下,雇主就和雇员指定或选出的"雇员代表"商议。法

---

①　参见下文,以及 Sweet and Maxwell 出版的《雇佣法百科全书》(*Encyclopedia of Employment Law*)。

②　OJ 1975,L 48/29,1975 年 2 月 22 日,由以下文件巩固:1998 年 7 月 20 日指令(Directive 98/59);OJ 1998,L 225/16。

案要求的雇主职责就是"及时"协商。如果雇主打算 90 天在一个机构里解雇不少于 100 名雇员,那么协商必须比第一次解雇行为的发生早 90 天。在其他的情况下,必须至少提前 30 天。

367　　协商内容必须包括避免或者减少裁员人数和缓解裁员后果的方法,而且雇主一定要本着与雇员代表达成协议之目的来进行。法案列举雇主必须交给雇员代表的资料,资料内容包括:解雇的详细理由,解雇的人数和雇员类别,将要被解雇人员所属的雇员类别的总人数,选择被裁人员的方法,解雇的具体方法,包括时间安排。

368　　如果雇主未能履行其商议的职责,有关工会可向雇佣法庭起诉,该法庭可能做出"保护裁决"。该裁决的后果是,雇员在裁决期间仍可获得工资。这意味着,除了因为产生于解雇的其他主张(诸如裁员支付)外,雇员还有权在这段时间获得工资。时间的具体长度由雇佣法庭斟酌决定,但不得超过 90 天。没有获得应得裁决数额的雇员可向雇佣法庭申诉。同样在这段时间里,雇主必须把计划中的裁员事宜上报劳资产业部。如果涉及的裁员少于 20 人,则不必上报。在上报资料中,雇主必须陈述他们将与认可的工会开始协商的日期。雇主还须提供被要求的其他信息。未能履行上报程序的雇主可被处罚金,罚金最高额为 5000 英镑。如果雇方是有限责任公司,未能上报的总裁或者经理可因其过失或疏忽而承担个人责任。

第八章　歧视

第一节　立法的发展

369　　在大不列颠,有许多被禁止歧视的对象,包括:性别(包括性取向,性别的改变,即变性)、种族、残疾、宗教或信仰以及年龄(反年龄歧视从 2006 年 10 月 1 日起)。[①] 直到最近,关于歧视的制定法只有三部:1975 年《性别歧视法》(SDA),1970 年的《平等工资法》(EPPA)包含了关于性别歧视(以及婚姻状况歧视)的条款,1976 年《种族关系法》(RRA)包括了种族歧视。从 2003 年 7 月 19 日起,《种族关系法》被修订,新法扩展了基于种族、民族或国籍的"间接歧视"概念[第 1(1)条],并且扩展了"骚扰"概念(第 3A 条)。《1976 年种族关系法(修订)条例 2003》(SI 2003/1626)采纳了上述以及其他变革,而种种变革要求实施欧盟理事会于 2000 年 6 月 29 日做出的《种族指令》(Race Directive,2000/43)。根据欧盟的《平等待遇框架指令》(ETFD)[②]的要求,《性别歧视法》也做了重大修订。重大的变化包括"间接歧视"在雇佣、职业培训方面的定义变化,也包括了以"骚扰"形式引入的独立歧视类型,而新类型歧视的对象是:(1)性别,以及(2)性骚扰。从 2005 年 10 月 1 日起,这些修正内容体现在 2005 年《雇佣平等(性别歧视)条例》[③]之中。

---

　　① 弗雷德曼:"平等:新的一代?"[Fredman, S., 'Equality: a new generation?', *ILJ* 30 (2001)145—168]。

　　② Equal Treatment Framework Directive (directive 2002/73/EC).

　　③ Employment Equality (Sex Discrimination) Regulations 2005(SI 2005/2467).

370 《平等待遇框架指令》要求成员国在 2006 年前以立法宣布年龄歧视的非法性。于是,《雇佣平等(年龄)条例 2006》[1] 的草案于 2006 年 3 月 9 日呈现在议会面前,并被期望能在 2006 年 10 月 1 日开始生效。

371 正如种族歧视那样,普通法没有发展出对性别歧视的保护规则。的确,全部由男性任职的司法界的观点经常表现出对反性别歧视的公然敌意。在臭名昭著的 Roberts v. Hopwood 案中,[2] 上议院居然判决地方政府男女同工同酬的做法是非法的。类似的是,法院一直支持地方教育管理部门在 20 世纪 20 年代的政策,即将所有已婚女性排除到教师队伍之外。[3]

372 1970 年之前,关于性别歧视的唯一立法是 1919 年《性别不合格(排除)法》[4]。该法禁止基于性别或婚姻状况而认为某人无资格履行某种公共职能或从事公务工作。但是,这个法令太局限了,无法产生大的影响,基本上是一纸空文。性别歧视仍然很普遍。比如,女性所得报酬往往低于与其干同样工作的男性。在此期间,英国总工会(TUC)发起了一场要求女子同酬的运动,该运动在 1963 年达到顶峰,其标志就是《女工宪章》(Charter for Women Workers)的公布。第一次,社会呼吁立法确保同酬。

373 英国总工会的同酬运动的第一个立法成果就是 1970 年《平等工资法》。该法要求男女工人的雇佣条件应该相同。该法案直到 1975 年 12 月 29 日才生效,这给了雇主足足五年的时间来适应该要求。在此之前,保守党和劳工党都致力于平等法的制定。1975 年,《性别歧视法》获得通过,禁止在实际雇佣方面而不是雇佣条款上禁止因为性别或婚姻状况而产生歧视。该法令和 1968 年《种族关系法》的模式不同,特别是它给予受害人直接向雇佣法庭申告的权利(或者,如果是雇佣领域以外的纠纷,就上诉到郡法

---

① Employment Equality (Age) Regulations 2006.

② Roberts v. Hopwood [1925] AC 578(HL).

③ Short v. Poole Corporation [1926] I Ch. 66 (CA);Price v. Rhondda UDC [1923] 2 Ch. 372 (Ch. D).

④ Sex Disqualification (Removal) Act 1919.

院)。同时,1975 年《性别歧视法》赋予公平机会委员会(EOC)策略性的实施作用,让该委员会处理雇主的歧视行为,鼓励反歧视的正面行为。所以,该法案被作为 1976 年新的《种族关系法》的蓝本。新法废除了自愿的劳资执行机制,取而代之的是雇佣法庭的个别执行,辅之以种族平等委员会(CRE)的策略执行。种族平等委员会和平等机会委员会拥有相似的权限。在并行的发展规制中,英联合王国签署了《联合国社会文化权利国际公约》(UN Inter-national Convenant on Social and Culture Rights),该公约要求了大量的反歧视行动。

374　　同时,英联合王国通过签署 1972 年《欧洲共同体法案》,从而加入了欧共体,同意受欧共体法的约束。1972 年《欧共体法案》对后来的联合王国反歧视立法的发展带来重要影响。在其中一条关于社会法为数不多的条款中,《罗马条约》本身要求男女同工同酬。在著名的 Defrenne v. Sabena 案中,欧洲法院在纵向(针对政府)和横向(针对私营雇主)①都直接适用了该条款,所以,它变得特别有效。《欧共体指令 75/117》详细规定了同工同酬,促进了第 119 条的具体适用,具有特别意义的是,在针对英联合王国提起的执行诉讼中,欧洲法院认定,联合王国立法对同工同酬要求的欠缺违反了第 119 条款和欧共体的同酬指令。这导致了 1970 年《平等工资法》在 1983 年的修订。现在,第 119 条款已经被《阿姆斯特丹条约》加强和现代化,具体表现为第 141 条的出现。其中,第 141 条还在其文本中吸收了《平等工资指令》(Equal Pay Directive),并且赋予欧共体在同酬问题上的明确立法权。除了同酬问题本身,欧共体还有系列关于男女同等对待的指令,其中最重要的是《欧共体指令 76/207》,它针对的是涉及雇员在获得雇佣、培训、提升和工作条件方面的同等待遇。该指令是直接适用的,但只是针对政府(纵向)而非私企雇主(横向)。② 这引起了一些异常现象,特别是政府雇员能够直

---

① Defrenne v. Sabena (Defrenne II) Case 43/75〔1976〕ECR 455.

② Marshall v. Southampton and South-West Hampshire Area Health Authority〔1986〕ICR 335(ECJ);Integrity v. Rouvray (Case 373/89)〔1991〕176 (ECJ).

接受到该指令保护,而私企雇员却不能。该指令由以下要求平等待遇的指令得到进一步加强,即关于国家社会保障方面的平等待遇指令《欧共体指令79/7》、关于职业社会保障方面的平等待遇指令《欧共体指令86/378》和关于个体经营方面的平等待遇指令《欧共体指令86/613》。最近,要求给予有家庭责任负担的妇女以平等对待方面取得了重要进步。有三个重要的指令被国家立法采纳,一个是对生产前后的孕妇给予工作上的保护,即《欧共体指令92/85》,一个是关于育儿假和探亲假,即《欧共体指令96/34》,一个是关于零兼职工作,即《欧共体指令97/81》。同样重要的是关于举证责任的《欧共体指令97/80》,该指令在推翻举证责任的同时,还界定了"间接歧视"的概念(参见下文)。现在,关于男女工同等待遇的大量新指令正在规划之中,它们吸纳了司法及立法的新成就。其中最为重要的是拟对性骚扰制定指令,而性骚扰之前只受"软法"的规范。

375 最近,反歧视立法已扩展到许多领域。1995年《残疾歧视法》禁止对残疾者的歧视,该法受到残疾权利委员会的支持。直到1999年6月8日,联合王国才认可了关于职业和雇佣歧视的国际劳工组织第111号公约。而且,1998年《人权法》对《欧洲人权公约》的吸收已经表明,该公约的第14条款目前在国内法中是适用的。这要求所有的公约权利必须在许多领域毫无歧视地得到行使。特别重要的进展出现在种族关系方面。在国内层面,令人不安的发现是种族偏见长期充斥于警界,这导致了对《种族关系法》的系列重要修订,体现为2000年《种族关系(修正)法》①。同时,欧盟也首次被赋予了制定种族领域内的平等法案的权利。据此,根据《阿姆斯特丹条约》第13条,一个禁止基于种族或人种渊源的歧视的指令被采纳了,即欧盟指令2000/43。不久,禁止基于宗教或信仰、残疾、年龄、性别因素的歧视的第二个指令也颁布了。上述指令分别要求在2003年7月19日和12月2日前基本得到实施。

---

① Race Relations (Amendment) Act 2000.

第二节　立法的影响

376　　妇女逐渐成为劳动力的重要组成部分。2005 年，大不列颠有 14,000,000 名适龄雇佣妇女，占适龄雇佣劳动力的 44.2%。与 1990 年相比，该数据上升了 7%，而与 1979 年相比，则上升了 19%。[①]　不过，尽管有 1970 年《平等工资法》和 1975 年《性别歧视法》，妇女在英国社会的地位仍然处于弱势。突出的是，妇女的报酬在整体上明显低于男性。虽然 1970 年《平等工资法》的首要效果是把妇女的平均小时报酬从 1970 年占男性报酬的63.1%提高到了 1976 年的 75.1%，但同工同酬的后续进展很慢，而且断断续续。2000 年各种职业领域的妇女的小时报酬仍然只占男性的 81.6%，自 1990 年起算的 10 年来只缩小了 5% 的差距。如果把加班费和其他报酬计算在内，差距更大了。2000 年，妇女的周薪只占男性周薪的 74.5%。在非体力劳动岗位，状况更糟。2000 年，受雇于这些岗位的妇女的小时报酬只占男性的70.1%。如果我们集中看总的平均周报酬，也就是将工资、职业养老金、津贴收入和其他来源收入都包含在内，我们发现，妇女在 1998—1999 年间总的个人平均收入只占男性同期收入的 51%。尽管从 1990 年以来，大多数情况下男女工资差距每 10 年就缩小 5—7%，但英联合王国的差距仍然比其他欧共体国家大很得多，特别比瑞典和前东德大得多。1995 年，联合王国的女性收入占男性的 34%，而欧盟的平均数据是 27.5%。[②]造成妇女在工作待遇上的持续弱势的主要原因是，照顾孩子的主要责任依然由妇女承担。因此，妇女构成了非全日工人的主体部分，在

---

①　本部分数据来自：《2000 年劳动力调查报告》(*2000 Labor Force Survey*)；《2000 年新获薪金调查》(*2000 New Earnings Survey*)；《大不列颠男女状况》(*Women and Men in Great Britain*，EOC，2000)。

②　《男女收入差别》(*Earnings Differentials between Men and Women*)，欧盟委员会(European Commission)，1998 年。

2000年,只有8%的适龄男性雇员做非全日工作,而女性多达43%。比起全日制女雇员和非全日制男雇员,非全日制女雇员的报酬要低得多。事实上,在2000年,非全日制女雇员的平均小时工资是全日男性雇员平均小时工资的61%。

377　男女报酬的差异持续存在,这一定程度上是由于妇女主要集中于低薪职业("垂直分离")(vertical segregation)和各种职业中的低薪级别("横向分离")(horizontal segregation)。因此,女工主要集中于岗位数相对少且通常很需要非全职工的职业和行业里。2005年,妇女在以下职业中所占的就业比例分别是:护理助理的93%,护士的87%,小学和幼儿园教师的90%及清洁工和家庭服务人员的83%。而另一方面,妇女在以下职业中就业比例分别是:货车司机的2%,生产、工程和维护经理的7%,计算机分析师或程序员的22%。在工艺和相关职业中,也只有7%的就业人员是妇女,而文员和秘书岗位上的大部分人员(76%)是妇女。即便在男女混合的职业,高薪级别的男性比例远高于女性的比例。[①] 类似的是,高级职位的女性很少。工会的情况也差不多。尽管在1999年,工会成员中女性占2/5,但女性在领导岗位上的比例很低。2000年,78个秘书长中只有7名是女性。[②] 在规模最大的10个工会中,领导岗位上女性代表状况最好的当数运输与普通职工工会(T&G),女性达到了该工会领导人员的20%,全国性管理人员中有32%是女性。相比之下,全国教师工会(NUT)中,女性占会员总数的75%,但全国负责人中女性只占41%。

378　少数民族裔在劳动力中的地位有了重大变化。过去的几十年中,少数民族裔的工种级别有了明显的上升,缩小了与非少数民族裔之间的差值。尤其重要的发现是,在同一地区做同种工作拥有同样资质的不同群体一般获得同样的报酬。不过,少数民族裔在劳动力市场仍然遭受严重歧视和不

---

① 《大不列颠男女状况》(Women and Men in Great Britain),公平机会委员会(EOC),2000年。

② 《劳动研究》(Labor Research),2000年3月,第17页。

利对待。① 2000 年少数民族裔的失业率略微高于白种人：12.0％对 5.1％。但 20 世纪 90 年代最突出的发现是，少数民族裔之间的差距经常和少数民族裔与非少数民族裔之间的差距一样大。地位最低的是孟加拉国人和巴基斯坦人的家庭及他们在英国出生的孩子。1994 年，多于 4/5 的巴基斯坦人和孟加拉人的家庭收入低于全国平均水平，这些家庭数相当于无养老金的白人家庭数的四倍。巴基斯坦和孟加拉国男性的失业率高，而且受雇人员的报酬也趋于低水平。相比之下，东非亚洲人和中国人已经达到与白人差不多的水平，印度人正在迅速结束他们与白人的就业差距。普通印度家庭的总收入略高于普通白人家庭（领取退休、养老金或抚恤金的人），印度人的失业率仅仅略高于白人。1999 年的一个研究还发现，年轻印度人和同龄白人的赚钱能力差不多，而年轻的巴基斯坦人和孟加拉国人的赚钱能力最多达白人的一半。加勒比人和非洲人的情形更复杂，个体之间的差别很大。因而，一个 1999 年发布的研究显示，加勒比年轻人的失业可能性是年轻白人的两倍多，而且收入比后者更低。总的来说，加勒比人的贫困率比白人家庭稍高点。就非洲人而言，年轻非洲人的赚钱能力趋向于比白人低很多。而且，他们的平均失业风险更大。对那些有工作的人来说，许多人得到的报酬比同等资历的白人低很多。另外，基于人种、宗教和种族的暴力、骚扰和偏见还持续存在。最严重的是，少数民族裔对警察缺乏信任。内政部 1998—1999 年的数据发现，被警方因侦查和调查犯罪而阻拦、搜寻的人中，黑人数比白人数大六倍。这些问题在史蒂芬·劳伦斯（Stephen Lawrence）的案子中暴露出来，在该案中，史蒂芬遭到一个种族主义分子的殴打和谋杀。警方未能对谋杀案展开适当的调查，受害人对警察的失职提出种族主义指控，对此指控进行调查的报告认为，"制度性种族主义"在警方的认定及警方和其他机构的更广的文化和组成方面的影响是无处不在。"制度性种族主义"被定义为：

---

① 《不列颠少数民族裔：种族平等委员会信息通报》（*Ethnic Minorities in Britain*：CRE Factsheet,1999）。

"一个群体因为其肤色、文化或种族渊源而集体失职,未能给人们提供恰当而专业的服务。这可以体现于足以构成歧视的行为过程、观点和举止中,而歧视又是通过无意的偏见、忽视、轻率和种族主义者的陈规形成的,进而造成对少数民族不利。"①

379 纵观妇女歧视和黑人歧视的固执存在,立法发挥的实际效力小得惊人。1976 年,《平等工资法》实施的第一年,雇佣法庭受理 1742 起相关申请;1984 年,却只有 33 起。《平等工资法》的范围在 1984 年修订案扩展后,该数据略有提高,在 2000 年达到了 2570 起。② 相似的情形出现于关于《性别歧视法》的适用状况。1989/1990 年根据该法的申告案只有 1046 起,2000 年上升到 5243 起。而同一期限内,根据《种族关系法》的申告案从 939 起迅速升到了 3074 起。2000 年根据《残疾歧视法》的申告有 1704 起。不过,如果考虑到成功率,这种申告案件数量上的上升就不令人鼓舞。在 1998—1999 年间,根据《平等工资法》的申告案件只有 7 例是成功的(占起诉到雇佣法庭的案例总量的 2.2 %),尽管 517 件通过咨询、调解及仲裁服务局(ACAS)得以解决。同样,这一年有 131 例成功的种族歧视案件(成功率为 15.6%,咨询、调解及仲裁服务局当年处理的相关案件为 813 件),270 例成功的性别歧视案(33.9%,咨询、调解及仲裁服务局当年处理的相关案件总数为 1791 例)。③

380 自 2005 年 10 月 1 日以来,《性别歧视法》(SDA)发生了重大的变化。这些修订内容实施了《欧盟同等待遇框架指令》(Directive 2002/73/EC)要求的变化,参见 2005 年《雇佣平等(性别歧视)条例》。它们包括了对"间接歧视"的新定义,以及对"性骚扰"及"具有性特征的骚扰"的不同定义。这些

---

① 内政部麦克弗森调查官方报告(Home Office Report of the MacPherson Inquiry, Cmnd 4262),1999 年 2 月 24 日,尤其注意第 6、34 段。

② 本部分数据来自每年公开出版的《就业公报》(*Employment Gazette*)的统计,最近的资料是 1991 年《就业公报》(第 303 页)以及 2000 年度法庭审议报告(Councils on Tribunals Annual Report 2000)。

③ 《劳工市场趋势》(*Labor Market Trends*),1999 年 9 月,第 494 页。

适用于雇佣和职业培训的变革,将《性别歧视法》与其他非法歧视的立法一起形成整体。

381　在英国,对种族歧视的法律保护相对较新。普通法未能发展这样的保护规则。1965 年前,没有苏格兰或英格兰案例宣布种族歧视与公共政策相违背。第一个法定措施,即 1965 年《种族关系法》,只涉及了有限的范围,而且基本上没有效果。该法的失败推动了一场引人注目的政治运动,旨在提高来自新英联邦(第二次世界大战以后获得独立并加入英联邦的国家的总称)的移民及其在英国所出生孩子的社会地位和雇佣机会。发表于 1967 年的一份报告揭露了针对移民的大量歧视,对前述运动也起了促进作用。[①] 值得注意的是,这个运动不是以工会为基础,而是有少数民族裔和富有同情心的自由主义者组织、工党和其他左翼政治组织共同发动的。[②] 该运动的结果是 1968 年《种族关系法》的颁布,该法有意识地以美国和加拿大的反歧视立法为蓝本。该法的实施不是通过个人行为而是种族关系委员会。在雇佣领域,约 40 个行业里大约 1/3 劳动力适用自愿的劳资纠纷程序并将其作为主要手段。不过,自愿劳资机制得出的非法歧视意见是如此之少,以致于种族关系委员会做出如下断定:使用劳资委员会的实验已经失败了。不过,[③] 该法案直到 1976 年才被替代。

382　《种族指令》的发布旨在抵制多方面的歧视,该指令的内容通过 1976 年《种族关系法(修正)条例 2000》在英国得到实施。不幸的是,《种族指令》和《种族关系法》的范畴不一样:前者关注来自基于种族、民族或国籍的歧视,而后者拓展到了基于肤色或国籍的歧视。因此,虽然 2003 年条例对《种族关系法》(RRA)做了许多方面的修订,但这些修订不适用于肤色或国籍

---

① W. W. 丹尼尔:《英格兰的种族歧视》,1968 年(W. W. Daniel, Racial Discrimination in England,1968)。

② 关于此背景的完整阐述参见,赫普尔:《不列颠的种族、工作与法律》(第二版),1970 年。(Hepple,B., *Race, Jobs and Law in Britain*, 2nd edn, Harmondsworth,1970.)

③ 《种族关系署报告:1975 年 1 月至 1976 年 6 月》(Report of Race Realtion Board January 1975 to June 1976),内政部,1976 年,第 60 段。

的歧视,这一点不令人满意而且使《种族关系法》的适用更加复杂。但是,或许对"肤色"、"国籍"的删除不会给原告带来太多困难,由于这两个词汇通常和种族联系在一起。

383 从 2006 年 4 月 6 日起,一个新的实践法典生效了,即《雇佣中种族平等实践法典》(Race Relations Code of Practice on Racial Equality in Employment)。和其他实践法典一样,该实践法典在根据《种族关系法》提起的诉讼中可以得到适用。

第三节　非法歧视的基础①

384 直到最近,反歧视法的作用范围只限于性别、婚姻和种族。《性别歧视法》和《平等工资法》禁止针对所有年龄的男女进行性别歧视。《性别歧视法》也包括在雇佣领域对已婚人士的歧视,但是对单身的歧视并不违法。欧洲法院最近裁决对换性者的歧视属于性别歧视,这导致了《性别歧视法》的修正案将性别转换歧视包含在内。1976 年《种族关系法》适用于因肤色、种族、国籍、民族或国家来源的歧视。自 1995 年来,1995 年《残疾歧视法》包含了针对残疾人的歧视保护。然而,直到 20 世纪末,英国国内法才有针对性取向或年龄的歧视的保护。不列颠法不包括宗教歧视,尽管威斯敏斯特议会通过了单独适用于北爱尔兰的立法包含了宗教歧视。英国也没有预防基于语言、社会根源或政治观点的歧视的立法。不过,"种族本源"(ethnic origin)已被宽泛阐释,意指与别人不同的一群人,他们有足够多的共同习俗、信仰、传统和特征,而这些共同性源自共同(被假定共同)的过去,并赋予他们由历史决定的社会特性。这样的群体如犹太人、锡克人、吉普赛人,②

---

① 若需更多详细分析,参见弗里德曼:"平等:新的一代?"[Fredman, S., 'Equality: a new generation?', ILJ 30(2001),145－168]。

② Mandla v. Dowell Lee [1983] ICR 385 (HL); CRE v. Dutton [1989] IRLR 8 (CA).

但不包括拉斯塔法里教徒。① 这方面的法律适用有许多重要的例外,尤其关于国籍歧视,以维持移民管制。

385　　欧盟层面的重要新提案以及 1998 年《人权法》(2000 年 10 月生效)对《欧洲人权公约》的引入,填补了反歧视立法的不足。由于《阿姆斯特丹条约》赋予了新的权力,"实施人人平等的待遇原则不论种族或民族本源"的指令在 2000 年 6 月得到采纳。② 五个月后,将平等对待原则扩展到防止因年龄、残疾、宗教和性取向的歧视("框架指令")的第二指令也得到采纳。③ 成员国在两年之内实施这些指令。随着《欧洲人权公约》第 14 条被纳入国内法,平等对待的范围进一步扩大了。这表明,公约权利的行使必须得到保障,必须排除任何基于性别、种族、肤色、语言、宗教、政治或其他观点、国家或社会本源、与少数民族的关系、财产、分娩或其他状况的歧视。最后,1998 年《北爱尔兰法》(Northern Ireland Act 1998)在第 75 条罗列了公共团体必须正确对待的系列因素,包括宗教、政治观点、种族、年龄及婚姻。

第四节　歧视的概念

386　　性别歧视和种族关系法(The Sex Discrimination and Race Relations Act)认可了两个主要的歧视类型,即直接歧视与间接歧视。(《残疾歧视法》使用的专门定义稍微不同)。④ 如果某人对一个人没有他对别人友好,这就是直接歧视。它是古老的概念,甚至古希腊哲学家亚里士多德就主张"必须被同等对待"。⑤ 直接歧视的判断不取决于被告的主观歧视理由。相反,正确的方法是做这样的提问:"要不是他(她)的性别,原告是否会受到不

---

① Crown Suppliers v. Dawkins [1991] IRLR 326 (EAT).
② 欧盟指令 2000/43/EC,2000 年 6 月 29 日,[2000] OJ L180/22。
③ 欧盟指令 2000/78/EC,2000 年 11 月 27 日,[2000] OJ L303/16。
④ 1995 年《残疾歧视法》第 5(1)(a)条。
⑤ 1975 年《性别歧视法》第 1(1)(a)条,第 3(1)(a)条;1976 年《种族歧视法》第 1(1)(a)条。

同的对待?"这样,即使被告的动机是完全善意的,也可能会认定直接歧视的存在。① 例如,给"退休年龄的人"(男子超过 65 岁或女子超过 60 岁)以优惠是一种歧视,即便被告的目的是想帮助有需要的人。这是因为,"要不是"他的性别,一个 61 岁的男子不会被拒绝一个 61 岁的女子可享有的优惠。基于怀孕的歧视已导致了英国法律在一些概念上的困难,因为它是以男性为参考基准的。一个早期的判决认定:基于怀孕的解雇不构成非法歧视,因为没有相应的男性参照标准。② 假如将怀孕女子的待遇与请病假的男子的待遇进行比较,并试图通过这种方式来解决困难的尝试也同样面临困难。③ 欧洲法院采用的办法更恰当,它避免了如此曲折的论证,判决认为:拒绝雇佣怀孕女子构成非法歧视,因为这种行为与《平等待遇指令》冲突,缺乏男性参照在此不予考虑。④ 这些困难促成了针对怀孕职工的特定权利的专门立法,因为这些特定权利不在反歧视法范围之内。这些专门立法的表现就是《怀孕职工指令》(Pregnant Workers Directive)的出台,该指令已经通过1996 年《雇佣权利法》之第 99 条在英国得到实施。⑤ 该立法内容也延伸到了怀孕解雇,其效果是雇主有义务给予一定期限的孕产假。不过,产假结束后,只能适用普通的反歧视立法,若雇员因怀孕或分娩而生病,继而因生病而被解雇,该女雇员只能享有与因病休假的男子同样的待遇。⑥ 在某些情况下,直接歧视条款也认定性骚扰或种族骚扰的非法性。⑦ 应当注意的是,如果直接歧视得到认定,被告不得对其行为进行"合理性"辩护,这在下文的

---

① James v. Eastleigh Borough Council [1990] IRLR 288(HL). R v. Birmingham City Council ex p. EOC [1989] IRLR 173(HL); Ministry of Defence v. Jeremiah [1979] IRLR 436(CA).

② Turley v. Allders Stores [1980] IRLR 4(EAT).

③ Hayes v. Malleable Working Mens' Club and Institute [1985] IRLR 367(EAT).

④ Dekker v. Stiching Vormingscentrum voor Jonge Volwassenen(Case 177/88) [1991] IRLR 27.

⑤ EEC 92/85[1992]OJ L348/1.

⑥ Handels-OG Kontorfunktionaererernes Forbund I Danmark (acting for Hertz) v. Dansk Arbejdsgiverforening (acting for Aldi Market) (Case No. 1790/88) [1991] IRLR 30 (ECJ).

⑦ Strathclyde Regional Council v. Porcelli [1986] IRLR 134 (CS); Balgobin v. London Borough of Tower Hamlets [1987] IRLR 401(EAT); De Souza v. Automobile Association [1986] IRLR 103(CA).

间接歧视情形下是允许的。

387　间接歧视① 指的是更为复杂的歧视形式,由于过去和现在的不利影响,有时称作"制度性歧视"(institutional discrimination)。较少数量的女子或黑人能找到工作或得到晋升,这不是因为雇主对他们不好,而是因为其他因素使他们更难符合招工或晋升标准。性别或种族的中立规则可对女子或黑人产生不同比例的影响。例如,由于女子照顾孩子的责任比男子大,能满足包括大量的加班时间或流动性需求的条件的女子比男子少。同样地,教育劣势可使未受教育的少数民族裔更难完成招工测试。"间接歧视"的概念旨在表示这种标准的非法性,除非雇主能证明其使用这些标准的合理性。其中的潜在理论是,在一个利益分配不平等被看作"合理"的社会里,获得这些利益的机会应该在团体间根据比例来分配。这个概念首先产生于美国,现在已经转化成表达"间接"歧视的具体、复杂且限制性的语言。"间接歧视"的法定释义包括以下几个方面要素:(1)雇主强加了这样的需求或条件;(2)诉求方所在团体(如妇女或黑人)中达到该要求的人数比例远小于相对团体(如男子或白人)中达到该要求的人数的比例;(3)由于达不到该要求,某人遭受损失;(4)若不考虑诉求人的性别、种族等,该条件是不合理的。这些因素将逐个验证。

388　在美国判例法中,"结果歧视"(effect discrimination)的概念最初出现于招工测试(该测试与手工劳动的实际要求无关)的背景中,其结果是,由于学校教育制度的歧视因素,该测试不成比例地将黑人排除在用工名单之外。② 该概念在英国并不局限于对测试或晋升规则的考察。例如,它用于评价公共服务机关的管理人员的年龄要求③ 以及雇员须全职工作的需求(两者对有承担照顾孩子责任的女子都有影响),④ 它也可以评价对锡克人

---

①　1975 年《性别歧视法》第 1(1)(b)条,第 3(1)(b)条;1976 年《种族歧视法案》第 1(1)(b)条。

②　Griggs v. Duke Power Co. 401 US 424 (1971).

③　Price v. Civil Service Commission [1978] ICR 2.

④　Clarke v. Eley (IMI) Kynoch Ltd [1983] ICR 165(EAT); Home Office v. Holmes [1984] ICR 678(EAT).

有不同程度影响的衣着及仪容要求。① 美国判例法关注雇主的实际操作，与之不同的是，英国由立法规定"要求或条件"。这对"间接歧视"的概念做出了几个重要的限制，因为，人们常常很难把诸如未公告的晋升程序或口头招工之类的做法看作要求或条件。这些语言的僵化被判例法加剧，判例法认为，将在最终判决会被考虑的一套弹性标准不构成"要求或条件"，因为不存在对招工的绝对限制。②＊不过，对英联合王国制定法中的术语的解读必须以欧盟法为基础。特别是《举证责任指令》(Burden of Proof dorective，指令 97/80)中的"间接歧视"定义，该定义指任何"明显中立的规定、标准或做法"，这是在一个旨在禁止种族或民族歧视的新指令(2000/43)用相同术语表达的准则。这样宽泛的定义必须在 2001 年 7 月 22 日前纳入国内性别歧视法，并在 2003 年 7 月 9 日前纳入国内种族歧视法。

389　"能达到要求的人所占比例相当小"这种说法产生了几个问题。首先是关于"能达到"的意思。法院认为，检测的并非某人实践上是否可能履行，而是他能否在实践中操作，而且符合其文化背景。③ 其次的问题是，相关的参照群体是谁？需要多少统计证据？这些问题导致了许多复杂而不可预期的案例，尽管起初英国法庭不愿进行详细的数据统计。同样有争议的问题是，什么样的比例才构成"低得多的比例"。西蒙·史密斯(Seymour Smith)案的漫长诉讼表明，各级法官已不能就何时的差异才是"低得多"达成共识。④ 最近的案件显示，他们更愿意通过对社会事实的司法认识，然后达成一个明智的决定。因而在伦敦地铁有限公司诉爱德华兹案中，上诉法庭认定，排班规则中对"极早班次"的要求对妇女有迥然不同的影响，因为单身母亲达不到这个要求，即便 21 位女司机中只有 1 位达不到，而所有 2023

---

① Panesar v. The Nestlé Co. [1980] IRLR 60；Singh v. British Rail Engineering EOR No. 5，January/February 1986，p. 24.

② Perera v. Civil Service Commission (No. 2) [1983] ICR 428(CA)；Meer v. London Borough of Tower Hamlets [1988]IRLR 399 (CA).

③ Price v. Civil Service Commission [1978] ICR 2；Mandla v. Dowell Lee，见前文。

④ R v. Secretary of state for Employment，ex p. Seymour-Smith [1994] IRLR 448(DC)，case C-167/97[1999] 2 AC 554，[2000]IRLR 244 HL.

位男司机都能达到。① 在一个尤其更重要的改进时期,上议院在西蒙·史密斯诉讼的最后阶段的判决认为:最重要的责任是"避免适用会产生巨大不同影响的无理要求",而且,本身不显著的"不同"可由于长期存在而变得"巨大"。② 在任何情况下,国内立法从 2001 年 7 月开始必须遵守《举证责任指令》,该指令出现了一个"某性别成员实质上占更大比例"术语。

390 即使要求或条件对不同群体有不成比例的影响,如果被告能证明这些要求或条件在不考虑原告的性别、种族等因素时是"合理的",那么"非法歧视"也不能成立。在美国,雇主必须证明"业务的必要性",也就是他的做法"对业务的安全高效运行是必要的"(business necessity),并且招工测试是"与工作相关的"。③ 在早期的英国案例中,雇佣上诉法庭认为"正当性"(justifiable)这个术语要求雇佣法庭审查具体情况,包括要求或条件的必要性及其歧视性效果等。④ 然而,该认定标准在一系列案件中被淡化,尤其是1982 年人力服务委员会案⑤ 将这种淡化推向极点。该案中,上诉法庭把"正当的"(justifiable)等同于"合理的"(reasonable)。不过,在欧共体法的影响下,认定标准又已经得到加强。在影响深远的 Bilka Kaufhaus 案中,法官判决:为了防止涉及雇佣的歧视,雇主必须证明所选择手段是真正为了业务的需要,且这些手段对于那个目标的实现是合适的、必要的。⑥ 类似的是,为了防止源自立法和其他社会政策的歧视,歧视影响只有在以下情形下才被认为是"正当的",即所采纳的手段符合对社会政策的必备目标,而且这些手段对于目标的实现是适当而必须的。⑦ 在关于平等机会委员会的案件中,上议院使用这一认定标准从而废除一个法规,该法规要求兼职工作者必

---

① London Underground Ltd v. Edwards (No. 2) [1998] IRLR 364.

② R v. Secretary of state for Employment, ex p. Seymour-Smith (no. 2)[2000]IRLR 244 HL.

③ Griggs v. Duke Power Co. 401 US 424 (1971) at p. 431.

④ Steel v. Union of Post Office Workers [1978] ICR 181at pp. 187—188.

⑤ Ojutiko v. Manpower Services Commission [1982] ICR 661(CA).

⑥ Case 170/84 Bilka Kaufhaus [1986] IRLR 317 ECJ.

⑦ Case 171/88 Rinner-Kuhn ECR [1989] 2743.

须在同一岗位上受雇满 5 年才能得到不公平解雇的法律保护,而专职职工只需两年的雇佣经历。① 政府辩称,这种歧视对于降低弹性工作时间的人员(主要是女性)的失业率是有必要的。上议院否定了这种辩解,因其理由是:实践证据不支持政府的主张。不过,欧洲法院近期已经开始削弱这个实践标准。在 Nolte 案中,欧洲法院认为成员国在社会政策制定中保留广泛的自定权。因此,如果立法中的规则反映了社会政策的合法目标而且该目标与任何性别歧视无关,立法可以获得"正当性"支持。而且,不同于"手段对于目标必要性"这种客观标准,只要成员国能够合理地认为那些手段对于目标的实现是"适合的"(suitable),立法规则的正当性就足够得到支持了。② 这个"适合的"标准,在西蒙·史密斯案中被扩展到雇佣相关政策,并立即由上议院引入联合王国的法律。欧共体立法已经通过各种不同方法来塑造"正当性"的抗辩规则。《举证责任指令》规定,影响不同就是"间接歧视","除非那个规定、标准或做法适当而必要,并且能够以无关性别的客观要素获得正当性"。新的种族平等指令以及框架指令要求这样的做法"能通过合法目标获得客观公正性,且达到那个目标的手段必须适当或必要的。"③ 这些要求将如何体现在联合王国国内法中,目前尚待观察。

391　原告很难根据《性别歧视法》或《种族关系法》为自己做有利的证明。《举证责任指令》旨在解决这样的问题,其方法是通过改变性别歧视案件中的举证责任(有时被错误地说成是该指令取消了举证责任,实际并非如此)。2001 年《性别歧视(间接歧视和举证责任)条例》④ 通过在《性别歧视法》引入新条款(即第 63A 条)实施了欧盟的《举证责任指令》。这意味着,如果原告能证明事实的存在,且雇佣法庭能根据这些事实得出结论,在没有足够解释的情况下,雇佣法庭做出有利于原告的裁定,被告将被认定为有歧视行为,除非他(她)证明他没有实施这样的行为。同样的举证责任规则适用于

---

① 　R v. Secretary of state for Employment, ex p. EOC[1995] 1 AC 1 (HL).

② 　Case 371/93 Nolte ECR[1995] I—4625.

③ 　Directive 2000/78/EC, Article2; Directive 2000/43/EC, Article2.

④ 　Sex Discrimination (Indirect Discrimination and Burden of Proof) Regulation 2001.

《种族关系法》(第 54A 节)。尽管这看来可能是一个法律的重大变化,普通的法院和雇佣法庭已经达到了类似状况,即一旦原告提出了证据确凿的事实,他们会采取(有利于原告的)逆向推断(见 1991 年 King v. Great Britain China Centre 案)。上诉法院和雇佣上诉法庭就如何在性别歧视案件中适用举证责任规则给出了指导原则。[①] 上诉法院在 Igen Ltdand ors v. Wong (2005)一案中认可了 Barton 案的指导原则,只是略有修正。

392　《残疾歧视法》目前没有包括"间接歧视"概念,而是通过两种途径对歧视进行界定:(1)相比之下的不好待遇;(2)未能履行做出合理调整的职责。[②] 不同于《性别歧视法》和《种族关系法》中的"直接歧视"条款,《残疾歧视法》明确地允许雇主对于"对待残疾人较为不好"进行正当性辩护。在雇主没有责任做出待遇调整的情况下,"正当性"证明的标准非常低。只要雇主提出的原因与案件争端问题的具体环境有关,而且并非无意义,针对残疾人的直接歧视就能被"正当化"。现有国内法律没有要求对"什么是合理的"进行更大范围的调查,也没要求理由的客观性等因素。新的欧盟框架指令要求禁止基于残疾的直接歧视和间接歧视,该指令的生效将要求该领域的立法方面有所变化。

393　法案也禁止表现为责罚的歧视。关于被告违反了《种族关系法》、《平等工资法》、《性别歧视法》或《残疾歧视法》的事宜[③],如果原告对此提起了诉讼、提供了证据或信息,或做了这样的宣称,而被告又被证明因此对待原告不如对其他人好,此时,责罚歧视产生了。根据相关法案[④],"好不好"的比较是在原告和未提起诉讼或未做前述事宜的一个人之间展开的。这使得对责罚歧视的证明相当难,因为雇主可能辩称他对所有的麻烦制造者都做了一视同仁的处理,无论他们是否起诉或做了别的行为。所以,如果任何上

---

①　Barton v. Investec Henderson Crosthwaite Securities Ltd(2003).

②　1995 年《残疾歧视法》第 5—6 条。

③　1975 年《性别歧视法》第 4 条;1976 年《种族歧视法案》第 2 条;1995 年《残疾歧视法》第 55 条。

④　Aziz v. Trinity Street Taxis Ltd〔1988〕IRLR 204(CA).

述原因的任何不利处理方式都被禁止的话,消除寻找参照标准的必要性,法律将提供更有效的保护。以前的案件判决要求被告有歧视的有意动机(conscious motive),从而加重了上述困难。然而,在最近的一个重要案件中,上议院认为,有意识的动机不是违法歧视的必须要素,因为责罚歧视条款的目的是"给予那些遭到责罚的人(考虑到他们对法律权利的信赖)有效的民事救济,据此创建一种文化,这种文化可以阻止个别人去惩罚那些实施他们法律权利的人"。①

第五节　非法歧视的范畴

394　《性别歧视法》、《种族关系法》和《残疾歧视法》宣告了歧视在特别界定的雇佣领域中的违法性,其中被包含的领域是招工安排、就业机会、晋升、培训和其他利益。事实上,如果雇员连续受雇未满一年即被解雇,唯一的补救依据反歧视法。立法规定之外的歧视则仍然是合法的。特别突出的是,反歧视法律不适用于移民管制。② 对于警方在多大程度上受《种族关系法》的约束,人们对此也存在大量疑问。在一个最近的案件中,法院认为,个别警员向公众提供援助或保护时可能承担种族歧视的责任,但法官又强烈表示,当警察在履行其防止或侦查犯罪的职责时,该法案对警方没有约束力。另外一个明确的认定也是有问题的,即法案未让警长为警员的歧视行为承担替代责任。③ 正是这些局限性引起了 2000 年《种族关系(修订)法案》的制定。新的立法规定,公共机构在其任何公职行为中的歧视都是非法的,其涉及的范围不仅是以前的《种族关系法》规定的雇佣、教育、提供服务等领

---

① Nagarajan v. London Regional Transport [1980] ICR 877.

② Kassam v. Immigration Appealed Tribunal [1980] 2 All ER 330(CA)at 342-343. 参见史蒂芬森法官(Stephenson LJ)的观点。

③ Farah v. Commissioner of Police of Metropolis [1997] 1 All ER289 (CA).

域。以下内容将首次受制于歧视法①：执行法律（这是监狱和感化机构的核心功能）、政府部门对经济及社会政策的执行。同样意义重大的事实是，政府在委任公职及授予荣誉（包括授予贵族爵位）方面的广泛权力现在也必须以非歧视方式实施。歧视禁止不仅适用于任命本身，而且也适用于获得任命以及不得被任命的条件。此外，新条款规定，警察的主要负责人须对其指导和控制下的警员的歧视行为承担责任，这样的规定填补了一个重大空白。更重要的是，仅仅不发生歧视行为对于公共机构是不够的。该修正案还要求这样的机构有促进种族平等的积极责任。不过，移民管制依然不受反歧视法的制约。该法规定，有明确的法定授权的王国部长或官员在履行入境和国籍检查职能时，基于国籍或民族或国家来源对他人有歧视是不违法的。不过法案提供了两个针对歧视的保护措施，一是国务卿任命了纠察员，二是对于那些有充分依据的申诉者的明确规定，他们可以更有效而迅速地求助于入境事务裁决处（特别法庭）。至于两种办法是否足以防止种族主义，并不清楚。

395　《性别歧视法》和《种族关系法》宣布歧视性广告的非法性，尽管只有各委员会能对这些广告采取法律措施。不过，《残疾歧视法》没有宣布这种广告的非法性，而只是规定这样的广告对随后的拒绝雇佣行为施加了歧视的假定。根据《性别歧视法》和《种族关系法》（而非《残疾歧视法》）包括了合伙组织在接收或对待的合伙人时的歧视行为和工会歧视行为，三项法案都禁止职业和行业协会、培训团体、职业介绍所的歧视行为。《性别歧视法》和《种族关系法》（而非《残疾歧视法》）规定，指使别人或迫使别人实施歧视或有意帮助歧视行为的人，本身就在违法。

396　2005 年《残疾歧视法》在原《残疾歧视法》基础上增加了新的条款，即第 6A 条，"残疾"的含义得到延伸（从 2005 年 12 月 5 日起），包括了艾滋病（定义是"能够导致人类获得性免疫缺乏症的病毒感染"）、癌症和（或）多发

---

①　HC(1999—2000) Standing Committee D (2000 年 4 月 11 日)。

性硬化症。受这些任何条件影响的人被认为有残疾(因此是残疾人),以便获得《残疾歧视法》从诊断结论方面的保护,即使他们不属于按照其他《残疾歧视法》下的"残疾"含义范围,因为他们仍然能实施日常的正常活动:

(1)流动性;

(2)上肢灵活度;

(3)身体协调能力;

(4)自制力;

(5)抬、搬或其他方式移动日常物品的能力;

(6)发言、听力或视力;

(7)记忆或注意力、学习能力或理解力;或

(8)对自然危险的感知能力[附件1第4(1)段]。

397　　　如果根据第4A条的规定:"雇主实施的任何规定、标准、做法或他占有的营业场所的任何自然特征'将相关残疾人置于与非残疾人相比实质性不利的状态',雇主有责任做出合理的调整。在这样的情况下,雇主有责任采取他在那种情形下为了防止其规定、标准、做法或特征造成那种结果而必须采取的合理调整。"做出合理调整是雇主的积极义务,即为了有利于某雇员,雇主可能被要求区别对待。[①] 第18B(2)节和法典给出了合理调整的例子,可能包括:调整营业场地;把残疾人的一些职责分配给他人;将某人调到一个现存的空缺职位;改变某人的工作时间;或分配某人到别的工作地点。所示例子并不全面,可能做出调整的范围的确可以很大。例如,Archibald案中,上议院认为(该案基于先前的合理调整条款,即第6条),雇主的调整责任可延伸到把一个负责扫路的女工调到一个较高级别的需要坐着工作的职业,并且不必要求她与其他申请人竞争。

　　　这个新的官方指导(New Official Guidance)在2006年5月1日生效,对"决定涉及残疾的定义时需要考虑哪些问题"进行指导。新的《官方指导》取代并更新了1996年版本,吸收了2005年《残疾歧视法》带来的变化。这

---

① 参见:Archibald v. Fife Council(2004),HL。

些变化包括对"残疾"定义的扩大,以利于患艾滋病、癌症或多发性硬化症的人们;另外,新的《官方指导》给予精神病患者与他人同样的保护,即取消以前"他们的状况须'临床上公认'"的要求。

398　尽管英国自 20 世纪 70 年代中期就有关于性别和种族的歧视立法,但关于其他歧视的立法空白依然存在,如,性取向、宗教(或信仰)及和年龄(1995 年《残疾歧视法》才规定了残疾歧视)。欧盟于 1977 年根据《阿姆斯特丹条约》在《罗马条约》里增加了新的第 13 条,这一举动再次刺激了新一轮变革。该条授权部长理事会可以采取行动抵制广泛范围内的歧视:性别、种族(或民族本源)、宗教(或信仰)、残疾、年龄及性取向。欧盟使用这个权力通过了《平等待遇框架指令》(2000/78EC),并要求成员国在 2003 年前以立法防止这些领域内的歧视,但关于年龄和残疾歧视的实施日期为 2006 年。①

399　直到最近,英国才有关于性取向歧视的保护。《性别歧视法》规定了"以性别为理由"的非法歧视,根据该法,同性恋诉求人能以性取向为基础提出主张。②

400　普通的法院和特别法庭采取了限制性观点,即,《性别歧视法》要求在原告和实际或假定的参照人(与原告性别相反)的之间进行比较,因此只有能证明那个(性别相反却有着与原告同样性取向)实际或假定的参照人没有受到不利的对待时,原告的诉求才能成功。如果参照人受到的待遇与原告一样,比如不好的对待,就不存在对《性别歧视法》的违反。由此,在皮尔司案③中,上议院认为,同性恋女教师被其学生辱骂的行为不是直接的性别歧视,因为一个男同性恋教师也会受到如此的辱骂,可参见 1998 年 Smith v. Gardner Merchant Ltd 案。Pearce 一案中被起诉的行为发生在 1998 年《人权

---

① 2003 年《雇佣平等(性取向)条例》[The Employment Equality (Sexual Orientation) Regulation, 2003 SI 2003/1661]于 2003 年 12 月 1 日生效;2003 年《雇佣平等(宗教和信仰)条例》[The Employment Equality (Religion and Belief) Regulationas 2003]。

② 奥利弗:"性取向歧视:知觉,界定和实质职业要求"[Oliver, H., 'Sexual orientation discrimination: perception, definitions and genuine occupational requirement,' ILJ 33(2004), 1—21]。

③ Pearce v. Governing Body of Mayfield Secondary School(2003).

法》生效(1998 年 10 月 2 日)之前,所以当事人不能基于侵犯人权提出主张。

401　2003 年《雇佣平等(性取向)条例》将保护对象扩展到"那些因其性取向而面临歧视的人"。该条例第 2 条将"性取向"定义为:对同性人、异性人或双性人的倾向性。立法因此涵盖了同性恋、异性恋和双性恋,使得对上述任何类型的人基于他(她)的性取向而发生的歧视都是非法的。

402　对 2003 年《雇佣平等(宗教和信仰)条例》的草案采纳了上述类似术语,同时也进行相关的改动。① 四种违法的歧视分别是直接的、间接的、骚扰和责罚歧视,对它们的定义也类似。因而,直接歧视的定义就是基于宗教或信仰的不利待遇;而间接歧视指:(ⅰ) A 对 B 适用了某种规定、标准或做法,但 A 不会把这些规定、标准或做法适用于不具有与 B 相同宗教或信仰的人,但是(ⅱ)上述适用已经或将要把与 B 具备同一宗教或信仰的人置于(与其他人相比)不利地位,(ⅲ)并置乙方于不利地位,并且(ⅳ)这些适用不能被证明是实现一个合法目的的合适手段(条例第 3 条)。该宗教或信仰不能是 A 的[第 3(2)条]。

403　2006 年 3 月 9 日,《年龄条例》(Age Regulation)议案被提交到议会,并于 2006 年 10 月 1 日生效。该条例实施了欧盟《平等待遇框架指令》的年龄歧视。这些条例的核心条款规定密切追随《雇佣平等条例》关于性取向和宗教或信仰的规定,同时做了相关变动。下面的讨论提供了关于条例主要条款的概述。

404　《年龄条例》适用于基于年龄的歧视(可能发生的任何年龄)。条例对国家退休年龄没有影响,即,女子 60 岁,男子 65 岁。不过,65 岁(这个退休年龄将在 2011 年重新审议)以下的退休年龄都是非法的,除非能被证明客观正当。所有被指控的歧视者做出的正当性证明,都必须证明其对待方式

---

　① 威克斯:"宗教与工作场所的自由:2003 年雇佣平等(宗教或信仰)条例草案"[Vickers, L.,'Freedom of Regulation and the workplace: the draft employment equality (religion or belief) regulations 2003', *Industrial Law Journal*, 32(2003),23—26]。

或"规定、标准或做法"是"实现一个合法目的的合适手段"（第3条）。这个规定旨在实施《平等待遇框架指令》的第6(1)条。

405　客观正当性抗辩（objective jstification defence）受制于许多普遍性的例外，也就是不需正当性证明的情形。包括：第一，要求在65岁或65岁以后退休（条例第29条）；第二，和服务年限有关的津贴，但对弱势雇员有5年以上雇佣期的要求除外，在这种情况下雇主必须证实雇佣期长度标准"显得合理地""满足业务需要"，如能鼓励雇员对企业的忠诚，或奖励工作经验（条例第32条）；第三，与全国最低工资相关的报酬，适用的情形仅仅是：较低年龄组（22岁以下）雇员所得的工资少于成人最低国家工资。这不会涵盖所有基于年龄段的全国最低工资差异。包括的情形只是，较低年龄组（22岁以下）的雇员的所得工资少于成人最低工资（第32条）。包括的仅是较低年龄组雇员（下文，22岁）获得的工资少于成人最低工资（第32章）的情况；第四、在职业养老金方案（附件2）方面与年龄相关的条款。

406　因为年龄歧视被解雇的雇员可以就年龄歧视和不公正解雇提出法律主张，尽管65岁以上的雇员没有权利主张非法年龄歧视（但需注意他们仍能主张不公正解雇，如果雇主未能履行考虑雇员继续受雇请求之责），参见即将并入《雇佣关系法》的第98ZA—98ZH部分以及《年龄条例》附件8，第23段。不公正解雇的相关部分以及与年龄相关的裁员法部分都将被废除，如《雇佣关系法》第109条（不公正解雇的年龄上限），第156,211条（裁员补偿的年龄上限和下限），第119(4)条（削弱基本奖励的规定）。

407　《性别歧视法》规定了针对已婚人士或同性婚姻在雇佣领域的非法雇佣歧视（包括直接的与间接的）。其中关于同性婚姻的条款通过2004年《同性伴侣关系法案》第251(1)及(2)条植入《性别歧视法》。至于针对婚姻状况的歧视，参见雇佣上诉法庭的判决[①]。不过，根据欧盟法，任何基于"婚姻或家庭状况"的歧视都是被禁止的，参见《平等待遇指令》第12(1)条，该条

---

①　Chief Constable of Bedfordshire Constabulary v. Graham (2002), EAT.

的范围很广,足以包括单身和已婚人士。

408　性骚扰和种族骚扰构成直接歧视,它们是基于被禁止的原因而损害他人的形式。《种族指令》包含了关于骚扰的规定,1976 年《种族关系法(修正)2003 年条例》对《种族关系法》做出了变动,在该法案中增加了对"骚扰"的定义。《性别歧视法》也作了修正,它现在明确地把骚扰作为不相关的歧视理由,正如《平等待遇修正指令》所要求的那样。另外,《性别歧视法》第4A 条与《种族关系法》中的"骚扰"定义相似,同时也有相关变动。

第六节　养老金、死亡及退休

409　大部分诉讼依据都涉及关于死亡和退休的法规。最初的《性别歧视法》排除了所有与死亡或退休有关的条款,而这些条款被宽泛解释为包括了"雇主为退休设立的制度"的一切内容。它们被排除的理由是:可获得国家养老金的退休年龄是(男子)65 岁和(女子)60 岁,而类似年龄限制也适用于大量非法定方案,尤其关于退休年龄。这样的规定不仅允许了歧视在退休年龄和养老金年龄领域内的存在,也允许了歧视在大量相关情形下的存在,比如,限制妻子获得抚恤金的权利,另外,性别数据计算显示女子普遍更长寿,因而导致女子养老金更低而应缴款更高。诸如此类的歧视最初在欧共体层面是合法的。尽管《社会保障的平等待遇》①规定了法定方案中的平等对待原则,包括针对老年风险的保护,但它明确允许成员国制定男女不同的养老金开始年龄。这个指令和《职业社会保障指令》②都明确包括减少了家属抚恤金的条款;1987 年指令也允许对男女采用不同的计算数据,以确定指令公布后的最高可达 13 年里人们的应缴款额。是欧洲法院提供了变革的动力。在重要的 Marshall 案③件中,欧洲法院认定,女子 60 岁的退休年

---

①　Equal Treatment in Social Security, Directive 79/7.

②　Occupational Social Security Directive, Directive 87/378.

③　Marshall v. Southampton and South Hampshire AHA C—152/84 [1986] ECR 723.

龄早于男子的 65 岁,这构成了歧视,违背了《平等待遇指令》(Equal Treatment Directive)。这一判决宣布了退休年龄差异的违法性。具有更大推动价值的是接下来的系列判决,尤其是 Barber v. Guardian Royal Exchange 案①判决。欧洲法院在该案中对"工资"(pay)给予宽泛的解释,于是多种层面的职业津贴都受制于第 141 条,从而有效地避免了两个指令的不足。在这些案件中,欧洲法院指出,"工资"仅仅不包括社会保障津贴和退休金,它们直接由立法规定,不在协议范围之内,而且一般的职工都有获得前述两种津贴的法定权利。法院还裁决第 141 条款适用于抚恤金、补充职业保障方案、其他非企业自理职业方案、公共服务方案、提前退休补助和企业转让补助。② 应当注意的是,Barber 案的判决只有预期效果,劳动者不能依靠条约的第 141 条主张 1990 年前的退休金,除非法律诉讼在 1990 年前已经开始。同样重要的是,加入职业养老金方案的权利属于第 141 条的范围。对于被排除在这些方案之外的非全职工作人员来说,这也是重要的。在 Bilka 案中,法庭认为,当男性全职员工明显多于女性全职员工时,将非全职工作人员排斥在退休金方案之外构成对第 141 条的违背,除非雇主能证明这种排斥的客观正当性。③ 而且,后来的案件认为,Barber 案中的临时限制不适用于非全职工作人员,因为雇主没有理由相信这种排斥是可以接受的。这对非全职工作人员非常重要,他们获得了追溯这种方案资格的权利。在 Preston v. Wolverhampton 是影响更大的标志性案件,这是由 6 万名非全职工作人员提起的诉讼。欧洲法院认为,《平等工资法》的条款将原告加入养老金方案的权利限制在诉讼开始前的两年内,该条款违反了欧盟法。相反,全部的服务记录都应该考虑在内。这意味着,非全职工作人员可以把他们的

---

① Barber v. Guardian Royal Exchange [1990] IRLR 240(ECJ).

② 例如, Ten Oever C—109/91 [1993] IRLR 601 ECJ; Moroni C110/91 [1994] IRLR 130 ECJ; Coloroll C—200/91 [1994] IRLR 586 (ECJ); Beune C—7/93 [1995] IRLR 103 (ECJ)。关于养老金平等的问题,弗雷德曼:《女性与法律》第八章(Fredman, S. *Women and the Law*, OPU, 1997, Ch 8)。

③ Bilka C—170/84 [1986] IRLR 317 ECJ, Vroege C—57/93 [1994] IRLR 651 ECJ, Fisscher C—128/93 [1994] IRLR 662 ECJ.

主张追溯至 1976 年 4 月 8 日,或他们开始雇佣的时候,时间点更早者为佳。不过,法院特别说明,职工可以追溯性地主张参加职业养老金方案的事实并不允许他(她)免交特定时期的有关费用。法院还认定,雇佣终止起超过六个月后才提出的诉讼可不予支持。① 该诉讼的结果之一是 1995 年《退休金法》(Pensions Act 1995)的制定。该法为政府养老金年龄提供了逐渐的平等化。不过,它不是通过规定 60 岁的统一退休年龄以"提高水平"(levelling up);相反,该法是"降低水平"(levelling down),规定领取国家退休金的退休年龄在 2010—2020 年间逐渐到达 65 岁的统一标准。欧共体委员会在 1987 年提出一个指令,要求平等的退休金年龄或灵活的退休方式,然而这一要求被一再推迟,并于 1999 年再次呈递给该委员会。

410　　不适用《性别歧视法》的其他职业包括有特别性别要求的职业,例如模特、演员,公共洗手间保洁员、医院和监狱工作人员及个人福利顾问。不适用该法的情形还包括在私人家庭的工作,该工作需要与生活在这个家庭的某个人有密切的身体或社会接触,或涉及这个人的生活隐私细节。

411　　《种族关系法》缩小了有性别要求的职业的范围,这个范围包括演员、模特、个人福利顾问及具有以下特点的工作:工作场所是为某个特定种族的人提供特定配方的饮食,该工作人员被要求"原汁原味"(如中餐馆)。该法也包括这样的工作,"工作持有人给那某种族的人提供个人服务,提升他们的福利,而且,这些服务由该种族的人来提供能使其效益大大提高。"最后一条规定被狭义地解释,它只涵盖了通常要求面对面接触或需要亲自身体接触的个人服务。这意味着,例外不能作为促进"积极歧视"的方法(见下文第 352 段)。② 需特别注意的是,新的欧盟平等指令将对实质性职业要求的采纳限制为对于以下群体的平等原则的例外,这个群体能基于以下理由获得正当性解释:

----

① Preston v. Woverhampton Case C−78/98 [2000] IRLR 506 ECJ.

② London Borough of Lambeth v. CRE [1990] IRLR 231(CA);Tottenham Green Under Fives Centre v. Marshall [1989] IRLR 147;Tottenham Green Under Fives Centre v. Marshall (No. 2) [1991] IRLR 162.

目标合法且要求合适。

第七节　"反向"歧视及积极行动

412　　立法没有关于要求有利于女子、已婚人士或黑人的"反向歧视"规定。的确,"歧视"的定义表明,歧视本身是非法的,当然有为数不多的例外存在。其中一个例外是关于歧视性培训和教育。人们普遍认为,如果要让就业机会的平等成为现实,"积极"行动是必须的。不过,许多具体条件必须得到满足,接受该项目培训的人也不允许被保留职位。① 另一个例外是,工会和类似团体可给某个性别的成员在选举组织中保留席位。为了确定并消除女性或少数民族雇员在接受招聘和晋职中的障碍,对没有"反向歧视"的积极行动的采纳也是合法的,包括监控这些雇员所占的比例。同样地,也有必要采取积极措施消除那些本可能造成间接歧视的障碍,例如取消口头招聘,把广告直接放到少数民族裔的媒体上去。《阿姆斯特丹条约》对第141条的修正案就"积极行动"做了更广泛的法律规定,尽管还没有这方面的国内立法。然而,一个新的重大变革来到了,2000年《种族关系(修正)法案》规定,公共机构有促进种族平等的积极义务,种族平等委员会负责监管这些职责的履行,甚至可以诉诸法庭。② 然而,至今没有关于如何履行这些积极义务的详细信息,但这确实是颇受欢迎的进展。

第八节　实　施

413　　有人认为,1976年《种族关系法》的实施经验只不过证明了公共机构

---

① 种族平等委员会:《雇佣中的积极行动和平等机会》,伦敦,1985年。(CRE, *Positive Action and Equal Opptunity in Emplorment*, London, 1985.)

② 弗雷德曼:《平等:新的一代》[ILJ 30 (2001), 145]。

对所有个别投诉都做调查是"昂贵而浪费"的证据,也在那些法案拟定的帮助对象之间制造了"怨恨和敌意",他们无权直接诉诸法院。[1] 另一方面,有人认为个人没有发现并证实歧视的资源,而且,正是通过个案调查系列歧视才浮出水面。现在的法案设法解决这些问题,其方法是同时允许个人执行(有时需要委员会帮助)和委员会针对歧视行为采取行动。

414 个人可在被宣称的歧视行为发生起三个月之内(期限可延长)向雇佣法庭起诉,公平机会委员会、种族平等委员会和残疾人权利委员会可适当予以协助,例如提出建议,促成解决,安排法律援助或代理。咨询、调解及仲裁服务局的官员要尝试调解,在合适的条件下鼓励运用劳资申诉程序(industrial grievance prodcedures)。原告面临的最严重的障碍是如何证明违法歧视的存在,尽管原告可利用的程序让他(她)从被告处获取信息以帮助他(她)决定是否要提起诉讼,在决定诉讼后,该程序也有助于案件的进行。雇佣法庭可以:(1)发出判令宣告各方的权利;(2)判给赔偿;以及(3)建议被告在一个规定期限内采取行动,而且,在雇佣法庭看起来,该行动对于消除或减少非法歧视对原告的不利影响应该是实际可行的。赔偿旨在尽可能弥补受害者遭受的损失,将他(她)恢复到过失没有发生的状态。在 Marshall 案判决之后,1 万英镑的法定最大赔偿限额被废除了。法院表示,赔偿金须确保作为歧视后果的伤害和损失得到了充足弥补。[2] 其结果是,后来案件判给的赔偿金不断上升。不过,赔偿水平总体仍然处于低水平。1998 年,英国所有歧视案件的平均赔偿额(不包括利息)是 6944 英镑,1991 年是 2020英镑。比较显著的是精神损失赔偿金的增长,1991 年是 959 英镑,1998 年升到了 3058 英镑。[3] 雇佣法庭无权命令让原告复职或重新被雇或将下一

---

[1] 《妇女平等》(*Equality for Women*, Cmnd 5724, 1974 para. 28);《种族歧视》(*Racial Discrimination*, Cmnd 6234, 1975, para. 40, 41)。

[2] Marshall v. Southampton and South West Hampshire Area Health Authority (no. 2) Case C—27/91[1993] ECR I—4367 ECJ.

[3] 数据采自,赫普尔、库西、乔德赫里:《平等:新的框架》。(Hepple, Coussey and Choudhury, *Equality: A New Framework*, Hart, 2000, para. 4.42.)

岗位安排给原告,但可提出关于这些措施的建议。如果建议没被遵从,被告又提不出合理正当的解释,雇佣法庭可提高赔偿金的判决。特别有麻烦的异常现象涉及非故意的间接歧视。最初,《种族关系法》和《性别歧视法》都禁止对非故意的间接歧视提供救济,但是,为了与欧共体法一致,英国于1996 年修订了《性别歧视法》,于是雇佣法庭可以为雇佣案件中的非故意间接歧视损害提供救济。不过,《种族关系法》没有这样的修订,发生于非雇佣案件中的非故意间接性别歧视仍然不是获得赔偿的基础。法官曾判决,在种族歧视或性别歧视的案件中不适用惩罚性赔偿。[①] 这也是一个异常现象,因为这样的损害赔偿对其他案件是适用的,而且,这样的限制还可构成对欧共体法的违反。

第九节　公平工资

415　　1970 年《平等工资法》和 1975 年《性别歧视法》在适用范围上互相排斥,因为前者涉及的仅是关于合同约定的工资和其他条件的歧视(包括诸如假日、假日薪酬、工作时间小时数和病假工资等的条件),而后者仅适用于未被合同包括的问题。尽管有人打算把两个法案作为一个统一法典来解释,但他们之间的差异依然存在,因为《平等工资法》要求诉讼当事人与受雇于同一机构的特定异性雇员的比较,而《性别歧视法》涉及没有可比较性的异性成员的情形,比如,"假定"男性。这一点被证实严重限制了《平等工资法》的影响,正如上面已经指出的那样,许多女子所处的职业或职业级别都由女性占了主体,从而找不到一个合适的异性比较者。而且,可与女性进行比较的人员范围仅限于同一雇佣单位的男性,即被同一雇主或关联雇主雇佣于大不列颠的同一企业。这种比较也可与英国其他地方的企业进行,只要这些异地的企业也遵守了共同的雇佣条件。这些条件也不必完全相同。实际

---

①　Deane v. London Borough of Ealing〔1993〕IRLR 209 EAT.

上,上议院判决,"共同条款和条件"概念必然包括可适用于大范围内的雇员的条件,他们的个别条件可以差异很大。受同一集体协议约束的条款和条件"即为范例,虽然不一定是共同条款和条件的唯一范例"。① 随着将原本由内部雇员完成的业务越来越多地外包(contracting out)出去,要找到同一雇佣单位的参照者越来越难了。在这样的情况下,外面的承包商可能减少女性的工资,而这些女性以前的工资是受到保护的,因为有做等值工作的男性作为比较对象;而现在,原来的比较对象已经不属于同一雇佣单位了,比较也就无法开展了。在欧洲法院的一个未决案件中,国内法院请求就以下问题做出裁决,即是否欧共体法需要更宽泛的比较范围,包括前雇主的雇员。女性有权选择她希望与之比较的一个或多个男性,② 但她得小心不要把网撒得过大。法案中涉及女性的条款同样适用于男性,反之亦然(vice versa)。

416　《平等工资法》赋予女性在三种情形下可以主张与男性的待遇相等。第一、当女性与受雇于同一雇佣单位的一名男性从事着同样或性质大致类似的工作时。进行比较时,法官必须考虑他们的工作在实践中出现的频率,以及差异的性质和程度。这是一个有必要进行限定的比较基础,已经被雇佣法庭和普通的法庭做了限制性解释。第二、当女性的工作与男性的工作被"工作评估研究系统"(JES)认定为具有相同价值时。"工作评估"(job evaluation)是由一个单位(或一组雇佣单位)中的所有(或任何)雇员实施的研究,以便对各种工种做出评估,评估的内容主要是各类工种对于从业者的要求(例如努力程度、技能、决断力)。③ 这种工作评估研究被称为"分析性"的工作评估,不同于对"整个工作"或"感受公平"进行比较的更主观的评估。目前的工作估值研究结果可以作为"为同等价值的工作要求同等的待遇"的

---

① Leverton v. Clwyd County Council [1989] IRLR 28 (HL).

② Ainsworth v. Glass Tubes Ltd [1977] 74 (EAT); Pickstone v. Freemans plc [1988] IRLR 357 (HL).

③ 1970 年《平等工资法》第 1(5)条。

评价体系,但它必须是分析性。① 不过,雇主并非有义务开展这种研究。甚至,当"工作评估研究体系"实际存在时,它也可能对传统的"男性强项"(诸如体力或经验)给予不成比例的重视。不过,本身带有歧视的工作评估研究不能作为同等价值要求的依据。

417　第三个比较的基础允许女性要求得到和从事同等价值工作的男性一样的待遇。② 该规则产生于 1983 年,是适用《罗马条约》第 141 条③ 的侵权程序的结果。该规则比前两种方法适用范围更大,因为它不要求类似的工作,也不依赖雇主发起的工作评估。"同等价值"规定(equal value provisions)旨在作为备用要求,只在"类似工作"或"工作被评为等同"都不适用的情况下才适用。然而,上议院认为这样的解释会和欧洲法律冲突。④ 因此,即使一个男性做着和原告一样的工作,她仍然可要求同工同酬,只要她能找到一个合适的被雇佣做一样或同值工作的男性比较者。然而,如果进行了工作估值研究,原告则不可以基于工作价值相同进而要求等同的工资,除非该评估研究被证实带有歧视性。实践证明,这是一个很难逾越的障碍。如果雇佣法庭确信有充足理由来认定工作的同等价值,或进行的工作估值研究存在歧视,它可指派一个独立专家(由咨询、和解及仲裁服务机构委任的专门小组的一个成员)进行工作评估。专家享有相当大的自由裁量权,其唯一的指导原则是"评估要根据雇主对雇员的要求来进行",而不是使用其他工作估值法,诸如市场价值或边际生产力。专家报告只受到很有限的抗辩。由于在准备和呈递专家报告过程中的过分延迟(见下文第 360 段),雇佣法庭最近成功取得了决定"同等价值"问题本身的新权力。同等价值条款已经被成功用于三起要求公平工资的案件。第一件涉及在船坞工作的一个

---

① Bromley v. H& J QuickLtd〔1988〕IRLR 249 (CA).

② 1982 年《平等工资修正条例》,SI 1983 1794。

③ Commission of the European Communities v. United Kingdom Case 61/82〔1982〕ICR 578 (ECJ).

④ Pickstone v. Freemans plc.〔1988〕IRLR 357(HL).

女炊事员和三个熟练的体力劳动者之间的公平工资问题[①],第二桩案子涉及女性轮船包装工人和一个男性工人之间的工资公平问题[②],第三桩案子涉及居家母亲(house-mother)和居家父亲(house-father)之间的工资公平问题。[③] 不过,相关规定仍然有限,因为女性必须找到一个受雇于同一雇佣单位且从事同等价值工作的可比对象。处于不同单位的女性,以及其工作的价值被认定为低于参考的男性但报酬却被不成比例地降低的女性,仍然无法获得救济。例如,如果女性的工作价值是男性的75%,但报酬只有男性的50%,她不能根据法案寻求救济。另一方面,欧洲法律对于那些所干工作的价值高于男性比较者的女性也给予补偿。[④]

418 如果一个女雇员证实了对她有利的相关比较,雇主仍然可以为自己抗辩,说工资差异的真正原因实质性因素而非性别不同。[⑤] 这里的关键问题是,市场力量在多大程度上被允许证明工资差异的合理性。例如,雇主可以说男女工资不同的原因是男性雇员在以前的工作中获得的报酬比女性雇员的工资高吗?在早期的 Clay Cross v. Fletcher 案[⑥] 件中,丹宁勋爵认为,这样的原因只是简单地重复了行业内的歧视,于是判决:雇主的辩护只局限于个人因素,诸如雇员的特点和经验。然而,在 Rainey v. Greater Glasgow Health Board 一案中,上议院明确否决了 Clay Cross 案对市场力量的排除。[⑦] 由此,参考任何经济或管理方面的理由来证明工资差异的合理性都是允许的,无论对公平工资的主张是基于"类似工作"或"工作评估研究",还是基于"同等价值工作"。市场力量辩护对于《公平工资法》的影响形成潜在的较大限制,尤其是,由于传统成规、培训不足或育儿责任导致"女性工作"

---

① Hayward v. Cammell Laird Shipbuilders Ltd [1984] IRLR 463. [1987] IRLR 257.

② Wells v. Smales & Son Fish Merchants EOR,No. 2,July/August 1985,p. 24.

③ Scott v. BeamCollege,EOR,No. 4,November/December 1985,p. 6.

④ Murphy v. Bord Telecom Eirean [1988] IRLR 267;Waddington v. Leicester Council for Social Service [1977] IRLR 32 (EAT).

⑤ 1970 年《平等工资法》第 1(3)条。

⑥ Clay Cross (Quarry Services) Ltd v. Fletcher [1979] ICR 1.

⑦ Rainey v. Greater Glasgow Health Board [1987] IRLR 26(HL).

易于被市场低估。

419　"市场力量"辩护(market forces defence)的影响在一定程度上缓解了这个原则,即"雇主表明其取得某目标的意图是不够的"。相反,工资支付的差异必须事实上实现了那个目标。① 在适用这一标准时,国内法庭须考虑三个问题,即雇主选择的手段符合企业业务的真正需要,它们对于所追求目标的实现是合适的,对于结果是必须的。② 尽管《平等工资法》没有明确包括"间接歧视"概念,但法院判决认为:《平等工资法》"旨在抵制所有歧视,无论直接的还是间接的,故意的或还是无意的;该法关注合同条款的效果,不管它是否用了烦琐的歧视术语来明示表达或还是用特定的意向来表示"。③ 而且,在《平等工资法》对合理性辩护的解释与《性别歧视法》关于间接歧视的规定之间,现在不存在区别。

420　个人可以通过雇佣合同中的法定条款(称作"平等条款")要求实施平等待遇权。其后果是,女性员工合同中的任何不利条款(与作为比较对象的男性的合同的相似条款相比而言的不利)都要得到修改,以便她不再处于不利地位。在做比较时,每个条款都要做单独考虑:基本工资与基本工资相比较,疾病津贴与疾病津贴相比较等。雇主不能够这样辩称,即这一条款的不利待遇被另一条款中的较好待遇来抵消,如基本工资的不足被休假或者病假的福利来抵消,尽管,正当性抗辩在这种案件中是可能适用的。公平工资的主张可以由雇员或雇主向雇佣法庭提出,特别情况下(到现在为止还没有)也由国务大臣提出。对于违反平等条款的行为,雇佣法庭可判决多达两年的工资补偿,外加损害赔偿。诉讼必须在女性员工的雇佣结束起六个月内提起。基于"类似工作"或"工作评估研究系统"得出的"同等价值工作"而向雇佣法庭提出主张,遵循类似的程序。但是如果诉讼基础中有"工作价值

---

① 　Jenkins v. Kingsgate (Clothing Productions) Ltd [1981] IRLR 317 (ECJ).

② 　Bilka-Kaufhaus GmBH v. Weber von Harz 190/84 [1986] IRLR317 (ECJ); Enderby v. FrenchayHealth Authority [1993] IRLR591.

③ 　Jenkins v. Kingsgate (Clothing Productions) Ltd [1981] IRLR 317 (ECJ) at p. 724. 本案判决超越了欧洲法院对于《罗马条约》第141条的解释:[1981] ICR 592。

等同"的要求,则其适用的程序更复杂,更耗时。其中包括强制性的初步听证会以排除没有成功预期的案件。这意味着,"同等价值工作"基础的适用要受制于漫长的耽误。在 1998—1999 年,从雇佣法庭的裁决到独立专家的认定,再到公平工资的判决,平均耗时为 19 个月;而在先前两年中的平均耗时为 20 个月。[1] 把有在多数原告的案件中,雇佣上诉法庭将其中的延迟描述为"令人愤慨,剥夺了女性通过司法程序获得公正的途径"。[2] 1280 名妇女对英国煤矿(British Coal)的索赔至今在司法程序之中,第一批请求的提起距今已经长达 15 年之久。语音治疗师对卫生主管部门的索赔花了 14 年才结案。

421　目前英国法律中缺乏对歧视性集体协议予以纠正的机制。1986 年前,这样的协议可以依据《平等工资法》第 3 条被提交到中央仲裁委员会(CAC)。然而,因为高等法院对中央仲裁委员会的权力进行了限制性解释,中央仲裁委员会对歧视的纠正能力也有限,授权范围很快取被压缩。1986 年,中央仲裁委员会的司法权被完全废止。同时,根据欧洲法律,英联合王国必须有立法来宣布那些与集体协议的平等待遇原则相违背的任何规定都被废除或修订。[3] 为此,1986 年《性别歧视法》规定,被引入雇佣合同的集体协议条款如果违反了《平等工资法》就是无效的,无强制执行力的。不过,这个原则只在个人层面发挥作用,因而对现在的《平等工资法》也没什么增加。允许对整个集体协议进行修正的且更加有效的策略被拒绝了。目前,这种令人不满的状况通过欧洲法院的重要判决部分得到纠正,该判决认为:歧视性的集体协议可以直接根据第 141 条受到挑战。[4] 这个案件的中心意义在于它的执著要求,即,协议中的冒犯条款必须得到修正以排除歧

---

① 《平等机会评述》[*Equal Opportunity Review*, 88(1999), 16];《平等机会重述》[*Equal Opportunity Review*, 76(1997), 18]。

② Arldridge v. British Telecommunications plc. [1990] IRLR 10 at 14.

③ Commission of the European Communities v. United Kingdom Case 165/82 [1984] ICR 192 (ECJ).

④ Kowalska v. Freie und Hansestadt Hamburg [1990] IRLR 447.

视，而不是像英联合王国立法那样只是简单地回避。

422　从上文可以很清楚地看到，对《平等工资法》的解读必须遵循《罗马条约》之第 141 条。而且，第 141 条构成独立的诉由。由于它对政府和私营雇主的直接有效，个人可基于第 141 条在联合王国的普通法院或特别法庭提起诉讼。根据第 141 条提起主张的最重要的问题是：案件所涉的"工资"（pay）是由什么构成的。只有诉讼关系到工资时，条款的直接效果才能显现。《罗马条约》把"工资"定义为常规的、基本的最低报酬或者薪金和任何其他报酬，不论职工收到的是现金或者实物，是直接收取或间接收取，只要报酬来自他（她）的雇主且基于雇佣事实而支付。大多数诉讼的主题范围涉及以下两者的界线，即与雇佣相关的福利（按照第 141 条的规定来支付）和直接或间接地由政府支付的福利，后者不属于"工资"。属于可能的灰色地带的福利例证可以是：裁员补偿、病假工资和养老金，所有这些福利都可能是自愿的、合同约定的，或法定的。总体而言，尤其在最近的案件中，欧洲法院对"工资"做了宽泛的解释。① 法院在一个重要案件② 中认为，核心的问题是支付的福利是否因雇佣而产生，即便福利是法定要求的支付，或者是特惠补偿（*ex gratia*），也必须根据这一标准来判断。据此，法定裁员补偿就属于"工资"范畴，即使是依法行事的结果。与此类似的是，退休金也算作"工资"，即使它们是作为"外包"项目而支付，因为上述两种支付都是作为雇佣关系的本质而存在的。法定的病假工资和孕产假工资更为复杂。欧洲法院认为，如果病假工资完全由雇主承担的，则适用第 141 款。③ 第 141 条对养老金和相关问题的适用见上文讨论。

423　《平等工资法》适用于那些根据劳动合同被雇佣、将亲自实施特定工

---

　　① 　Worringham v. Lloyds Bank Ltd Case 69/80 [1981] IRLR 178 (ECJ). Garland v. British Rail Engineering Case 12/81 [1982] IRLR 111(ECJ)；Bilka-Kaufhaus GmBH v. Weber von Harz [1986] IRLR 317(ECJ)；Defrenne v. Belgium Casse 80/70,[1871]ECR 445 (ECJ).

　　② 　Barber v. Guardian Royal Exchange Assurance Group [1990] IRLR 240 (ECJ).

　　③ 　Rinner-Kuhn v. FWW Spezial-Gebaudereinigung GmbH and Co. KG, Case 179/89 [1989] IRLR 493(ECJ).

作或劳务的人。无论如何,该法案排除男性提出这样的抱怨或诉讼:女性通过孕产假或其他与怀孕或分娩相关的特殊待遇而处于优势地位。目前没有关于陪产假的法定权利,尽管有事实上有陪产假的权利存在。

第十节　变革

424　　对英联合王国反歧视立法的大型重述报告完成于 2000 年,其中包括了数量众多且范围广阔的改革建议。其中的核心建议是英国应该有一部单独的平等法案,让该法包含所有可能导致歧视的理由:性别、人种、肤色、种族或国家起源、宗教或信仰、残疾、年龄、性取向或其他方面。这又会引发单独的平等委员会在英国的设立问题,也就是让该委员会负责对所有非法歧视的管理。除了提出厘清并加强现有立法的建议外,重述报告还强调,英国应该通过施加雇主促进平等的积极责任来加强反歧视措施,这些积极责任不必依赖于个体诉讼对被告过错的证实。这样的积极责任应该立足于保障劳动力中未被充分代表的群体拥有公平的参与权,有公平的途径获得教育、培训、物品、设施和服务,并能公平地享受福利。① 随着联合王国现存反歧视团体在 2007 年的合并,英国已经在酝酿一份白皮书,其中包含了对单一反歧视立法构架的建议!

---

① 赫普尔、库西、乔德赫里:《平等:新的框架》(对于联合王国反歧视立法执行效果的独立评述报告),哈特,2000 年[Hepple, B., Coussey, M. and Choudhury, T., *Equality: A New Framework* (Report of the Independent Review of the Enforcement of UK Anti-Discrimination Legislation), Harting, 2000]。

第九章 来自前雇员的竞争

425　　这一问题完全属于由法院制定的公共政策规则在调整。早期针对竞争的限制被视为无效,而且那些试图控制商业竞争的人曾经要受制于监禁的刑法制裁。不过,人们逐渐认识到,如果不限制学徒在学成后对其原雇主的竞争,那么雇主就不愿意培训学徒了。1711 年形成的规则是:如果竞争限制没有扩展到整个国家而仅仅是当事人之间谈判的结果,那么该限制有效。此后,该规则被做了多样的改动,现在的原则是:行业限制是无效的,但是,如果限制是合理的且不违背公共利益,那么该限制可得到正当性解释。而且,某限制可以适用于整个国家或甚至全世界,只要它们既合理又符合公共利益。①

426　　我们已经看到,只要雇佣关系存在,忠诚服务义务要求雇员不得泄漏雇主的商业秘密或者保密信息。即使雇佣终止,不得泄漏秘密或信息的义务会延续到雇佣关系结束后,当事人无需为此订立协议。不过,这种义务比雇佣关系存续期间的义务受到更多限制。不使用或者泄漏信息的范围可包括:秘密的生产过程,设计或制造的特别方法,以及其他任何足以形成商业机密的信息。雇佣关系结束后,(忠诚服务)义务并不扩展到那些仅仅因雇员被告知保持其机密性而成为“机密的”信息,因为该信息留在了雇员的大脑,并成为了他知识和技能的一个组成部分。雇佣关系结束后,如果雇主希望保护后一类信息,就必须订立一个限制协议。② 需要订立这类限制协议的另一原因是,国家没有关于前雇员向其前雇主的客户兜售或做生意的一

---

　　① 　Nordenfelt v. Maxim Nordenfert Guns & Ammunition Co. [1894] AC 535.

　　② 　Faccenda Chicken Ltd v. Fowler [1986] ICR 297,CA; Balston Ltd v. Headline Filters Ltd [1987]FSR 330; Systems Reliability Holdings plc. V. Smith [1990] IRLR 377. 这些案例对于限制性条款所允许的保护程度表达了不同的观点。

般限制。商业限制的原则在此有了意义。[①]

427　　雇主能通过这种协议来保护的利益受到严格的限制。雇主不能仅因为前雇员的竞争会伤害雇员曾经从事的业务就主张对自己的保护。这种限制的原因在于,雇主只是为其得到的服务付款,而不为用以防止未来竞争的限制付款,而且,雇员并不是一个有平等议价能力的竞争伙伴(即能够保护自己的利益)。无论是什么理由,似乎很清楚的是,雇主可以明确地保护自己的商业秘密和机密信息(正如我们所说,这些也能得到默示保护,但是一个明确协议使之毋庸置疑)及其他的"独门绝技"(或技术秘密,know-how)。如果雇员的职务使他能够赢得对客户的影响(如销售代表或美容师助手),雇主在雇员离职后只能限制雇员拉拢客户的行为。

428　　为了被视为合理,限制竞争协议不能超越对保护雇主利益必不可少的范围。关于这一点,法院已经区分了"地区协议"和"拉客协议"。前者禁止前雇员在某一地区工作,后者禁止前雇员拉拢前客户。比起地区协议,法院倾向于支持拉客协议;但是假如"地区协议"所涉地区不是太大,它也可能得到支持。类似的是,过长时间的限制不会得到支持,对于那些与雇主业务没有直接关系的活动,法律不会限制,诸如裁缝师被限制卖鞋子。

429　　即使竞业限制是合理的,仍有可能被认定为违背公共利益。不过,这很少作为限制无效的理由,而且受到学院派的激烈批评。因为法院不太可能对一般经济条件给予足够关注,诸如是否大规模的失业使得限制不合理且符合公共利益。[②] 在 1967 年的一个案件中[③],包括在养老基金中的限制规则虽然已经被雇员作为雇佣条件而接受,但该限制被法院否决,理由是它不符合公共利益。已被认定无效的规则有这样的陈述:如果雇员从事了任何竞争性的活动,他将失去养老金。即便不使用公共利益的理由,法院也可以这样判决:雇主没有足够的"利益"需要保护,或者该限制不合理。

---

①　这一主题在 *Sweet and Maxwell* 出版的《雇佣法大全》在以下著述中有广泛而详尽的探讨。

②　A. L. 古德哈特之著述,载《法律季刊》(*Law Quaterly Review*, 49, p. 465)。

③　Bull v. Pitney-Bowes Ltd [1967] 1 WLR 273；Sadler v. ImperialLife Assurance Co of Canada Ltd [1988] IRLR 389.

第二部分

集体劳动关系

第一章　工会自由

第一节　政府政策

430　　直到 20 世纪 80 年代,英国历届政府普遍采取鼓励工会组织及结社自由的政策。在 20 世纪的大部分时间里,这些政策主要表现为政府对私人雇主确立的规范,当然,到 70 年代以后有制定法作为补充。事实上,从 1906 年开始,英国就有官方政策鼓励公共服务部门(public service)的雇员加入工会(警察除外,因为他们的结社自由受到法律严格限制)。[①] 此外,政府还利用其强大的购买力对私营经济雇主施加影响。从 1946—1983 年(该法在当年被废止),由下议院通过的《公平工资决议》(the Fair Wages Resolutions)要求政府部门在其采购合同中加入一项条款,此条款的内容是:承包人将承认其雇员拥有自由参加工会的权利。尽管该规定的实际影响有限,但它标志着政府对工会自由的支持态度。[②] 在国际层面上,通过对保障结社自由的国际条约的认可,英国政府进一步表明其对工会组织的官方支持。这些国际条约包括四个联合国国际劳工组织(ILO)公约,即关于结社自由的第 87 号公约(1948 年)[③]、关于组织工会和集体谈判权利的第 98 号公约(1949 年)[④]、关于对公共服务行业组织工会的权利予以保护的第 151

---

① 1919 年《警察法》第 64 条(Police Act 1919,现为 1996 年《警察法》)。

② 贝卡森:《公平工资决议》(Bercusson, *Fair Wages Resolutions*, Mansell, London, 1976)。

③ 1948 年《结社自由公约》第 87 号[Convention No. 87 (1948) on Freedom of Association]。

④ 1949 年《组织及集体谈判权公约》第 89 号[Convention No. 98 (1949) on the Right to Organize and Collective Bargaining]。

号公约(1978 年)①以及涉及对履行职工代表职责的员工提供保护和设施的第 135 号公约(1972 年)②。英国还接受了《欧洲人权和基本自由公约》(the European Convention on Human Rights and Fundamental Freedoms)第 11 条的义务——对结社权和加入工会权的认可,英国也认可了《欧共体社会宪章》(the European Social Charter)第 5 条的规定,即对结社权的认可。除了《人权公约》(the Human Rights Convention)第 11 条③外,这些规定并不具备国内法那样的直接效力,不过,在 20 世纪 80 年代以前的历届政府都尽力遵守这些义务。

431　　自撒切尔夫人(Mrs Thatcher)领导的保守党于 1979 年执政以来,政府对工会组织的支持政策发生了重大变化,并且,工党政府从 1997 年开始带来的复兴也是很有限的。撒切尔主义(Thatcherism)的核心思想是:工会妨碍"自由市场"的运行,并威胁个人自由。于是,立法逐渐增强对工会自由的限制,政府不再鼓励私营经济雇主允许并认可对工会的组织。在 1983 年,《公平工资决议》被废止,由此导致了人们对联合国国际劳工组织第 94 号公约中关于公共合同中的劳动条款的谴责。1988 年的《地方政府法》(the Local Government Act)将这一政策延伸到地方当局,因为,根据该法案,若地方管理部门要求政府签约方允许以组织工会作为一项合同条件,那么地方管理部门就是违法。尽管 1999 年的《地方政府法》第 19 条的指令对这一规定可以有所改变,但该变化从未实际发生。同样,保守党政府改变了支持政府公务职员组织工会的政策。作为新政策方向最为突出的表现,就是首相于 1984 年 1 月做出的一个决议。该决议指出,情报收集部门及政府通信总部(Government Communications Headquarters/GCHQ)的工会组

---

①　1978 年《公共服务中的组织权保护公约》第 151 号[Convention No. 151 (1978) on Protection of the Right to Organize in the Public Service]。

②　1972 年《企业转让中有关向工人代表提供设备及保护的公约》第 135 号[Convention No. 135 (1972) Concerning Protection and Facilities to be Afforded to Workers' Representatives in the Undertaking]。

③　根据 1998 年《人权法》(*the Human Rights Act*),该条规定于 2000 年 10 月 2 日开始生效。

织对国家安全构成威胁。没有事先的警告或磋商,政府即取缔了自政府通信总部成立以来就存在的工会。现在,情报收集部门所有公务人员受聘的一项条件就是,他们不得属于任何工会或员工组织,由管理者设立的内部员工组织除外。法律试图对这种单方改变服务条件的做法提出挑战,但未能成功。① 工会认为,没有事先磋商就做出决议是对自然公正原则的破坏,该决议是无效的。该观点得到了格莱德韦尔法官(Glidewell J.)的支持,但却遭到上诉法院和上议院的反驳。上议院议员们一致认为,鼓励组织工会和就雇佣合同条款进行磋商的漫长历史,使得雇主在对雇佣条件做出重大改变之前有义务与工会进行磋商。不过,这项义务不如国家安全利益重要。上议院议员并没有要求首相对于她所宣称的安全威胁提供更多的证据,首相能证明的仅仅是,她采取行动的真正理由源于她对这种威胁的担心。工会向联合国国际劳工组织的投诉获得了更大的成功。国际劳工组织专家委员会指出,英国政府已违反了第 87 号公约(Convention No. 87),该公约赋予员工自行选择所属组织的权利。② 然而,英国政府没有撤销前述取消决议。最后,工会将该案诉至了欧洲人权法院(the European Court of Human Rights),诉称英国政府违反了欧洲人权公约第 11 条(该条赋予了员工组织和参加工会的权利)。然而,欧洲人权委员会(the European Commission of Human Rights)宣布此案不可受理。值得关注的是,欧洲人权委员会的驳回并不是以国家安全作为例外基础,而是基于《欧洲人权公约》第 11 条允许对"政府管理"人员实施限制。③ 这种限制工会的政策也反映在对长期存在的中小学教师集体谈判权的取消,这一取消行为被认为违反了国际劳工组织第 98 号公约(Convention No. 98)关于谈判权的规定。

432　2004 年 9 月 16 日,2004 年《雇佣关系法》得到王室签署。法案中的

---

①　Council of Civil Service Unions v. Minister of the Civil Service [1984] 3 All ER 935, HL.

②　国际劳工组织管理部:《结社自由委员会第 234 次报告》,1984 年,第 1261 号案件(ILO Governing Body, 234th Report of the Committee on Freedom of Association, 1984, Case No. 1261)。

③　Council of Civil Service Unions v. United Kingdom, Application No. 11603/85.

措施自 2004 年 10 月至 2005 年 10 月逐步得到实施。2004 年《雇佣关系法》主要关注集体劳动法和工会权利。而且,该法吸收了由国务大臣于 2002 年 7 月发布的关于 1999 年《雇佣关系法》的评估认定。修订后的 2004 年法案的核心内容是,保护那些实施了获得许可且组织合法的劳资行动 (industrial action)的雇员不被解雇,具体做法是将"保护期"从八周延长至 12 周,而且雇主因罢工而停工的时间不得计算在 12 周保护期之内。对于雇主和工会为解决劳资争议而实施合理程序中的行为,该法做出了更加严格的界定。另外,通过实施《信息指令》(the Directive on Information)和《磋商指令》(the Consultation Directive),该法引入措施,简化了与"劳资行动投票"、"投票通知"以及"对在工作场所(在英国和北爱尔兰)的信息与协商制定规范的权力"相关的法律。而且,2004 年《雇佣关系法》还规定了雇员同伴在申诉和职业惩戒程序中的作用。最后,该法案赋予了更大的权利以撤销那些"缺乏说服力且无理的诉讼请求"。

433　　2004 年的《雇佣关系法》主要规定了集体劳动权利和工会权利:

对工会的承认(第 1—21 条);

关于劳资行动的规范(第 22—28 条);

加入工会的权利,以及工人和雇员的权利(第 29—43 条);

最低工资立法的实施(第 44—47 条);

认证官员(第 48—51 条);

其他混合事项(关于工会内部事务)(第 52—55 条);

补充条款(如,关于该法的废止、生效日期等)(第 56—59 条)。

上述条文中于 2004 年 10 月 1 日开始生效的有:

第 29—32 条,这些条文增强了对于因加入工会而遭受不利对待的工人的保护;

第 37 条,该条阐明并扩大了同伴在职业惩戒、申诉及审判程序中的角色。同伴可以代替其工友提起的诉讼,归纳案情要点,并代表其工友对于审判中的观点进行回应;

第 38 条,该条赋予了雇佣上诉法院(EAT)一项司法管辖权,即审理与职工在"职业惩戒及申诉审理程序中"有被陪伴的权利相关的争议。

于 2005 年 4 月 6 日开始生效的其他重要条文有:

第 8 条,该条为那些当工作场所举行投票时不在场的职工规定了邮寄投票;

第 20 条,为了集体谈判的目的,"薪酬"不包括职业或个人养老金计划;

引入了加快认可程序或撤销程序的条款(第 2 条,第 3 条和第 7 条);

第 26 条修正了 1992 年法案对于实施组织合法且获得官方认可的劳资行为的雇员的保护。保护期由八周延长到了 12 周,且雇主停工时间被排除在保护期之外。

第 28 条规定了法庭在审查雇主是否采取了合理程序解决其与工会的争议时,必须关注的一些新事项。当争议双方接受调解员或调停者的帮助时,法庭就需要履行关于这些事项的义务。

第 40 条对 1996 年《雇佣权利法》的规定进行修正。原来的规定是:雇员不得因参加陪审团或被传唤参加陪审团而遭解雇或不利对待。修订后的规定是:若裁员选择的理由或主要理由与雇员履行陪审员义务相关,该裁员将被视为不公正解雇。针对与陪审员义务相关的不公正解雇的诉讼权,并不受制于雇员一年的服务期要求,也不限于那些没有达到雇主规定或其行业要求的正常退休年龄的雇员,或者低于 65 周岁的雇员。

第二节　成为独立工会的会员并参与其活动的权利

434　普通法中没有关于禁止成为工会会员的规定。然而,普通法也没有针对雇主基于雇员的工会会员身份实施的歧视进行特别保护。直到 1971 年《劳资关系法》的颁布,加入自己选择的工会的法定权利才首次出现。在这项法案被废止后,就不再有针对结社权的综合的法律保障。不过,有三项旨在保护雇员加入工会并参加在工作场所的工会活动的法定权利得以确立。这些个人法定权利现在被规定在 1992 年的《工会与劳工关系巩固法案》(TULRCA)中。第一项个人法定权利是，独立工会的官员和会员享有为参加工会活动而请假的权利。第二项个人法定权利是，任何雇员不得因其工会会员身份或者在合适时间参加工会活动而遭受不公正解雇。① 第三项个人法定权利是，"作为独立个体"，每一个雇员都不得因参与工会活动而被雇主施加非解雇性惩罚，或者被阻止在适当时间参加独立工会活动。② 对这些权利的主张没有年龄上限和雇佣期限的资格要求。第四项个人法定权利是 1990 年确立的，根据此项权利，雇主因某人的工会会员身份而拒绝雇佣他(她)是非法的。③ 尽管 1990 年法案主要是阻止强制加入工会，但该法对形式平等的要求促进了对工会会员的保护。然而，这项权利的影响可能是有限的。许多雇佣歧视都是针对工会活动而发生的。立法也做了刻意的表达，以排除对那些因参加工会活动(而不是加入工会)而被拒绝雇佣的人的保护。④ 此外，"限制使用与工会会员资格及工会活动有关信息"的权利，最近也得以确立。⑤

435　　随着 1998 年《人权法》(该法案于 2000 年 10 月开始实施)将《欧洲人权公约》(ECHR)转化为国内法，公约中的消极保护被大大增强。公约第 11 条规定了自由结社权，该权利明确包含"为了保护自身利益而组织和参加工会的权利"。第 11 条比现行法律范畴更广，因为它并不仅仅适用于雇员。尽管《人权法》在表面上仅适用于公共管理机关或者行使公共职能的私人机构，法院本身却必须遵守公约的规定，因此，个人之间的普通法诉讼必

---

① 1992 年《工会与劳工关系巩固法案》第 152 条。

② 1992 年《工会与劳工关系巩固法案》第 146 条。

③ 1992 年《工会与劳工关系巩固法案》第 137 条。

④ B. 辛普森："1990 年雇佣法的制定背景"(B. Simpson, 'The Employment Act 1990 in Context', *MLR* 1991, 418)。

⑤ 1998 年《信息保护法》(Data Protecion Act 1998)，1999 年《雇佣关系法》第 3 条，该法允许条例(但没有制定出来)禁止雇主或者雇佣代理机构为了实施歧视而编制关于工会会员和工会活动参加者的黑名单。

须根据公约第 11 条来解释。

436　关于法定权利的几点问题尤其值得注意（见上文第 376 段）。第一，法定权利属于个人。尽管它们保护集体自由，却不能由工会强制执行，而只能通过雇员个人针对其雇主来实现。尽管工会被期望对提起诉讼的个人提供支持，但这种方式的弱点就是，雇员个人对其雇主提起诉讼比工会提起诉讼受到阻碍的可能性更大，在雇佣关系存续期间尤其如此。第二，这些法定权利并不扩展至那些非雇员的个人，如"个体经营的"建筑工人。① 雇佣上诉法院在 1977 年对此范围进行了进一步的限制，法院认定，雇员因在先前雇佣中参加工会活动遭到解雇的，不受法律保护。② 这就为雇主编制参加工会活动人员黑名单提供了方便。不过，在一个重要的判例中，上诉法院认为，不公正解雇的法律保护应延伸到因先前参加工会活动而遭到的解雇，③因为解雇的真正原因必定是，该雇员在现任工作中有参加工会活动的可能性。当然，如果解雇的真正原因是雇员欺骗性地没有说明相关因素，则该规定不适用。

437　第三，加入工会的权利并非是无限的。加入独立工会是一项权利，因而适当排除了雇主控制的"公司工会"（company unions）。然而，雇员可以加入任何一个工会，该工会不一定是雇主认可的为集体谈判目的而认可的工会，至于只雇佣工会会员的制度（closed shop），见下文第 446 段。

438　第四，合法工会活动的范围受到了司法解释的严格限制。最严格的限制是上议院在报业联合会诉威尔逊案（*Associated Newspapers v. Wilson*）和英国港口联合会诉帕尔默案④ 中做出的解释，这两个案件都涉及雇主试图以个人合同取代集体谈判的条款和条件。为了鼓动雇员放弃长期存在的通过集体谈判达成的条款和劳动条件并同意接受个人合同，雇主向雇

①　可能通过 1999 年《雇佣权利法》第 23 条得以扩展，但这种扩展从未发生过。

②　City of Birmingham District Council v. Beyer [1977] IRLR 210(EAT).

③　Fitzpatrick v. British Railways Board [1991] IRLR 376(CA).

④　Associated British Ports v. Palmer [1995] IRLR 258 HL.

员承诺增长工资。但是,那些拒绝接受个人合同而坚持既存协议的雇员却没能享受加薪。于是,希望继续受制于集体谈判协议的雇员认为,这种行为违反了针对雇员的非解雇处罚的法定保护。具体说来,该处罚"针对雇员个体,目的是为了阻止雇员成为或试图成为工会会员,或者对雇员上述行为的惩罚"。在一项特别严格的解释中,上议院指出,为上述目的的"行为"不包括疏忽(omissions),因此,雇主没有给那些拒绝以个人合同替换集体协商的条款和劳动条件的雇员加薪的行为,并不构成对本条款的违反。而且,更为严格的是,上议院认定,雇主拒绝给不接受个人合同的雇员增加工资,并不是为了阻止或者惩罚他们保持工会会员身份,因为雇员拥有保持工会会员身份的自由。换言之,结社自由权被削减成最基本的工会会员资格,而对于工会通过集体谈判来保护其会员利益的重要作用,法院却置若罔闻。随后执政的保守党政府还是认可了这种关于工会自由的观点,并通过了我们所知的《厄尔斯沃特修正案》(Ulswater Amendment),修正案规定,如果雇主的目的是要改变其与某一雇员群体的关系,那么这种目的应该受到重视,即使它与阻止或惩罚工会活动的目的一致。[①] 1997年执政后的劳工党也未能彻底转变这种状况。尽管立法得到了修订,"不得解雇的行为"包含"故意不作为",[②] 政府没有努力废止《厄尔斯沃特修正案》或者撤销上议院在威尔逊案(Wilson)中的判决。对于职工因拒绝达成与集体协议不一致的合同条款而被解雇或受损的案件,1999年立法赋予了国务大臣对这类案件予以规制的权利,但相关规则并没有制定出来。无论如何,1999年立法的条款进一步规定,只要没有基于工会成员身份而禁止领取工资,且增长的报酬是合同约定的,那么,增加的工资就与职工履行的合同劳务是合理相关的。[③] 威尔逊案在欧洲人权公约(ECHR)中依然悬而未决。在其他限制性判例中,上诉法院已经指出,仅当雇主行为是对作为工会成员的雇员个人参与活动的回应,而不是针对工会本身的一般报复,雇员才能受到保护。因此,作为

---

① 1992年《工会与劳工关系巩固法案》第148(3)条。

② 1999年《雇佣权利法》第2条,附件1,第1,第4段。

③ 1999年《雇佣权利法》第17条。

对工会要求承认的直接回应,雇主作出的解雇雇员的经营管理决议并不违法。① 换言之,仅当雇主的解雇措施是针对雇员个人参与集体活动时,立法才会提供救济。最后需要注意的是,雇员有权参加的活动限于"在适当时间"进行的活动。这实际上是指业余时间,或者经雇主许可的"在工作场所却无需工作的时间"(如用餐时间或者其他休息时间)。如果雇员正在工作,其参与集体活动则须得到雇主的许可。②

439 在威尔逊案(*Wilson*)和帕尔默案(*Palmer*)(2002)中,③ 他们各自的雇主都用增加工资的方式诱使雇员放弃工会权利。上议院认为,由于雇员希望行使结社自由权和保持工会会员身份权,雇主的这种行为并未剥夺雇员的法定权利和法律保护。位于斯特拉斯堡(Strasbourg)的欧洲人权法院则持不同观点,认为英国法律没能为工会会员提供保护,相关的英国雇主破坏了结社自由权。1999 年的《雇佣关系法》第 2 条,改变了 1992 年《工会与劳工关系巩固法案》(TULRCA)第 146 条的措辞,从而有效地撤销了威尔逊和帕尔默案的判决。根据 1999 年《雇佣关系法》第 2 条,使雇员因工会原因而"遭受任何损害"的行为都是违法的。

440 如果这些权利被侵犯,雇员可在侵权行为发生后的 3 个月内向雇佣法庭提起诉讼。在不公正解雇案件中,"临时救济"(interim relief)这一特别程序使得雇员能够在其权利得到确认之前继续其雇佣合同的效力。在没有得到恢复原职或者重新雇佣的指令的情况下,雇员可以获得最低补偿金。而且,1999 年《雇佣关系法》提高了在雇主没有遵守恢复原职位或重新雇佣指令(该指令是可行的)的情况下的附加赔偿金。对于非解雇的案件,法庭将会宣告雇员的权利,同时还可能对其遭受的损失(如收入损失)以及相关

---

① *Carrington v. Therm-a-Stor Ltd* [1983] ICR 208,CA.

② 1992 年《工会与劳工关系巩固法案》第 146(1),第 152(1)条。

③ 尤因:"威尔逊与帕尔默的暗示"[Ewing, K, 'The Implications of Wilson and Palmer', *Industrial Law Journal 32* (2003),1—22];同时参见:尤因:"结社自由与 1999 年《雇佣权利法》"[Ewing, K, 'Freedom of association and the Employment Right Act (1999)', *Industrial Law Journal* 28(1999),283—298]。

的"对原告利益的侵害"判决赔偿(法定处罚没有数额限制)。对于那些因为工会会员身份而拒绝雇佣的案件,法庭在作出宣告之外,还可能会作出指令,该指令要求被告支付赔偿金或建议被告采取合理措施,对该指令的违反将导致赔偿金的增加。

第三节　不参加工会的权利

441　　与加入工会的权利相比,不加入工会的权利常常被区别对待。最为相关的问题是,工会会员身份是获得或保持受雇的先决条件(只雇佣工会会员的工厂)。有人指出,尽管结社自由对于多元社会中的劳动保护是必要的,但不参加工会的权利具有不同性质,甚至可能会扰乱有序的劳资关系。例如,多诺万委员会认为,"它们两者之间没有真正的可比性。前一个条件(不加入工会的权利)是为了阻止集体谈判机制的发展而设计的,而集体谈判是一项受到鼓励的公共政策,但后者却不具有这一目的。"①

442　　"只雇佣工会会员"机制(closed shop)长期遭到反对,其反对意见的核心是这种做法对个人自由的威胁。那么结社自由权是否受到"只雇佣工会会员"机制的侵犯呢?这在一定程度上取决于结社自由权是否被看作个人自治或者社会权利的内容(而个人利益肯定在一定程度上从属于社会权利)。由此产生的一个问题是,"只雇佣工会会员"雇主是否违反了《欧洲人权与基本自由权公约》第 11 条。该条规定,结社自由权不受任何限制,除非这些限制是由法律作出明文规定的,并且对于民主社会中权利和自由保护是必须的。在关于第 11 条制订的讨论中,人们一致认为,将"不被强迫加入工会的权利"与"加入工会的权利"相平行是不妥的。1981 年,这个问题被

---

①　参见:皇家委员会关于工会与雇主协会的报告(Report of the Royal Commission on Trade Unions and Employers' Associations, Cmnd. 3623, 1968, para. 599)。同时参见:1. 刘易斯、辛普森之著述,载《劳资法律杂志》[*Industrial Law Journal*, 11(1982), 227];2. 1971 年《劳资关系法》第 5 条。

直接提交到欧洲人权法院。① 英国铁路公司(British Rail)的三名前雇员诉称,他们因拒绝加入与该公司缔结了会员协议的工会而遭到解雇,该解雇行为违反了《欧洲人权与基本自由权公约》第 11 条。尽管法院拒绝审查"只雇佣工会会员"机制,但鉴于本案的特殊情况,法院支持了原告的主张。法院认定的事实是,如果雇主在雇员受雇以后以解雇相威胁强迫雇员接受"只雇佣工会会员"机制,该行为是对结社自由权的侵犯,是法律上不能接受的行为。法院还指出,雇主限制雇员对于工会的选择,就是侵犯了原告的结社自由权。

443   1971 年《劳资关系法》通过对不结社的一般权利以及对结社的新权利的并行认可,反映了个人主义的哲学趋向。这种趋向与工会的集体主义目标相冲突,大多数工会无论如何都拒绝按照该法案的要求进行登记。没有登记的隶属于总工会(TUC)的工会与利用新权利作为组织平台的新成立工会或者分离出来的工会,在会员吸收方面展开了竞争。结果,稳定的谈判机制面临威胁。在 1971 年的法案被废止后,不加入工会的权利仅在两种特定情形下得到确认,即在 1974—1976 年间通过的法案予以认可。第一,雇员有权不被强迫加入非独立工会(由雇主控制的工会)。第二,在"只雇佣工会会员"制度存在时,雇员若确实以宗教信仰为由拒绝加入工会,他无论如何都不得因非工会会员的原因而遭解雇。

444   1979 年当选的保守党政府认为,不加入工会的权利与加入工会的权利是等同的。该主张得到以下观点的支持,即,"只雇佣工会会员"的制度是对个人自由选择权的非法限制,是对工会权力不必要的强化,并对自由市场造成破坏。由此,对加入工会的权利的法定保护延伸到了对不加入工会的权利的类似保护。于是,"不得因工会会员身份而被不公正解雇"的权利范围扩大了,具体说来,如果雇主主要因为雇员的"非工会会员身份"或者拒绝加入工会而解雇雇员,该解雇当然是不公正的。② 与工会会员身份的情形

---

①　Young,James and Webster v. United Kingdom [1981] IRLR 408.

②　1992 年《工会与劳工关系巩固法案》第 152(1)(c)条,并参见上文导致解雇自动不正当的原因。

相同,因非工会会员身份而解雇雇员导致基本赔偿金的提高(见第一部分)。同样,雇员也不得遭受非解雇性处罚,即不得被强迫加入工会,或者被强行要求支付一笔费用作为加入工会的替代选择。① 此外,临时救济也适用于因非工会会员身份而遭解雇的情形,这与因工会会员身份而遭解雇的情形相同。

445　　1980 年和 1982 年《雇佣法》的另一重大变革是,在针对雇主的不公正解雇或者非解雇性处罚的诉讼中,原告有权将工会作为第三方或者共同被告。② 若工会被诉采取了劳资行动或以此相威胁以强迫雇主解雇雇员或者对雇员施以非解雇性处罚,则雇主与雇员都有权要求工会参加诉讼程序。法庭可能仅判决工会进行赔偿,或者判决雇主与工会共同赔偿。

第四节　"只雇佣工会会员"制度

446　　"只雇佣工会会员"制度被定义为:"雇员意识到自己处于这样一种情形,即获得或保留一份工作的前提条件是自己成为并保持特定工会的会员"。③ 通常,如果,"只雇佣工会会员"制度就会被工会用作威胁,即除非雇主解雇非工会会员或者拒绝雇佣非工会会员,工会将采取劳资行动。这种现象有多种形式。有一种区分方式是分为"雇佣前'只雇佣工会会员'制度"(pre-entry closed shop)与"雇佣后'只雇佣工会会员'制度"(post-entry closed shop,美国称为 union shop)。前者的意思是,某人不能申请该份工作,除非他(她)是工会会员。后者的意思是,雇员在被雇一定时间内必须加入工会。不过,在英国的实践中,这两者的界限常常是模糊的。另一种区分

---

① 1992 年《工会与劳工关系巩固法案》第 146 条。

② 1992 年《工会与劳工关系巩固法案》第 150 条,第 160 条。

③ W. E. J. 麦卡锡:《英国"只雇佣工会会员"制度》,牛津,1964 年。(W. E. J. McCarthy, *The Closed Shop in Britain*, Oxford, 1964.)该书对"只雇佣工会会员"制度的定义被皇家委员会关于工会与雇主协会采纳(Cmnd 3623, 1968, para. 588)。

标准是,雇员是否需要加入任一工会,或特定工会,甚至特定工会的某一部门。这些"只雇佣工会会员"制度的所有形式在英国都存在。

447　近年来,"只雇佣工会会员"制度的功能发生了变化。在 1964 年发布的一项重要研究报告中,麦卡锡(McCarthy)发现"只雇佣工会会员"制度是工会和劳动者对特定的组织问题的回应。这些问题包括居高不下的人事变动率、分散的劳动力、工会内部竞争以及可能会削弱劳资行动的替代性劳动力的存在。"只雇佣工会会员"制度帮助工会建立和维护会员资格、约束会员,以及控制替代性劳动力(只限于雇佣前'只雇佣工会会员'制度)。然而,较近的研究表明,在 20 世纪 70 年代,"只雇佣工会会员"制度作为对雇员的控制机制的作用在减弱,它更多地成为工会和雇主为有序劳资关系的建立而实施的联合管理方式。[①] 雇主们并非频繁将"只雇佣工会会员"制度作为一种阻止工会内部纠纷、确保集体谈判协议覆盖全体雇员以及促进工会官员对劳动力有效控制的有效方式。相反,在 1971—1974 年之间,"只雇佣工会会员"制度受到法律禁止后,似乎雇主与工会联手保留了这项制度的存在。而且,与 20 年前相比,如今的"只雇佣工会会员"制度更加形式化与书面化。

448　至 20 世纪 70 年代末,"只雇佣工会会员"制度覆盖了大约 1/4 的劳动力,即 520 万人。[②] 其中 8 万人(4%的劳动力)在"雇佣前'只雇佣工会会员'"的单位里工作,这些工厂几乎都建立于手艺业工会主义时代(era of craft unionism),并属于以下行业,如商业运输、港口作业和演艺业,其目的在于抵制雇主使用大量的临时性的非工会会员劳动力。[③] 在 20 世纪 60 年

---

① S. 邓恩,J. 杰纳德:《英国工业中的"只雇佣工会会员"制度》,伦敦,1984 年。(S. Dunn and J. Gennard, *The Closed Shop in British Industry*, London,1984.);以及《20 世纪 80 年代的劳资关系及法律:争点与未来趋势》(编者:福斯、利特勒)第四章,伦敦,1985 年。(Ch. 4 in *Industrial Relations and the Law in the 1980s*:*Issues and future Trends*, eds. P. Fosh and C. R. Littler, London,1985.)

② J. 杰纳德等,《就业公报》[J. Gennard et al. (1980)88 *Employment Gazette* 16]。

③ 同上。

代早期,"雇佣后'只雇佣工会会员'"制度覆盖了 300 万人(12％的劳动力),且仅集中于几种行业,特别是工程业和煤矿业。[1] 至 20 世纪 70 年代末期,受制于"雇佣后'只雇佣工会会员'"的单位的劳动力的数量至少增长到 450 万,比 20 世纪 60 年代早期增长了 50％以上。"雇佣后'只雇佣工会会员'的制度"已出现在人们以前知之不多的行业中,如食品、饮料、服装、制鞋以及化工制造业,包括这些行业的地方性产业及全国性产业。不过,甚至在保守党政府的《雇佣法》(先后于 1980 年、1982 年、1988 年和 1990 年制定)生效之前,"只雇佣工会会员"制度就出现了停滞并开始衰落。至 1982 年中期,雇佣前和雇佣后两种类型的"只雇佣工会会员"的单位内的劳动力数都下降了 13％,降至大约 450 万人。"只雇佣工会会员"制度在其曾经广泛存在的一些行业(如煤矿、钢铁、造船、服装、制鞋、交通运输和铁路)中衰落了,但该制度并没同时在其他行业中得到发展。这些经济趋势的持续存在,伴随着工会成员的总量减少,再加之《雇佣法》的冲击,意味着"只雇佣工会会员"制度自 1982 年起便开始衰落。最近一项针对英国 558 家私营公司的调查表明,"只雇佣工会会员"工厂内的劳动力在 20 世纪 80 年代内严重减少,且这一衰落在 1985 年后尤其显著。不过,调查也发现,"只雇佣工会会员"制度依然广泛存在,近 1/4 的受调查公司承认,其工会在 1990 年仍然发挥着一定的"只雇佣工会会员"制度的作用。[2] 不过,政府的估计:1989 年有多达 130 万劳动力受雇于"雇佣前'只雇佣工会会员'"的单位[3] 遭到了广泛质疑。较合适的数字应该是不超过 15 万。[4] 至 1998 年,只有 1％的雇主继续采用"只雇佣工会会员"制度(其中有 2％得到了工会的认可)。[5]

---

① 前文所引麦卡锡著作,第 12—14 页。

② P. 格雷格、耶茨:"工资设定方案的变化与 20 世纪 80 年代的工会状态"[P. Gregg and A. Yates, 'Changes in Wage-setting Arrangements and Trade Union Presence in the 1980s', *British Journal of Industrial Relations*, 361 (1991) at 366]。

③ 就业部:《消除雇佣中的障碍》(Department of Employment *Removing Barriers to Employment*, Cmnd 655, Match 1989, para. 2.6 and 2.7)。

④ B. 辛普森之论文[B. Simpson, MLR 418(1991) at 423]。

⑤ 尼尔·米尔沃德、N. 布赖森、福思:《都在工作中改变?》,洛特列治,2000 年,第 146 页。(Millward, N., Bryson, A and Forth, J., *All Change at Work?* Routledge, 2000, pp. 89, 146.)

449　历届政府对"只雇佣工会会员"制度的态度是不同的。该制度长期游离于法律规制之外，直到1971年《劳资关系法》直接对该做法提出挑战。该法案让所有"雇佣前'只雇佣工会会员'制度"的做法无效，并允许雇佣后"只雇佣工会会员"制度只存在于两种特殊情况，即代理制企业（the 'agency' shop）和获得批准的"只雇佣工会会员的企业"（approved closed shop）。后来，1974—1976年制定的《工会和劳资关系法》（the Trade Union and Labour Relations Acts）认可了"只雇佣工会会员"的合法性。该法案规定，如果独立工会存在"工会会员协议"（union membership agreement），而雇员据此必须加入某一工会，那么雇主因雇员拒绝加入而解雇雇员的行为则应该被视为公正。一个有限的例外情形是，雇员确实"以宗教信仰为由"拒绝加入工会。再辅以其他修正案，这样的法律模式一直持续到1980年。相比之下，20世纪80年代的保守党政府反复声明要废止"只雇佣工会会员"制度。最初，保守党政府感到了妥协的必要。于是，为了能够在不直接废止"只雇佣工会会员"的情形下尽量削弱它，1980年和1982年《雇佣法》对上述法律框架进行了修正。工会会员协议或"只雇佣工会会员"制度仅在例外获得非常高的支持率时，才能得到有限保护。即便存在这种高支持率，对非会员雇员的解雇仍然是可能的，但是，例外情况如此之多，以至于在大多数案件中的解雇实际上是非法的。

450　针对"只雇佣工会会员"制度逐年增加的限制，最终遭到了1988年《雇佣法》的抛弃。该法案实际上废止了"雇佣后'只雇佣工会会员'制度"。现在，因雇员的非工会会员身份而解雇雇员一律是不公正的，即使"只雇佣工会会员"做法仍在实施中。[①] 这样的规定取消了工会和雇主对非工会成员的主要处罚手段。以变革"雇佣前'只雇佣工会会员'制度"为目标，1990年《雇佣法》进一步扩大了对这种制度的限制。新法案规定了一项新权利，即任何雇员，因为其非工会会员身份或者因其受雇后拒绝加入工会而被解雇，都有权向劳工法庭提起诉讼。保护范围扩大到许多新的情形，比如，雇

---

① 1992年《工会与劳工关系巩固法案》第152条。

主拒绝或故意忽略处理一项雇佣申请,或者,雇主提出一个正常的雇员无法满足的雇佣条件,或者,雇主发布的招聘广告可以被合理地理解为该工作仅面向工会会员。[①] 其他针对工会会员的雇佣保障手段也遭到了类似的禁止,雇佣代理机构不得再拒绝向一个非工会的求职者提供服务,[②] 雇主也不得再与工会签订协议,该协议只将就业岗位仅提供给工会提议或同意的人。

451　　上述限制性法律规定对"只雇佣工会会员"制度的适用带来巨大影响。该制度经受了 20 世纪 80 年代日益加剧的限制,在 1984 年采用"只雇佣工会会员"制度的公司中,约 3/4 在 1990 年仍有一些协议,这主要是由于 20 世纪 90 年代对协议的支持在逐渐减弱。如上文提到,至 1998 年,仅有 1⁄5 的雇主继续采用某种程度的"只雇佣工会会员"制度。然而,一些行业,如戏剧和广播这种需要大量的专业技术劳动力存储的行业,意味着"雇佣前'只雇佣工会会员'制度"提供了很有价值的稳定影响,而如果"只雇佣工会会员"制度被禁止,这一影响就可能丧失。值得注意的是,政府拒绝在这些规定的范围内引入专业协会。

452　　上述规定的限制性影响通过法院在一些案件中的赔偿裁定而得到加强,在这些案件中,解雇依据这些规定而被裁定为不公正。另外,在雇佣法庭解决纠纷前通过临时救济程序继续履行雇佣合同的可能性也强化了前述限制性规定的影响。如果雇主基于某人的非工会会员身份而拒绝雇佣某人,法庭可能会判决雇主支付赔偿金,赔偿金最高额不超过普通的不公正解雇案件的最高赔偿限额(从 2006 年 2 月起为 5.84 万英镑),对赔偿金额的估算以违反法定义务造成的损失为基础。此外,法庭还可建议被告采取一定措施避免或减轻对原告造成的不利影响,包括建议雇主向雇员提供其他的工作职位。如果雇主拒绝遵循上述建议,法庭可以提高赔偿金额,直至上

---

①　1992 年《工会与劳工关系巩固法案》第 137 条。
②　1992 年《工会与劳工关系巩固法案》第 138 条。

述最高限额。① 如前文所述,如果解雇或拒绝雇佣是出于工会施加压力,求职者与雇主都可能将工会作为被告或者诉讼第三人。显然,当有必要维护"只雇佣工会会员"制度时,工会经常直接或间接地以劳资行动相威胁。在这种情况下,法庭可能会对工会判决赔偿责任,或者判决工会与雇主共同承担赔偿责任。

第五节　被工会开除

453　对工会内部事务进行干预,是 20 世纪 80 年代和 90 年代保守党政府立法的标志之一。其中,最具干预性的是规定"工会会员非因特定理由不得被开除"的权利,该权利最先在 1980 年予以确认。这样的规定意味着,只有雇员不能满足工会规则的情况下,开除或者除名才能发生。而这些规则就是雇主通过对职业、资格、经验、雇主、工作地点或特定的个人行为方式的规定来限制工会会员资格。② 因其他原因被工会开除或除名的雇员有权向雇佣法庭提起诉讼,雇佣法庭可能会宣判开除是非法的。这些法定条文对于工会对其内部事务的自治权没有给予重视和信赖。于是,立法并不要求职工在向法庭起诉前必须利用内部解决争议程序。这可能与严格的普通法规则(工会遵守其自身规则)形成鲜明对比。一般认为,原告不必证明其被拒绝给予某一特定工作,他只要证明自己正在寻找某一行业的工作就足够了,而该行业与"只雇佣工会会员"制度有关。③

454　如果工会接收或重新接收了某人,那么他(或她)可以向雇佣法庭申请赔偿。如果在法庭宣判诉讼理由成立后,工会仍不接收或重新接收某人,那么他(或她)可以向雇佣上诉法院起诉要求赔偿。两个法庭都应该以在当

---

①　1992 年《工会与劳工关系巩固法案》第 140 条。
②　1992 年《工会与劳工关系巩固法案》第 174—177 条。
③　Clark v. NATSOPA(Sogat' 1982)［1985］IRLR 494(EAT)。

时情形下他们认为公正的数额判决赔偿,最高赔偿限额均为 5.89 万英镑,但雇佣上诉法院的最低赔偿限额是 5500 英镑(从 2001 年 2 月起)。赔偿金包括了雇员的收入损失、在"只雇佣工会会员"行业损失的收入机会,以及非金钱损失,例如因被拒绝成为工会成员而遭遇的情感伤害以及生活苦恼。[①]如果是原告自身导致或促使了工会对他(她)的拒绝或者开除,且原告有义务减轻自己的损失,那么在这种情形下的赔偿金则会相应减少(普通法对工会及其成员关系的控制见下文所述)。但是,对于"不被无理开除或驱逐的权利"的行使几率并不大。[②]

第六节　总工会独立审查委员会

455　1976 年,总工会(the TUC)设立了一个志愿性组织,即独立审查委员会(the Independence Review Committee/the IRC),用来代替在"只雇佣工会会员"制度存在时对工会内部事务的法律控制。不过,由于取消了对那些不执行"只雇佣工会会员"制度的雇主的法律保护,独立审查委员的工作在很大程度上被取代,目前,甚至不再发挥任何作用。

第七节　"仅限于工会"的实践

456　除了"只雇佣工会会员"制度,另外一种支持工会会员及工会认可的方式就是"仅限于工会"(union-only)或"仅限于认可"(recognition-only)的实践。也就是,提供货物与服务的合同受制于这样的条件:供应方的雇员必须是工会会员,或者供应商认可工会,并与工会展开了协商和咨询。例如,

---

①　Howard v. NGA [1985] ICR 101(EAT). 比较不公正解雇情形中,精神损害得不到赔偿。
②　例如,根据《咨询、调解及仲裁服务局 1990 年年度报告》,雇佣法庭在 1990 年只受理了四件这样的案件。

在 1982 年,约 1/8 的地方机构对手工劳动力施加了这种要求。[①] 作为当前政府阻止支持维持工会会员的部分策略,1982 年的《雇佣法》禁止了这些实践做法。[②] 立法禁止从以下三方面入手。第一,在商品或服务供应合同中要求"仅限于工会"或"仅限于认可"的条款是无效的。第二,以下情形下产生以对方违反法定权利为由的诉讼权利:当一个人从供应商名单或者从受邀请的投标者名单中被排除出去,供应合同被终止或者一个人没能获得供应合同的原因是他没有认可工会或与工会开展协商与咨询,供应合同要求的工作可以由非工会会员履行。任何遭遇了不利影响的人都有起诉权。这些主体包括了受到影响的供应商的分包商,或者由供应商导致的被裁减雇员。第三,1982 年的《雇佣法》规定了特殊情形,即劳资行为试图对雇主施加压力使"仅限于工会"或"仅限于认可"做法得到维持,此种情形不像其他类型的劳资行为那样获得"免除民事责任"的保护。到目前为止,还没有出现适用该条规定的案例。这种对非工会主义(non-unionism)的明显偏好得到 1988 年《地方政府法》的进一步强化,[③] 该法案禁止地方当局及其他几个公共服务机构在起草投标者名单、选择缔约方或者合同分包商或终止合同时,将"非商业事项"(non-commercial matters)作为选择标准。[④] 而且,立法列举的"非商业事项"范围广泛,包括自由结社的条款、对相关劳动力的雇佣条件、缔约方是否完善了平等的机会与政策。任何因政府机构违反上述规定而遭受损害的人,都有向政府机构索赔的权利。工党政府没有对上述规定进行大的修订,唯一的相关规定是,政府有权根据指令规定所列举的任何事项不再作为"非商业事项",从而在合同订立过程中获得许可。[⑤] 不过,工党政府并未根据这一规定颁布过任何指令。

---

①　M. 英厄姆、汤姆逊:《地方管理部门的劳资关系模式》(Ingham, M. and Thomson, A., *Dimensions of Industrial Relations in Local Authorities*, University of Glasgow, 1982, Table 5A)。

②　1992 年《工会与劳工关系巩固法案》第 144—145 条。

③　克拉克、韦德伯恩勋爵:《劳动法与劳资关系:以卡恩-弗罗伊德为基础》,牛津,1983 年,第143 页(J. Clark and Lord Wedderburn in *Labour Law and Industrial Relations*: *Building on Kahn-Freund*, 1983, p. 143.);同时参见:埃文斯与刘易斯之著述,载《劳资法律杂志》[S. Evans and R. Lewis ILJ (1988), 209]。

④　1988 年《地方政府法》第 17 条。

⑤　1988 年《地方政府法》第 19 条。

第二章　工会与雇主协会

第一节　工会会员

457　在20世纪80年代,英国工会遭遇了保守党政府明确的挑战,即政府致力于削弱工会在工作场所的影响,并将工会排斥在国家政治代议制之外。这些政策,再加上高失业率,使得工会的地位与其在20世纪80年代初相比弱势了很多。这种退化在工会会员数量的变化上表现得很明显。历经了多年的稳定增长后,英国工会会员人数在20世纪80年代急剧下降。[①] 在1989年,工会会员人数仅为1020万,与1979年的1330万的顶峰相比,下降了24%。到90年代末期,这种下降趋势毫无逆转的迹象。尽管工会努力地从兼职劳动者和女性劳动者这样的"非典型性"劳动者中招募新会员,但工会会员数在1989年的减少,是自1979年以来的连续第十次下降。人数减少的趋势一直延续到20世纪90年代,1998年,工会会员数达到790万(自1979年以来的第一次增长,但0.6%的增长率,在统计学的意义上并不大)。工会会员密度(union density,即工会会员占雇员的比例)亦存在类似情况。劳动力调查(Labour Force Survey)的数据表明,工会会员密度自1989年的39%(不包括自雇雇员)下降到了1998年的29.6%,1999年稳定保持在29.5%左右。男性雇员的会员密度(1999年是31%)大于女性雇员的会员密度(28%)。工作场所劳资关系调查(Workplace Industrial Relations

---

　　① 此处及之后段落的数据来自,米尔沃德、布赖森、福思:《都在工作中改变?》(Millward, N., Bryson, A and Forth, J., *All Change at Work?*, Routledge, 2000)。

Serveys)① 的持续研究表明,尽管经历了大规模的私有化和企业重组,能源和供水行业依然保持着最高的工会会员密度。而商品零售、旅馆和餐饮服务行业的工会会员密度则最低。近年私营企业的工会会员密度下降最为剧烈,至 1998 年,私营企业的工会会员密度比公营部门的会员密度小一半。因此,私营企业的总体工会密度从 1980 年的 56％下降到了 1990 年的 36％,并在 1998 年进一步下降到 26％。现在,只有 2％私营企业里的工会会员密度超过 90％,而在 1980 年这类企业的比例是 17％。不过,公营部门的工会会员密度也存在着大幅度下降的问题,事实上,工会会员的总体密度在 1990—1998 年间下降幅度最大。在此期间,会员密度从 1980 年的 84％下降到 1990 年的 72％,到 1998 年又骤减到 57％。米尔沃德(Millward)及其同事对这种现象的原因进行了分析。他们认为原因是多方面的,其中有三个原因最值得强调。第一,20 世纪 80 年代,立法对"只雇佣工会会员"制度持续地限制,并于 1991 年达到顶峰。1980 年,有 23％的工作场所对一些雇员适用了"只雇佣工会会员"制度,而到了 1998 年,这一比例下降到了1％。第二个重要的原因涉及工会得到认可的程度。在工会得不到认可的工作场所,工会会员的密度很低,但在工会得到认可的工作场所,会员密度高达 53％。这意味着,对工会予以认可的企业数量的急剧下降,是导致总体会员数量减少的重要原因。1980 年,有 64％的企业认可工会,而到了1998 年,这一比例降到 42％。不过,值得注意的是,公营领域对工会的认可程度依然较高,尽管认可机构的比例从 1980 年 94％的高位有所下降,但在1990—1998 年期间,仍然保持在 87％的水平。这就意味着,对工会认可程度的下降几乎是属于私营企业的现象。与此同时,一个最为引人注目的发现是,即便是在工会得到认可的工作场所,工会会员密度亦自 1990 年的66％下降到了 1998 年的 53％。第三个原因涉及组建成熟的工作场所和新建立的工作场所之间的区别。新建立的工作场所的工会会员密度往往更

---

① 《认证官员年度报告(1991 年及 1999—2000 年度)》(*Anual Report of the Certification Officer 1991 and 1999－2000*);1991 年 6 月《就业公报》第 337 页(Employment Gazette, June 1991, p. 337)。

低。而在公营部门中,私有化的影响特别大,因为许多实施了私有化改组的
公营部门工作场所在私有化之前拥有很高的工会会员密度。我们暂时还不
能断定,1997 年以来的政治环境是否已经减缓或逆转了工会会员人数及会
员密度的下降趋势,或者,是否新的法定认可程序会有助于这种改变。

第二节　工会组织结构

458　　自 2000 年起,工会会员出现了向更少但更大工会集中的趋势。1920
年,工会的数量是 1384 个,而 1973 年则下降到了 519 个,2000 年是 243
个,2005 年是 187 个。这一数据的变化反映了工会会员处于不断合并和流
转的过程。1998 年,80％的工会会员隶属于 16 个最大的工会(每个工会拥
有的会员达到 10 万人以上)。其中,最大的工会是英国 1993 年由医务工作
者联合会、全国地方政府公务员协会和全国公务员联合会合并而成的一个
联合工会(UNISON),它包括 127 万名成员。与此同时,大量的小型工会仍
然存在。1998 年,几乎有一半的工会的会员数少于 1000 人,这些工会的会
员总数仅占全部工会会员数的 0.4％。会员集中的趋势因多种压力而增
强,包括通货膨胀及工会会员减少导致小型工会的资不抵债,技术发展给传
统手工业带来的侵蚀,以及一些工会采取积极的扩张政策。海曼(Hyman)
评论说:"20 年前的英国工会会员模式,与 19 世纪末 20 世纪初的模式区别
不大,即工会由一小撮具备 19 世纪英国资本主义性质的、工艺传统单一的
行业所控制。在 20 世纪 80 年代,工会主义的基础更加广泛,在一定程度上
反映了传统优势行业的衰落和新型就业方式的成长,也在一定程度上反映
了工会会员密度在曾经的弱势领域中的增长,特别是在公营部门中的发展。
雇佣和加入工会中的职业转变导致了目前'白领'组织的突出地位。"① 特别

---

① 　R. 海曼之著述,载《不列颠劳资关系》(编者:G. S. 贝恩)第二章,牛津,1983 年,第 35—36
页。(Hyman. R,Ch2 in G. S. Bain ed., *Industrial Relations in Britain*, Oxford 1983,pp. 35—36.)

需要注意的是性别构成在工会会员中的变化。在 2000 年,女性会员占到全部工会会员的 40％,与 1960 年的 20％ 形成鲜明对比。同时,女性雇员的工会会员密度达到了 28％,而男性雇员的工会会员密度达到 31％。

459 英国主要有三种工会组织:手工业工会、工业工会以及综合性工会。但运用这种分类必须慎重,因为许多大型工会是跨类型的。手工业工会由特殊技术的雇员构成,这类工会在印刷、工程、造船和建筑行业中尤为重要。一些工会被认为是手工业工会,尽管其会员的技术是在技术推广过程中向经验丰富的工人学习的,而不是通过学徒制学到的。这种工会实际上具备工业工会的可能性,因为它包括了某工业领域的大部分劳动者,如钢铁领域内的工会,钢铁行业联盟(the Iron and Steel Trades' Confederation)。

460 英国现存的工业工会不多。传统上,英国最接近工业工会定义的是全国矿工工会(the National Union of Mineworkers),在民主矿工工会(Union of Democratic Mineworkers)于 1985 年成立之前,全国矿工工会包括了全国煤炭委员会(the National Coal Board)的绝大部分雇员,这些雇员有体力劳动者、文职人员和一些管理人员,尽管后者中的大多数属于一个单独工会。其他声称符合"工业"标准的工会,包括通讯职工工会(the Communications Workers Union)以及银行、保险和金融联合会(UNIFI)。

461 综合性工会不对其会员的技术、行业或者工种作任何特定要求,包括运输与普通职工工会(the Transport & General Workers' Union)、通用与市政锅炉制造商联合会(GMB)。在有些行业,综合性工会几乎吸纳所有员工。在有些行业,综合性工会仅包含具备一定职位或级别的雇员。在有些行业,综合性工会包含白领雇员。在有些行业,综合性工会与其他类型工会之间存在竞争。综合性工会几乎覆盖了所有产业。代表性的制造业职工工会,即工程和电力联合会(the Amalgamated Engineering and Electrical Union),也几乎覆盖了所有工业领域,不仅包括了大部分有技术的维修工人,也在逐渐增加吸收技术水平较低的职工。结果,那些声称的综合性工会和以前的技术手工业工会出现了交叉。所有大型工会都对技术人员和白领雇员越来越感兴趣。确实,在 1988 年,大型白领雇员工会、科技和管理人员联合会 (the Association of Scientific Technical and Managerial Staffs),与工程工会里 的技术部门、行政部门和监管部门相合并(AEUW-TASS),形成了制造、科学 和金融联合会(the Manufacturing Science and Finance/MSF),它是目前最大的 工会之一。近年来,工会发展的主导趋势是跨行业工会会员模式。

第三节 总工会

462 英国的总工会(the Trade Union Congress/TUC)成立于 1868 年,它 缺乏其他国家的工会中央机构所拥有的权力。然而,它有一点在西欧国家 是独特的,即它是唯一几乎将所有重要工会都纳入其中的工会联合会。 1999 年,它有 74 个附属工会,会员总数达到 680 万人以上。[①] 在 20 世纪 70 年代中期,总工会在由工党政府主导的社团决策制定程序中发挥了核心作 用。然而,总工会的影响及地位在保守党执政期间被削弱了,且新上台的工 党还未复兴它的往昔地位。不过,根据社会对话(the Social Dialogue)程 序,总工会在欧盟发挥着越来越重要的作用。社会对话程序赋予欧盟总工 会重要的决策权,而英国的总工会是欧盟总工会中的活跃成员。

463 按其章程规定,总工会有权干预其附属工会间的法律争议。1924 年,总工会首次制定了系列原则来避免工会间的纠纷(the Hull Main Prin-ciples,即赫尔曼原则),该原则于 1936 年在布里德灵顿(Bridlington)年度 大会上得以修订。"布里德灵顿"原则(后来得到了修订)建议工会就各自的 影响范围、对附属工会组织的会员的认可以及会员在工会之间的流转达成 协议。这些原则禁止附属于总工会的工会在以下情形发起有组织的劳工活 动:附属于总工会的另一工会已经组织了该组织的绝大部分职工参加活动,

---

① 国家统计局:《不列颠 2001:英联合王国官方年鉴》,2001 年,第 159 页。(National Statis-tics, *Britain 2001*, *The Official Yearbook of the United Kingdom*, HMSO, 2001, p.159.)

并且代表这些职工进行谈判。然而,当一个工会的组织变得"非常困难"时,大多数工会会员不再有保护它的义务。上述原则还致力于预防工会从其他工会中"挖走"会员,直到 1993 年,还有这样的要求,即工会应该拒绝接受曾经是或近期已是另一成员工会的会员的入会申请,除非原来所属的工会表示同意。"总工会内部争议委员会"(TUC internal Disputes Committee)有权作出如下裁定,即通过违反上述原则而被接受为工会会员的个人应当被开除。只要该裁决得到了工会规则的授权,那么普通法对该裁决予以认可,裁决由此具有法律效力。不过,根据工会成员不受开除或驱逐的法定保护(见《工会与劳工关系巩固法案》第 174 条),这些原则必须得到修正。相关的修正如今包含在 2000 年的版本中,不过,修正后的原则仍有如下要求,即工会必须确保它们不会在未得到其他工会允许的情况下故意地、积极地从其他工会原有的或近期的成员中发展自己的成员。如果其他工会对某工会的会员招募提出反对,那么被诉工会有道德上的义务就其对原告遭受的收入损失提供赔偿,这些损失是被诉工会故意或积极地招募原告工会的成员导致的。诉求可向"总工会内部争议委员会"提出,但该委员会如今只有命令经济补偿的权力,而无开除工会成员之权利。纠纷委员会必须举行一场必要的听证会,它做出的裁决对于附属工会是有约束力的。有些惩罚,包括对工会的暂时中止,可以提交到总理事会(General Council)来执行,当然只有在它们得不到遵守时才有这样的必要。不过,这些裁决并无法律上的强制力,因为一般的观点是,总工会章程和布里德灵顿原则都没有建立法律关系的意向。

第四节 工会联合

464 另一种应对多重工会主义的负面影响的方法是,在特定行业中组建工会联合会,如造船和工程工会联合会(the Confederation of Shipbuilding & Engineering Unions)。这些联合会处理几个行业中的谈判事宜,并采取联合政策。存在联合劳资委员会(Joint Industrial Council)的特定行业(见下文第四章)有进一步的合作形式。这种合作就是通过召开联合会议及由全体工会指定联合秘书处的途径而实现,其中所涉工会都是在联合劳资委员会中维护"劳工"利益的工会。

465   也许,削减多重工会主义的最重要方式就是工会之间的联合。工会总数在下降,且这种趋势可能继续发展。对此,工会联合发挥了重要作用。自 1876 年以来,就有立法促进工会联合,相关规定现在可见于 1992 年的《工会与劳工关系巩固法案》第 97—106 条。该法案规定了两种工会合并方式,即联合和会员转让。第一种方式要求参与联合的工会中的大多数表决会员的同意,而第二种方式仅要求进行转让的工会的会员投票表决。为确保每一会员都有适当的投票机会以及对相关条款有充足了解,法案特定为投票行为制定了明确的最低标准。工会会员可向认证官员提起控诉,并有权向雇佣上诉法院提起上诉。

466   例如,1999—2000 年间就出现了 10 起工会合并案例,涉及 50.837 万名工会会员。这种合并可以达到很大规模。1993 年,在公共服务行业的三个主要工会组成了 UNISON,这三个工会分别是医务工作者联合会(the Confederation of Health Service Workers/COHSE)、国家及地方政府官员协会(the National and Local Government Officers' Association/NALOG)和公营领域雇员国家工会(the National Union of Public Employees/NUPE)。同样,在 1999 年,银行保险与金融工会、UniFI 高速无线网络服务工会、NatWest 银行职工协会(the NatWest Staff Association)进行合并,由此形成了联合工会 UNIFI。然而,合并的结果并不是将工会的组织结构简单化。相反,它有助于产生覆盖所有行业的大型工会,例如运输和普通职工联合会、通用与市政锅炉制造商联合会(GMB)、工程和电力联合会。克莱格(Clegg)教授指出:"合并结果并未使工会组织合理化,而是增加了复杂性。"①

---

①   克莱格:《大不列颠劳资关系的变迁机制》,伦敦,1979 年。(Clegg, H. A. *The Changing System of Industrial Relations in Great Britain*, London, 1979.)

第五节　工会的定义和目标

467　从法律目的上来说,只有当一个劳工组织符合 1992 年《工会与劳工关系巩固法案》第 1 条的定义时,它才能被称为"工会"。据此,属于工会的组织(可能是临时的也可能是永久的)必须具备以下条件:(1)其成员全部或大部分属于一种或多种劳工,且(2)该组织的主要目的包括调整上述类型的劳工与雇主及雇主协会之间的关系。可见,尽管该定义非常广泛,足以将专门谈判委员会包括在内,但成为工会的组织必须直接涉及与雇主的谈判,一个仅仅意在支持罢工或施加政治影响的机构不能算是工会。

468　然而,该定义并没有对工会的目的带来限制。一个工会可在其章程手册中规定任何合法目的,包括政治目的。事实上,许多工会的确都将生产资源社会化或支持劳工党纳入其目的之中。从这方面看,1974 年确立的"工会"定义能澄清一个长期存在的争议,即工会应该追求的是目标,而不是劳资关系处理。

第六节　实现政治目标的经费

469　不过,工会支持政治目的的自由受到一些限制。1909 年,在奥斯本案(*Osborne* case)中①,上议院裁定,工会无权向其会员征收款项以支持劳动代表委员会(the Labour Representation Committee),即劳工党的前身。但1913 年的《工会法》通过规定工会可以拥有任何合法目的而有效地推翻了

---

　　①　Amalgamated Society of Railway Servants v. Osborne [1910] AC 87;同时参见,尤因:《工党工会与法律》,爱丁堡,1982 年。(Ewing K. D., *Trade Union the Labor Party and the Law*, Edinburgh, 1982.)

上议院的裁定。同时,该法案还规定了工会为实现政治目的而筹措经费时必须遵循的复杂条件。这些条件的目的是保护工会内部的政治异议者。作为保守党政府限制性立法计划的部分内容,维持政治基金的条件实际上被制定得更加苛刻。这些条件如今包含在 1992 年《工会与劳工关系巩固法案》之中。

470   如果工会希望在法案所定义的"政治目的"上花费资金,它就必须为此目的设立一个独立的基金(即"政治基金")。但是,只有大部分会员在秘密投票中都对基金予以支持时,"政治基金"才得以设立。1984 年以前,维持这项基金不需要另行投票。但从 1984 年起,立法要求政治基金必须在每十年一次的投票中得到多数会员的支持。① 若在该法案生效时(1985 年 3 月 31 日),工会的政治基金已经存在了九年以上,那么新一轮的投票必须在法案生效时起 12 个月内进行。投票必须全部采用邮寄形式,并任命一名独立的监票人来监督选举过程。这种投票给工会带来了较大成本。法案还规定了政治基金时受到的控制。认证官员必须批准基金管理规则。此外,建立这项基金只能依靠专为政治目的的捐款,且它不可出现财政赤字。

471   如果没有举行投票表决,或者大部分会员投票反对设立政治基金,那么工会则不能将经费用于法案规定的"政治目的"。因此,"政治目的"的定义尤为关键。1984 年法案对这一定义进行了修订和扩大,包括直接或间接用于"政党政治"事务的花销,这里的政党政治事务包括向某政党捐款,向政党、选举候选人以及执政者办公室提供服务和财产。此外,若一场会议旨在达成与某政党相关的交易,那么它必须依靠政治基金来筹办,如果某广告、文学作品、电影或录音的主要目的都是为了劝说人们向某一政党或候选人投票或不投票,那么它们的性质也一样。② 而最后一项规定让人们产生以下担心,即,没有政治基金的工会就不能组织活动反对政府政策,即便是涉及直接影响工会成员的事宜,比如国有企业的私有化。这种担心在"国家与

① 1992 年《工会与劳工关系巩固法案》第 71—96 条。
② 1992 年《工会与劳工关系巩固法案》第 72 页。

地方政府官员协会诉保罗和弗雷泽案"① 中得到部分证实。1987 年的地方选举开始前不久,国家与地方政府官员协会(现为 UNISON 的一部分)发动了一场传单运动,讨论政府在公共服务领域削减开支及实施私有化可能带来的影响,该协会在当时并未成立政治基金。这些传单向处于边缘地位的选民发放。这些开销后来被宣布为非法,其原因是:运动的时间安排表明其目的是劝诱人们如何行使自己的选举权。布朗-威尔金森(Browne-Wilkinson VC)强调,对政府政策的一时反对但不针对选举的行为,并不必然违法。然而,批判政府政策和劝诱公众选举之间的界线非常细微,且在任何情况下,没有设立政治基金的工会都无法在最有效的时候组织活动反对政府政策。于是,几家公共服务行业的工会,包括国家与地方政府官员协会和至少四个公务部门的工会,都投票赞成设立政治基金,且公共服务联合工会(UNISON)也决定保留政治基金。

472 如果政治基金的设立获得批准,那么工会会员通常要交纳一定的政治募集款,除非他们选择"订约不参加"。政府并未制止工会作出以下建议,即会员必须"订约参加"政治募集金。不过,工会会员必须被明确告知其有权"订约不参加",同时他们在行使该权利时不受歧视。如果工会违反上述规定,工会会员可向认证官员提起申诉,同时有权就相关法律问题向雇佣上诉法院提起上诉。此外,总工会发布了一项《指导声明》(Statement of Guidance),旨在鼓励工会确保其会员在"订约不参加"的过程中不受任何阻碍。1992 年的《工会与劳工关系巩固法案》第 86 条要求雇主确保政治募集金不是从"订约不参加"的工人的工资里面扣除来的,且这类雇员已经证实,他们已告知了工会自己反对为政治基金做出贡献,同时第 87 条赋予了该雇员在雇佣法院对雇主提起诉讼的权利。

473 尽管上述法规并未提及某一特定政党,但在传统意义上,工党是政治基金的最大受益者。事实上,保守党政府希望通过进行定期投票来削弱工

---

① NALGO v. Paul and Frasr [1987] IRLR 413.

党的利益。然而,投票前举行的活动增强了工会会员的政治意识,而且,在拥有政治基金的工会中,绝大多数会员都投票赞同保留政治基金。此外,还有不少工会(在 1988 年仅有 8 个)首次设立政治基金。仅在 2000 年 3 月 31 日,36 个设立政治基金的决定在生效之中。1999 年,人们举行了两次审查性投票以修订已生效 10 年的决定,在两次投票中,超过 80％的工会会员支持保留政治基金。但是,在 1999 年一次由公务与商业服务工会公务部门工会(PCS)组织的投票中,大多数会员都投票反对设立新的政治基金。至 1998 年末,政治基金的总额已达 158 万英镑。[①]

第七节　工会的法定分类

474　　认证官员掌管着工会名录(见第 78 段)。这种目录制度并不像 1971 年《劳资关系法》规定的注册制度那样具有干预性。因为,根据该法案的规定,工会注册是行使各项集体谈判权的前提条件,与此相伴的还有对工会内部事务的高度控制。注册制度于 1974 年被废止,故名录制度自动适用于被法案定义为"工会"的任何组织,只要该组织遵循了简单的形式要求。[②] 名录制度的最大优点是,列入名单的工会可以就其受益的基金收入获得减税,它亦可申请独立证书。如果认证官员决定拒绝将某工会列入名单,或将其除名,该工会有权就相关事实和法律问题提起申诉。

475　　对于被列入名单的工会来说,为了行使和保障工会成员和官员的权利,取得独立证书至关重要。该证书是对工会的独立地位的权威证明。工会需要这种证书以满足以下目的:(1)行使信息披露的权利;(2)就集体裁员提供咨询;(3)任命安全代表;(4)就职业津贴方案接受咨询;(5)就企业的流

---

①　《认证官员年度报告:1999—2000 年度》(*Annual Report of the Certification Officer, 1999-2000*)。

②　1992 年《工会与劳工关系巩固法案》第 123—125 条。

转接受咨询;(6)就培训提供咨询;以及(7)缔结纪律惩戒协议,取得国务大臣的免责资格。此外,参加工会和工会活动的权利,以及为工会活动而请假的权利,都仅为独立工会的成员享有。1992的《工会与劳工关系巩固法案》第5条对"独立工会"做了如下定义:

(a)不受制于某个雇主,或者某一群雇主,或者一个或以上雇主协会;

(b)没有义务接受某一雇主、某一群雇主或者雇主协会(向雇主提供资金、物质或其他任何形式的支持)为达到控制目的而实施的干预。

惟有认证官员有权决定一个工会组织是否符合上述定义,不过相关工会有权就事实和法律问题向雇佣上诉法院提起上诉。

476 有一类特殊的组织享有大体上与工会同样的权利,它们是特别注册的机构。不同于普通工会的是,这些机构是法人组织,即,或者是根据有限责任公司法而注册成立,或者依据皇室特许或特许证书而组建。这种机构主要在公共服务领域,比如,皇家护理学院(the Royal College of Nurcing),它们的主要目的在于维持职业标准,但近年来,它们逐渐加大介入与雇佣机构就雇佣条件而开展的谈判,常常与普通工会展开竞争。为了保护这些机构,《劳资关系法》规定了它们与工会的平等地位。后来的立法作出了相同的规定。[①] 然而,这类特殊登记机构的主要目的并不包括处理劳资关系,故它们不能被列入工会名单或申请独立证书。在私营企业中,这种机构的重要性相对较小。

第八节 工会的法律地位

477 工会(除了上述特殊注册的机构外)不是法人组织。这种性质导致几个困难。例如,如果工会无订约资格,那么工会会员合同的当事人又是谁呢?工会又怎么能被起诉呢?财产所有权在无法人地位的联合会中很复

---

① 1992年《工会与劳工关系巩固法案》第117条。

杂。为了解决这些困难，一系列案件使工会具有公司法人的特征。例如，在塔夫·韦尔(*Taff Vale*)案①中，上议院认为，根据1871年《工会法》登记注册的工会，应对其会员在罢工中受到的损害负责。同样，在奥斯本(*Osborne*)案②中，工会被看作是准公司法人，从而被适用越权原则(*ultra vires doctrine*)。议会的介入体现在两部法律中。1906年的《工会纠纷法》(Trade Disputes Act 1906)，使工会完全免于承担侵权责任(该制度在1971—1974年间被废止，从1982年起再度被废止)。1913年的《工会法》推翻了奥斯本案判决。但是，上述两部法案都没有解决工会法律地位这一潜在问题。1971年的《劳资关系法》得到短暂适用期间，工会被赋予了法人的地位，但这取决于工会是否愿意根据法案进行登记。

478　　现行模式于1974年引入，它恢复了工会的非法人地位。同时，它还解决了一些源于工会的非法人性质的现实问题。1992年法案规定：(i)工会有缔结合同的能力；(ii)属于工会的全部财产必须全部交由托管人来保管；(iii)工会有能力以自己的名义起诉和应诉；(iv)工会有责任以自己的名义接受刑事起诉，以及(v)可对为工会保管的任何财产，强制执行判决、裁定和命令。③然而，仍有一些问题无法得到解决。也许，工会可能不能为提起诽谤之诉的目的而享有公司法人的资格，④适用于非法人组织的越权原则仍适用于工会。⑤同样，工会也被裁定受制于福斯诉哈博特尔案确立的原则。⑥根据该判决，只有工会组织而非会员，能就工会遭受的违法行为以及

---

①　Taff Vale Railway Co. v. ASRS [1901] AC 426.

②　Amalgamated Society of Railway Servants v. Osborne [1910] AC 87(HL)，参见前文第410段。

③　1992年《工会与劳工关系巩固法案》第10条。

④　EEPTU v. Times Newspapers [1980] QB 585(QBD)；Derbyshire County Council v. Times Newspapers Ltd 1 All ER 1011 (HL).

⑤　Hopkins v. National Union of Seamen [1985] ICR 268(Ch. D.)；衡平分院；Thomas v. National Union of Mineworkers [1985] 2 All ER 1(CH. D.)；Taylor v. National Union of Mineworkers [1985] IRLR 99 (Ch. D.)；温德伯恩的著述，载《劳资法律杂志》[Wedderburn14 *Industrial Law Journal* (1985),127].

⑥　Foss v. Harbottle(1843) 2 Hare 461.

内部违规行为提起诉讼,除非会员的个人权利受到侵害,或者侵害行为属于欺诈或越权性质。①

第九节　工会承担的侵权责任

479　在 20 世纪大部分时间段,工会都享有免于承担侵权责任的法定权利。② 就"促成或激化劳资争议"的过错而言,工会享有的豁免权比个人享有的更广泛(见下文 484 段)。工会的豁免权并不仅限于特殊侵权行为,也不仅限于"促成或激化劳资争议"的过错。因而,劳资行动过程中发生的侵权行为的责任常常被归咎于个人组织而不是工会,尽管工会通常都从财政上支持个人组织并满足相关判决的要求。1982 年带来的最大改革是废除了工会享有的豁免权,使得工会像个人一样受制于侵权诉讼,除非是在1992 年《工会与劳工关系巩固法案》第 29 条规定的豁免条件得到适用的情形,当然该条规定的豁免受到更多限制。工会享有的豁免权在 1984 年受到进一步限制,根据当年法律第 29 条的规定,那些在实施劳资行动时没有遵循法定投票要求的工会,不能享有侵权责任豁免。后来的立法作出了更严格的限制,包括对工会提起诉讼的独立权利。所有这些规定对劳资关系影响巨大,特别是在诉讼未决期间可对工会发布禁令。近来的经验表明,雇主更加愿意运用法律救济,包括向法院请求"禁止令"及寻求损害赔偿。③

---

① Cotter v. National Union of Seamen [1929] 2 Ch. 58.

② 1906 年《劳资纠纷法》第 4 条,被 1971 年《劳资关系法》废止。更多的豁免情形包含于1974 年《工会与劳工关系巩固法案》第 14 条,该条于 1982 年被废止。

③ 埃文斯·史蒂芬:"禁止令在 1982 年 5 月—1987 年 4 月劳资纠纷中的运用"[Evans, Stephen, 'The use of injunctions in Industrial Disputes May 1984-April 1987', *British Journal of Industrial Relations*, 25(1987), p. 419];《劳动研究》[*Labor Research*, 77(1987), p. 7]; B. 辛普森:"劳动禁令、非法措施及罢工权"[Simpson, B., 'The Labour Injunction, Unlawful Means and a Right to Strike', *Modern Law Review*, 50(1987), pp. 506—516]。

480 既然工会只能通过其官员和会员采取行动,那么有必要确定工会在何种情况下对其官员和会员的侵权行为负责。在普通法中,上议院在 1972 年著名的希顿运输(圣·海伦)有限责任公司诉运输与普通职工工会一案①中,为工会对其会员行为应负的责任范围确立了宽泛的标准。即,在工会必须为工会管事(工厂或公司中由工会选举出来与雇主打交道的代表)未经批准的行为承担责任。该标准的理论基础是,工会管事享有以工会名义行动的一般权限和自由裁量权。所以,工会只有在明示禁止其会员从事特定活动时才能免于责任,这里的明示禁止行为可以是对会员的纪律约束或取消工会管事的资格。该判决就将工会置于了一个尴尬境地,即它不得不监管集体协议和针对自身会员的规则,② 这些普遍性规则的部分内容被产生于 20 世纪 80 年代的法规所取代,现在包含于 1992 年的《工会与劳工关系巩固法案》中。如果劳资行为的召集符合以下情形,则该行为被视为得到工会的授权或认可:(a)召集人的行为得到法规授权;(b)由工会执行委员会、工会主席或工会秘书长召集;或(c)召集者为依法组建的其他工会委员会,或其他任何工会官员,无论是否被雇佣。③ 工会应在(b)和(c)情况下承担责任,即便没有法规授权上述委员会或官员召集劳资行动。只有在非正式劳资行动情况下,如果工会主席、秘书长或执行委员会否认此次行动,则工会可以被免于责任。但是,关于否认行动的规定十分严格。工会不仅要向召集劳资行动的委员会或官员提交预先否认的书面通知,还要向工会成员(工会有理由相信已经参加或可能参加劳资行动的会员)发出预先否认的书面通知。这种否定要求随后发展得更加严格:上述通知还必须提交给参加劳资行动的会员的雇主,而且,若被要求,工会还要向商业合同(合同履行将受到劳资行动的影响)的当事人提供该通知。此外,先前的否认可能因工会后

---

① *Heaton's Transport (St. Helens) Ltd v. TGWU* [1972] ICR 308, HL.

② 卡恩-弗罗伊德:"1971 年劳资关系法:对法律效果的回应"[Kahn-Freund, O., 'The Industrial Relations Act 1971-Some retrospective reflections', *Industrial Law Journal* 3 (1974), 186 at 188]。

③ 1992 年《工会与劳工关系巩固法案》第 20 条。

来与通知不符的行为而失效。上述复杂规定为许多工会带来了严重的两难选择题。"工会能否依靠地方化的谈判以及成千上万非专业活动者的行动来集中控制程序,以便阻止各种潜在的非法劳资行动,而不与它所依赖的非专业活动者疏远?"[1] 值得注意的是,该法定规则仅适用于劳资行动中的侵权行为,即引诱违约、恐吓以及共谋。由希顿案(Heaton's)建立起来的普通法概念继续适用于其他情形,比如,以非法手段妨碍或干预贸易的行为。

481　　为了规避破产风险,1992 年的《工会与劳工关系巩固法案》第 22 条限制了工会在侵权行为中的赔偿数额。在每个独立的诉讼中,如果工会会员少于 5000 人,原告所获的最高赔偿额为 1 万英镑,如果工会会员人数在 5000 人到 2.5 万人之间,原告所获最高赔偿额为 5 万英镑,如果工会会员人数在 2.5 万人到 10 万人之间,原告所获最高赔偿额为 12.5 万英镑。赔偿金额也会因时代不同而不同。工会的预期收益基金和政治基金(如果设有)都受到保护,与工会财产受托人、工会官员和会员的私人财产一样。但是,任何财产都不是绝对安全的,对于工会因蔑视法庭(即拒绝遵守法庭指令)而施加的罚款也无任何限制。而且,对损害赔偿金的限额也没包括败诉工会应负担的法律费用,且判决赔偿金的利息也不必受制于最高法定限额。[2] 1983 年,斯托克波特邮递员(the Stockport Messenger)向全国印刷协会(the National Graphical Association)提起的诉讼表明,与小雇主的简单冲突便可能对工会造成严重的财产损失,工会的损失可能高达其总资产的 1/10。在本案中,工会遭受的损失加上利息共计 13.1051 万英镑(这里包括已经证实的损失,以及扩大的间接损失)。[3] 随后,工会因不遵守禁令而构成蔑视法庭而遭受的罚款以及财产扣押的法律费用,又为前项损失增

---

① 特里、迈克尔:"1990 年年度评述论文"[Terry, Michael, 'Annual Review Article 1990', *British Journal of Industrial Relations* (1991), 104 at 109]。

② Boxfoldia Ltd v. NGA [1988] IRLR 383.

③ Messenger Newspaper Group Ltd v. NGA [1984] IRLR 397.

加了 67.5 万英镑。据统计,至 1985 年 12 月,该工会已损失了 10 万英镑。[1]
全国印刷协会随后在 1988 年,再次成为这种令人难以承受的赔偿主体,
法庭依最高法定限额判决了 25 万英镑赔偿金,同时加上 9 万英镑的利
息。

482 若工会拒绝支付损害赔偿金或因蔑视法庭而遭受的罚款,那么它将
面临资产被扣押的危险,扣押的后果是剥夺工会及其官员对工会基金和资
产的控制权,直到工会执行了法院判决,并向法庭"道歉"或"消除"了它对法
庭的蔑视。扣押工会资产日益成为实施法律的普遍手段。它在 20 世纪 80
年代对一些重大纠纷的解决中取得了突破性效果,包括 1984—1985 年间的
煤矿劳工纠纷,[2]1985 年印刷工人诉威平新闻国际社(News International
at Wapping)的纠纷,以及 1988 年的海员纠纷。在煤矿工人罢工中,工会财
产扣押制度得到了进一步运用。扣押令发出后,人们发现工会的大部分资
产都被转移到了国外,且扣押令不能对其形成控制。因而法庭下令取消工
会的信托财产管理人,并指定财产管理人取代其位置。[3] 这是破产事务管
理人第一次被强加于工会的情形。然而,1988 年的《雇佣法》强化和扩大了
破产事务管理人的运用。这反映了政府的一种希望,也就是把法院指定破
产事务管理人作为处理劳资纠纷的正常程序中。根据新的规定,工会会员
有权向法庭控告工会基金已经或可能被"非法"使用。[4] 当工会的信托财产
管理人违背法庭命令使用或提议使用工会基金时,法庭必须撤销所有的信
托财产管理人资格,除非有充足的理由使法庭不这样做。这一规定并不仅
适用于被法庭签发了命令的信托财产管理人,也可适用于那些向蔑视法庭
的工会提供了财政支持的工会。

---

[1] 《金融时报》1985 年 12 月 27 日(Financial Times, 27 December 1985)。

[2] 针对全国矿工联合会(NUM)的诉讼起因于工会规则被破坏,参见下文第 430 段。

[3] Clarke v. Heathfield [1985] ICR 203;《最高法院规则三十号》第 1 条(the Supreme Court Order, rule 1);韦德伯恩:《职工与法律》(第三版),第 737 页[Wedderburn, *The Worker and the Law* (3rd edn), p. 737];伊莱亚斯、尤因:《工会民主》,1987 年,第 119—132 页。(Elias and Ewing, *Trade Union Democracy*, Mansell, 1987, pp. 119－132.)

[4] 1992 年《工会与劳工关系巩固法案》第 16 条。

第十节　工会行为规则

483　英国的工会管理部分依赖于书面的正式规则,部分依赖于非书面的但已被明确理解的传统做法("习惯和实践")。不同工会的管理规则差别很大,而且表现出的明确程度也不一样。法庭已经表态,这些规则不是工会章程,它们可以通过习惯和实践加以修改。总工会指出:"习惯和惯例可在实践中对工会管理规则进行修正,也可以填补正式规则的空白。"①该观点得到上议院的采纳。

484　在 20 世纪的大多数时期,主要是法官塑造的普通法对工会规则进行调控。1971 年,作为法律调控的一般政策,《劳资关系法》对工会规则中需要特别说明的问题做了详细要求,但工会拒绝遵守。该要求中的一些强制性规定,被 1974 年和 1976 年的《工会和劳资关系法》废止了,但关于工会账目和会员年老退休安排的详细规定仍被保留了下来。目前,工会内部事务"自治主义"的回归反映了一种思潮,即单一的立法模式不能满足英国多种类型工会的需要。多诺万委员会(the Donovan Commission)号召对工会规则进行修正,不过该工作最终成为一种自愿行为。许多工会都提高了其管理手册的范围和明确性,但不同管理手册的差别依然很大。没有两个工会会采用相同的治理体制。

485　从 1980 年起,人们就不再信任工会自治的价值,立法开始大规模地侵蚀工会自治模式。尤其突出的是,政府在为工会建立更好"民主"制度的幌子下,将详尽的立法要求施加到大量领域。比如,工会被要求按规定形式选举特定职位的任职者,被要求在举行劳资行动之前要在会员中投票。立法还要求对政治基金举行定期投票。此外,根据立法,工会也不能惩罚或开

---

①　Heaton's Transport (St. Helens) Ltd v. TGWU(1972)ICR 308(HL).

除那些拒绝参加劳资行动的会员,即便大多数会员在投票中支持该行动。①
这最后一项规定严重侵犯了工会保护其会员的集体利益,并与政府所声称
的推进工会民主的目的相抵触。立法还规定,在适用"只雇佣工会会员"制
度时,工会不能无理地开除或驱逐工会会员和会员资格申请人。涉及工会
账目②及会员年老退休安排③的制度依然有效,到1988年又增加了两项权
利:第一,会员必须有查看工会账目的途径;④第二,当工会的财产受托人导
致或许可工会财产被非法使用时,工会会员有权对该受托人提起诉讼,获得
救济。⑤ 最后,专门立法还保护工人不因其肤色、种族、国籍、民族或原国
籍⑥、性别、婚姻状况⑦或身体残废⑧而遭到工会的歧视。

486　　与上述法律规定并行的是,法官发展出系列规则调整单个会员与工
会之间关系。普通法实施对工会内部活动的控制奠基于这样的理念,即,工
人一旦加入工会,就成了工会组织的合同相对人。这类合同同样需要遵循
合同法一般原则,同时也得到一些重大修正。专门适用于工会会员合同的
原则包括四个方面。首先,这类合同的规则不能按字面或像成文法那样去
理解,而是要对它们进行合理的解释,该解释须符合法院对于合同本意的看
法,还需考虑解释的主体、目的以及解释所针对的客体。⑨

487　　第二项与工会会员合同相关的原则是,在合同约定模糊的情况下,对

---

① 1992年《工会与劳工关系巩固法案》第64—67条;S. 弗雷德曼:"新权利:撒切尔时代的劳
动法律与观念"[Fredman S., 'The New Rights: Labour Law and Ideologyin the Thatcher Years',
OJLS 12(1992),24]。

② 1992年《工会与劳工关系巩固法案》第28条。

③ 1992年《工会与劳工关系巩固法案》第38—42条。

④ 1992年《工会与劳工关系巩固法案》第30条。

⑤ 1992年《工会与劳工关系巩固法案》第16条。

⑥ 1976年《种族关系法》第11条。

⑦ 1975年《性别歧视法》第12条。

⑧ 1995年《残疾歧视法》第12条。

⑨ Heaton's Transport (St. Helens) Ltd v. TGWU(1972)ICR 398(HL); British Actors Eq-
uity Association v. Goring [1977] ICR 393 (HL); Porter v. National Union of Journalists [1980]
IRLR 404 (HL)。

于规则的解释必须遵循不利于其制订者原则（*contra proferentem*）。尤其重要的是，工会不得对其会员采取惩戒措施，除非合同有这样的明示规定。当工会拥有这项权利时，它必须严格按规则来行使。即，工会必须遵守规则中的程序要求，只有按照规则有此权限的主体才能做出惩罚决定。法庭对此予以进一步的完善，引入了第三项原则——即施加公共政策原则。根据法官的解释，该原则的意思是，在法官认为公平时允许以公共政策替代或补充工会规则。近年来，人们已经发现了工会规则和立法规范间的相似之处，这些立法由部分工会会员起草并适用于所有工会会员，这也使得法庭对工会组织及其官员的活动的处理等同于政府机构的活动。于是，行政法规则便进入了对工会规则的合同分析之中。例如，法庭坚持认为，与行政机构一样，工会实施惩罚行为时必须遵守所谓的"自然公正"原则，即便工会规则与此相反。"自然公正"的概念与"正当程序"概念类似。它在本质上意味着，一个人受到严重过错的指控时，必须享有在一个没有偏见的机构前的公正听证的程序。而且，工会规则与行政法的相似性，导致法庭作出如下要求：工会官员及各委员会对其所享有的自由裁量权的实施必须出于正当目的。

488　最后，公共政策受到的最令人嫉妒的保护是，工会不能取消法庭作为法律问题的终局裁决者的权利。法庭表示，即使工会规则明文要求工会会员向法庭起诉前必须走完工会的内部救济程序，法庭却不需要遵守这项规定。在决定是否要干预相关案件时，法庭会对争议的实质进行考虑。如果争议涉及对规则的法律解释，法庭可能在当事人在用完工会规则中的"临时救济"程序之前就进行干预。

489　上述原则非常严格地适用于1984—1985年的矿工大罢工。在此期间，几名工会会员起诉工会，理由是工会没有按照规则的要求举行会员投票就宣布了罢工，工会由此构成对规则的违反。在好几个案件中，工会官员被认定为行为越权（即超越其权限范围），结果是，这些在罢工前的行为，如开除拒绝罢工的会员，或将工会基金用于罢工者的家庭，被认定为是违法的。法庭发布禁令（包括强制性禁令），要求工会停止非法活动。如果拒绝服从，工会将陷入蔑视法庭的诉讼程序以及资产被扣押的困境。①

490　1999 年的《雇佣关系法》确保认证官员（CO）成为因违反工会规则而引起的争讼中的主要审判者。该法案取消了保护工会会员权利的专员（the Commissioner for the Rights of Trade Union Memeber），并扩大了认证官员的权力，以处理一系列新增的诉求，也就是原先在专员的帮助下递交给法庭的诉讼。认证官员获得的新增权力包括处理涉及违反工会规则或存在违反威胁的诉讼，具体的诉由可能有选举、投票、劳资行动以及工会执行委员会的章程及程序等。1999 年的法案也特别强调了工会的内部救济程序。根据该法，认证官员可以拒绝接受会员的请求，除非申请人已采用了所有的内部诉求程序来处理自己的争讼。法庭和认证官员的管辖权是相互排斥的，提交给认证官员的诉求不能再提交给法庭，反之亦然。② 认证官员必须给双方提供被听取意见的机会，并以书面形式给出其裁决的理由。除了有权发布声明外，如今认证官员还有权发布强制执行命令，要求工会采取行动对违约进行补救。关于法律问题的上诉由雇佣上诉法院受理。在上述规定生效后的最初六个月内，认证官员并未发布任何决定，申请人针对四个工会的诉讼共有 10 起，但悬而未决，进行的调查有 132 项，许多调查涉及"工会不能充分代表其会员"事宜。其中，1/3 的调查导致的诉求属于认证官员的管辖范围之内。

第十一节　工会选举

491　我们已经看到，在 20 世纪的大多数时期，工会都有权按自己的方式任命其官员。因此，工会有多种选举方式，从直接定期选举到终身任命，再

---

①　Taylor v. National Union of Mineworkers (Derbyshire Area) [1984] IRLR 440；Taylor v. NUM [1985] IRLR 99；Hopkins v. National Union of Seamen [1985] ICR 268；Thomas v. National Union of Mineworkers [1985] IRLR 136 (Ch. D.).

②　1992 年《工会与劳工关系巩固法案》第 108A 条，被 1999 年《雇佣关系法》附件 6 采纳。

到通过代表实施的间接选举。然而,1984 年的《工会法》引入了选举工会特定官员的法定制度,尽管工会认为这是对其内部事务的无理侵犯。这些规定得到了随后的立法支持,它们现在被包括在 1992 年的《工会与劳工关系巩固法案》之中。

492　　相关规定要求工会为其"理事"(excutive)成员举行定期选举,"理事"被定义为行使行政职能的主要委员。这些要求并不局限于对理事人员的投票人的选举。大范围内的官员都有义务接受定期投票。更为重要的是,工会主席和秘书长被包括在内,即便工会规则否认这些官员对理事人员的投票权。这对那些将官员视为特殊阶层(因其专业技能而非公众声誉而被雇佣)的工会也未留给任何余地。法案还包括对出席某些或全部委员会会议并在会议上发言的人的选举,但提供真实信息、技术或专业建议的人不在规定之列。① 对其他官员(如工会代表和分支机构官员)的选举,则无任何法定要求。任何理事人员都不能不经重新选举而任职五年以上。

493　　1984 年的《工会法》还对工会施加了特定形式的民主。第一,选举必须是直接的,每一相关成员都必须直接投票选举工会官员,而不是选出一个代表,授权代表向某一候选人投票。所有工会会员拥有平等的投票权,但工会可以挑选特别选民群体,但前提是保证任何会员在所有相关选举中都未被剥夺投票权(然而工会规则可能会排除未被雇佣的会员、拖欠费用的会员、学徒、实习生、学生或新成员)。第二,投票必须以秘密的方式进行,而不是采用举手表决方式,秘密投票在法案颁布之前就已经被许多工会采用。第三,主要的投票方式应是邮寄形式,要求工会按选举人的家庭地址向其寄送投票表格和候选人名单,并通过邮寄返回。法律之所以选择这种耗时耗财的邮寄而不是在工作场所或部门会议上投票,乃是源于这样的假设,即投票人在上述会议中会承受压力。对此,传统上在部门和工作场所会议上举行投票选举的工会却反驳认为,投票的效力关键是在投票之前要先听取辩

---

①　1992 年《工会与劳工关系巩固法案》第 46 条。

论意见。最后,投票人必须免受来自工会的干扰,或由工会、工会会员或工会官员施加的限制。值得注意的是,法案对来自第三方的干扰并无任何限制,如雇主的干扰。在过去,政府基金能够负担投票选举的费用。① 最初,总工会反对附属于它的工会使用这笔经费,在 1991 年,认证官员为 692 场投票支付了共计 40.8 万英镑(1990 年支付的费用为 264 万英镑)。② 然而,到了 1996 年 3 月,政府开始缩减补助,此后,工会不得不承担自己的选举费用。

494　　工会选举还必须遵守许多详细要求。第一,每个工会会员都有不言自明的成为候选人的权利,该权利不得被无理由排除。工会可排除某类会员的候选人资格,假如这类会员都是应该被排除的,且这个类型不是仅由工会选择排除的会员群体来决定的。工会亦无权直接或间接地要求候选人是某政党的成员。③ 对于那些要求其官员一旦入选就必须加入工党或参加工党大会的工会,这一规定是有影响的。另一方面,不能阻止工会禁止会员的政党派别,因而反共产主义者规则不会受到影响。第二,工会必须为参加选举的每位候选人提供机会,让他们用自己的语言准备选举词,呈交给工会,再由工会将选举词与选票一同分发给投票人。④ 这项规定还附带十分详尽的要求。第三,举行选举之前,工会必须选出一个合格的独立当事人对选举进行监管。⑤ 最后,每个工会需要对其成员的姓名和正确住址进行汇编和登记。⑥ 虽然这是基于合理实用的考虑,许多工会在完成此要求时可能会面临相当大的困难。对于那些会员众多且会员流动性强的工会来说,困难更大。个体工会会员有向认证官员或法庭提交申请(但不能基于同一控告向二者提交申请)的法定权利,要求宣告他所属的工会没能遵守上述规定。

---

① 1992 年《工会与劳工关系巩固法案》第 115 条。
② 《认证官员 1991 年年度报告》(*Annual Report of the Certification Officer，1991*)。
③ 1992 年《工会与劳工关系巩固法案》第 47 条。
④ 1992 年《工会与劳工关系巩固法案》第 48 条。
⑤ 1992 年《工会与劳工关系巩固法案》第 49 条。
⑥ 1992 年《工会与劳工关系巩固法案》第 24 条。

认证官员必须对自己的决定给出理由。自 1999 年 10 月起,认证官员被赋予了更广泛权利用于发布强制执行令,该强制执行令要求工会有义务开展选举,或在未能遵循强制令的要求时采取补救措施,或放弃特定行为以确保这种失败在将来不会发生。第一份强制执行令发布于 2000 年 3 月,它要求音乐家工会(the Musician's Union)重新选举工会秘书长,因为工会已承认其中一名原告的候选人资格被无理由地取消了。现在,认证官员被要求给予双方得到听证的机会。在特定情况下,申请人为参加听证所产生的花费可以获得补偿。关于法律问题的审查由雇佣上诉法院处理。在 1999—2000 年间,认证官员就这方面的规定发布了 18 项决定。①

495　早在 1984 年《工会法》之前,隶属于总工会的 61％ 的工会就已经由全体会员投票选举了工会的理事人员。② 然而,极少数工会采用了法律规定的严格形式,且许多工会不得不大幅度修改工会规则以便与立法一致。此外,人们对于很多问题的观点也不一致,比如,定期直接投票事实上推进了工会的内部民主吗? 它们导致了派别活动、冲突性更强的谈判状况或破坏性的政策变动吗? 能够收集的证据表明,在工会理事人员的选举中采用邮寄投票方式并未对选举结果带来根本性的改变。③

第十二节　雇主协会

496　"雇主协会"的法律定义与"工会"的法律定义类似,但雇主协会必须是"全部或主要由符合一项或多项特征的雇主或个体业主"组成。④ 然而雇

---

①　《认证官员 1991—2000 年年度报告》(*Annual Report of the Certification Officer*,1991—2000)。

②　R. 昂迪、马丁:《投票与工会民主》,牛津,1984 年,第 105—106 页。(Undy, R. and Martin, R. *Ballots and Trade Union Democracy*, Oxford, 1984, pp. 105—106.)

③　《劳动研究》(*Labor Research*),1990 年 3 月,第 11 页;S. 弗里德曼:"新权利"[Fredman, S., 'The New Rights', *OJLS* 24 (1992)]。

④　1992 年《工会与劳工关系巩固法案》第 122 条。

主协会的法律地位不同于工会(除了特定注册登记机关),因为这种协会可能是法人团体,也可能是非法人团体。若它是非法人团体,那它就和工会一样拥有准法人地位。雇主协会可由认证官员将其名称列入登记名录(若它符合法定定义)。无论是否被列入名录,雇主协会在年收入和账目记录方面与工会有着相同义务。雇主协会和工会一样,不能免除侵权责任,但对于雇主协会对其会员的替代责任则无专门规定。

497　　我们无法获得关于雇主协会的数量、规模及会员情况的完整数据。根据认证官员的报告,在 2000 年有 100 个列入名册的雇主协会和 100 个未列入名册的雇主协会。[①] 无论就向雇主提供信息和建议来说,还是就集体谈判来说,雇主协会的重要性正在下降。在 1984—1990 年间,企业中参加雇主协会的人数从 22% 下降到 13%。随后的结果表明,在 1990—1998 年间,会员人数有轻微的下降。到 1998 年,在工作场所劳资关系调查(the Workplace Industrial Relations Survey)中,只有 8% 的受访者认为雇主协会代表其会员利益与工会进行谈判。

498　　主要的全国性雇主协会是英国劳资联合会(the Confederation of Industry/the CBI),成立于 1965 年,早期由三个机构合并而成。该协会宣称,它拥有的公司会员(corporate membership)雇佣了 400 万人,拥有的行业协会会员(trade association membership)代表了雇佣员工超过 600 万人的公司,共计约七八百万人左右。因为劳资联合会传统上最有影响力的会员都在制造行业,所以,它为非制造企业说话的能力便相对有限。而且,制造业在 20 世纪 80 年代的衰退导致了劳资联合会会员的流失。与更具右翼倾向的董事协会(Institute of Directors)不同的是,英国劳资联合会更偏爱建立在集体谈判基础上的劳资关系。[②]

---

　　① 《认证官员 1991—2000 年年度报告》(*Annual Report of the Certification Officer*, 1991—2000)。

　　② 所有数据来自英国劳资联合会;P. B. 博蒙特:《劳资关系变化》,1990 年,第 79 页。(Beaumont, P. B., *Change in Industrial Relations*, Routledge, 1990. p. 79.)

第三章 职工对企业的参与

第一节 "职工参与"概念

499 　　在法律上,私营的法人企业由其股东所有并控制。"管理革命" (managerial revolution)的结果将企业控制权集中到了公司董事会,特别是执行董事。重要决定都由董事做出,且随着企业规模的增大和复杂化,有效决定都由母公司或控股公司做出,甚至是由远离现实工作场所的海外公司董事做出。1980 年《公司法》(Company Act)修正案要求董事在履行其义务时重视雇员及股东的利益,[①] 但雇员却并不能强制董事履行该义务,因为这项权力仅归公司所有。公司不可能(通过董事会及股东大会上的大部分股东)提起法律诉讼,且雇员或工会只持有少量股份,他们在证明董事未为公司利益"善意"(*bona fide*)履行职责时,将会遭遇难以克服的举证困难。1982 年的《雇佣法》第 1 条规定了对董事的激励制度,[②] 该规范是由自由和社会民主党(Liberal and Social Democrat)成员引入的。该制度要求,250 人以上雇员的公司董事须在年度报告中说明,他在这一年中对推进雇员参与企业经营管理计划有何作为。雇佣部门的调查报告显示,并非所有大公司都完成了这一要求。而最近的调查表明,1/4 的公司都未积极实施立法规定的激励措施。[③] 不过,报告显示的参与企业经营管理的雇员人数和参与方式都有所增加。至 1988 年,报告显示的最频繁的方式是股权方案、奖

---

① 1980 年《公司法》第 46(1)条,现行 1985 年《公司法》第 309 条。
② 现行 1985 年《公司法》第 235 条,附件 7,第五部分。
③ 1988 年 10 月《就业公报》第 574 页(Employment Gazette, October 1988, 573 at p.574)。

金和红利计划、管理渠道交流及当地咨询系统（正式的和非正式的）。值得注意的是，2/5 的报告都提到，工会及职工协会是联合决策的交流渠道，尽管，立法设想的雇员参与模式事实上并未涉及工会和集体谈判。

500　　"职工代表应参与到更广泛的企业经营决策"的观念被称为"职工参与"或"劳资民主"。英国在这方面的发展有两个突出特征。第一，工会在传统上将集体谈判作为扩大职工对其工作条件的集体控制的主要方式；第二，职工参与并未像其他欧洲国家那样借助制度性机构，如工作委员会（works councils）。1974 年前，除了私营企业中的集体谈判外，法律没有建立其他的职工参与形式的尝试。当时有少数由职工"分享利润"或"分持股份"的计划，大型零售企业中有个别的"职工合作"及"合伙体制"。企业中职工参与制度主要是通过工会管事制度和集体谈判制度（见下文第四章）获得发展。随着越来越少的人的报酬由集体谈判决定，新的问题出现了，即集体谈判的核心地位是否被"合作磋商委员会"（joint consultative committee）这样的机制所取代。在 20 世纪 80 年代，这种委员会存在于 34％的工作场所。在 20 世纪 90 年代的大部分时间里，该比例维持在 29％。[①] 研究表明，磋商委员会的磋商是补充而非取代了集体谈判，工会在磋商委员会中发挥了积极作用。20 世纪 90 年代磋商委员会数量下降，对此现象的解释理由主要是，公营企业中"工作场所的人口变动"以及管理政策的改变，而这些变化通常是由企业所有权变动造成的。根据欧洲工作委员会指令（European Works Council Directive），近年来，"高水平磋商委员会"的数量有所增加，并通过受到激励的多方机构形式在运行。1990 年，48％的工作场所属于这种多方机构管理，这些多方机构都设有高水平的磋商委员会。至 1998 年，这一比例上升到了 56％。然而，在这个期间，只有 2/5 的上述工作场所在高水平

---

　　① 米尔沃德、布赖森、福思：《都在工作中改变？——工作场所劳资关系系列调查描述的英国雇佣关系（1980—1998 年）》，伦敦，2000 年，第 109 页。（Millward, N., Bryson, A. and Forth, J., *All Change at Work? British Employment Relations 1980 − 1998 as portrayed by the Workplace Industrial Relations Survey Series*, Routledge, London, 2000, p. 109.）

磋商委员会中拥有自己的代表。① 2001 年 7 月,英国劳资联合会对 673 名私营雇主进行的调查发现,近一半雇主向雇员介绍了磋商协议。即便是在一些小公司,甚至雇员不足 40 人的小公司,也有 40％ 的雇主也有上述作为,还有 11％ 的公司表示它们将会尽快采取这样的行动。②

501　2001 年 12 月 17 日,在欧盟部长会议上,关于信息和磋商的欧盟会议指令③ 获得通过。该指令以社会合伙模式为基础。也就是说,职工应拥有磋商的基本权利,但谈判机制应由各方同意并适用。这项新法规要求雇员人数达 50 名以上的公司应该常规地汇报企业经济情况,并就关于公司未来的重要决定与职工进行磋商。④ 这些重要决定涉及以下情形,"工作受到威胁",或"正在计划一些预期措施——如培训、技能发展和其他增强雇员能力的措施"。当决定是否需要变更工作机构或合同关系时,磋商也是必不可少的。各国政府都会颁布自己的执行措施,对违约进行制裁,以及进一步扩大上述基本信息和磋商权利。自 2005 年起,该指令用于职工人数达 50 人以上的企业。

上述新指令通过 2004 年的《雇员信息和磋商条例》⑤ 在英国得以实施,该条例遵循了指令的规定。在英国,自 2005 年起,该条例将适用于雇佣职工达 150 名以上的企业。自 2007 年起,该条例对于雇佣职工 100 名以上的企业也适用,而从 2008 年起,条例的适用范围扩展到雇佣职工达 50 名以上的企业。⑥

502　英国政府基于指令的附属性而对它持反对态度,至今仍认为它是一

---

① 同前著作,第 110 页。

② 《金融时报》(Financial Times)2001 年 6 月 15 日,参见网址:www. cbi. org. uk/employ-menttrends 2001. Financial Times,15 June 2001;www. cbi. org. uk/employmenttrends 2001.

③ the Council's Directive on Information and Consultation,Council Directive 2002/14/EC.

④ 哈迪、阿德勒特:"破解工作中的冰冻与民主"〔Hardy, S. and Adnett, N. (2006),'Breaking the ICE and Democracy at Work', International Journal of Human Resource Manage-ment,17(2006),pp. 1101－1123〕.

⑤ the Information and Consultation on Employee Regulations 2004,ICE.

⑥ 霍尔:"信息评估与雇员磋商规则"〔Hall, M., 'Assessing the Information and Consulta-tion of Employees Regulations', ILJ 34 (2005),pp. 103－126〕.

项不必要的措施。在新的"新兴劳资国家"(NIC)指令下,当一个雇主计划在 90 天或少于 90 天的时间内,在同一机构裁员 20 人或 20 人以上时,则磋商程序是必须的。当裁员人数达到 100 人或更多时,磋商必须在第一次解雇行为发生前的 90 天内展开。不过,这些规则与欧盟《集体裁员指令》的规定完全重复。雇主必须公开的信息包括:一份既定的解雇声明及其理由、受到影响的人数、被解雇人员的选择方法以及对被解雇人员的补偿。

第二节　劳资民主

503　20 世纪 70 年代,致力于更广泛的劳资民主观念的运动逐渐活跃起来。① 20 世纪 70 年代的发展清楚表明,集体谈判本身不能与企业的终极管理权配合以处理以下问题:关闭企业、转变企业经营方向或实行重大技术变革。有鉴于此,很有必要建立更加具体的职工参与措施。总工会认可了这项需要,1974 年,总工会采纳了竭力为职工要求立法代表权的政策,② 欧洲经济共同体委员会也激励职工对特定企业活动的参与。这些发展促使当时的工党政府于 1977 年 1 月任命一个调查委员会,由布洛克勋爵(Lord Bullock)担任该委员会的主席。③ 大多数人委员为职工代表提供了广泛的提议,但只有部分提议被工党政府接受。而 1979 年获选的保守党政府终止了立法变革的争论,坚决地反对上述立法。人们也未设想复兴布洛克委员会(the Bullock Committee)的提议。自工党政府于 1997 年执政以来,对劳资关系政策的处理被政府定义为一种"社会合伙关系"。新措施的核心是关于

---

　　① 关于该主题有大量著作,尤其值得提及的是:1. 奥托·卡恩-弗雷德所著《劳资民主》[Kahn-Freund, Otto 'Industrial Democracy', *Industrial Law Journal*, 6(1977), 65];2. P. 戴维斯、韦德伯恩勋爵所著《劳资民主的领土》[Davies P. and Lord Wedderburn 'The Land of Industrial Democracy', *Industrial Law Journal*, 6 (1977),197];3. J. 埃利奥特所著《冲突还是合作?》(*Conflict or Cooperation?*, London,1978)。

　　② 英国总工会:《劳资民主》(TUC, *Industrial Democracy*),伦敦,1974 年,1976 年修订。

　　③ Cmnd 6706, January 1977.

企业层面的集体谈判(见下文第四章),以及在欧盟范围内采纳欧洲工作理事会关于与雇员的信息沟通及磋商的措施。

504　　然而,劳资民主在欧洲仍是新话题,在过去的 30 年中亦是如此。20 世纪 70 年代和 80 年代,来自欧洲经济共同体的提议至少有三项。1975 年,欧洲经济共同体委员会起草了协调公司法的提议,即"第 5 号指令"草案(the Draft Fifth Directive),该草案的内容包括:建议欧洲经济共同体中雇员人数达 500 人以上的公司必须在其监事会中包括雇员代表。该指令草案于 1983 年得到了修正。第二个指令草案——即弗雷德林草案(the Vredeling draft),① 建议的是对于雇员的通知和磋商程序。如果某决定将对雇员"利益带来严重后果",那么公司有义务与雇员磋商。第三、人们还单独提出了关于"欧洲公司"(European Company)或"欧洲协会"(societas europaea)的建议,这种新型法律实体将职工参与作为其必备内容。不过,关于这些提议的工作在 20 世纪 80 年代全部停止了,主要原因是英联合王国的敌视态度,全部成员国一致同意的要求足以阻止立法变革的进程。结果,关于磋商及职工参与的立法完善仅出现于几个特殊和有限的领域中,如集体解雇和企业转让等领域。

505　　1989 年 12 月通过的《社会宪章》(the Social Charter)给职工参与带来新的促进。大宪章强调,获得信息、磋商和参与的权利应按照"正确轨迹"得以发展。这些权利应在"恰当的时间"行使,特别是当某种变化会将给劳动力带来重大影响的时候。具体情形包括技术革新、改组操作、集体解雇程序以及居住在国外的雇员受到雇佣政策影响。② 在将大宪章付诸于实施的过程中,委员会首先集中考虑跨国因素。人们相信,1992 年单一欧洲市场

---

　　① 《欧共体官方杂志》1983 年 8 月 12 日(*Official Journal of the European Communities*, C217, 12 August 1983)。

　　② 《关于职工基本社会权利的共同体宪章》第 17—18 条(Community Charter of the Fundamental Social Rights of Workers, Article 17—18);韦德伯恩勋爵:《社会宪章、欧洲公司与雇佣权利》,雇佣权利协会,1989 年。(Lord Wedderburn, *The Social Charter*, *European Company and Employment Rights*, Institute of Employment Rights, 1989.)

的形成使得跨国界的企业合并、并购以及合资的数量增多,这意味着企业决策中心将经常不再处于受影响的雇员受雇的成员国。为了促进在欧洲层面的信息和磋商程序的发展,1994 年 7 月 22 日,部长委员会根据《关于马斯特里赫特条约社会政策协议》(the Agreement on Social Policy of the Maastricht Treaty),即所谓的《社会宪章》,通过了《欧洲工作理事会指令》①。英国一度没有加入《社会宪章》,保守党政府完全反对宪章的规定。不过,新工党政府在 1977 年签署加入了《社会宪章》后,通过《跨国信息及雇员磋商条例》② 使欧洲《欧洲工作理事会指令》在英国得以实施。该条例于 1999 年 12 月 15 日通过,并于 2000 年 1 月 15 日生效。③ 这些指令和条例所规范的公司属于以下规模:至少拥有 1000 名以上的雇员,必须在不同成员国中有至少两个机构,且每个机构的雇员不得少于 150 人。④

506　　附属于《欧洲公司规范指令》(the European Company Statute Directive)的指令草案同样包含了关于职工参与的提议,该指令草案颁布于 1989 年 8 月,并于 1991 年得到修订,且达维尼翁(the Davignon)专家组于 1997 年做了报告。1998 年,欧盟委员会建议制定一项指令,以便在成员国间建立国家层面的通知雇员并与其磋商的总体框架。1997 年当选的工党政府起初反对这项措施,但在 2001 年 1 月大选中获得胜利后,工党支持了瑞典总统对这项指令的修正提议。瑞典总统的提议包含了一个七年的实施期限,并让该指令最终实施于拥有 50 名以上雇员的公司。还需要注意的是,欧洲理事会在 2000 年 12 月通过的《欧盟基本权利大宪章》(the EU Charter of Fundamental Rights)第 27 条强调:"职工或其代表必须在适当的程

---

①　the European Works Council Directive/EWCD,第 94/45 号理事会指令。

②　the Transnational Information and Consultation of Employees Regulations,SI 1999/3323.

③　关于这些规定的批评,参见,B. 贝尔卡森:"一项欧洲议程?",载《工作中的权利:1999 年雇佣权利法评述》(编者:尤因),雇佣权利协会,伦敦,2001 年,第 176—185 页。(Bercusson, B., 'A European agenda?' in Ewing, K. ed.), *Employment Rights at Work: Reviewing the Employment Relations Act 1999 Institute of Employment Rights*, London 2001, pp. 176—185.)

④　详见布兰朋:《欧洲劳动法》(第七版)第二部分,第 2(4)章,此套百科全书之一卷［Blanpain, R., European Labour Law (7th edn)］。

度、适当的时间得到对信息和磋商的保障,这种保障应根据欧共体法、国内法和实践所确定的条件做出。"

507　作为对集体层面的职工参与的替代,保守党政府(1979—1997 年)更偏爱个人层面的职工参与,其形式表现为"利润分享"(profit-sharing)或"股权分享"(share-ownership)方案。尽管一些"股权分享"方案是在 20 世纪 70 年代提出来的,但这些方案在 20 世纪 80 年代得到了更大促进。特别值得指出的是,1987 年的《金融(第 2 号)法案》[the Finance (No. 2) Act 1987]引入了对"利润工资"(profit-related pay)进行减税的政策。有人指出,这种规定将导致雇员与其受雇公司的身份相近。然而,至于这种目标能够或应该达成的程度,则争议很大。① 在一项针对 1063 名雇员进行的调查中,51％的人更偏向于公司一方,同时多达 45％的人认为"股权分享"并未带来什么变化。② 到 1998 年,46％的工作场所实施了"利润分享"方案,24％的工作场所实施了雇员"股权分享"方案。③

第三节　安全代表及安全委员会

508　1975 年以前,人们一般不把安全和健康问题作为积极的"职工参与"要解决的问题。然而,1974 年《工作健康与安全法》等法案体现了罗本斯勋爵(Lord Robert)领导的调查委员会的建议,④ 该法赋予国务大臣为雇员

---

① 博蒙特:《劳资关系的变化》,第 244—246 页。(Beaumont, P. P., *Change in Industrial Relations*, pp. 244－246.);邓肯:"为何有关工资的利益会失败"[Duncan, C., 'Why Profit related pay will fail', *Industrial Relations Journal*, 186(1988)];史密斯:"不列颠利润共享与雇员参与"(Smith, G. R. 'Profit Sharing and employee share ownership in Britain', *Employment Gazette September*, 1986, p. 380)。

② 第 483 期《劳资关系评论与报告》第 5 页(*Industrial Relations Review and Report*, No. 483, p. 5)。

③ 前文所引米尔沃德等人的著作,第 214 页。

④ Cmnd 5034 (1972).

（从与雇主磋商的雇员中）选举安全代表制定条例。这一授权的潜在逻辑起点是，雇员和雇主在防范劳资事故的自我调整体制中有共同利益。1975 年的《雇佣保护法》通过限制工会对安全代表的任命权，对 1974 年的法案进行了修订，由此明确体现了集体谈判的宗旨，即，健康和安全理应成为工会代表与管理方展开谈判时必须考虑的问题。与此同时，法案对"获得认可的工会"的依赖意味着，那些拒绝认可工会的雇主可以回避法案规定的义务。

欧洲法院（the European Court of Justice）判决认为，如果磋商取决于雇主是否愿意认可工会，在关于集体裁员和企业转让案件中涉及与雇员的信息告知和磋商的欧盟规则并不能令人满意。[①] 随后，1996 年的《健康与安全（与雇员磋商）条例》[②] 出台了。该条例赋予了雇主有权选择是直接与雇员磋商还是与选举出的雇员代表磋商雇员的安全问题。结果便有了两套调整机制。修订后的 1977 年《安全代表和安全委员会条例》[③] 适用于雇主认可独立工会的情形。此条例赋予获得认可的工会以下权利：在认可工会的雇主雇佣了一个或更多工会会员的情况下，工会有权从雇员中指定安全代表。雇主必须以书面形式将任命事宜通知被任命的安全代表，随后，安全代表即可行使法定职责，检查工作场所，接受相关文件及信息。

1996 年的《健康与安全（与雇员磋商）条例》的适用对象仅限于没有被 1997 年条例指任的工会安全代表覆盖的雇员团体。安全代表有权在工作期间为履行法定职能和接受合理培训而享有带薪休假。如果有两名或以上的安全代表书面要求雇主设立安全代表委员会，则雇主必须在三个月内设立，但在设立之前应与提议的安全代表及获得认可的工会的安全代表磋商，参与磋商的工会须有会员在拟订委员会发挥用的工作场所工作。健康和安全委员会（Health and Safety Commissin）通过发布《实践法典》（Codes of Practice）对安全代表和安全委员会的设立及其职责进行指导。任何程序阶段都可涉及对《实践法典》的违反。违反条例的后果很多，可能会导致健康

---

① 　Case C－383/93 以及 C－384/93，Commission v. United Kingdom [1994] IRLR 392,412.

② 　the Health and Safety (Consultation with Employees) Regulations 1996.

③ 　the Safety Representatives and Safety Committees Regulations 1977.

和安全行政部门发出改进通知,或引起判处罚金的刑事诉讼,或民事救济诉讼。在实践中,这些纠纷通常是通过自愿程序得到解决。英国国内的前述规定通过欧盟指令得到加强,该指令是关于职工代表在工作场所就信息获得、磋商和参与方面的权利,于 1989 年 6 月 12 日获得通过。[1] 该指令要求所有安全问题必须有提前磋商,另有根据每个成员国的法律和实践实行的"平衡参与"(balanced participation)。

---

[1]　89/391/EEC.

第四章　集体谈判

509　　在 20 世纪的大部分时期,集体谈判成为英国劳资关系制度的突出特征。[1] 由于法律规制的相对缺乏,英国集体谈判与众不同。不过,英国政府对于集体谈判的推进发挥了积极作用。从第一次世界大战结束到 1979 年,公营企业和私营企业中的集体谈判都得到政府的积极鼓励。因而,在 1973 年,多达 83.2% 的全职体力男性雇员以及 71.7% 的全职体力女性雇员都加入了集体谈判协议。相比之下,20 世纪 80 年代及 90 年代早期的显著特征是,撒切尔(the Thatcher)和梅杰(the Major)领导的保守党政府废除了对集体谈判的支持政策。两个引人注目的例子是,长期存在的教师集体谈判机制于 1987 年被废除,[2] 为未加入工会组织的行业设定最低工资的工资委员会(Wages Councils)于 1993 年被废除。集体谈判事项的覆盖面从 1984 年的 70% 下降到了 1998 年的 40%。[3] 与此相伴的是,工会会员密度从 1980 年的 65% 下降到了 1998 年的 36%,[4] 而工会的认可率也从 1980 年的 64% 下降到了 1998 年的 42%。[5] 然而,劳工党政府制定的法律于 2000

---

① 韦德伯恩勋爵:"集体谈判或制定法:1999 年法案与工会认可"[Lord Wedderburn, 'Collective Bargaining or Legal Enactment: the 1999 Act and Union Recognition', ILJ 29 (2000), pp. 1—42]。

② 1987 年《教师工资及工作条件法》(Teachers' Pay and Conditions Act 1987);1991 年《学校教师工资及工作条件法》(School Teachers' Pay and Conditions Act 1991)。

③ 米尔沃德、布赖森、福思:《都在工作中改变? 工作场所劳资关系系列调查描述的英国雇佣关系(1986—1998)》,伦敦,2000 年,第 197 页。(Millward, N., Bryson, A. and Forth, J., (All Change at Work? British Employment Relations *1980—1998* as portrayed by the Workplace Industrial Relations Survey Series, Routledge, London, 2000, p. 197.)

④ 同上,第 87 页。

⑤ 同上,第 97 页。

年生效,新法承诺在企业层面恢复集体谈判。

第一节　谈判的级别与事项范围

510　英国集体谈判的另一重要特征便是其多样性。所以,集体谈判对报酬的影响程度在不同机构之间、在公营部门及私营部门之间有很大的差异。集体谈判的级别也同样表现出多样性。这种多样性使我们很难做出准确或全面的描述,只有概括出对法律和其他制度性安排具有特别重要意义的几点趋势。

511　谈判级别有多种划分方法。传统上,有行业范围谈判(industry-wide bargaining)、地区或区域谈判(regional or district bargaining)以及企业或工作场所谈判(plant or workplace bargaining)的划分方法。行业谈判主要是在第一次世界大战后发展起来的。1919 年,颇具影响的惠特利委员会(the Whitley Committee)对这种谈判给予极大刺激,该委员会提议,行业范围内的谈判协议应当建立在所有重要行业的自愿基础上。1965 年,这种协议已经普及了。但 25 年后,在公营部门和私营部门都出现了对行业范围内谈判的侵蚀现象,被多方雇主协议覆盖的工作场所比例从 1984 年的 69% 下降到了 1998 年的 46%。① 从历史上看,地区或区域层面的谈判在第一次世界大战之前最为重要,现在,它的作用相对下降。相反,企业或公司层面的谈判日益重要。最全面的证据来自于工作场所劳资关系调查。该调查表明,私营企业的谈判从 1984 年的 34% 增加到了 1998 年的 53%。② 企业谈判倾向于牵扯到联合工会管事委员会(joint shop steward committees),或

---

　　①　前文所引米尔沃德与福思之合著,第 186 页;同时参见,布朗、马金森、沃尔什:"管理、薪酬确定与集体谈判",载《劳资关系》(编者:爱德华兹),牛津,1995 年。[Brown, W., Marginson, P. and Walsh, J., 'Management, pay determination and collective bargaining' in Edwards, P. (ed.) *Industrial Relations*, Oxford, Blackwell, 1955.]

　　②　同上,第 188 页。

许能得到全职工会官员的帮助。公司谈判出现在多方设立的企业中,这里谈判委员会可能包含来自各机构的资深工会管事以及全职的工会官员。依据公司内的谈判级别,这种谈判可以是全国性,也可能是地区性的。

512　　传统上,集体谈判的事项范围是狭窄的,它涉及的主要问题是工资和工作时间。20 世纪 70 年代,集体谈判的事项范围迅速扩大。其中的原因是多方面的,包括健康和安全的立法、裁员事件的增加、科技的日益重要以及对于缩短工时的强调等因素。这种扩大趋势在 20 世纪 80 年代发生了逆转。1984 年的工作场所调查显示,在 1980—1984 年期间,对于体力劳动者及非体力劳动者来说,涉及非报酬问题的谈判大幅度减少了。[①] 这种趋势在私营服务部门及工作场所谈判中表现尤为明显。谈判的事项范围在1984—1998 年期间没有任何变化。[②] 其他对非报酬问题的联合调整采取了在工作场所的"习惯与实践"方式。不过,这种调整方法大多未被编纂成法律规范,也很少能达成正式协议,特别是涉及纪律惩罚这样的问题。事实上,关于非报酬的问题,集体谈判自多诺万报告(the Donovan report)发布后就无太大改变。西森(Sisson)和布朗(Brown)[③] 评论道:"对现行实践的界定通常会引发大量争执,在许多案件中,当事人可能会拒绝达成正式或非正式的协议,或拒绝承认习惯和实践。通常的情况是,一方当事人试图将协议强加于另一方,另一方据此作出回应。"管理方一向不愿在这些问题上达成明确协议,其中的理由很多,包括了撤销某种认可的困难、"跳跃"到其他正式认可的风险以及地方管理灵活性的减小。工会管事也趋于反对协议的正式化,他们相信这会限制谈判的范围和行动的自由,比如,工会管事反对"关于纪律惩戒和裁员的管理决议"。

---

① 米尔沃德、史蒂文森:《英国工作场所的劳资关系:1980—1984 年》,1986 年,第 249—253 页。[Millward and Stevens, *British Workplace Industrial Relations*,*1980 — 1984* (1986), pp. 249—253]。

② 前文所引米尔沃德、布赖、福思之合著,第 167—173 页。

③ 西森、布朗之著述,载《不列颠劳资关系》(编者:贝恩),1983 年,第 151 页。(Sisson and Brown,in Bain ed., *Industrial Relations in Britain*, p. 151)

第二节　工会管事的职责

513　工作场所谈判多属于工会管事（shop steward）的职责。很难对英国工会管事的本质属性进行解释，比如，他们或她们不同于法国的个人代表或德国的工作委员会成员。曾经，工会管事很少被描述成工会的"官员"。但自 1971 年以来，对于"工会官员"①的法律定义包括了被选举或被任命为工会会员代表的人，这个人与他所代表的工会会员受雇于同一雇主。这样的定义包括了工会管事，他（她）可能以其他名称出现，例如（在印刷行业中的）"印刷工会成员的父母官"。这里的工会管事既是企业的雇员，也是具备工会会员资格的其他雇员的代表。他（或她）通常是由工会会员在工作场所选举产生，而不是通过工会分支机构或执行委员会任命。不过，在一些工会中，选举必须由更高级别的工会权利机构批准。法院有时也会进行干预，以保护选举出来的工会管事，防止工会以明显拙劣的理由（工会管事拒绝承诺遵从工会的所有指示）不向管事颁发代表证明书。②这种保护强调了工会管事的"双重权力"。③他（或她）是工作场所工会会员的代表，这是工会管事权力的基础，他（或她）同时还是外界工会的代表。保守党政府在 20 世纪 80 年代的立法对工会管事职位的本质也呈现出类似的矛盾规定。立法要求工会必须为工会官员的选举组织秘密投票，但对于工会管事却不适用。不过，1990 年的《雇佣法》④规定，召集会员进行劳资行动的工会管事可以让工会承担侵权责任，即便工会规则并不允许工会管事管理这种行为。不过，在 1997 年后的工党政府领导之下，1999 年《劳资关系法》第 10—13 条

---

①　该法律定义现包含在 1992 年《工会与劳工关系巩固法案》第 119 条。

②　Shotton v. Hammond, The Times, 2 December 1976.

③　Heaton's Transport v. TGWU［1972］ICR 308(HL). 该分析被用来加强工会基于管事的行为而承担的责任。进一步分析可参见上文第 421 段。

④　现被包含于 1992 年《工会与劳工关系巩固法案》第 20 条。

赋予了工会管事更为积极的角色,根据这些规定,处于被惩罚和控诉程序中的个体劳动者有权由工会官员或雇主的另一名雇员陪同。

514 在许多工作场所,工会管事都不止一个(这里的工作场所是根据习惯决定的,且可能包含一个企业的一个或数个部门),于是,包括"首席管事"(chief steward)或"会议召集人"(convnor)的工会管事委员会也随之产生。鉴于英国工会的结构(见上文第二章),多个工会可能不得不在一个办事处或一个企业内一起工作。在这种情况下的工会代表委员会将是跨工会的。由此产生的重要后果是,难以让工会代表委员会向工作场所外的工会管理机构负责。工作场所的工会管事也是工会会员和工会之间以及工会与其分支机构之间更为重要的连接纽带。许多工会分支机构都是由来自不同工厂和办事处的小组成员组成。因而,工会分支机构实际上独立于工会在工作场所开展的实际活动,只能由工会管事实施集体谈判事务。

515 20世纪60年代到70年代,工会管事的数量有了大幅度增长。与此同步的是工会管事谈判的日益正式。当然,这种正式化的部分原因是立法的推进,以工党政府在1974—1979年的立法为例,这些立法支持了"只雇佣工会会员"制度,建立了健康和安全委员会,将工会管事选举为安全代表,通过管理者(将工会管事界定为润滑剂而不是刺激素)[①]促进工会管事在处理工作场所劳资关系中的作用。在20世纪80年代,经济衰退和保守党的政策使工会管事承受巨大压力。有时,"严格"的管理制度从工厂谈判延伸到公司谈判,严重阻碍了工会管事的活动。然而,工会管事制度被证明比人们想象中更具活力。虽然拥有现场工会代表的工作场所的比例从1984年的82%下降到了1990年的71%,但在20世纪90年代则并无进一步的下降记录。[②]

---

① 麦卡锡、帕克:"工会管事与工场关系",载《皇家委员会十号研究报告》第15页(McCarthy, W. E. J and Parker, S. R., Shop Steward and Workshop Relations, *Royal Commission Research Paper No. 10*, London, 1968, p. 15)。

② 前文所引米尔沃德等人合著,第152页。

第三节　对集体谈判的法律支持

516　　本书在导论中对以下事项做了概述：对本质上属自治制度的集体谈判的法律支持；保守党政府在 1979—1993 年间撤销了对联合调控为数不多的支持措施。具体来说，被撤销的措施包括：(1)认可集体谈判的权利，最初出现于 1971 年，1975 年得到了修正，被 1980 年的《雇佣法》撤销；(2)扩大集体谈判的程序，最早源于战时立法，在 1975 年《雇佣保护法》第 11 项中得以修订和扩大，同样被 1980 的《雇佣法》撤销；(3)1946 年由下议院制定的《公平工资决议》，修订和扩充了自 1891 年以来的早期决议，迫使政府订约方遵守不低于由集体谈判达成的条件。该项政府义务在 1983 年被撤销；(4)1938 年的《公路运输工资法》(the Road Haulage Wages Act 1938)，建立了确定该行业最低工资的三方机制，亦被 1980 年的《雇佣法》撤销；同时(5)关于工资委员会的规定，由 1993 年《工会改革与雇佣权利法》(the Trade Union Reform and Employment Rights Act 1993)予以撤销，而工资委员会的覆盖范围早在 1986 年就受到了限制。保留下来的规定仅包括：(a)1948 年的《农业工资法》(the Agricultural Wages Act 1948)及 1949 年的《农业(苏格兰)工资法》(the Agricultural Wages (Scotland) Act 1949)规定的农业工资委员会；(b)个人雇佣权利，即保护劳动者隶属于工会或者在"适当时间"参加工会活动(上述第一章已讨论)；(c)就健康与安全问题、拟定的裁员以及拟定的企业转让中与职工代表进行磋商的特殊义务；以及(d)为谈判之目的向被认可工会谈判信息的义务。

517　　迄今为止，上述规定中未被讨论的是信息披露义务。1992 年《工会与劳工关系巩固法案》第 181—185 条要求雇主向独立工会(已经被认可为集体谈判主体)披露信息。这些信息具有以下特征：第一，缺少这些信息，工会将在集体谈判中受到实质上的阻碍；第二，按照劳资关系的良好实践，雇主必须披露的信息。英国咨询、调解及仲裁服务局(ACAS)发布了一项包含指导实践的规范。该规范提出,1992年《工会与劳工关系巩固法案》未包含的集体谈判事项,就信息披露而言仍然具有相关性,比如,雇主的投资计划、资本投资收益以及销售额等。

518　　强制执行程序很复杂。一个独立的工会可以向中央仲裁委员会提起申诉,而中央仲裁委员会必须将该问题提交给咨询、调解及仲裁服务局来调解。若调解失败,那么中央仲裁委员会必须做出一份声明,说明申诉是否证据充足,并给出理由。然后雇主有机会选择服从或者(如果不这样做的话)向中央仲裁委员会提交另一份申诉。中央仲裁委员会将会再次做出声明,说明申诉是否证据充足,并给出理由。中央仲裁委员会可通过工会来决定涉及雇主必须遵守的雇佣条件的主张。该项决定通过相关雇员的个别雇佣合同而发挥作用。对于信息披露的法定限制义务规定于1992年《工会与劳工关系巩固法案》第182条。这些限制包括:私下向雇主披露的信息;对某些信息的披露将"对雇主的经营造成重大损害,而损害的原因并非信息本身对集体谈判的影响"。

519　　基于信息披露义务受到约束的特征,对于这项权利的较少使用就不会感到惊讶了。只有少量新的申诉被提交给中央仲裁委员会,1997年有22项,1998年有6项,1999年有11项。① 中央仲裁委员会通常的观点是:最有效的解决方式就是确定一项纠纷能否通过自愿途径解决。根据中央仲裁委员会报道,这种方法非常成功。在信息披露条款于1988年引入至1999年被废止这段时间内,中央仲裁委员会共受理了476项案件,其中仅有14%的案件需要做出正式决定,② 剩下的大部分案件都在当事人达成和解协议后被撤诉了。

---

① 中央仲裁委员会年度报告(CAC Annual Reports):1997年、1998年以及1999—2000年度。

② 中央仲裁委员会年度报告(CAC Annual Reports):1999—2000年度。

第四节　对工会的认可

520　　工党政府引入对集体谈判的重大支持措施之一就是对工会的法定认可程序,它源于政府承诺在公正和社会合作原则基础上建立劳资关系模式。① 该认可程序(由中央仲裁委员会监督其运行)规定在 1992 年《工会与劳工关系巩固法案》附录 A1 条,该条由 1999 年的《劳资关系法》加入。② 一个工会(或由两个或更多工会联合)要申请被认可为"一群职工或多群职工"的谈判代理机构,首先须向雇主提出正式的认可请求。③ 有效请求须满足以下条件:工会(或每个工会)已取得了独立资质;雇主在提出请求之日已雇佣了至少 21 名职工,或在之前的 13 周内平均每天雇佣了至少 21 名职工。在收到工会的认可请求后的 10 个工作日("第一阶段")内,雇主可以接受请求,并与工会就以下事项达成协议:第一,谈判单位;第二,在哪种情况下附录 A1 的其他规定并不适用。雇主也可拒绝请求,但可表示就以下事项进行协商:第一,谈判单位;第二,认可申请工会。若雇主做了后一选择,则当事人将在第二阶段(第一阶段之后的 20 个工作日)——或根据双方当事人的同意在更长的时间内——达成认可协议。双方可请求咨询、调解及仲裁服务局(ACAS)在协商中提供帮助。

---

①　劳资产业部:《工作中的公平》[Department of Trade and Industry (DTI), *Fairness at Work*, Cmnd 3968(1998), para. 1.8, 1.9]。

②　关于这些规定的详细分析,可参见:1.伍德、戈达德:"雇佣关系法令中的法定认可程序:从比较分析的视角"[Wood, S. and Godard, J., 'The Statutory Recognition Procedure in the Employment Relations Bill: A Comparative Analysis' BJIR, 37(1999)203];2.麦卡锡:《工作中的公平与工会认可:回顾与未来问题》(McCarthy, W., Fairness at Work and Trade Union Recognition: Past Comparisons and Future Problems, Institute of Employment Rights, London, 1999);3.赫普尔:"支持集体谈判:比较研究",载《不列颠雇佣关系》(编者:塔沃斯、布朗),牛津,2000 年,第 153—162 页。[B. Hepple, 'Supporting collective bargaining: some comparative reflections' in Towers and Brown (eds.), *Employment Relations in Britain*, Oxford, Blackwell, 2000, pp. 153—162.]

③　辛普森:"工会认可与法律:一个新途径"[Simpson, B., 'Trade Union Recognition and the Law: a new approach', *Industrial Law Journal*, 29(2000), pp. 193—222]。

521 如果雇主没有在"第一阶段"内回应工会的请求或在这段时间内拒绝了工会的请求,或者,各方没有在"第二阶段"结束时达成协议,那么工会可向中央仲裁委员会提出申请,请求裁定"提出的谈判单位是否合适,或其他谈判单位是否合适"以及"该工会是否获得了(构成合适谈判单位的)大部分职工的支持"。如果当事方就谈判单位而不是工会认可达成了协议,那么工会可向中央仲裁委员会申请对后一问题做出裁决。不过,申请在以下情形下不能提出:如果在雇主表达了协商意愿之日起 10 个工作日内,雇主建议咨询、调解及仲裁服务局"有义务对协商提供帮助",工会或者拒绝了该建议,或者在雇主提议后的 11 个工作日内没有接受该建议。在中央仲裁委员会处理认可申请前,它必须满足以下条件:(1)所提议的谈判单位还没有被包含于集体协议的相关条款(将某工会或多个工会认可为属于谈判单位的所有职工的谈判代表)中,除非被认可的工会与提出申请的工会是同一工会,或者有关工会得到认可的事项不包括报酬、工时或节假日,或者被认可的工会不是独立的,且在过去为同一或基本相同的谈判单位而获得认可,且先前的认可在现在的认可协议达成之日前三年内被撤销了;(2)谈判单位中至少 10%的职工属于申请工会的成员;(3)谈判单位中的大多数职工赞同对申请工会的认可;(4)在这之前的三年内,中央仲裁委员会未处理该申请工会针对同一或基本相同的谈判单位的认可申请;(5)在前三年内,中央仲裁委员会未发布关于否定该申请工会针对同一或基本相同的谈判单位的认可申请。

522 如果中央仲裁委员会确信谈判单位中的大部分职工都是申请工会的会员,则它有责任发出认可工会的声明,除非遇到下列三项"资格条件"之一:第一,中央仲裁委员会认为,应该为健全劳资关系的目的而举行投票;第二,谈判单位中的一定数量的工会会员通知中央仲裁委员会,他们不希望工会以自己的名义进行谈判;第三,出现了涉及以下因素的证据(相关职工成了工会会员,或者他们成为会员的时间长度),而这些因素导致中央仲裁委员会产生怀疑:谈判单位中是否有相当多的工会会员希望工会以他们的名义进行集体谈判？若上述任一条件得到满足,或中央仲裁委员会没有确信谈判单位中大部分职工是申请工会的会员,那么中央仲裁委员会必须向各方发出通知,表明自己准备组织秘密投票以确定谈判单位中的职工是否希望工会以他们的名义进行集体谈判。投票必须由中央仲裁委员会任命的合格的独立个人操作,且必须在该人被任命后的 20 个工作日内(或由中央仲裁委员会决定的更长时间内)举行。投票必须在工作场所或由中央仲裁委员会确定为工作场所的地方举行,也可采取邮寄方式进行。在决定投票的地点时,中央仲裁委员会需要考虑多种因素。如果有特殊因素,中央仲裁委员会可能会决定某次投票可部分在工作场所进行部分通过邮寄方式进行。在举行投票期间,雇主必须遵守三项义务:第一,他必须与工会及任命的投票管理人合作。第二,他必须赋予工会接触到相关职工的途径,允许工会将投票的目的通知相关职工,允许工会寻求职工的支持,允许工会征集职工对投票所涉问题的意见。第三,他必须向中央仲裁委员会提供以下信息:有关职工的姓名和住址(在收到投票通知起的 10 个工作日内);任何后来加入谈判单位的职工的姓名和住址(最新信息);以及停止受雇于谈判单位的职工的姓名(最新信息)。如果雇主没有遵循上述任一义务,那么中央仲裁委员会可要求他在特定时间内采取补救措施。在雇主没有遵守以上指令,中央仲裁委员会可能会发出有利于申请工会的认可声明,此时,投票程序将被取消,若投票已进行,则其结果无效。

523　如果中央仲裁委员会被要求确定合适的谈判单位,它必须首先给予当事方另外的 28 天时间以便对谈判单位达成一致意见。若双方仍然不能达成协议,那么中央仲裁委员会必须在 10 天内做出决定。在决定过程中,中央仲裁委员会必须考虑谈判单位须达到高效管理的需要,这一要求涉及以下要素:

(a) 雇主和工会的观点;

(b) 现行的全国及地方谈判协议;

(c) 避开小型的零碎的谈判单位的意愿;

（d）隶属于他谈判单位的职工的特点，及中央仲裁委员会认为相关的雇主所雇职工特点；

（e）职工所在的地点。[①]

524　在 2002 年的 R v. CAC exp. Kwik Fit（GB）Ltd（2002）案中，上诉法院建议中央仲裁委员会采取"轻微处理"方式，包括首先考虑相关职工的地理范围。不过，一旦适当的谈判单位成立了，中央仲裁委员会就必须考虑，谈判单位中是否有绝大多数职工支持对工会的认可。如果中央仲裁委员会确信谈判单位中的大部分职工都是工会会员，则它必须发布认可声明，发布不需要进行投票，除非遇到下列情况之一：

（a）中央仲裁委员会确信，本着良好的劳资关系的建立，投票是必须的；

（b）谈判单位中的一定数量的职工通知中央仲裁委员会，他们不希望工会以他们的名义进行集体谈判；

（c）关于工会会员身份的证据导致中央仲裁委员会产生以下疑点：谈判单位中的大多数会员真的希望工会以他们的名义进行集体谈判吗？

这里的证据必须涉及以下事项，工会会员成为会员时的情形（是否存在对会员的激励因素？）或者是工会会员成为会员的时间期限（例如，认可申请前是否存在会员资格发放风潮？）。

525　至于投票的结果，如果参加投票的大多数职工及至少 40％ 的有资格投票的职工都投票支持申请工会，那么中央仲裁委员会必须发布声明，宣布申请工会被认可为谈判单位的职工的谈判代理机构。如果结果相反，则中央仲裁委员会必须发布工会未被认可的声明。中央仲裁委员会发布了认可声明，工会和雇主可在收到声明通知后的 30 个工作日（或双方协商一致的更长时间）内，进行协商以便就他们将展开集体谈判的方式达成协议。附录强调："付诸集体谈判的是关于报酬、工作时间和假期的协商"，除非谈判双

---

① 《中央仲裁委员会指南》（*CAC Guidance*）第 18，第 19 段。

方同意就其他问题进行谈判。如果在协商期间双方未能达成程序性协议，工会或雇主可向中央仲裁委员会寻求帮助。随后双方可在 20 个工作日内（"合意时间"）在中央仲裁委员会的帮助下达成协议。如果仍难以达成协议，中央仲裁委员会则有责任确立集体谈判的方法，其效力如同工会和雇主订立的有效合同。在确立谈判方法的过程中，中央仲裁委员会必须考虑（但也可背离）2000 年《工会认可（集体谈判方法）命令》①的规定。一旦中央仲裁委员会确立了谈判方法，双方可以书面形式协商否认该方法的部分效力或全部效力，也可修正或替换该方法。如果这种谈判方法具备有效合同的效力，对违约的唯一救济方式便是强制履行。不遵守强制履行的执行命令将会构成对法庭的藐视。

526 雇主不能在认可协议达成后的 3 年内终止该协议。而 3 年结束后，雇主则可能单方面终止协议。工会则可在任何时候终止协议，且不需要雇主同意。根据附录第二部分，如果在工会向雇主提交了一份正式认可请求之后，而中央仲裁委员会处理任何随后提交的申请之前，双方达成了自愿协议，那么他们必须就谈判程序也达成协议。如果没能达成协议，申请工会可以向中央仲裁委员会提出申请，让中央仲裁委员会做出程序上的裁定。上述关于终止法定认可协议的方法，也同样适用于自愿达成的认可协议。立法并没有将参加集体谈判的义务强加于雇主。然而，通过法定程序获得认可的工会，除了享有（所有获得认可工会都有的）关于集体裁员和企业转让方面的信息通知和磋商权利外，还享有获得关于培训的信息通知及磋商的权利（如上文所述）。

527 包含在附录 A1 中的条款涉及影响谈判单位的变革以及对根据附录所做的工会认可的撤销。对工会认可的撤销基于两种理由：第一，雇主不再雇佣 21 名以上职工；第二，工会不再受到谈判单位绝大多数职工的支持。如果涉及前者，雇主必须通知工会。通知必须声明，谈判协议将在通知发出

---

① the Trade Union Recognition (Method of Collective Bargaining) Order 2000 (SI2000/1300).

35 个工作日后失效。这项通知的副本必须提交给中央仲裁委员会,然后中央仲裁委员会将裁定是否终止谈判协议。如果涉及后者,无论是雇主还是受雇于谈判单位的职工都有权寻求终止谈判协议。如果雇主希望终止协议,它必须先向工会提交请求。如果工会拒绝雇主的请求或双方对于这一点不能达成协议,那么雇主可以向中央仲裁委员会提交申请,请求举行认可投票。除非中央仲裁委员会确信至少有 10％受雇于谈判单位的职工同意终止谈判协议,并且大部分职工可能偏好这样的结果,该雇主的申请得不到受理。职工请求否认协议的相关规定也大体如此。只有在第一次认可声明发布三年之后,职工才能求助于否认规定。最后值得注意的是,个体职工不得因参加了认可或否认程序而遭受损害、被解雇或被作为裁员对象。

第五节　集体协议

528　　如今在英国广为接受的观点是:集体协议"是一项劳资和平条约,同时也是雇佣条件、工作分派和工作稳定性的来源规则",这种观点主要是受奥托·卡恩-弗罗伊德的影响。[①] 然而,这种双重社会功能并没有在英国集体协议的法律特征中直接反映出来。集体协议通常不是工会和雇主或雇主协会之间有法律强制力的合同,也不是有普遍效力的法律规范。正如我们所看到的那样,集体协议最重要的法律效力是它作为个人雇佣合同中的明示的、默示的习惯性条款。从集体协议与个人合同如此紧密的融合来看,集体协议应当具有成文法的功能,当然以协商主体明示或默示的同意为前提。本节将分析集体协议的效力。

529　　如今,规范集体协议的法律地位的法律主要分为三部分。第一,符合1992 年的《工会与劳工关系巩固法案》第 187 条的定义,且制定于 1971 年

---

①　奥托·卡恩-弗罗伊德:《劳动与法律》(第三版),第 154 页。(Kahn-Freund, O., *Labour and the Law*, 3rd edn, p.154.)

12 月 1 日之前以及 1974 年 7 月 31 日之后的集体协议。这类协议被推定为双方未打算让其成为有法律约束力的合同,除非协议具备以下条件:(a)以书面形式制作,以及(b)其中一项条款(明示)声明双方打算让协议成为有法律约束力的合同。^① 但并不必然说明,具有上述条件的协议就是合同,因为它仍然可能因其表达的用语不确定以至于无法解释,或者它可能因行业限制或其他原因而不能具备合同的效力。^② 为了符合上述目的的“集体协议”的定义,协议或“安排”必须在一个(或以上)工会与一个(一个以上)雇主或雇主协会之间达成。它必须涉及以下一项或几项问题:

(a) 雇佣条件,或者职工被要求从事工作的物质条件;

(b) 约定或未约定,终止或中止某一职工的雇佣义务;

(c) 在单个职工之间或职工小组之间分配工作和职责;

(d) 纪律惩戒事项;

(e) 职工的工会会员身份或非工会会员身份;

(f) 工会官员及工会的机构设施;

(e) 谈判或磋商机制,以及关于上述问题的其他程序,包括由雇主或雇主协会认可工会在任何谈判、磋商或执行上述程序的过程中对职工的代表权。^③

530 第二,有些集体协议是在 1979 年《劳资关系法》生效期间达成的(即 1971 年 12 月 1 日至 1974 年 7 月 31 日)。这些协议被当然地认为具有作为有效合同的意向,除非协议明确做出了相反规定。事实上,这段时期订立的大多数协议都声明本协议的当事人不具有让其具有有效合同的强制力(见 1992 年《工会与劳工关系巩固法案》附录三第五段)。

531 第三,有些协议不符合上文对“集体协议”的定义。例如,关于投资计

---

① 1992 年《工会与劳工关系巩固法案》第 179 条。

② 不具法律强制力的协议根本就不是一份合同:*Monterosso Shipping Co. Ltd v. ITF* [1982] ICR 675,CA。

③ 1992 年《工会与劳工关系巩固法案》第 179 条。

划或职业津贴方案的协议,就不属法律定义的"集体协议",它们不发挥雇佣条款或条件作用。这些协议受普通法规范,它们的法律地位非常不明确。一种观点认为它们不是合同,因为双方并无"建立法律关系的意向"。[1] 另一种观点认为,不能对"法律制执行力"(legal enforceability)这一概念做出一般解释。有些协议是合同(例如在煤矿行业和靴鞋贸易中的一些协议明确表示它们是合同),另一些协议则太模糊和不确定,以至于不能发挥合同的效果,但可能具有准成文法的功能。[2]

532 关于英国集体协议必须强调的最后一点是,集体协议虽然以 1992 年的《工会和劳资纠纷巩固法案》第 178 条及附录 A1 规定作为参考内容,但双方当事人有在协议中约定问题的自由。协议的内容完全取决于双方当事人意愿,但也存在一些例外,如不得包含种族和性别歧视。[3]

---

① 这是奥托·卡恩-弗罗伊德的观点,《大不列颠劳资关系制度》(编者:弗兰德斯、克莱格),牛津,1954 年,第 56—58 页。(Kahn-Freund, O. in *The System of Industrial Relations in Great Britain*, ed. A Flanders and H. A. Clegg, Oxford, 1954, pp. 56—58.)而且,弗罗伊德在该书中的观点被用于下述案件中的事实认定:Ford Motor Co. Ltd v. AEF [1969] 2 QB 303。

② 这是保罗·奥根斯的观点,参见《劳资关系评论与报告》十二号第 305 页(Paul O'Higgins, Industrial Relations Review and Report, No. 12, July 1971, pp. 3—5)。

③ 参见 1986 年《性别歧视法案》第 6 条。

第五章　劳资行动

第一节　劳资行动的模式

533　　从 1970 年开始,英国劳资行动的发生频率明显下降。20 世纪 70 年代,平均每年的罢工次数为 2631 次,形成对比的是,在 20 世纪 80 年代的罢工只有 1129 次。20 世纪 90 年代的数据呈现出急剧下降,平均每年的罢工次数仅为 234 次。就劳资纠纷引发停工并造成的工作日损失来看,下滑趋势与此类似。20 世纪 70 年代的年平均数量为 1290 万次,而 20 世纪 80 年代的年平均数量下降到 720 万次,到了 20 世纪 90 年代,则是直线下降,在 1997—1999 年间,年平均损失工作日不到 25 万次。尽管从传统上看,劳资行动在公营部门比在私营部门更为普遍。但是,到 1998 年之时,这两个领域中的劳资行动都少见。尤其突出的是,这种情况在有工会的工作场所和无工会化的工作场所并无区别,而且急剧下降的趋势对强势工会和弱势工会的影响也类似。重要的是,由于不罢工的劳资行动频繁增加,所以,罢工的数据只是反映劳资行动的部分指标。一项近期调查表明,在受过任何形式劳资行动影响的机构中,其影响来源于符合官方定义的"罢工"的机构所占比例不足一半。这种情形在地方和国家政府部门尤其突出。

534　　导致上述波动的原因非常复杂,但通常被界定的重要原因是失业率的变化及其影响。[①]　于是,20 世纪 60 年代和 20 世纪 70 年代劳资行动的高发率,与当时的低失业率和职工谈判的兴起密切相关。20 世纪 60 年代的劳资

---

　　① 爱德华兹:《不列颠劳资关系》(编者:贝恩),伦敦,1983 年,第 209—234 页。(Edwards, P. E. in *Industrial Relations in Britain*, ed. G. S. Bain, London, 1983, pp. 209—234.)

行动的重要特征(至少在制造行业中)是小型的非正式罢工(即未经工会批准的罢工)的发生率很高。从劳资行动发生率自1980年以来的降低在一定程度上反映出失业率的急剧增长。20世纪80年代还见证了大型的正式罢工的复兴,特别是在公营部门,涉及"罢工自由"的群体,如公务服务人员、教师、公共医疗卫生服务人员以及地方政府工作人员。20世纪90年代,情况又发生了改变,伴随着就业率的稳定上升,劳资行动发生率进一步下降。对此现象有两种可能的解释。首先,有人认为,劳资行动的衰落证明了工会实力的普遍下降。换句话说,立法变革使工会对劳资行动带来威胁以增强工会的谈判地位,工会通常依靠在投票中获得多数人的支持,而不借助劳资行动达到上述目的。①

第二节　罢工自由②

535　在英国,调整罢工行动的法律非常复杂,且只能在一个世纪中的司法判决和立法发展背景下才能被理解,不过,这些司法判决和成文法是相互重叠又相互冲突的。尽管英国著名法官在1942年就率先将"罢工权利"描述为"集体谈判原则的根本因素",③但是,并没有法律保障个体公民有退出与他人共同从事的劳动的"权利"。工会亦没有认可这项积极权利。而且,英国的制定法中也没有关于"罢工"或"停工"的法律定义。事实上,"罢工"仅是为了某一具体法定条义而定义的。④相反,劳资行动是由一系列涉及过

---

①　前文所引是米尔沃德等人的合著,第179页;埃尔加、辛普森:"20世纪80年代法律对劳资纠纷的影响",载于《劳资关系新视角》(编者:梅特考夫、米尔纳),1993年。[Elgar and Simpson. 'The Impact of the Law on Industrial Disputes in the 1980s', in D. Metcalf and S. Milner (eds.), New Perspectives on Industrial Relations, Routledge, 1993.]

②　详细分析可参见:1.鲍尔斯、达根、里德:《关于劳资行动与工会认可的法律》,牛津大学出版社,2004年。(Bowers, J., Duggan, M. and Reade, D., The Law on Industrial Action and Trade Union Recognition, Oxford University Press, 2004.);2.尤因:《罢工权》,克拉伦登出版社,1991年。(Ewing, K., The Right to Strike, Clarendon Press, 1991.)

③　Crofter Hand Woven Harris Tweed Co. v. Veitch [1942] AC 435 at 463.

④　1992年《工会与劳工关系巩固法案》第246条(投票规则)。

错的普通法(主要在侵权法和合同法领域)调整,并受针对"促成或激化劳资争议"的行为的法定豁免的限制。1875 年,刑法于 1875 年就不再作为规范劳资行动的主导手段,但是,在处罚普通犯罪行为(如在劳资行动中发生的犯罪损害和破坏社会安定,尤其是在纠察队方面)时,刑法依然发挥重要作用。本章将分析普通法责任、法定豁免的范围以及调控纠察队的法律。

536　下文分三个步骤来分析劳资行动是否合法的问题:

ⅰ. 系争行动是否引起了普通法上的民事责任?

ⅱ. 该责任是否通过《工会与劳工关系巩固法案》第 219 款中的豁免规定而得以免除? 这需要证明的是:首先,系争侵权行为受到了成文法的特殊保护(许多侵权行为并未得到专门规定,因而在豁免范围之外);其次,该行为的发生是在"促成或激化劳资争议"。

ⅲ. 是否这些豁免因以下原因被撤销:(a)该劳资行动构成非法的"次生行动"(secondary action);(b)未遵守投票规定;(c)该劳资行动发生在非法设置罢工纠察队过程中;(d)该劳资行动的目的是为了强化工会会员身份;(e)该劳资行动是为了回应雇主对非正式劳资行动参加人解雇;或者(f)行动的目的是要求雇主在供给合同中遵循"仅限于工会"或"仅限于认可"的做法? 当雇主未收到举行劳资行动的提前通知或投票前后的必要信息时,法定责任豁免也会被撤销。

特别需要注意的是,对相关豁免的撤销也只有在原行为不合法时才能引起民事责任。上述第三项内容的任何一项,都不能独立于侵权或其他种类的民事行为而引起责任。

第三节　民事责任

一、合同与不罢工协议

537　参加劳资行动的个人几乎无疑都破坏了自己的雇佣合同。即便雇主已经收到了罢工通知,情况也是如此,因为这种通知并不能被解释为终止合同的通知。在普通法中,这种违约通常被解释为雇员先期拒绝履行工作义务,由此使得雇主有权解雇他(或她)。[①] 在实践中,尽管人们通过向雇主提交罢工通知(提前通知的时间长度等同于终止雇佣合同的要求)的方法试图创立出雇员中止合同的法定权利,以避免被解雇的后果,[②] 但这一尝试最终还是被法官拒绝了。[③] 不过,在这种背景下,雇主对于雇员违约而请求的救济是受到限制的。法庭不会判决对雇佣合同的强制履行,在针对非生产线职工的案件中,雇员所付损害赔偿金的额度仅限于寻找替代职工的费用。[④] 对雇主来说,一种更有效的措施就是"取消工资"这种自我救济。这种措施对于非完全停工的劳资行动非常有效,而该种形式的罢工近年来恰恰越来越频繁。最近的判例法表明,如果职工拒绝履行部分合同义务,雇主可能有权扣除其全部报酬,即便是该职工勤勉地履行了大部分义务(假定雇主表明雇员的部分履行不能被接受)。[⑤]

538   需要再次明确的是,集体协议只有以书面形式制作才有法律约束力。[⑥] 因此,对于非书面协议中的和平(不罢工)义务的破坏并不能导致诉讼,除非集体协议双方明确同意诉讼的发生,当然这种情况很少见。英国工会极少可能达成有法律约束力的"不罢工"协议,尽管限制的协议近年来有所增加,这种限制协议主要由工程和电力联合会负责协商,且已在工会运动中引起了激烈争论。不过,这种协议很少有法律效力。集体协议中的"不罢工条款"要融入个人雇佣合同,必须满足下列五项条件。这五项条件是由1992年《工会与劳工关系巩固法案》第180条规定的,内容如下:(a)集体协议必须采取书面形式;(b)它必须明确陈述某条款应当或可以融入个人合

---

① Simmons v. Hoover Ltd [1977] ICR 61(EAT).

② Morgan v. Fry [1968] 2 QB 710,CA. 参见丹宁勋爵在第 730 页的观点。

③ Simmons v. Hoover Ltd [1977] ICR 61 at 70—77.

④ National Coal Board v. Galley [1958] 1 WLR 16.

⑤ Miles v. Wakefield [1987] IRLR 193; Wiluszynski v. London Borough of Tower Hamlets [1989] ICR 493.

⑥ 1992 年《工会与劳工关系巩固法案》第 179 条。

同；(c)它必须能够在工作场所和工作时间被合理地取得；(d)集体协议中的工会一方必须是独立的；以及(e)相关个人合同必须以明示或默示的形式将这一条款纳入其中。第 5 项条件尤为重要，因为它意味着，每个案例的"移植"问题都必须在该条款被融入前得到肯定回答。雇主不得与工会或职工个人签约摆脱这些规定。这些规定适用于集体协议的任何条款，包括禁止或限制职工参加罢工或其他劳资行动的权利的条款，或者有禁止或限制这些权利的效果的条款。

二、法定权利的丧失

539　直到最近，参加劳资行动而被解雇的职工一般不能提起不公平解雇之诉。起初，因为政策制定者不愿看到雇佣法庭卷入劳资行动的争议，而更希望双方能够达成自愿的、非法律的和解。只有当雇主有选择地解雇员工时，被解雇者才可以提起不公平解雇之诉。不过，在新自由主义时期，这项限制运行并不公正，让职工很容易遭受大规模解雇的侵害。1990 年的法律修订使得这种情况进一步恶化，因为雇主被允许有选择地解雇那些参加非正式劳资行动的职工。而且，在正式劳资行动发生时，雇主被允许在三个月后有选择性地重新雇佣职工。新工党政府实施的改革核心是保护罢工雇员不受解雇。于是，新增加的条款使得对参加"受保护"劳资行动的雇员的解雇自动非法。为了激励双方解决纠纷，立法规定这一保护只延续从雇员正式参加劳资行动后的八周之内，除非雇主没有为此问题的解决采取合理程序，或者雇员在八周内停止了劳资行动。[①] 劳资行动只有符合 1992 年的《工会与劳工关系巩固法案》民事责任豁免条件时，才能够受到保护为此目的的保护，而且，针对解雇的保护仅适用于"正式"劳资行动，即该行动获得了参加职工所在工会的批准或支持。[②] 上述限制意味着，实践中针对解雇的保护是基于系列复杂因素，这些因素的运行可能会严重限制上述权利。

---

① 1992 年《工会与劳工关系巩固法案》第 238A 条。
② 1992 年《工会与劳工关系巩固法案》第 237 条。

正如下文所述,劳资行动可在广泛情形中得不到"保护"。还有人提出,如果
豁免权的丧失仅涉及纠纷中的一名雇员,这种选择是有效率的。例如,如果
工会只是没有给一名雇主发出劳资行动即将开始的通知,全体参加职工都
会丧失"不被解雇"的保护。职工个人不被解雇的权利与工会享有的民事责
任豁免权之间的联系,也意味着,雇佣法庭将不得不处理那些关于"经济侵
权范围"以及"法定保护范围"等复杂且涉及面广的问题,而这些是他们以前
不必处理的。① 对保护的主张因以下事实而变得更加困难,即,雇员有责任
证明解雇的部分原因是他(她)参加了劳资行动。在非正式劳资行动的情
形,解雇罢工职工依然被自然认为是公平的,除非解雇是基于另外的且自动
不公平的理由,如,因为雇员的职工代表身份、雇员怀孕或特别的健康及安
全问题。值得注意的是,以雇员具有工会会员身份或参加工会活动为由而
解雇了参加非正式劳资行动的职工,并不被认为自动不公平。这意味着,雇
主可以利用非正式劳资行动提供的合法机会来"肃清"被认为是"领导"或
"麻烦制造者"的工会会员。

540　　如果解雇发生于雇员正在参与劳资行动之时,因为该行动使雇员违
反了雇佣合同,那么,被解雇的雇员得不到任何裁员补助,除非裁员通知在
劳资行动之前已经发出。② 雇员在裁员通知期间亦无权获得其他报酬,因
为他们的行为构成了对雇佣合同的预期违反。③ 同样,如果雇主因为罢工、
停工或其他劳资行动而不能提供工作,而这些劳资行动又与受雇于该雇主
或雇主协会的雇员有关,那么,这些雇员无权获得任何保证补偿。④ 如果雇
员所在的工作场所因劳资纠纷而发生了停工,雇员则会丧失法定病假工资,
除非他能证明自己对该纠纷没有"直接兴趣"。⑤ 此外,一项纠纷可能会剥

---

① 莫里斯、阿彻:《集体劳动法》,2000 年,第 6.98 节(Morris, G. and Archer, T., *Collective Labour Law*, 2000, Hart, para. 6.98)。

② 1996 年《雇佣关系法》第 140 条。

③ 1996 年《雇佣关系法》第 91 条。

④ 1996 年《雇佣关系法》第 29(3)条。

⑤ 1992 年《社会保障出资与收益法》第 153(3)条,附件 11。

夺职工的社会保障福利。

三、侵权行为①

541　　司法部门发展出的与劳资行动特别相关的侵权行为有五类。由于其中的每一种侵权行为都能够有效剥夺职工的"集体撤销劳动"的自由,所以英国议会为追求宽容劳资行动的政策,常常定期做出回应,其方法是通过对那些实施了"促成或激化劳资争议"的侵权行为的人创造消极性"豁免"。这些豁免权的范围在20世纪80年代被大幅度缩减,于是工会及其官员也将承担民事责任。特别值得注意的是,法院可能针对劳资行动的组织者,包括工会本身(从1982年起)发布禁止令。下文将探讨每一类侵权行为,然后介绍豁免范围以及禁止令在劳资纠纷中的运用。

A. 民事共谋致害

542　　1875年后,在行为如果是个人所为就不受处罚的情形,针对共谋的犯罪指控在劳资争议中丧失了意义,② 而且,普通法中的共谋罪名也在1977年被废除了(有少数与此无关的例外)。③ 不过,民事共谋致害(或者说"简单"的密谋)在1901—1906年间发展成了对付工会组织者的主要手段。这种侵权行为包括两人或两人以上的联合,他们的主要目的是对原告施加伤害,而不是满足自身的善意及合法利益。在早期判例中,工会的目标,例如"只雇佣工会会员"制度,并不被认为合法,④ 这就是为什么1906年《劳资争议法》对于劳资争议中的"简单共谋"施以责任豁免。不过,到了1942年,上议院开始认可了一些工会的目标,⑤ 随后,其他的工会宗旨(如禁止肤色

---

① 卡迪:《经济侵权》,牛津,2003年(Carty, H., *Ecomonic Torts*, Oxford, 2002)。

② 1992年《工会与劳工关系巩固法案》第242—243条。

③ 1977年《刑法》第5条。该法创设了新的共谋侵权形式,但是,协商实施一项简易侵犯,且该侵犯行为不能据促成或计划劳资行动遭到处罚,那么该协商行为不属于《刑法》第5条的制裁范围。这样的规定解决了之前的一个涉及纠察队的判例(Rv. Jones[1974] ICR 310)遭到的批评。该案根据旧法作出判决,流动纠察队的组织者以共谋恐吓(conspiracy to intimidate)为由被判决长达三年的监禁。

④ Quinn v. Leathem[1901] AC 495, HL.

⑤ Crofter Hand Woven Harris Tweed Co. Ltd v. Veitch[1942] AC 435, HL.

歧视)也被豁免了"联合侵权"的责任。① 因此,"民事密谋致害"这种侵权行为也就丧失了实践相关性。② 1981 年,上议院意识到该种侵权行为的"高度反常性",但也感到它因存在时间太长而难以被废除。③

B. 共谋实施非法行为或使用非法手段

543　当一个行为本身就是侵权行为,两人或两人以上联合实施这种行为就构成侵权性共谋。1981 年,针对这种侵权行为的范围产生了混淆,当时的上议院曾提议,只有当共谋者的主要目的是伤害原告时,侵权行为才成立。于是,上议院将这种侵权行为等同于"反常的法律手段"。然而,上议院随后在判决中对这种情形进行了阐述。法官认定,当非法手段被使用时,共谋者表现出损害原告的意图就足够了④,即便这并不是他们的首要目的。⑤在非法手段被使用的情形,首要目的是增强被告自己的合法利益的事实并不能构成对被告有利的抗辩。这在劳资关系之外可能是符合逻辑的,而对于参加劳资行动的职工来说,则代表了依然宽泛的责任范围。在大多数劳资行动中,行为人的主要的目的是改善职工福利,但这一目的的实现又不可能不损害雇主利益。这种矛盾可因以下事实得到缓解,即行为手段受法定豁免而受到保护(见下文 485 段)。对共谋的指控可以将责任强加于某人,这个人不能单独实施系争侵权行为,比如,一个工会官员对威胁要违反雇佣合同的雇员提供支持。⑥ 这种指控同时还可能使得额外赔偿更容易得到。这种侵权行为的模糊之处是,它是否能超越了联合侵权的要求?⑦ 其中未得解决的问题是,是否能将共谋违反合同作为诉讼依据,比如,两个或以上

---

① Scala Ballroom (Wolverhampton) Ltd v. Ratcliffe [1958] 3 All ER 220,CA.

② 但是,参见:Huntley v. Thornton [1957] 1 All ER 235.工会的地区官员基于某雇员没有参加一场未经官方批准的罢工而处罚了雇员,该官员被判决承担责任。

③ Lonrho Ltd v. Shell Petroleum Co. Ltd [1982] AC 173, 188—189.

④ Lonrho Ltd v. Shell Petroleum Co. Ltd [1982] AC 173(HL).该判决意见被适用于下述案件的判决:Metall und Rohstoff v. Donaldson [1989] 3 All ER 14 (CA).

⑤ Lonrho plc. v. Fayed [1991] 2 All ER 303,HL.

⑥ Rookes v. Barnard [1964] AC 1129, HL.

⑦ 在前述 Lonrho 案中,上议院裁决,不构成侵权的行为不具有刑事违法性。

职工突然辞职。我们将在下文看到,这种联合行为不能获得豁免。

C. 引诱违约或干预合同的履行

544 如果 A（即一名工会官员）有目的地引诱 B（即一名雇员）违反 B 和 C（雇主）之间的合同,那么 A 可能要对 C 承担侵权责任。[①] 这种侵权可以是直接发生的,例如,A 劝说 B 不要履行这项合同;也可以是间接发生的,如 A 劝说 B 的雇员阻止 B 对合同的履行。[②] 即使是在劝诱行为本身合法的情况下,直接劝诱也会导致侵权责任;而间接性劝诱（或引致）只有在使用非法手段的时候,才会导致侵权责任。如我们所看到的那样,在大多数案件中,参加劳资行动的雇员都违反了合同。因而,这种行为的组织者都普遍地负有直接引诱违反雇佣合同的责任。而且,如果雇主因此不能履行商业合同,那么组织者还将负间接引诱违反商业合同的责任,当然这种责任以非法手段的使用为前提。最后一项标准在大多数案件中都能得到满足,由于引诱违反商业合同的手段将是引诱职工个人的雇佣合同被违反的非法行为。因此,除了被法定豁免外,这种侵权行为的后果就是侵蚀组织劳资行动的自由。这一影响因侵权行为在近期的扩大而加剧,侵权行为包括没有导致违约的履约干扰,例如,阻止合同含有不可抗力条款（由此可以免除违约方支付赔偿金的责任）的履行。[③] 所以,无论是直接干预还是间接干预,即便没有实际违约发生,都会存在侵权责任。

D. 恐吓

545 这种侵权行为是上议院在 1964 年发展起来的,当时涉及的情形是,两个工会管事和一名工会全职官员用罢工来威胁雇主,导致雇主合法地终

---

① Lumley v. Gye［1853］2 E. & B. 216；South Wales Miners' Federation v. Glamorgan Coal Company Ltd［1905］AC 239.

② D. C. Thomson v. Deakin［1952］Ch. 646.

③ Torquay Hotel Co. Ltd v. Cousins［1969］2 Ch. 106. 参见丹宁勋爵的观点。该观点被适用于本案：Merkur Island Shipping Co. Ltd v. Laughton［1983］2 AC 570 HL. 同时参见：Falconer v. ASLEF and NUR［1987］IRLR 331。

止一个非工会会员的雇佣合同,该非工会会员对他们(工会管事和一个工会
全职官员)提起了损害赔偿之诉。① 人们一般不承认,集体协议中的"不罢
工"条款能被包含在工会管事的雇佣合同中。正是以违反自己的合同相威
胁才能构成"恐吓"的侵权行为。概括说来,A 威胁 B,说他要采取非法手段
对付 B,目的在于使 B 去做或不做 B 有权做的事,由此对 B 本人(双方胁迫
中)或对 C(三方胁迫中)都造成损害,上述情形就构成了"恐吓"。1964 年
后,人们试图将这种侵权行为削减为以严重"违约"为内容的威胁(例如,被
采纳的不罢工条款),② 但是,有一点是明显无疑的,这种侵权行为被作为雇
主或第三方对抗罢工威胁的潜在武器,也被作为集体谈判过程中的惯常内
容。1982 年,上议院将相关的经济胁迫规则适用于劳资行动。在这种侵权
行为中,根据协议做出的金钱支付可以被收回,只要该协议是迫于非法压力
而达成的。③ 胁迫规则提供了广泛的诉由,因为大多数劳资行动都包含了
被迫的压力。例如,在抵制货物的威胁之下,船主与国际运输职工联合会达
成支付协议,即船主向船员及国际运输职工联合会支付福利基金。现在,经
济胁迫规则使船主能够打着"便利的旗号"(flag of convenience)收回这笔
支付。在决定"压力"是否合法的过程中,法庭以现行的劳资行动豁免范围
为指导,即使这些豁免规则并不能直接得到适用。也许,构成恐吓的事实也
构成经济胁迫。经济胁迫可能比胁迫侵权范围更广,它包括了以强迫性合
法行为为内容的威胁,或不履行合同的默示威胁。

E. 以非法手段干扰工作业务

546 构成这种侵权行为的情形是:A 故意使用非法手段,目的是导致 B 在
其工作业务方面遭受损失,而事实上也达到了这种后果。这种以非法手段
进行干预的侵权类型范围广泛,可涵盖(iii)对合同的间接干预以及(iv)上

---

① Rookes v. Barnard [1964] AC 1127,HL.

② Morgan v. Fry [1968] QB 710. 参见拉塞尔勋爵(Russel LJ)的观点。

③ Universe Tankships Inc. of Monrovia v. ITWF [1983] 1 AC 366;Dimskal Shipping Co. SA
v. ITWF [1992] IRLR 78(HL).

述胁迫侵权行为。但是，它是宽泛而不明确的。最不明确之处是作为"侵权"构成要件的"非法手段"的意义到底是什么。似乎，只有"违反刑法典"这一行为本身能引起侵权责任时，对刑法典的违反才构成"非法手段"。① 例如，违反关于示威游行的地方法规就不足以引起侵权责任。② 然而，妨碍（例如在雇主的工作场所入口处设置障碍）或诽谤（例如通过标语牌上的文字）这类侵权行为就是"非法手段"。以威胁方法劝诱雇员通过罢工来破坏其雇佣合同，这也是"非法手段"。③ 有人还指出，违反雇佣合同本身就足以构成"非法手段"。④ 在这种案件中，侵权责任将被施加到罢工的雇员身上，即便罢工的组织者受到制定法的保护。⑤ 同样重要的是（对提供公共服务的职工尤其重要），引诱违约和干预法定义务也可能构成侵权行为中的"非法手段"。⑥ 不过，该规定在一定程度上受到如下要求的限制，即，系争法定义务是可由原告独立履行的。⑦ 不过，司法判决对这类侵权责任范围的扩张似乎是无限的。法官还认定：没有必要证明被告的主要目的是损害原告而不是追求自己的合法利益，这样的认定又大大扩张了上述侵权责任的范畴。⑧

第四节　劳资争议的责任豁免

547　　上段可见，司法机关倾向于扩张那些"促成或激化劳资争议"的人的侵权责任范围，立法机构直到 20 世纪 80 年代初才对此做出了回应。最早

---

① Lonrho Ltd v. Shell Petroleum Co. Ltd [1982] AC 173(HL).

② Cf. Camellia Tanker Ltd v. ITF [1976] ICR 274.

③ Hadmor Productions Ltd v. Hamilton [1983] 1 AC 191.

④ Barratts & Baird v. IPCS [1987] IRLR 3.

⑤ 法院不能授予任何禁止令，不然会导致雇佣合同的强制实施。

⑥ Meade v. Haringey London Borough Council [1979] ICR 494；Barratts & Baird v. IPCS [1987] IRLR 3；Associated British Ports v. TGWU [1989] IRLR 305，399.

⑦ Lonrho Ltd v. Shell Petroleum Co. Ltd [1982] AC 173(HL). 但是，这种观点被上议院多数人否认，如，Lonrho Ltd v. Shell Petroleum Co. Ltd [1982] AC 173(HL)。

⑧ Lonrho plc v. Fayed [1989] 1 All ER 65，Cf.；Barratts & Baird v. IPCS [1987] IRLR 3.

的立法举措是 1906 年《劳资争议法》（Trade Dispute Act 1906）。该法案豁免了以下两类民事行为的责任：第一、共谋致害；第二、引诱他人违反雇佣合同。在鲁克斯诉巴纳德案① 确立了基于恐吓的侵权责任之后，前述豁免规定在 1965 年得到些补充。在 1971 年《劳资关系法》生效期间，责任豁免条款被废止，但是，1974 年《工会与劳工关系法》（于 1976 年修订）恢复和加强了相关条款。从 1980 年起，成文法都一直限制豁免条款的适用。

548 目前，对劳资争议中的相关行为的免责规定被包含在 1992 年《工会与劳工关系巩固法案》第 219 条，以及以前的 1974 年《工会与劳工关系法》第 13 条。具体内容如下：

"1. 一个人实施的促成或激化劳资争议的行为只有在以下情形才不受侵权之诉：（a）该行为诱使另一个人违反合同，或妨碍或诱使其他人干扰了合同的履行，或（b）该行为存在于行为人的威胁之中，威胁的内容是：合同（无论行为人是否为合同一方当事人）将被违反或将被妨碍履行，或者，行为人将诱使他人违反合同或妨碍合同的履行。2. 两人（或以上）达成了以策划或激化劳资争议的行为为内容的协议，而事实上这种行为没有依协议或联合就实施了，此时，上述协议不能成为侵权诉讼的基础。"

值得注意的是，免责并不扩展适用于诽谤、妨碍或违反法定义务的行为。② 更重要的是，"用非法手段干扰工作业务"这种呈扩大趋势的侵权行为也得不到任何豁免。于是，聪明的雇主以宽泛的新型侵权类型为理由，起诉要求中间禁止令。③ 不过，这种侵权行为的范围有限，其依据的原则是：根据第 219 条规定被免责的行为，可能并不构成"用非法手段干扰工作业务"行为中的"非法手段"。④

549 因而，韦德伯恩（Wedderburn）用所谓的"黄金法则"对组织劳资行动

① Rookes v. Barnard [1964] AC 1129, HL.

② *Mersey Docks and Harbour Co. v. Verrinder* [1982] IRLR 152.

③ 例如，*Falconer v. ASLEF and NUR* [1987] IRLR 331, Barratts & Baird v. IPCS [1987] IRLR 3, Associated British Ports v. TGWU [1989] IRLR 399 (HL).

④ *Hadmor Productions Ltd v. Hamilton* [1982] ICR 114 (HL).

的自由的范围给予了界定。[①]　由 1992 年《工会与劳工关系巩固法案》第 244 条"劳资争议"进行了定义,该定义参考的依据是:(i)当事人双方;(ii)主题。此外,1992 年的法案第 219 条还要求该行为必须"激化"了劳资争议。下文将对这一"黄金法则"的要素进行分析。

(1)当事人:"黄金法则"只包括"职工与其雇主"之间的争议。于是为抗议政府而举行的劳资行动被排斥在外,除非政府本身就是雇主,或拥有法定权力解决争议,或作为处理该问题的谈判委员会代表。[②]　然而,在现代工业社会中,政府也密切地参与经济活动,其中的界线很难划分,正如奥托·卡恩-弗罗伊德在 1954 年写道:

"如今的工资水平只有部分或可能极少部分由私营雇主决定。在各个方面它都依赖政府政策……那么又怎么有人能……决定罢工能在多大程度上劝诱雇主支付确定数额的工资或政府在多大程度上改变政策呢?"[③]

从 1982 年开始,这项法则排除了职工之间的争议,比如,工会之间的争议。同时还排除了雇主的雇员未参与纠纷的案件,如当雇主因雇佣非工会会员或廉价的外国劳工而遭到设置罢工纠察队或抵制时,雇主并不是纠纷当事人。[④]　应当注意的是,这并不排除一群职工支持另一群职工的劳资行为("次生"行为)。无论如何,根据单独规则,"次生"劳资行为是合法的。

550　(2)争议主题:1992 年的《工会与劳工关系巩固法案》第 244 条第 1 款规定,争议应全部或主要与本条列举的某一项标的有关。"全部或主要"是 1982 年《雇佣法》加入的,取代了原有的"相关"。新的表述方式意味着

---

① 韦德伯恩:《职工与法律》,1965 年,第 222 页。(Wedderburn, K. W., *The Worker and the Law*, Harmonsworth,1965.)

② 1992 年《工会与劳工关系巩固法案》第 244(2)条。

③ 奥托·卡恩-弗罗伊德:"法律框架",载于《大不列颠劳资关系制度》(编者:弗兰德斯、克莱格),牛津,1954 年,第 127 页。(Kahn-Freund, O., 'Legal Framework', in Flanders, A. and Clegg, H. A. eds., *The System of Industrial Relations in Great Britain*, Oxford, 1954, p. 127.)

④ *Midland Cold Storage v. Turner* [1972] ICR 230; *Star Sea Transport Corporation of Monrovia v. Slater* [1978] IRLR 507; *NWL v. Woods* [1979] 1 WLR 1294, HL.

"首要关于",① 并排除了具有以下特征的争议,其主题是关于职工对其工作或劳动条件的担心,但"首要关于"未列入第 244 条第 1 款的主题。

551 因此,全部或主要的政治或非劳资主题的争议也被遭到了排除。例如,工会采取劳资行动抵制南非种族隔离,就从上述定义中被排除了。② 其次,关于职工雇佣合同条款的争议与政治纠纷之间的界线,也很难划分清楚。因而工会为抵制政府经济政策③ 而采取了一天行动,或工会举行劳资行动反对政府将其雇主私有化,④ 都不属于劳资争议的定义范围。从 1982 年起,对于发生在英国之外的争议,采取劳资行动的职工,只有可能基于争议结果受到 1992 年的《工会和劳资纠纷巩固法案》第 244 条第一款的影响时,才能受到保护。⑤

552 (3)"促成或激化":从 1906 年开始,对于某行为是否"促成"了劳资争议的判断标准一般是主观性的,取决于行为人的真正目的。不过,上诉法院并不喜欢的《工会与劳资关系法》在 1974—1976 年间对法定豁免范围的扩大,由此,上诉法院在 1977—1979 年之间致力于以多种方式在这项标准中加入客观因素,例如,这一行为是否离争议太远以至难以受到保护,这一行为是否以"实际"的方式帮助了一方或另一方,以及这一行为是否合理可行,或是否有实现行为人诚实目标的合理预期。但这些限制被上议院的三个案例推翻了,传统的主观标准又得以复兴。尽管"劳资争议"本身必须作为客观事实出现或发生,但"促成"和"激化"都与内心状态有关,且只要诚实行为的人在当时认为他(或她)可以帮助争议一方实现目标,且他(或她)确实为此原因而行动了,他(或她)就应该获得保护。1980 年和 1982 年的《雇佣法》都没改变这一主观标准。相反,"次生性"和"第三位"的设置罢工纠察队或联合抵制的更广泛的合法性暗示,却受到了该法案的专门限制。下文将

---

① Mercury Communications Ltd v. Scott Garner (1984) ICR 74,CA.

② BBC v. Hearn [1977] ICR 685,AC.

③ Express Newpapers Ltd v. McShane [1980] IRLR 247.

④ Mercury Communications Ltd v. Scott Garner (1984) ICR 74,CA.

⑤ 1992 年《工会与劳工关系巩固法案》第 224(3)条,参见上文第 106 段。

讨论这些限制。

第五节 对劳资争议责任豁免的限制

一、"次生"劳资行动

553 自 1980 以来,制定法的核心任务就是限制劳资行动被允许对其所涉机构的超越程度。"次生"劳资行动在英国有悠久的传统,这种行动的发起人并不受雇于陷入纠纷的雇主("首要"雇主),它们是为支持那些直接受到影响的雇员而发动的。例如,不受雇于"首要"雇主的雇员可能拒绝向"首要"雇主运送原材料或拒绝处理"首要"雇主生产的货物。这种行为的目的是为了给"首要"雇主施压,或者,当"首要"雇主得到政府支持时,次生劳资行动更全面地破坏经济生活,以迫使政府让步。保守党政府一直对次生行动怀有敌意,但为配合其逐步限制劳工立法的策略,保守党政府并没有一开始就取消对这种行动的全部保护。相反,次生行动受制于一系列复杂的限制,并留下宽泛的漏洞供雇主所利用。在 1990 年,范围非常有限的合法次生行动被立法废除了,只有设置罢工纠察队的狭窄例外。这些规定如今能在 1992 年《工会与劳工关系巩固法案》中看到,它们废除对非法次生劳资行动中的某些侵权行为(包括引诱违约和恐吓)的豁免。[①] 次生行动发生的情形是,相关雇佣合同的雇主不是争议当事人。例如,如果 A 公司的雇员与 A 发生争议,且 A 公司的工会诱使 B 公司的雇员破坏了他们与 B 公司间的雇佣合同,那么非法次生行动就发生了,且 A 公司工会将丧失其在侵权行为中的免责保护。关于限制次生行动的规定受到三个方面的特别限制:第

---

① 1992 年《工会与劳工关系巩固法案》第 244 条。评论观点可见,莫里斯:1990 年《雇佣法》[Morris, G. S., 'The Employment Act 1990', *Journal of Business Law* 46(1991)];辛普森:《1990 年雇佣法的背景》(Simpson, B., 'The Employment Act 1990 in context', [1991] 54 MLR 418)。

一，即便是 B 公司的员工并未导致以 B 为当事方的商业合同的违约或履行干扰，次生行动也算产生了。这意味着，简单的支持声明，例如延长午餐会议时间，都受制于该定义。第二，该雇主不会被看作是另一雇主与（该雇主的）雇员之间的争议的当事人。而且，当纠纷中不止一个雇主时，各雇主及其雇员间的争议均被视为独立争议。这样做的意义是，让全国性劳资行动不可能发生，除非雇员与每一雇主的纠纷都能被证明。于是，不再可能仅仅因雇主协会与某工会或工会联合会发生纠纷就对隶属于该雇主协会的某一雇主发起劳资行动了。不过，若 B 公司雇员确实与 B 公司发生纠纷，那么仅是这一事实，即 B 公司雇员的行动帮助了 A 公司纠纷中的雇员，不足以让针对 B 公司的行动成为非法次生行动。第三，不仅在引诱违反雇佣合同方面废除了责任豁免的使用，而且个人亲身履行工作或履行劳务合同也不再享有责任豁免。这就意味着，自雇性劳工，如建筑工人，也符合了这项定义。

554 上述规定意味着，实际上次生行动几乎都不能受到法律保护。即便是在 A 公司和 B 公司拥有相同股东和董事的情况下也是这样。在早期的案件中，法庭拒绝"揭开公司的面纱"来考虑真正的所有权和控制权。① 因而，如果 A 和 B 是集团公司里的两个公司，那么 B 公司雇佣的员工不能采取劳资行动支持 A 公司的纠纷中的员工，即便 B 公司员工受到了间接影响，除非他们能声明自己和 B 公司之间有主要争议存在。即使是 A 公司将由于罢工而停顿的工作移交给了 B 公司，工会也不能召集 B 公司的雇员举行行动。更严重的是，若 A 公司是 B 公司的一个子公司，且实际上对相关关键劳资关系问题的决定都是由 B 公司董事而非 A 公司董事做出的，这种情况下 A 公司的雇员只限于对 A 取没有影响的劳工行动。这些规定对公共领域有着尤为严肃的暗示，也就是说，政府的政策将权力作用到了最基层的单元。例如，在教育领域，如今教师是由个体学校的管理者而非地方教育权力机构所雇佣的。同样，在全国医疗系统中，许多医院都正在成为自主雇主。学校或医院的雇员不能在劳资纠纷中召集其他学校或医院里的同事向

---

① Dimbleby & Sons Ltd v. NUJ [1984] 1 All ER 751.

他们提供支持,除非后者有自身的主要纠纷。在私人领域,新的规定激励了雇主本着将劳资行动蔓延最小化的方针重新组建了他们的雇佣单位。这些对罢工权进行限制的范围意味着,如今英国已与欧洲其他国家不再一致,且几乎毫无疑问地违反了它的国际法义务。[①] 上述规定中只有一项有限的例外,出现在有关设置纠察队护卫的规定中。在发生合法的设置罢工纠察队时(根据 1992 年《工会与劳工关系巩固法案》第 220 条规定),即发生了纠察队或工会官员诱使雇员(其雇主并非劳资争议当事方)破坏雇佣合同时,可保留对侵权责任的豁免。[②] 例如,如果合法的纠察队和平地说服了货车司机(由首要雇主的供货者雇佣)拒绝跨越纠察队的界线,并因此导致他(或她)违反了雇佣合同,那么该纠察队不会丧失他(或她)本可以获得的豁免。

二、"仅限于工会"的实践

555　　保守党政府的限制性政策之二,就是阻挠"仅限于工会"(union-only practice)或"仅限于认可"实践。这种做法帮助工会会员们努力扩展工会主义,其方式是坚持让其雇主要求供货者雇佣工会劳动力,或要求供货者认可工会,或与工会官员进行谈判或磋商。根据 1992 年《工会与劳工关系巩固法案》第 223 条第三款,某人诱使或试图诱使他人在合同中加入新的条款(该条款要求某项工作只能由工会成员或非工会成员完成,或要求合同一方认可某一个或多个工会,或要求合同当事方与某工会中的官员谈判或磋商),那么这个人不能享有任何法定的责任豁免。当雇主 A 违反雇佣合同,或者威胁要违反或干扰雇佣合同时,又因为,B 使用或可能使用工会或非工会成员的劳动力,或拒绝认可某个或多个工会,或拒绝与某工会官员的磋商,于是,A 的行为对 B 的货物或劳务供给造成了侵权性干预,那么 A 的雇员亦不能受到保护。类似的是,这种行动的组织者也得不到保护。然而,雇员仍然有权向自己的雇主施压,以达成这些目的。

---

①　参见韦德伯恩勋爵(Lord Wedderburn)的观点:HL Deb Vol. 521. Col, 10 July 1990。

②　1992 年《工会与劳工关系巩固法案》第 244(3)条。

三、针对解雇（因为被解雇雇员参加了未经许可的行动） 的劳资行动

556　那些"促成或激化"劳资争议的行为也可能丧失豁免保护，这些行为的发生情形是，工会或个人发起了劳资行动，或威胁将发起劳资行动，目的是支持那些因未经许可的劳资行动（unofficial industrial action）而被解雇的雇员。前文已述，这种情形下被解雇的雇员无权提起不公正解雇之诉。现行限制意味着，这类雇员不能让其同伴（在无须承担侵权责任的保护下）发起劳资行动而获得保护。①

四、劳资行动前的投票

557　即便是工会在满足 1992 年《工会与劳工关系巩固法案》第 219 条的规定的同时，根据 1992 年法案第 224 条又没有丧失豁免保护，但是，如果 1992 年《工会与劳工关系巩固法案》第 226—253 条有关投票的规定没有得到满足，那么工会及涉及其中的任何个人都将丧失对民事特定侵权行为的豁免保护。值得注意的是，对违反规定的救济并不仅仅及于工会成员，因为构成普通法上相关侵权行为而遭受损失或损失威胁的任何人，都可请求救济。这意味着，投票规定在受到劳资行动影响的雇主、供货者或消费者手中放置了重要的战略性武器，似乎，投票规则的主要目的是为通过提高会员成员参与而促进工会的内部民主。如今，投票已成为集体谈判程序的常规内容。实际上，投票和以法律行动为内容的威胁，都被用作了战略性武器。通常情况下，投票的结果都是大部分人支持劳工行动，工会明显处于优势。不过，如我们将在下文看到的那样，法定投票规则是那样的复杂和技术化，以至于投票的确定结果并不能保证劳资行动的合法性。这允许了雇主诉诸法庭来获取诉讼期间的禁止令，以便阻止或延迟行动（实际上该行动在民主程序中得到了大部分投票人的支持）。例如，发布一项禁止令来阻止一场在投

---

①　1992 年《工会与劳工关系巩固法案》第 223 条。

票中得到大多数人支持的罢工,因为,投票前的罢工通知未给出全部被选举或可能被召集参加罢工行动的雇员的姓名。[1] 当工会延迟发起的劳资行动时,法院会发布禁止令。当雇主证明工会不小心将选票送给 20 名早已不在公司工作的人员时,法院也会发布禁止令。除非有证据证明 20 人中没人实际参与了投票或对投票结果造成了影响。一项劳工研究调查表明,1983—1998 年发布的禁令中,有 45％都是关于投票中的技术缺陷,而 1997—1998 年发布的所有禁令都是基于这个原因。[2] 总地说来,政府将劳资行动前的投票要求制定得如此复杂与专业的目的,不是为了促进真正的民主,而是为了把工会通过投票巩固自身地位的权限范围缩至最小。[3]

558　　当工会有组织劳资行动的法定义务时,必需举行罢工前的投票。如上文所见,工会必需对大范围的人员负责。1992 年法案要求,如果投票得到了多数支持,工会须在选票中详细写明有权召集劳资行动的人员及其类型。[4] 该法案还把对劳资行动的投票义务扩展到独立工作或提供服务的自雇劳工。[5] 即便是劳资行动不足以构成违约,投票也是必需的。虽然这一要求在雇主提起诱使违约之诉时并无任何意义,但是,当工会成员起诉投票违法时,这一要求就显得非常重要。在举行投票之日之前,工会并无须有参与劳资行动的通告,[6] 且劳资行动必需在投票结束后的四周内进行。这种苛刻的要求促使工党政府引入一项修正案,该修正案允许将期限延长至八周,当然这得是工会及其成员与雇主合意的结果。[7] 这意味着,工会不再有这样的压力——需四周内开展劳资行动而不能进一步谈判以达成协议。若

---

① Blackpool and the Fylde College v. NATFHE [1994] IRLR 227 CA; National Union of Rail, Maritime and Transport Workers v. London Underground [2001] IRLR 229,CA.

② 1998 年 10 月《劳动研究》,第 15 页。

③ 辛普森:"劳资行动投票的实践法典"[Simpson, B., 'Code of Practice on Industrial Action Ballots', *Industrial Law Journal 30* (2001), 194—198]。

④ 1992 年《工会与劳工关系巩固法案》第 229(3)条。

⑤ 1992 年《工会与劳工关系巩固法案》第 235 条。

⑥ 1992 年《工会与劳工关系巩固法案》第 233(3)(a)条。

⑦ 1992 年《工会与劳工关系巩固法案》第 234(1)条,由 1999 年《雇佣权利法》予以修正。

雇主提起的法律诉讼使劳资行动未能如期开始,且该延期是因为法庭对工会的命令(后来被撤销),工会可向法庭申请将四周的期限延长,其上限为12周。① 不过,如果法庭认为投票的结果已不能代表投票人的意思,或者,有情形表明,投票人在再次投票中会反对劳资行动,那么,法庭就不能发布这样的命令。这无疑涉及雇主提出的和解要约。但是,司法推测并不能准确预示投票人的偏好,由此这一规定变得相当不确定。

559　　　投票必须是秘密的且以邮寄方式进行。投票权必须平等地授予这些人,即,在投票时被合理地相信会被召集去破坏或干扰雇佣合同的所有人,其他人不能享有投票权。② 这一要求对工会带来了严重的困难。根据该要求,只要一个相关成员被拒绝投票,或一个无关人员被授予了投票权,全部投票就无效。对于其会员经常变更雇主的工会来说,例如签署短期合同的演讲者,该要求让合法劳资行动永远不可能。这一漏洞促使了1999年的修正案的出台。修正案规定,如果偶然没有遵守上述要求,且没有影响到投票结果,则该偶然违规可被忽略。③ 但是,如果被工会合理地以为将参与劳资行动的工会成员在投票中未被授予投票权,且随后又被劝诱参加劳资行动,那么,此次投票也是无效的。即便是过错发生出于偶然亦是如此;但若对在投票后接受雇佣或加入工会的人来说,投票依然有效。④ 这种情况因特殊要求变得复杂,即,单独的投票须在各工作场所进行。只有在大多数劳工都投票支持劳资行动的工作场所,工会才能召集该行动。这一点通过保守党政府的声明得到了合理证实。声明说,工会可按这样的方式划分选区,即一个较激进的工作场所可吞并一个不太激进的工作场所。然而,并没有证据能支持这项声明,这使得工党政府在1999年引入了工作场所规则的例外。

---

① 1992年《工会与劳工关系巩固法案》第234(2)条。

② 1992年《工会与劳工关系巩固法案》第227条。

③ 1992年《工会与劳工关系巩固法案》第232B条。不过,参见:British Railways Board v. NUR [1991] IRLR348,该案认为,投票机会被意外丧失,选票将不会失去效力,但故意导致投票机会的丧失,选票将失效,即便选举的结果与遵循法令得出的结果一样。

④ 1992年《工会与劳工关系巩固法案》第232A条。

如今,若参加投票的人对纠纷的主要问题有"共同利益",或他们职业相同,或投票权被授予与工会发生纠纷的某特定雇主或一系列雇主所雇佣的全部工会成员时,跨越不同工作场所的集合投票也是许可的。对普通职业或普通雇主来说,工会无权选择的却必须让所有相关雇员参与投票。这意味着,工会必须打算召集全部相关雇员。只有在有共同利益的时候,工会才能指望选择工作场所的集合投票。① 每个投票人的投票必须能够不受工会及其任何成员、官员或雇员的"干预"和"强迫"。雇主或另一个工会干预了投票但没控制投票的情况并不能让投票无效。必须有独立的监票人,他(或她)必须在投票后的四周内做出报告,声明他(或她)是否对投票的法律遵循情况感到满意,以及是否有充足的安全措施以将投票中的不公平或渎职成分降至最低。②

560　　投票单的内容受制于详细的法定规定。首先,投票单必须提出两个独立问题之一,询问当事人是否已准备好去参加或继续参加罢工,或者针对非罢工性的行动提出同样的问题。法庭对这项要求持有非常严格的态度。一个工会不能想当然地认为,对罢工的许可就同时意味着对非大罢工性质的劳资行动的许可,因而,对一项行动的属性的界定尤为关键。从而,上诉法院曾裁定:禁止加班是"罢工",因而,加班未能以投票方式被禁止。作为对上诉法院判决的回应,如今的立法特别规定:禁止加班构成的是非罢工性的劳资行动。③ 针对该主题的"连环问题"也被裁定无效。④ 高等法院将上述规定变得更加严格,其方式是将投票单的内容与"劳资争议"的法律定义联系起来。据此,不得要求工会成员对不属于法律意义上的劳资争议的问题进行投票,也不允许将劳资纠纷问题和其他问题混杂在一张纸上。⑤ 即

---

　　① 1992 年《工会与劳工关系巩固法案》第 228A 条。

　　② 1992 年《工会与劳工关系巩固法案》第 226A 条,第 226B 条。

　　③ 1992 年《工会与劳工关系巩固法案》第 229 条,这是对下述案件的回应:Connex v. South Eastern v. RMT,［1999］IRLR 249,CA.

　　④ Post Office v. UPW［1990］143,CA.

　　⑤ 1992 年《工会与劳工关系巩固法案》第 229(2)条;London Underground Ltd v. NUR［1989］IRLR 341,343。

便是对这些原则有细微而无辜的违反,都会导致行为人丧失责任豁免保护。[①] 如同上面所述的两个问题一样,投票单中还必须包括下面的话:"如果你参加罢工或其他劳资行动,那么你可能会破坏自己的雇佣合同。"这项声明不能被投票单上的其他内容限定或评论,且即便是劳资行动不涉及违约时也不可或缺。这项要求是由保守党政府引入的,其明显目的是想对可能投赞成票的投票人造成一定的阻碍。当然,该要求如今已得到一定缓解,以反映近日推行的保护罢工人员不受解雇的趋势。因而,除上述声明外,投票单还必须包括以下文字:"如果你因参加正式的或者说是合法的罢工或其他劳资行动而被解雇,若解雇发生在你参加行动后的八周内,那么这样的解雇就是不公正的,甚至在有些情况下,解雇发生在八周之后也可能是不公正的。"工会不能将其他材料包含在投票单中了,例如,关于劳资行动优点的声明。

561 　除了上述详细要求,后续立法引入了关于信息沟通和通知的更为繁琐的要求,这里的信息沟通和通知是要求工会必须提供给雇主的。有三项通知是必需的。第一,投票的通知以及投票单的样本必须提供给所有有权投票人的雇主。他们必须在投票日之前七日内收到通知,[②] 通知应该说明打算投票的日期以及其他信息,即,能帮助雇主制订计划的信息,向将参加投票的雇员提供消息的信息。投票单的样本必须能在投票日开始的第三日或之前收到。第二,一旦在投票之后合理可行,那么工会必须确保将投票结果传达给雇主。传达的信息必须包括投票的票数,对每个问题投票赞同的票数,对每个问题投票反对的票数以及作废的票数。[③] 第三,必须向雇主提供适当的通知,说明劳资行动即将开始。这项通知必须包括以下信息,即能帮助雇主制订计划的信息,以及向工会打算召集去罢工的雇员("受到影响的雇员")提供消息的信息。该通知须同时声明,这次劳资行动是持续性的

---

① Post Office v. Union of Communication Workers [1990] IRLR 143(CA).
② 1992 年《工会与劳工关系巩固法案》第 226A 条。
③ 1992 年《工会与劳工关系巩固法案》第 231A 条。

还是间断性的,在每种情形中明确受到影响的雇员会何时参加行动。① 在投票前和罢工前的通知中,工会须表明雇员个人的姓名是经证明核实的。在 1999 年《雇佣关系法》出台前,工会被要求对那些被合理相信有权投票的雇员进行描述,以便雇主能够"充分了解他们"。上诉法院支持了这一做法,并创立新的要求——工会向雇主提供雇员姓名。② 不过,人们认为,该要求是对工会及其成员之间的信任关系的重大破坏甚至会使合法的劳资行动丧失发生机会。有时,提供这样的名单甚至是不可行的,比如,工会不能确定它当时持有的信息是否依然准确。这种要求在 1999 年得到了修正,于是,工会被要求提供"工会所掌握的能帮助雇主制订计划的信息"。显然,立法者打算让法定义务不再那么繁重。然而,上诉法院在 2001 年裁定,尽管工会不再被要求提供受影响成员的名单,但根本的立法目的并未改变。这意味着,工会不得不向雇主提供它所掌握的、能让雇主知晓哪些劳动力将被召集去罢工的一切信息,以便让雇主能够劝阻这部分员工,若劝阻不成,雇主还可制订计划避免损失或将损失最小化。基于此,法官最后认定,若工会在通知中声称所有工作场所的所有类别全体雇员都将参加劳资行动,该工会没有遵守修正后的法律要求,因为,通知没有提供行动所涉及的雇员所属的具体类别或具体工作场所的详细情况。这意味着,即便是工会的大多数成员投票支持劳资行动,法院也会授予禁令阻止罢工。③

562　若工会不遵守相关投票要求,则会丧失《工会与劳工关系巩固法案》第 219 条规定的责任豁免。这意味着,雇主或其他受影响的当事人可能会提起侵权之诉。1992 年《工会与劳工关系巩固法案》第 62 条同样赋予了工会成员就违反投票规定向法庭提起诉讼的权利。该权利适用于任何被劝诱或可能被劝诱参加劳资行动的工会成员,即便是他(或她)拒绝遵守。上述权利请求应向高级法院提出,它有广泛的权力来发出它认为合适的命令,并

---

① 1992 年《工会与劳工关系巩固法案》第 234A 条。

② Blackpool and the Fylde College v. NATFHE [1994] IRLR 227 CA.

③ National Union of Rail, Maritime and Transport Workers v. London Underground [2001] IRLR 228, CA.

要求工会保证不再劝诱其成员参加未经许可的劳资行动。然而,法庭不能
直接命令工会举行投票,也不能要求参加劳资行动的人回去工作。

第六节 罢工纠察队

563 设置罢工纠察队(picketing)是英国劳资行动的传统特征之一。其含
义是,参与罢工的职工聚集在工作场所的大门口,目的是劝说没有罢工的职
工及替补职工不要继续工作以防削弱劳资行动的影响。设置罢工纠察队也
会采取"次生"行动的方式,即主要纠纷中的雇员为了取得其他职工的支持,
在其他工作场所设置罢工纠察队,或其他职工在自己的工作场所设置罢工
纠察队来支持主要的罢工人员。大规模设置罢工纠察队是全国矿工工会
(NUM)推崇的策略,且在1984—1985年的持续性矿工罢工中得到广泛运
用。罢工纠察队护卫是刑法发挥重要作用的劳资冲突领域。事实上,在
1984—1985年的矿工罢工中,刑法比调整劳工行动的民事法律发挥了广泛
得多的作用。一系列刑法均可适用于设置罢工纠察队,特别是在发生或可
能发生非法罢工的时候。具体适用情形包括:(a)行为可能或意在破坏和
平;(b)妨碍警务;(c)刑事损害;(d)阻碍交通。有一项与设置罢工纠察队特
别相关的刑事指控包括在1992年《工会与劳工关系巩固法案》第241条中。
该条规定将"观察或包围"某人的住房或工作场所的行为宣布为非法,立法
理由是为了迫使人们去做或克制不做"他人有法定权力去做或克制不做的
事"。尽管有些过时,该项犯罪规定在矿工罢工期间又被重新使用,这期间
关于这样的指控达到650项,特别是针对在矿工的住所设置罢工纠察队的
情况。① 同样是在这次罢工中,警察充分运用了"交通管制权"及"全面预防
权"来阻止纠察队在工作场所举行大规模行动,这通常是通过把纠察队从他

---

① (1985)14 *Industrial Law Journal* 145—151.

们计划的目的地撤离几百英里来实现的。① 后续立法赋予了警察更加广泛的权力来控制公共集会和列队游行。在 1986 年《公共秩序法》(Public Order Act 1986)中,警察有广泛的权力对公共集会和列队游行强加条件,对这些条件的违反就构成刑事犯罪。因而,一位资深警官可以对某次行动提前或当场强加条件,如果他(她)有理由相信集会可能会导致严重的公共混乱、对财产的严重损害或对市民生活的严重破坏。类似的是,如果警官认为行动组织者的目的是为了强迫他人去做他们有权不去做的事,或不做他们有权做的事,那么警官也可以强加条件。② 最后一项规定适用的情况是,纠察队试图阻止职工工作。此时,警官可以在认为必要时对场地、规模及对集会或列队游行的最长持续期施加条件。警察对设置罢工纠察队的态度很大程度上受到了《设置罢工纠察队实践法典》(Code of Practice on Picketing)的影响,这规则是由国务大臣在 1980 年发布的,并于 1992 年进行了修订。尽管该规则仅仅是指导性原则,但它将纠察队员数量限制在 6 个以内的建议经常被当作控制纠察队的工作准则。不过,1998 年《人权法》(Human Rights Act),本着确保表达自由及和平集会的自由,可能要求上述方式被修改。此外,法案引入了五项新的法定犯罪指控,它们都可能与设置罢工纠察队的行为有关。新的犯罪指控是:暴乱,暴力性动乱,斗殴,造成对非法暴力的恐慌或引发了非法暴力,以及(特别是与设置罢工纠察队的内容相关)造成骚乱、警报或灾难。③ 上述犯罪既可能在公共领域实施也可在私人领域实施,且(除了最后一项)都可导致对行为人的逮捕。最后,1997 年《免受骚乱保护法》(Protection From Harassment Act 1997)规定了一项新的犯罪,其针对的情形是,构成骚乱的系列行为,或让一个理性人认为这类行为将导致他人产生暴力恐慌的行为。④

564　　设置罢工纠察队也可能导致民事责任。所以,上文第 541—546 段描

---

① Moss v. McLachlan [1985] IRLR 76.

② 1986 年《公共秩序法》第 11—16 条。

③ 1986 年《公共秩序法》第 1—5 条。

④ 1997 年《免受骚乱保护法》第 1 条,第 4 条。

述的"经济侵权"在此也会适用。例如,劝阻同伴职工不继续工作可能会构成劝诱违反雇佣合同的侵权行为。① 其他相关侵权行为包括公共侵扰② 和私人侵扰。此外,法官在一个案例中裁定,以上班为目的而行使使用交通道路的权利时,可能构成无理骚扰他人的侵权。③ 最后,根据 1997 年《免受骚乱保护法》,骚扰他人的行为也应承担责任。④

565　　1992 年《工会与劳工关系巩固法案》第 220 条对和平设置罢工纠察队的自由进行了限制。根据该条,"促成或激化"劳资争议的人员,出席以下两种情形的纠察队是合法的:(a)纠察队处于他的工作场所或其附近,或(b)若他是工会官员,纠察队处于或邻近他所陪同或代表的会员的工作场所,而他代表该工会成员的目的只是为了和平地获得信息或劝说他人去工作或停止工作。该条款不同于 1992 年法案第 219 条之处是,它不仅局限于特殊侵权,而是适用于所有刑事和民事责任,只要是在法定条件得到遵守的情况下。不过,刑事责任能获得的豁免范围被高度约束性的司法解释限制了,法官认为,第 220 条只保护在工作场所及其附近的"出席",而非滞留人员,或邀请他们停下来聆听纠察队的辩论。⑤ 最重要的是,设置罢工纠察队一般必须遵照警察的指示。

566　　第 220 条规定的豁免范围被 1980 年《雇佣法》的要求严重压缩了,该法规定,纠察队应该在当事人本人的工作场所及其附近设置。1992 年《工会与劳工关系巩固法案》第 222 条以及第 219 条规定的一般豁免在此都不适用。⑥ 因而,不仅对在其他雇主经营场所设置罢工纠察队的雇员被撤销了豁免,同时,在自己雇主的其他经营场所设置罢工纠察队的跨工厂群体雇员也被撤销了责任豁免保护。只存在三种例外:(i)一名工会官员可陪同一

---

① Union Traffic v. TGWU [1989] IRLR 127.

② *News Group Newspapers v. SOGAT 82* [1986] IRLR 337.

③ *Thomas v. National Union of Mineworkers* [1985] 2 All ER 1, Ch. D.

④ 1997 年《免受骚乱保护法》第 3 条。

⑤ Broom v. DPP [1974] ICR 84, HL.

⑥ 1992 年《工会与劳工关系巩固法案》第 219(3)条。

名工会成员去后者的工作场所;(ii)因劳资行动而被解雇的雇员可出席他(或她)以前所在的工作场所;(iii)当某人通常不在一个地方工作或无固定工作地点(例如,油井钻塔工)的情况使得在特定地点设置罢工纠察队不可能,那他(或她)可在他的任何工作地点或管理其工作的地点设置罢工纠察队。设置罢工纠察队可在"靠近"职工工作场所的地方进行,当然,较短的距离也是可以的。[①] 但法规并未对这类职工作出规定,即,他原来的工作场所已经关闭,因而希望在其雇主的另一经营场所设置罢工纠察队。[②]

567 在自己的工作场所设置罢工纠察队的雇员很可能会发现,他们实施了次生行动。例如,若纠察队通过拒绝跨越护卫防线向陷入纠纷的雇主传送供应物,从而诱使货车司机违反了他(或她)的雇佣合同,则纠察队的行为便可能符合次生行动的定义。然而,这只是侵权豁免被专门保留的唯一情形。若不是这样,那么1992年法案第220条授予的设置罢工纠察队的权利便沦为无效了。[③]

第七节 劳动禁令

568 法律对集体劳资纠纷最重要的干预就是通过高级法院在劳工行动之前、之中或之后发布禁令。在这种纠纷中,最常见的禁令形式便是诉讼期间宣告的禁令,它使得诉讼悬而未决。它可能是消极的,例如制止工会和行动组织者通过非法手段或强迫手段去干预业务,要求工会理事人员撤销被宣称构成某种侵权的指令。诉讼期间宣告的禁令是雇主和第三方手中非常有力的战略武器。经常这项法律程序的开始仅仅是为了制止罢工或抵制活动,并且雇主或第三方并不打算经历完整的审判程序。由此而来的结果是,

---

① Rayware v. TGWU [1989] IRLR 134.

② Union Traffic v. TGWU [1989] IRLR 127.

③ 1992年《工会与劳工关系巩固法案》第224(1)条,第(3)条。

实质的问题,即事实上是否构成了侵权,就从未得到过确定。在诉讼期间宣告禁令这个阶段,法庭无法完整地审查证据。因而,就牵涉到一项两个阶段的审查来帮助决定是否应发出使这个问题完整的审判悬而未决的禁令。[①]首先,申请人必须证明有严重问题需要审理。这对于雇主们来说相对容易处理,法庭认为接受到"有争议的案件"就足够了,在不断变化的经济侵权领域,对这个问题的证明并不困难。其次,法庭将断定什么地方存在"便利的平衡"。对这个问题的裁定几乎一直偏向于雇主和第三方,因为他们有形的利益受到了威胁,而相比之下,工会及其官员就很难指出无形的劳资目标。1992年《工会与劳工关系巩固法案》第221条努力缓和有关劳资纠纷案件中的这种矛盾。

1992年《工会与劳工关系巩固法案》第221(1)条要求采取合理步骤发出申请通知,并要求对可能声称"劳资纠纷"违法行为的当事人给予被听取的机会,但这些规定并未缓解人们对工会的批判,即,通常情况下颁布禁令的速度超级快,以至于被告工会没有时间准备证据,同时还剥夺了他们对特定人(他们的声明就是申请的基础)交叉讯问的机会。第221(2)条要求法庭考虑被告做出"劳资纠纷"抗辩的可能,尽管这样,法庭还是坚持,当劳资行动对雇主或公众的"灾难性"后果在影响上超过了上述事实时,法院应保留其残存的酌处权去授予禁令。[②] 近年来,法庭越来越愿意发展和适用促进禁令授予的程序。例如,在1988年的海员纠纷中,法院发布了一项禁令用来制止全国海员工会针对劳资行动进行的投票,尽管组织投票并无任何违法之处。[③] 此外,法庭很乐意把在一个公司提起的蔑视法庭诉讼中的扣押令"转移"到另一个公司身上,即前述P&O案。[④]

---

① American Cyanamid Co. v. Ethicon Ltd [1975] AC 396.

② NWL v. Woods [1979] 3 All ER 614;Express Newspapers Ltd v. McShane [1980] All ER 65; Duport Steels Ltd v. Sirs [1980] 1 All ER,529,HL.

③ P&O European Ferries v. NUS, 载《独立报》1988年3月28日(The Independent, 28 March 1988)。

④ 奥尔巴克:"船员纠纷中的禁令程序"(S. Auerbach 'Injunction Procedure in the Seafarers' Disputes',1988 ILJ 227)。

569　　传统上,许多英国雇主都不愿采用司法救济,而偏爱于通过谈判程序解决问题。然而,在 20 世纪 80 年代,这种态度发生了变化,越来越多的案件都寻求禁令。这种转变自 1982 年开始特别显著,当时工会第一次作为被告。劳工研究的一项调查显示,在 1983—1990 年间,寻求的禁令总数共计 117 项。[①] 这些禁令中的大部分都是在 1989—1991 年这两年间授予的,而其他一些禁令起初被授予后随后又被撤销了。然而,在 20 世纪 90 年代,请求禁令的雇主人数下降了,所以在 1997—1998 年间,只有九项针对工会发布的禁令,比较之下,20 世纪 80 年代中期每年大概有 20 项。但请求的禁令获得授予的可能性依然是很大的。1997—1998 年间,九项禁令请求中有八项获得了授予。在 1983—1998 年间共授予了 218 项禁令。

570　　显然,对于复杂的法定投票规则的技术性违反仍然是发布禁令最普遍的理由。于 1997—1998 年间授予的禁令皆是基于这个理由,自 1983 年开始授予的禁令中有 45％都是基于这个理由。在早些年间,不少禁令被被告工会忽略了,然而,系列蔑视法庭诉讼的胜利,以及在随后一些高度曝光案件中的财产扣押程序,使得工会在更大程度上遵守了禁令。近期,雇主不再那么乐意申请对工会施加财产处罚。1989—1991 年间没有任何财产扣押的案例,也没有任何损害赔偿声明。1997—1998 年间的情形也是一样。这一阶段的法律目的几乎无疑例外地为了阻止劳资行动。与此同时,以法律诉讼为内容的威胁明显地对打算进行劳资行动的工会构成重大的威胁。即便是禁令被驳回了,法律诉讼对于工会也是十分昂贵的。

---

　　① 本部分数据来自:1991 年 10 月《劳动研究》(*Labour Research*)第 19—21 页以及 1998 年 10 月《劳动研究》第 15 页。

附　　录

制定法列表

Table of Statutes^①

---

① 英文法案后(以冒号相隔)的数字为本法案出现在本书中的段落序号。

法定文件列表
Table of Statutory Instruments^①

---

① 英文文件名后(以冒号相隔)的数字为该法例出现在本书中的段落的序号。

案例列表

Table of Cases^①

1. 埃布勒诉索迪斯 MM 餐饮股份有限公司,2004 年《劳资关系法律报告》第 168 页。

Abler v. Sodexho MM Catering Gmbh 〔2004〕IRCR 168：301

2. 阿迪斯诉留声机公司,1909 年《上诉判例汇编》第 488 页。

Addis v. Gramophone Co.〔1909〕AC 488：324

3. 艾迪生诉伦敦爱乐乐团有限公司,1981 年《劳资案例报告》第 261 页。

Addison v. London Philharmonic Orchestra Ltd 〔1981〕ICR 261：119

4. 安斯沃斯诉玻璃管有限公司,1977 年《劳资关系法律报告》第 74 页。

Ainsworth v. Glass Tubes Ltd 〔1977〕IRLR 74：415

5. 鞋类有限公司诉科普,1978 年《劳资案例报告》第 1210 页。

Airfix Footwear (Ltd) v. Cope 〔1978〕ICR 1210：114,136

6. 亚历山大诉标准电话与电缆有限公司,1990 年《劳资关系法律报告》第 55 页。

Alexander v. Standard Telephones & Cables Ltd 〔1990〕IRLR 55：158

7. 铁路服务人员混合协会诉奥斯本,1910 年《上诉判例汇编》第 87 页。

Amalgamated Society of Railway Servants v. Osborne 〔1910〕AC 87：54,469,477

8. 美国氨基氢公司诉爱惜康有限公司,1975 年《上诉判例汇编》第 396 页。

American Cyanamid Co. v. Ethicon Ltd 〔1975〕AC 396：568

9. 奥德里奇诉英国电信公共股份公司,1990 年《劳资关系法律报告》第 10 页。

Arldridge v. British Telecommunications plc.〔1990〕IRLR 10：420

10. 阿斯班登诉韦布斯家禽和肉类集团控股有限公司,1996 年《劳资关系法律报告》第 521 页。

Aspeden v. Webbs Poultry & Meat Group Holdings Ltd 〔1996〕IRLR 521：169

11. 联合港口雇主诉运输与普通职工工会,1989 年《劳资关系法律报告》第 305 页。

Associated Port Employers v. TGWU 〔1989〕IRLR 305：483,485

---

① 案例英文名中冒号后的数字,为该案例在本书中所处段落的序号。

12. 联合报业诉威尔逊,1995 年。

Associated Newspapers v. *Wilson* [1995]：438

13. 新南威尔士州检察总长诉永久信托有限公司,1955 年《上诉判例汇编》第 477
页。

Attorney-General for New South Wales v. *Perpetual Trustee Co.* [1955] AC
477：126

14. 检察总长诉布莱克,2000 年《全英格兰判例报告》第 385 页。

Attorney-General v. *Blake* [2000] All ER 385：178

15. 阿齐兹诉三一街出租车有限公司,1988 年《劳资关系法律报告》第 204 页。

Aziz v. *Trinity Street Taxis Ltd* [1988] IRLR 204：393

16. 巴尔戈宾诉伦敦哈姆莱特区,1987 年《劳资关系法律报告》第 401 页。

Balgobin v. *London Borough of Tower Hamlets* [1987] IRLR 401：341

17. 巴伯诉监管皇家交易中心,1990 年《劳资关系法律报告》第 240 页。

Barber v. *GRE(Guardian Royal Exchange)* [1990] IRLR 240：409

18. 巴伯诉曼切斯特地区医院委员会,1958 年《每周法律报告》第一卷 181 页。

Barber v. *Manchester Regional Hospital Board* [1958] 1 WLR 181：158

19. 巴勒特斯及贝尔德诉国际化学安全项目组(IPCS),1987 年。

Barratts & Baird v. *IPCS* [1987] 3：483,485

20. 英国广播公司诉赫恩,1977 年《劳资案例报告》685 页。

BBC v. *Hearn* [1977] ICR 685：551

21. 国际商业信贷银行有限公司诉阿里,1999 年《劳资关系法律报告》第 508 页。

BCCI SA v. *Ali (No. 3)* [1999] IRLR 508：324

22. 贝尔诉利弗·布罗斯有限公司,1932 年《上诉判例汇编》第 161 页。

Bell v. *Lever Bros Ltd* [1932] AC 161：181

23. 贝洛夫诉普雷斯德兰姆有限公司,1973 年《全英格兰判例汇编》第一卷第 241
页。

Beloff v. *Pressdram Ltd* [1973] 1 All ER 241：117, 118

24. 本特饮料有限公司诉霍根,1945 年《全英格兰判例汇编》第二卷第 570 页。

Bent's Brewery Co. Ltd v. *Hogan* [1945] 2 All ER 570：179

25. 贝茨诉布林特尔,1997 年。

Betts v. *Brintel* [1997]：305

26. 贝尔卡百货股份有限公司诉韦伯·冯·哈尔兹,1986 年《劳资关系法律报告》。

Bilka-Kaufhaus GmbH v. *Weber von Harz* [1986] IRLR：317, 359, 422

27. 布莱克普尔及菲尔德学院诉继续教育及高等教育教师国家联合会,1994 年《劳
资关系法律报告》第 227 页,上诉法院审理。

Blackpool and the Fylde College v. *NATFHE* [1994] IRLR 227 CA：557

28. 布里斯诉泰晤士东南部地区卫生署,1987 年《劳资案例报告》第 70 页。

Bliss v. *Southeast Thames Regional Health Authority* [1987] ICR 700：168，324

29. 邦德诉中国音像有限公司,1983 年《劳资关系法律报告》第 360 页。

Bond v. *CAV Ltd* [1983] IRLR 360：162，237

30. 波士顿深海渔业及冰冻公司诉安塞尔,1888 年《大法官法庭判例汇编》第三十九卷第 399 页。

Boston Deep Sea Fishing and Ice Co. v. *Ansell* [1888] 39 Ch. D. 399：321

31. 波士顿诉安塞尔,1988 年《大法官法庭判例汇编》第三十九卷,上诉法院审理。

Boston v. *Ansell* [1988] 39 Ch. D. 339 (CA)：174

32. 布克斯福迪亚诉全国印刷协会,1988 年《劳资关系法律报告》第 383 页。

Boxfoldia v. *NGA* [1988] IRLR 383：481

33. 博约诉兰贝斯伦敦市政议会,1995 年《劳资关系法律报告》第 50 页。

Boyo v. *Lambeth London Borough Council* [1995] IRLR 50：325

34. 布雷斯桥工程有限公司诉达比,1990 年《劳资关系法律报告》第 3 页。

Bracebridge Engineering Ltd v. *Darby* [1990] IRLR 3：168，319

35. 英国演员平等协会诉戈林,1977 年《劳资案例报告》第 393 页。

British Actors Equity Association v. *Goring* [1977] ICR 393：427

36. 英国航空公司诉奥斯汀,1978 年《劳资关系法律报告》第 332 页。

British Aircraft Corporation v. *Austin* [1978] IRLR 332：168

37. 英国杂货联营店诉伯切尔,1980 年《劳资案例报告》第 303 页。

British Home Stores v. *Burchell* [1980] ICR 303：174，346

38. 英国劳工泵机公司诉伯恩,1979 年《劳资案例报告》第 347 页。

British Labour Pump v. *Byrne* [1979] ICR 347：346

39. 英国雷兰德联合王国有限公司诉阿什拉夫,1978 年《劳资案例报告》第 979 页。

British Leyland UK Ltd v. *Ashraf* [1978] ICR 979：310

40. 英国雷兰德联合王国有限公司诉斯威夫特,1981 年《劳资关系法律报告》第 91 页。

British Leyland UK Ltd v. *Swift* [1981] IRLR 91：345

41. 英国铁路委员会诉铁路职工国家工会,1989 年《劳资关系法律报告》第 348 页。

British Railways Board v. *National Union of Railwaymen* [1989] IRLR 348：493，495

42. 布罗姆利诉 H&J 迅捷有限公司,1988 年《劳资关系法律报告》第 249 页。

Bromley v. *H & J Quick Ltd* [1988] IRLR 249：416

43. 布鲁姆诉检察官,1974 年《劳资案例报告》第 84 页。

Broome v. *DPP* ［1974］ICR 84：498

44. 布朗宁诉克鲁姆林峡谷煤矿公司，1926 年《王座法庭判例汇编》第一卷第 572
页。

Browning v. *Crumlin Valley Collieries Ltd* ［1926］1 KB 572：238

45. 伯德特·库茨诉赫特福德郡商会，1984 年《劳资关系法律报告》第 91 页。

Burdett Coutts v. *Hertfordshire CC* ［1984］IRLR 91：158, 316

46. 电缆及无线电公共股份公司诉马斯喀特，2006 年《劳资案例报告》第 97 页。

Cable & Wireless plc. v. *Muscat* ［2006］ICR 97：135

47. 卡梅利油轮有限公司诉国际运输职工联合会，1976 年《劳资案例报告》第 274
页。

Camellia Tanker Ltd v. *ITF* ［1976］ICR 274：483

48. 卡迈克尔诉国家电力公司，2000《劳资关系法律报告》第 43 页。

Carmichael v. *National Power Co.* ［2000］IRLR 43：120, 121

49. 卡林顿诉塞尔玛有限公司，1983 年《劳资案例报告》第 208 页。

Carrington v. *Therm-a-Stor Ltd* ［1983］ICR 208：438

50. 卡特诉律师协会，1973 年《劳资案例报告》第 113 页。

Carter v. *Law Society* ［1973］ICR 113：116

51. 卡西迪诉卫生部，1951 年《王座法庭判例汇编》第二卷第 343 页。

Cassidy v. *Ministry of Health* ［1951］2 KB 343：117

52. 凯尔特诉阿斯特力，2006 年《劳资案例报告》第 992 页，上诉法院审理。

Celtec v. *Astley* ［2006］ICR 992, HL：299, 300

53. 查普林诉莱斯利·弗雷温出版有限公司，1966 年《大法官法庭判例汇编》第 71
页。

Chaplin v. *Leslie Frewin（Publishers）Ltd* ［1966］Ch. 71：145

54. 查普曼诉古温及罗斯托拉克陶土有限公司，1973 年《劳资案例报告》第 50 页。

Chapman v. *Goonvean and Rostowrack China Clay Co. Ltd* ［1973］ICR 50：321

55. 查普尔诉《泰晤士报》，1975 年《劳资案例报告》第 145 页。

Chappell v. *Times Newspapers* ［1975］ICR 145：325

56. 坎托·菲茨杰拉德案，2005 年。

Cantor Fitzgerald ［2005］：357

57. 哈克尼市卫生署诉公营领域雇员国家工会，1985 年《劳资关系法律报告》第 263
页。

City and Hackney Health Authority v. *National Union of Public Employees*
［1985］IRLR 263：158

58. 伯明翰地区议会诉拜耳，1977 年《劳资关系法律报告》第 210 页。

City of Birmingham District Council v. *Beyer* [1977] IRLR 210：436

59. 克拉克诉全国印刷职工协会(印刷工业联合会'82)，1985 年《劳资关系法律报告》第 494 页。

Clark v. *NATSOPA* (*SOGAT*'82) [1985] IRLR 494：453

60. 克拉克诉艾雷·基诺克有限公司，1983 年《劳资案例报告》第 165 页。

Clarke v. *Eley* (*IMI*) *Kynoch Ltd* [1983] ICR 165：130, 131, 343, 345

61. 克拉克诉希思菲尔德，1985 年《劳资案例报告》第 203 页。

Clarke v. *Heathfield* [1985] ICR 203：423

62. 粘土十字(采石场服务)有限公司诉弗莱彻，1979 年《劳资案例报告》第 1 页。

Clay Cross (*Quarry Services*) *Ltd* v. *Fletcher* [1979] ICR 1：358

63. 克利夫特诉西骑商会，《泰晤士报》1964 年 4 月 10 日。

Clift v. *West Riding CC*, *The Times* 10 *April* 1964：158

64. 科林斯诉赫特福德郡议会，1947 年《王座法庭判例汇编》。

Collins v. *Hertfordshire County Council* [1947] KB 598：117

65. 欧共体委员会诉英联合王国，1984 年《劳资案例报告》，欧洲法院审理。

Commission of the European Communities v. *United Kingdom Case* 165/82 [1984] ICR 192 (ECJ)：21

66. 欧共体委员会诉英联合王国，1994 年《劳资关系法律报告》。

Commission of the European Communties v. *United Kingdom* [1994] IRLR 392：508

67. 欧共体委员会诉英联合王国，1982 年《劳资案例报告》，欧洲法院审理。

Commission of the European Communities v. *United Kingdom Case* 61/82 [1982] ICR 578 (ECJ)：21, 3

68. 建筑业培训委员会诉劳务公司，1970 年《全英格兰判例汇编》第三卷。

Construction Industry Training Board v. *Labour Force Ltd* [1970] 3 All ER 220：134

69. 科特诉全国海员工会，1929 年《大法官法庭判例汇编》第二卷。

Cotter v. *National Union of Seamen* [1929] 2 Ch. 58：419

70. 公务员工会委员会诉公务部部长，1984 年《全英格兰判例汇编》第三卷。

Council of Civil Service Unions v. *Minister of the Civil Service* [1984] 3 All ER 935：67, 103, 431

71. 公务员工会委员会诉英联合王国申请局。

Council of Civil Service Unions v. *United Kingdom Application* No. 11603/85

72. 考陶尔德北方纺织机公司诉吉布森，1988 年《劳资关系法律报告》。

Courtaulds Northern Spining v. *Gibson* [1988] IRLR 305：151

73. 考陶尔德北方纺织有限公司诉安德鲁,1979 年《劳资关系法律报告》。

　　Courtaulds Northern Textiles Ltd v. Andrew [1979] IRLR 84：168

74. 考恩诉黑登,1983 年《劳资案例报告》第 1 页。

　　Cowan v. Haden [1983] ICR 1：321

75. 考克斯诉太阳联盟生活用品有限公司,2001 年《劳资关系法律报告》。

　　Cox v. *Sun Alliance Life Ltd* [2001] IRLR 448：169

76. 种族平等委员会诉达顿,1989 年《劳资关系法律报告》。

　　CRE v. *Dutton* [1989] IRLR 8：340 IRLR 344：304

77. 小农场手工哈里斯斜纹呢有限公司诉维奇,1942 年《上诉判例汇编》。

　　Crofter Hand Woven Harris Tweed Co. Ltd v. *Veitch* [1942] AC 435：535

78. 皇冠供应商有限公司诉道金斯,1991 年《劳资关系法律报告》。

　　Crown Suppliers v. *Dawkins* [1991] IRLR 326：384

79. 卡特诉鲍威尔,1795 年,《时代法律报告》第六卷。

　　Cutter v. *Powell* [1795] 6 TR 320：222

80. 达卡斯诉布鲁克大街,2004 年《劳资关系法律报告》。

　　Dacas v. Brook Street [2004] IRLR 358：135

81. 德·索萨诉英国汽车协会,1986 年《劳资关系法律报告》。

　　De Souza v. *Automobile Association* [1986] IRLR 103：341

82. 迪恩诉伦敦伊灵区,1993 年《劳资关系法律报告》,雇佣上诉法庭审理。

　　Deane v. London Borough of Ealing [1993] IRLR 209 EAT：414

83. 德弗雷尼诉萨本那(德弗雷尼二),1976 年《欧洲法院判例汇编》。

　　Defrenne v. Sabena (*Defrenne II*) Case 43/75 [1976] ECR 455：21，376

84. 1991 年《劳资关系法律报告》。

　　Dekker v. Stiching Vormingscentrum voor Jonge Volwassenen [1991] IRLR 27：
　　21，386

85. 德莱尼诉斯特普尔斯,1992 年《劳资关系法律报告》。

　　Delaney v. Staples [1992] IRLR 191：225

86. 德维斯及桑司诉阿特金斯,1977 年《劳资案例报告》。

　　Devis & Sons v. *Atkins* [1977] ICR 662：346

87. 德沃纳德诉罗瑟与桑司,1906 年《王座法庭判例汇编》第二卷。

　　Devonald v. Rosser & Sons [1906] 2 KB 728：238

88. 迪特曼诉伦敦布伦特区,1988 年《劳资关系法律报告》。

　　Dietman v. London Borough of Brent [1988] IRLR 299：315，325

89. 汀布尔比及桑司有限公司诉全国记者工会,1984 年《全英格兰判例汇编》第一
　　卷。

Dimbleby & Sons Ltd v. NUJ ［1984］1 All ER 751：554

90. 汀斯考船业公司诉国际运输职工联合会,1992 年《劳资关系法律报告》。

Dimskal Shipping Co. SA v. ITF ［1992］IRLR 78：115

91. 烟草甜品公司诉阿米特雷格,1990 年《劳资关系法律报告》。

Discount Tobacco & Confectionery v. Armitrage ［1990］IRLR 15：344

92. 狄克逊诉英国广播公司,1979 年《劳资案例报告》。

Dixon v. BBC ［1979］ICR 282：310

93. 唐兰诉柯比,1983 年《劳资关系法律报告》。

Donelan v. Kirby ［1983］IRLR 191：151

94. 邓肯诉马泽维尔桥梁工程有限公司,1952 年《(苏格兰)最高民事法院判例汇
编》。

Duncan v. Motherwell Bridge & Engineering Co. Ltd ［1952］SC 131：113

95. 邓纳基诉伦敦赫尔河畔金斯敦区,2004 年。

Dunnachie v. Kingston upon Hull ［2004］：169

96. 迪波尔钢铁有限公司诉瑟斯,1980 年《劳资案例报告》。

Duport Steels Ltd v. Sirs ［1980］ICR 161：489, 50197

97. 埃德蒙兹诉劳森,2001 年《劳资关系法律报告》,王(女王)座法庭审理。

Edmonds v. Lawson QC ［2001］IRLR 391, 132

98. 电气行业、电子行业、水暖行业及电信行业联合工会诉《泰晤士报》,1980 年《王
座法庭判例汇编》。

EEPTU v. Times Newspapers ［1980］QB 58：478

99. 鸡蛋商店(斯坦福山)有限公司诉列波维奇,1976 年《劳资关系法律报告》。

Egg Stores (Stanford Hill) Ltd v. Leibovici ［1976］IRLR 376：309

100. 英格兰诉英国电信公司,1990 年《劳资关系法律报告》。

England v. British Telecommunications ［1990］IRLR 330：114

101. 快递及回声出版有限公司诉汤顿,1999 年《劳资关系法律报告》。

Express and Echo Publications Ltd v. Taunton ［1999］IRLR 367：119, 125

102. 快递报业有限公司诉麦克沙恩,1980 年《劳资关系法律报告》。

Express Newspapers Ltd v. McShane ［1980］IRLR 247：488, 489, 501

103. 法琴达鸡肉公司诉福勒,1986 年《劳资案例报告》。

Faccenda (Chickens) v. Fowler ［1986］ICR 297：175

104. 福尔克纳诉火车司机与司炉联合会及铁路职工国家工会,1987 年《劳资关系法
律报告》。

Falconer v. ASLEF and NUR ［1987］IRLR 331：481, 485

105. 谢菲德诉杰勒姆,1986 年《劳资案例报告》802 页。

FC Shepherd v. *Jerrom* ［1986］ICR 802：309

106. 弗格森诉约翰·道森合伙公司,1976 年《每周法律报告》第一卷 1213 页。

　　Ferguson v. *John Dawson* & *Partners*（*Contracts*）*Ltd* ［1976］1 WLR 1213：
　　119,121,122

107. 弗希尔诉奥德汉姆公司,1930 年《王座法庭判例汇编》第二卷 364 页。

　　Fisher v. *Oldham Corporation* ［1930］2 KB 364：126

108. 菲茨帕特里克诉英国铁路委员会,1991 年《劳资关系法律报告》376 页。

　　Fitzpatrick v. *British Railways Board* ［1991］IRLR 376：436

109. 弗莱特诉马西森,2006 年《劳资案例报告》673 页。

　　Flett v. *Matheson* ［2006］ICR 673：132

110. 福利诉邮局,2000 年《劳资案例报告》第 1283 页。

　　Foley v. *Post Office* ［2000］ICR 1283：345

111. 福特诉沃里克郡商会,1983 年《上诉判例汇编》第二卷第 71 页。

　　Ford v. *Warwickshire CC* ［1983］2 AC 71：296

112. 福斯特诉英国燃气公司,1990 年《劳资关系法律报告》第 313 页;1991 年《劳资
　　关系法律报告》第 268 页。

　　Foster v. *British Gas* ［1990］IRLR 313,［1991］IRLR 268：22

113. 弗朗科维奇案,1991 年《欧洲法院判例汇编》I－5357。

　　Francovitch ［1991］ECR I－5357：22

114. 弗朗西斯科诉维达尔,1999 年《劳资关系法律报告》第 132 页。

　　Francisco v. *Vidal* ［1999］IRLR 132：306

115. 加兰诉英国铁路工程公司,1982 年《劳资关系法律报告》第 111 页。

　　Garland v. *British Rail Engineering* Case 12/81 ［1982］IRLR 111：361*bis*

116. 加纳诉格兰奇装饰用品有限公司,1977 年《劳资关系法律报告》第 206 页。

　　Garner v. *Grange Furnishing Ltd* ［1977］IRLR 206：168

117. 燃气转换有限公司诉梅策,1974 年《劳资案例报告》第 420 页。

　　Gascol Conversions Ltd v. *Mercer* ［1974］ICR 420：142,158

118. 吉本斯诉英国联合港口,1985 年《劳资关系法律报告》第 376 页。

　　Gibbons v. *Associated British Ports* ［1985］IRLR 376：153

119. 吉勒姆诉肯特郡议会,1985 年《劳资案例报告》第 233 页。

　　Gilham v. *Kent County Council*（No. 2）［1985］ICR 233：311

120. 银河淋浴公司诉威尔逊,2006 年。

　　Galaxy Showers v. *Wilson* ［2006］：340

121. 格里格斯诉杜克电力公司,1971 年,《美国（联邦最高法院）判例汇编》第 401 卷
　　第 424 页。

Griggs v. *Duke Power Co.* 401 US 424 (1971)：343，345

122. 冈顿诉[英]里士满泰晤士伦敦广播公司，1980 年《劳资关系法律报告》第 321 页。

Gunton v. *Richmond-on-Thames LBC* [1980] IRLR 321：304

123. 哈德莫制品有限公司诉汉密尔顿，1983 年《上诉判例汇编》第一卷第 191 页。

Hadmor Productions Ltd v. *Hamilton* [1983] 1 AC 191：483

124. 哈曼诉变幻灯具有限公司，1980 年《劳资关系法律报告》第 418 页。

Harman v. *Flexible Lamp Ltd* [1980] IRLR 418：262

125. 海斯诉职工适应俱乐部（研究所），1985 年《劳资关系法律报告》第 367 页。

Hayes v. *Malleable Working Mens' Club and Institute* [1985] IRLR 367：341

126. 海沃德诉甘梅尔·莱尔德船舶设计有限公司，1984 年《劳资关系法律报告》第 463 页。

Hayward v. *Cammell Laird Shipbuilders Ltd* [1984] IRLR 463：357

127. 西顿运输（海伦斯大街）有限公司诉（英）运输与普通职工工会，1972 年《劳资案例报告》第 307 页。

Heaton's Transport (*St. Helens*) *Ltd* v. *TGWU* [1972] ICR 308：98，421，424，427，457

128. 西顿运输有限公司诉（英）运输与普通职工工会，1972 年《劳资案例报告》第 308 页。

Heaton's Transport v. *TGWU* [1972] ICR 308：483，486，513

129. 赫伯特·莫里斯有限公司诉萨克斯比，1916 年《上诉判例汇编》第 688 页。

Herbert Morris Ltd v. *Saxelby* [1916] AC 688：176

130. 赫兹诉[德]阿尔迪连锁超市，1991 年《劳资关系法律报告》第 30 页。

Hertz v. *Aldi Market* (Case 1790/88) [1991] IRLR 30：341

131. 希尔诉帕森斯有限公司，1972 年《大法官法庭判例汇编》第一卷第 305 页。

Hill v. *Parsons Co. Ltd* [1972] 1 Ch. 305：325

132. 欣德尔诉帕斯瓦尔船舶有限公司，1969 年《时代法律报告》第 86 页。

Hindle v. *Percival Boats Ltd* [1969] ITR 86：321

133. 希契科克诉邮局，1980 年《劳资案例报告》第 100 页。

Hitchcock v. *Post Office* [1980] ICR 100：125

134. 希瓦克有限公司诉帕克皇家科学仪器有限公司，1946 年《大法官判例汇编》第 169 页。

Hivac Ltd v. *Park Royal Scientific Instruments Ltd* [1946] Ch. 169：175

135. 霍格诉多佛学院，1990 年《劳资案例报告》第 39 页。

Hogg v. *Dover College* [1990] ICR 39：316

136. 内政部办公室诉霍姆斯,1984 年《劳资案例报告》第 678 页。

Home Office v. Holmes [1984] ICR 678:130,343,345

137. 霍普金斯诉国家海员总工会,1985 年《劳资案例报告》第 268 页。

Hopkins v. National Union of Seamen [1985] ICR 268:419,430

138. 赫卡尔诉加特兰,1984 年《劳资关系法律报告》第 291 页。

Horcal v. Gatland [1984] IRLR 291:174

139. 霍华德诉全国印刷协会,1985 年《劳资案例报告》第 101 页。

Howard v. NGA(National Graphical Association) [1985] ICR 101:454

140. 豪曼及桑斯诉布莱思,1983 年《劳资案例报告》第 416 页。

Howman & Son v. Blyth [1983] ICR 416:151,248

141. 休斯及科伊诉英国卫生和社会事务部,1985 年《劳资案例报告》第 419 页。

Hughes and Coy v. DHSS(Department of Health and Social Services) [1985] ICR 419:355

142. 休斯诉伦敦南沃克区,1988 年《劳资关系法律报告》第 55 页。

Hughes v. London Borough of Southwark [1988] IRLR 55:325

143. 亨特克诉桑顿,1975 年《全英格兰判例汇编》第一卷第 235 页。

Huntley v. Thornton [1957] 1 All ER 235:479

144. 冰岛速冻食品公司诉琼斯,1983 年《劳资案例报告》第 17 页。

Iceland Frozen Foods v. Jones [1983] ICR 17:345

145. 伊博诉约翰逊·玛瑟化工有限公司,1986 年《劳资案例报告》第 505 页。

Igbo v. Johnson, Matthey Chemicals Ltd [1986] ICR 505:310

146. 帝国烟草养老金信托有限公司诉帝国烟草有限公司,1992 年《王座法庭判例汇编》第二卷第 333 页。

Imperial Tobacco Pension Trust Ltd v. Imperial Tobacco Co. Ltd [1992] 2 QB 333:169

147. 创新服务有限公司诉帕特利尔,1968 年《王座法庭判例汇编》第一卷第 396 页。

Initial Services Ltd v. Putterill [1968] 1 QB 396:177

148. 英泰格瑞诉如弗雷,1991 年,第 176 页。

Integrity v. Rouvray C373/89 [1991] 176:375

149. 伊朗诉南安普顿及汉普夏西南地区卫生署,1985 年《劳资关系法律评述》第 203 页。

Irani v. Southhampton and Southwest Hampshire Health Authority [1985] IRLR 203:158,325

150. 五金商诉墨菲尔德,1988 年《劳资关系法律报告》第 461 页。

Ironmonger v. Movefield [1988] IRLR 461:125

151. 詹姆斯诉伊灵市政议会,1990 年《劳资关系法律报告》第 288 页。

James v. *Eastleigh Borough Council* [1990] IRLR 288：386

152. 贾内达银行诉艾哈迈德,1981 年《劳资案例报告》第 791 页。

Janata Bank v. *Ahmed* [1981] ICR 791：106, 177

153. 詹金斯诉君门酒店(服装产品)有限公司,1981 年《劳资案例报告》第 715 页。

Jenkins v. *Kingsgate*（*Clothing Productions*）*Ltd* [1981] ICR 715：130, 359

154. 詹金斯诉君门酒店(服装产品)有限公司,1980 年《欧洲法院判例汇编》第 911 页。

Jenkins v. *Kingsgate*（*Clothing Productions*）*Ltd* Case 96/80 [1980] ECR 911：21, 359

155. 约翰逊诉[英]布鲁姆斯伯里卫生署,1991 年《劳资关系法律报告》第 118 页。

Johnson v. *Bloomsbury Health Authority* [1991] IRLR 118：166, 169

156. 约翰逊诉克罗斯,1977 年《劳资案例报告》第 872 页。

Johnson v. *Cross* [1977] ICR 872：238

157. 约翰逊诉诺丁汉郡联合警察署,1974 年《劳资关系法律报告》第 170 页。

Johnson v. *Nottinghamshire Combined Police Authority* [1974] ICR 170：321

158. 约翰逊诉美国优利系统有限公司,2001 年《劳资关系法律报告》第 279 页。

Johnson v. *Unisys Ltd* [2001] IRLR 279：169

159. 琼斯诉联合隧道有限公司,1981 年《劳资关系法律报告》第 477 页。

Jones v. *Associated Tunnelling Company Ltd* [1981] IRLR 477：142, 151, 167

160. 琼斯诉李,1980 年《劳资关系法律报告》第 67 页。

Jones v. *Lee* [1980] IRLR 67：325

161. 青年卡尔顿俱乐部,1922 年《王座法庭判例汇编》第一卷第 166 页。

Junior Carlton Club [1922] 1 KB 166：130

162. 朱庇特通用保险有限公司诉史洛夫,1937 年《全英格兰判例汇编》第三卷第 67 页。

Jupiter General Insurance Co. Ltd v. *Shroff* [1937] 3 All ER 67：185

163. 砍普尔曼诉德国下萨克森州与北莱茵—威斯特法伦州,1998 年《劳资关系法律报告》第 333 页。

Kampelmann v. *Landschaftsverband Westfalen-Lippe* [1998] IRLR 333：142

164. 肯尼斯麦克雷有限公司诉道森,《劳资关系法律报告》,1984 年,第 5 页。（第 237 段引用该案）

Kenneth MacRae & *Co. Ltd* v. *Dawson* [1984] IRLR 5：237

165. 肯特郡议会诉吉勒姆,1985 年《劳资关系法律报告》第 18 页。

Kent County Council v. *Gilham* [1985] IRLR 18：342

166. 科瓦尔卡斯诉汉堡(自由汉萨)市,1990 年《劳资关系法律报告》第 447 页。

　　Kowalska v. *Freie und Hansestadt Hamburg* [1990] IRLR 447：21, 361

167. 拉姆诉 *168K*,2004 年。

　　Lambe v. *168K* [2004]：362

168. 兰德诉西约克郡商会,1979 年《劳资案例报告》第 452 页。

　　Land v. *West Yorkshire CC* [1979] ICR 452：157

169. 莱恩诉鲁夫郡,1995 年《劳资关系法律报告》第 493 页。

　　Lane v. *Shire Roofing* [1995] IRLR 493：117

170. 兰斯顿诉英国工程职工混合工会,1974 年《劳资案例报告》第 510 页。

　　Langston v. *AUEW(Amalgamated Union of Engineering Workers)* (No. 2) [1974] ICR 510：164

171. 兰斯顿诉(英)工程职工混合工会,1974 年《劳资案例报告》第 180 页。

　　Langston v. *AUEW(Amalgamated Union of Engineering Workers)* [1974] ICR 180：171, 172

172. 劳斯诉伦敦编年史(指南报)有限公司,1958 年《每周法律报告》第一卷第 698 页。

　　Laws v. *London Chronicle (Indicator Newspapers) Ltd* [1958] 1 WLR 698：166

173. 劳森诉瑟科,2006 年《劳资案例报告》第 250 页。

　　Lawson v. *Serco* [2006] ICR 250：112

174. 劳顿诉 BOC 物流公司,1987 年《劳资案例报告》第 7 页。

　　Lawton v. *BOC Transhield Ltd* [1987] ICR 7：323

175. 李诉钟,1990 年《劳资关系法律报告》第 236 页。

　　Lee v. *Chung* [1990] IRLR 236：119

176. 莱斯尼产品有限公司诉诺兰,1977 年《劳资案例报告》第 235 页。

　　Lesney Products & Co. Ltd v. *Nolan* [1977] ICR 235：321

177. 莱弗顿诉克鲁伊德郡议会,1989 年《劳资关系法律报告》第 28 页。

　　Leverton v. *Clwyd County Council* [1989] IRLR 28：415

178. 刘易斯诉汽车世界汽修有限公司,1986 年《劳资案例报告》第 157 页。

　　Lewis v. *Motorworld Garages Ltd* [1986] ICR 157：168

179. 林肯诉海曼,1984 年《全英格兰判例汇编》第二卷第 819 页。

　　Lincoln v. *Hayman* [1984] 2 All ER 819：324

180. 利斯特诉罗姆福德冰冻冷藏有限公司,1957 年《上诉判例汇编》第 555 页。

　　Lister v. *Romford Ice and Cold Storage Co. Ltd* [1957] AC 555：151, 183

181. 利斯特诉福斯船坞和工程制造有限公司,1989 年《劳资关系法律报告》第 161 页。

Litster v. *Forth Dry Dock* & *Engineering Co. Ltd* [1989] IRLR 161：19，284，285

182. 伦敦兰伯斯区诉种族平等委员会,1990 年《劳资关系法律报告》第 231 页。

London Borough of Lambeth v. *CRE* [1990] IRLR 231：351

183. 伦敦运输管理部诉克拉卡,1981 年《劳资案例报告》第 334 页。

London Transport Executive v. *Clarke* [1981] ICR 334：315，325

184. 伦敦地铁有限公司诉爱德华兹,1998 年《劳资关系法律报告》第 364 页。

London Underground Ltd v. *Edwards* (*No.* 2) [1998] IRLR 364

185. 罗荷集团有限公司诉壳牌石油有限公司,1982 年《上诉判例汇编》第 173 页。

Lonrho Ltd v. *Shell Petroleum Co. Ltd* [1982] AC 173：479，480，483

186. 罗荷公开股份有限公司诉法耶德,1989 年《全英格兰判例汇编》第二卷第 65 页。

Lonrho plc. v. *Fayed* [1989] 2 All ER 65：483，480

187. 路易斯诉考文垂罩巾与座椅有限公司,1990 年《劳资关系法律报告》第 324 页。

Louies v. *Coventry Hood* & *Seating Co. Ltd* [1990] IRLR 324：310

188. 拉姆利诉贾伊,1853 年 E. & B. 判例汇编第二卷第 216 页。

Lumley v. *Gye* [1853] 2 E. & B. 216：481

189. 麦卡里诉凯尔特人足球俱乐部,1999 年《劳资关系法律报告》第 787 页。

Macari v. *Celtic FC* [1999] IRLR 787：169

190. 麦克法兰诉格拉斯哥城市议会,2001 年《劳资关系法律报告》第 7 页。

MacFarlane v. *Glasgow City Council* [2001] IRLR 7：119

191. 马利克诉国际商业信贷银行,1997 年《劳资关系法律报告》第 462 页。

Malik v. *BCCI SA* [1997] IRLR 462：324

192. 曼德拉诉道尔·李,1983 年《劳资案例报告》第 385 页。

Mandla v. *Dowell Lee* [1983] ICR 385：384

193. 市场调查部诉社会保障部长,1969 年《王座法庭判例汇编》第二卷第 173 页；1968 年《全英判例汇编》第三卷第 732 页；*Marleasing* 1990 年 11 月 13 日。

Market Investigations v. *Minister of Social Security* [1969] 2 QB 173, [1968] 3 All ER 732：117，119；*Marleasing* 13 November 1990：21，334，349

194. 马利诉福沃德信托,1986 年《劳资关系法律报告》第 369 页。

Marley v. *Forward Trust* [1986] IRLR 369：156

195. 马里森诉贝尔,1939 年《王座法庭判例汇编》第二卷第 187 页。

Marrison v. *Bell* [1939] 2 KB 187：248

196. 马歇尔诉哈兰德 & 沃夫有限公司,《每周法律报告》第一卷第 899 页。

Marshall v. *Harland* & *Wolff Ltd* [1972] 1 WLR 899：262

212. 米德兰电机工程公司诉坎及,1980 年《劳资关系法律报告》第 185 页。

　　Midland Electrical Engineering v. *Kanji* [1980] IRLR 185：310

213. 米德兰交响音乐会协会有限公司诉社会服务部大臣,1981 年《劳资案例报告》第 454 页。

　　Midland Sinfonia Concert Society Ltd v. *Secretary of State for Social Services* [1981] ICR 454：119

214. 迈尔斯诉韦克菲尔德,1987 年《劳资关系法律报告》第 193 页。

　　Miles v. *Wakefield* [1987] IRLR 193：128

215. 国防部诉杰里迈亚,1980 年《劳资案例报告》第 13 页。

　　Ministry of Defence v. *Jeremiah* [1980] ICR 13：386

216. 米那威奇诉巴黎咖啡(伦敦)有限公司,1936 年《全英格兰判例汇编》第一卷第 884 页。

　　Minnevitch v. *Cafe De Paris (Londres) Ltd* [1936] 1 All ER 884：237

217. 镜报集团报业有限公司诉冈宁,1986 年《劳资关系法律报告》第 27 页。

　　Mirror Group Newspapers Ltd v. *Gunning* [1986] IRLR 27：125

218. 蒙特罗索船业有限公司诉国际运输联盟,1982《劳资案例报告》第 675 页。

　　Monterosso Shipping Co. Ltd v. *ITF* [1982] ICR 675：114, 529

219. 蒙哥马利诉约翰逊丛林有限公司,2001 年《劳资关系法律报告》第 269 页。

　　Montgomery v. *Johnson Underwood Ltd* [2001] IRLR 269：134

220. 穆恩诉家值家具公司,1977 年《劳资案例报告》第 117 页。

　　Moon v. *Homeworthy Furniture* [1977] ICR 117：321

221. 穆尔科克案。

　　The Moorcock [1889] 14 PD 64：151

222. 摩根诉弗赖伊,1968 年《王座法庭判例汇编》第 710 页。

　　Morgan v. *Fry* [1968] QB 710：475, 482

223. 莫里亚蒂诉统御者汽修有限公司,1921 年《王座法庭判例汇编》第一卷第 423 页。

　　Moriarty v. *Regent's Garage Co. Ltd* [1921] 1 KB 423：222

224. 莫伦诉斯温顿和彭德尔伯里自治市议会,1965 年《全英格兰判例汇编》第二卷第 349 页。

　　Morren v. *Swinton and Pendlebury Borough Council* [1965] 2 All ER 349：117

225. 莫里斯诉福特汽车有限公司,1973 年《王座法庭判例汇编》第 792 页。

　　Morris v. *Ford Motor Co. Ltd* [1973] QB 792：184

226. 莫斯诉麦克拉克伦,1985 年《劳资关系法律报告》第 76 页。

　　Moss v. *McLachlan* [1985] IRLR 76：496

227. 摩托罗拉有限公司诉戴维森,2001 年《劳资关系法律报告》第 4 页。

Motorola Ltd v. *Davidson* [2001] IRLR 4:134

228. 马库石油诉福奇,1987 年《劳资案例报告》第 282 页。

Murco Petroleum v. *Forge* [1987] ICR 282:167

229. 墨菲诉博德电信,1988 年《劳资关系法律报告》第 267 页。

Murphy v. *Bord Telecom Eirean* [1988] IRLR 267:357

230. 尼加拉瓜诉伦敦地区运输局,1980 年《劳资案例报告》第 877 页。

Nagarajan v. *London Regional Transport* [1980] ICR 877:393

231. 国家及地方政府官员协会诉保罗及弗雷泽,1987 年《劳资关系法律报告》第 413 页。

NALGO v. *Paul* & *Fraser* [1987] IRLR 413:471

232. 那索诉就业部大臣,1979《劳资关系法律报告》第 450 页。

Namyslo v. *Secretary of State for Employment* [1979] IRLR 450:237

233. 国家煤炭委员会诉加利,《每周法律报告》第 1 卷第 16 页。

National Coal Board v. *Galley* [1958] 1 WLR 16:158

234. 国家煤炭委员会诉全国矿工工会,1986 年《劳资关系法律报告》第 439 页。

National Coal Board v. *NUM* (National Union of Mineworkers) [1986] IRLR 439:158

235. 铁路、海事、运输职工全国工会诉伦敦地铁公司,2001 年《劳资关系法律报告》第 228 页。

National Union of Rail, *Maritime and Transport Workers* v. *London Underground* [2001] IRLR 228

236. 内瑟米亚诉加德纳,《劳资案例报告》,1984 年,第 365 页。(第 121,136 段引用该案)

Nethermere (*St. Neots*) *Ltd* v. *Gardiner* [1984] ICR 365:121, 136

237. 新闻集团报诉印刷工业联合会,1986 年《劳资关系法律报告》第 337 页。

News Group Newspapers v. *SOGAT 82* [1986] IRLR 337:497

238. 努克斯诉唐卡斯特混合煤矿公司,1940 年《上诉法院判例汇编》第 1014 页。

Nokes v. *Doncaster Amalgamated Collieries Ltd* [1940] AC 1014:297

239. 诺博鲁可实验室诉桑兹,1984 年《劳资关系法律报告》第 201 页。

Norbrook Laboratories v. *Sands* [1984] IRLR 201:179

240. 东北海岸船只修理有限公司诉就业部大臣,《劳资案例报告》,1975 年,第 755 页。(第 132 段引用该案)

Northeast Coast Shiprepairers Ltd v. *Secretary of State for Employment* [1975] ICR 755:132

241. 诺考特诉通用器材(伦敦)有限公司,1986 年《劳资案例报告》第 414 页。

   Notcutt v. *Universal Equipment Co.* (*London*) *Ltd* [1986] ICR 414:262,309

242. 诺斯曼诉巴内特伦敦市政议会,1979 年《劳资案例报告》第 111 页。

   Nothman v. *Barnet London Borough Council* [1979] ICR 111:355

243. 诺丁汉大学诉菲谢尔,2001 年《劳资关系法律报告》第 471 页。

   Nottingham University v. *Fishel* [2000] IRLR 471:169,173

244. 诺威工程塑料公司诉弗诺基特,1982 年《劳资关系法律报告》第 146 页。

   Novac Plastics Ltd v. *Froggett* [1982] IRLR 146:175

245. 诺里奇机场诉伍兹,《每周法律报告》第一卷第 1294 页。

   NWL v. *Woods* [1979] 1 WLR 1294:486,489,501

246. 奥凯利诉福茨信托公共股份公司,1983 年《劳资案例报告》第 728 页。

   O' Kelly v. *Trusthouse Forts* (*plc.*) [1983] ICR 728:112,113,114,119,133

247. 奥拉爱尔诉杰克国际,1991 年《劳资关系法律报告》第 170 页,上诉法院审理。

   O' Laoire v. *Jackel International* [1991] IRLR 170 (CA):353

248. 奥沙利文诉汤普孙克鲁姆,1973 年《骑士劳资报告》第十四卷第 108 页。

   O' Sullivan v. *Thompson-Croom* [1973] 14 KIR 108:134

249. 奥曼诉塞维尔运动服饰有限公司,1960 年《每周法律报告》第一卷第 1055 页。

   Orman v. *Saville Sportswear Ltd* [1960] 1 WLR 1055:244

250. 欧文斯诉万力士有限公司,1974 年《劳资关系法律报告》第 113 页。

   Owens v. *Multilux Ltd* [1974] IRLR 113:139

251. 奥耶(芬兰语),2001 年《劳资关系法律报告》第 171 页。

   Oy Liikenne v. *Liskajarvi* Case C—172/99 [2001] IRLR 171:306

252. P & O 欧洲轮渡公司诉(英国)全国学生联合会,《独立报》1988 年 3 月 28 日。

   P & O European Ferries v. *NUS*, *The Independent* 28 March 1988:501

253. 帕尔曼莫有限公司诉锡德伦,1978 年《劳资案例报告》第 1008 页。

   Palmanor Ltd v. *Cedron* [1978] ICR 1008:162

254. 潘尼萨诉雀巢公司,1980 年《劳资关系法律报告》第 60 页。

   Panesar v. *The Nestlé Co.* [1980] IRLR 60:343

255. 佩雷拉诉公务委员会,1983 年《劳资案例报告》第 428 页。

   Perera v. *Civil Service Commission* (No. 2) [1983] ICR 428:343,344

256. 表演权社团有限公司诉米歇尔及贝克有限公司,1924 年《王座法庭判例汇编》第一卷第 762 页。

   Performing Rights Society Ltd v. *Mitchell and Baker Ltd* [1924] 1 KB 762:117

257. 皮克斯通诉自由人公共股份有限公司,1988 年《劳资关系法律报告》第 357 页。

274. 雷诉就业事务大臣,1995 年《上诉判例汇编》第一卷第 1 页,上议院审理。

R v. *Secretary of State for Employment*, *ex p. EOC* [1995] 1 AC 1 (HL)

275. 拉埃诉萨默菲尔德超市有限公司,2004 年。

Rai v. *Somerfield Stores Ltd* [2004]: 314

276. 雷尼诉格拉斯哥卫生局,1987 年《劳资关系法律报告》第 18 页。

Rainey v. *Greater Glasgow Health Board* [1987] IRLR 18: 345, 358, 359

277. 兰克施乐公司诉丘吉尔,1988 年《劳资关系法律报告》第 280 页。

Rank Xerox v. *Churchill* [1988] IRLR 280: 321

278. 瑞为诉(英)运输与普通职工工会,1989 年《劳资关系法律报告》第 134 页。

Rayware v. *TGWU* [1989] IRLR 134: 499

279. 雷丁诉检察总长,1951 年《上诉判例汇编》第 507 页。

Reading v. *Attorney-General* [1951] AC 507: 174

280. 雷迪－混凝土(东南)有限公司诉退休金部长,1968 年《王座法庭判例汇编》第二卷第 497 页。

Ready-Mixed Concrete (SE) *Ltd* v. *Minster of Pensions* [1968] 2 QB 497: 112

281. 里士满大门地产案,1965 年《每周法律报告》第一卷第 335 页。

Richmond Gate Property [1965] 1 WLR 335: 221

282. 里奇诉鲍德温,1964 年《上诉判例汇编》第 40 页。

Ridge v. *Baldwin* [1964] AC 40: 128

283. 里格比诉福拉多,1988 年《劳资案例报告》第 29 页。

Rigby v. *Ferodo* [1988] ICR 29: 316

284. 1989 年《劳资关系法律报告》第 493 页。

Rinner-Kuhn v. *FWW Spezial-Gebaudereinigung GmbH and Co. KG* Case 179/89 [1989] IRLR 493: 422

285. (英)皇家全国救生艇协会诉布沙威,2005 年《劳资关系法律报告》第 674 页。

RNLI v. *Bushaway* [2005] IRLR 674: 135

286. 罗布诉格林,1895 年《王座法庭判例汇编》第二卷第 315 页。

Robb v. *Green* [1895] 2 QB 315: 176

287. 罗布诉伦敦哈默史密斯及富勒姆区,1991 年。(第 325 段引用该案)

Robb v. *London Borough of Hammersmith and Fulham* [1991]: 325

288. 罗伯逊诉英国燃气公司,1983 年《劳资案例报告》第 351 页。

Robertson v. *British Gas Corporation* [1983] ICR 351: 142, 158

289. 鲁宾逊诉克朗普顿帕金森有限公司,1978 年《劳资案例报告》第 401 页。

Robinson v. *Crompton Parkinson Ltd* [1978] ICR 401: 168

290. 鲁宾逊诉米尔斯阿尔斯特地毯有限公司,1991 年《劳资关系法律报告》第 348

页。

Robinson v. *Ulster Carpet Mills Ltd* [1991] IRLR 348：348

291. 罗杰布利文特有限公司诉埃利斯,1987 年《劳资案例报告》第 464 页。

Roger Bullivant Ltd v. *Ellis* [1987] ICR 464：176

292. 罗杰斯诉沃珀・坡索尼克罗夫特(英国)有限公司,1989 年《劳资关系法律报告》第 82 页。

Rogers v. *Vosper Thorneycroft* (*UK*) *Ltd* [1989] IRLR 82：312

293. 鲁克斯诉巴纳德,1964 年《上诉判例汇编》第 1129 页。

Rookes v. *Barnard* [1964] AC 1129：54, 543, 545

294. 赛格尔诉赖德哈什,1931 年《大法官法庭判例汇编》第一卷第 310 页。

Sagar v. *Ridehalgh* [1931] 1 Ch. 310：162

295. 桑切斯・伊达戈尔案,1999 年《劳资关系法律报告》第 136 页。

Sanchez Hidalgo [1999] IRLR 136：306

296. 塞耶斯诉国际钻井公司,1971 年《每周法律报告》第一卷第 1176 页。

Sayers v. *International Drilling Co.* NV [1971] 1 WLR 1176：104

297. 斯卡拉舞厅(乌尔夫汉普顿)有限公司诉拉特克里夫,1958 年《全英格兰判例汇编》第三卷第 220 页。

Scala Ballroom (*Wolverhampton*) *Ltd* v. *Ratcliffe* [1958] 3 All ER 220：479

298. 斯卡利诉南方卫生和社会服务局,1991 年《劳资关系法律报告》第 522 页。

Scally v. *Southern Health and Social Services board* [1991] IRLR 522：169

299. 斯科特诉衡量学院,《公平机会评述》1985 年 11 月/12 月第四期第 6 页。

Scott v. *Beam College* EOR, No. 4, November/December 1985, p. 6：357

300. 就业大臣诉(英国)火车司机与司炉联合会,1972 年《王座法庭判例汇编》第二卷第 433 页。

Secretary of State for Employment v. *ASLEF*(*Associated Society of Locomotive Engineers and Fireman*), [1972] 2 QB 443：158, 165

301. 劳资产业部大臣诉博特雷夫,1999 年《劳资关系法律报告》第 326 页。

Secretary of State for Trade and Industry v. *Bottrill* [1999] IRLR 326：128

302. 金属有限公司诉普拉姆里奇,1974 年《劳资案例报告》第 373 页。

Sheet Metal Components Ltd v. *Plumridge* [1974] ICR 373：316

303. 谢菲尔德联合有限公司诉杰勒姆,1986 年《劳资关系法律报告》第 358 页。

Shepherd FC Ltd v. *Jerrom* [1986] IRLR 358：289

304. 舍戈尔德诉菲尔德威,2005 年。

Shergold v. *Fieldway MC* [2005]：336, 340

305. 舍洛诉南方铸造有限公司,1939 年《王座法庭判例汇编》第二卷第 206 页。

Shirlaw v. *Southern Foundries Ltd* ［1939］2 KB 206：151

306. 肖特诉普尔公司,1926 年《大法官法庭判例汇编》第一卷第 66 页。

Short v. *Poole Corporation* ［1926］I Ch. 66：371

307. 肖顿诉哈蒙德,《泰晤士报》1976 年 12 月 2 日。

Shotton v. *Hammond*, *The Times*, 2 December 1976：457

308.

Sigurour A Sigurjonsson v. *Iceland* ［1993］16 EHRR 462：442

309. 西利冯诉鲍威尔达菲木材有限公司,1983 年《劳资关系法律报告》第 91 页。

Silli fant v. *Powell Duf fryn Timber Ltd* ［1983］IRLR 91：346

310. 西蒙斯诉胡佛电动吸尘器有限公司,1977 年《劳资案例报告》第 61 页。

Simmons v. *Hoover Ltd* ［1977］ICR 61：475,477

311. 辛格诉英国铁路工程公司,《公平机会评述》1986 年 1 月/2 月第五期第 24 页。
（第 343 段引用该案）

Singh v. *British Rail Engineering* EOR No. 5, January/February 1986, p. 24：
343

312. 辛格诉英国钢铁公司,1974 年《劳资关系法律报告》第 131 页。

Singh v. *British Steel Corporation* ［1974］IRLR131：319

313. 南威尔士矿工联盟诉格拉摩根煤矿有限公司案,1905 年《上诉判例汇编》第 239
页。

South Wales Miners' Federation v. *Glamorgan Coal Company Ltd* ［1905］AC
239：54

314. 斯平克诉食品快送集团有限公司,1990 年《劳资关系法律报告》第 320 页。

Spink v. *Express Foods Group Ltd* ［1990］IRLR 320：310

315. 斯普林诉守护保险公共股份有限公司,1994 年《劳资案例报告》第 596 页。

Spring v. *Guardian Assurance plc.* ［1994］ICR 596：323

316. 星海交通公司诉斯莱特,1978 年《劳资关系法律报告》第 507 页。

Star Sea Transport Corporation o f Monrovia v. *Slater* ［1978］IRLR 507：486

317. 斯蒂尔诉邮局职工工会,1978 年《劳资案例报告》第 181 页。

Steel v. *Union of Post Of fice Workers* ［1978］ICR 181：345

318. 装卸及拖运服务有限公司诉富勒,2001 年。

Stevedoring & Haulage Services Ltd v. *Fuller* ［2001］：120

319. 史蒂文森·乔丹及哈里森有限公司诉麦克唐纳与埃文斯,1925 年《泰晤士法律
报告》第一卷第 101 页。

Stevenson Jordan & Harrison Ltd v. *Macdonald & Evans* ［1925］1 TLR 101：
118

上诉法院审理。

Ticehurst v. *British Telecommunications plc.* [1992] IRLR 219，CA：165

337. 托德诉英格兰米兰达航空有限公司，1978 年《劳资案例报告》第 959 页。

Todd v. *British Midland Airways Ltd* [1978] ICR 959：112

338. 托奎酒店有限公司诉卡曾斯，1969 年《大法官法庭判例汇编》第二卷第 106 页。

Torquay Hotel Co. Ltd v. *Cousins* [1969] 2 Ch. 106：481

339. 托特纳姆格林中心诉马歇尔，1991 年《劳资关系法律报告》第 162 页。

Tottenham Green Under Fives Centre v. *Marshall* (No. 2) [1991] IRLR 162：37

340. 托特纳姆格林中心诉马歇尔，1989 年《劳资关系法律报告》第 147 页。

Tottenham Green Under Fives Centre v. *Marshall* [1989] IRLR 147：351

341. 特雷西诉泽斯特设备有限公司，1982 年《劳资案例报告》第 481 页。

Tracey v. *Zest Equipment Co. Ltd* [1982] ICR 481：310

342. 电信标准化局诉哈里斯，2000 年《劳资关系法律报告》第 157 页。

TSB v. *Harris* [2000] IRLR 157

343. 特利诉埃尔德斯商店，1980 年《劳资关系法律报告》第 4 页。

Turley v. *Allders Stores* [1980] IRLR 4：386

344. 特纳诉梅森，1845 年 M & W 第十四卷第 112 页。

Turner v. *Mason* [1845] 14 M & W 112：166

345. 特纳诉普雷斯马，1976 年《劳资关系法律报告》第 151 页。

Turner v. *Pleasurama* [1976] IRLR 151：185

346. 英国原子能管理署诉克莱登，1974 年《劳资案例报告》第 128 页。

UK Atomic Energy Authority v. *Claydon* [1974] ICR 128：321

347. 尤斯特布斯诉亨德森，1989 年《劳资关系法律报告》第 251 页。

Ulsterbus v. *Henderson* [1989] IRLR 251：310

348. 联盟交通诉运输和普通职工工会，1989 年《劳资关系法律报告》第 127 页。

Union Traffic v. *TGWU* [1989] IRLR 127：497，499

349. 联合银行诉阿赫塔尔，1989 年《劳资关系法律报告》第 507 页。

United Bank v. *Akhtar* [1989] IRLR 507：167

350. 英联合王国诉欧盟议会，《欧洲法院判例汇编》I－5755，1996 年。

United Kingdom v. *Council* [1996] ECR I－5755：188

351. 宇宙油船公司诉国际运输职工联合会，1983 年《上诉判例汇编》第一卷第 366 页。

Universe Tankships Inc. of Monrovia v. *ITF* [1983] 1 AC 366：482

352. 诺丁汉大学诉埃厄特，1999 年《劳资关系法律报告》第 522 页。

University of Nottingham v. *Eyett* [1999] IRLR 522：169

353. 冯·科尔森和卡门案,1984 年《欧洲法院判例汇编》Case 14/83,第 1892 页。

Von Colson and Kamann,Case 14/83［1984］ECR 1892：22

354. 范·吉特·卢斯案,1963 年《欧洲法院判例汇编》第 1 页。

Van Gend en Loos［1963］ECR 1：22

355. W.德维斯诉阿特金斯,1977 年《劳资案例报告》第 662 页。

W. Devis v. *Atkins*［1977］ICR 662：322

356. W.& J.沃斯诉宾斯,1982 年《劳资案例报告》第 486 页。

Wass v. *Binns*［1982］ICR 486：346

357. 沃德库克诉伦敦布伦特区,1990 年《劳资关系法律报告》第 223 页。

Wadcock v. *London Borough of Brent*［1990］IRLR 223：325

358. 韦特诉国家通讯总局,1983 年《劳资案例报告》第 653 页。

Waite v. *GCHQ*［1983］ICR 653：355

357. 沃克诉乔赛亚·韦奇伍德有限公司,1978 年《劳资案例报告》第 744 页。

Walker v. *Josiah Wedgewood & Sons Ltd*［1978］ICR 744：168

358. 沃克诉诺森伯兰市议会,1995 年《劳资关系法律报告》第 35 页。

Walker v. *Northumberland CC*［1995］IRLR 35：166

359. 华莱士·博根公司诉科夫,1997 年《劳资关系法律报告》第 453 页。

Wallace Borgan & Co. v. *Cove*［1997］IRLR 453：169

360. 沃纳诉阿普斯兰德,2006 年《劳资关系法律报告》第 87 页。

Warner v. *Apsland*［2006］IRLR 87：335

361. 华纳兄弟电影公司诉尼尔森,1937 年《王座法庭判例汇编》第一卷第 207 页。

Warner Bros Pictures Inc. v. *Nelson*［1937］1 KB 207：175

362. 华纳假期有限公司诉社会服务部大臣,1983 年《劳资案例报告》第 440 页。

Warner Holidays Ltd v. *Secretary of State for Social Services*［1983］ICR 440：
119

363. 威德尔有限公司诉泰珀,1980 年《劳资案例报告》第 286 页。

Weddell and Co. Ltd v. *Tepper*［1980］ICR 286：174

364. 韦尔斯诉渔业商会,《公平机会评述》1985 年 7/8 月第二期第 24 页。

Wells v. *F. Smales & Son Fish Merchants* EOR No. 2, July/August 1985, p. 24：
357

365. 西方挖掘有限公司诉夏普,1978 年《劳资案例报告》第 221 页。

Western Excavating（ECC）Ltd v. *Sharp*［1978］ICR 221：320, 357

366. 韦斯特伍德诉就业部大臣,1984 年《劳资关系法律报告》第 209 页。

Westwood v. *Secretary of State for Employment*［1984］IRLR 209：303

367. 怀特布雷德公共股份有限公司诉米尔斯,1988 年《劳资案例报告》第 776 页。

Whitbread plc. v. Mills [1988] ICR 776：310

368. 威肯斯诉冠军就业公司,1984 年《劳资案例报告》第 365 页。

Wickens v. Champion Employment [1984] ICR 365：114，134

369. 威廉斯诉康普艾马克思姆有限公司,1982 年《劳资案例报告》第 156 页。

Williams v. Compair Maxam Ltd [1982] ICR 156：348

370. 威廉姆斯诉沃森奢侈品店,1990 年《劳资关系法律报告》第 164 页。

Williams v. Watsons Luxury [1990] IRLR 164：309

371. 威尔逊诉梅纳德造船顾问,1978 年《劳资案例报告》第 376 页。

Wilson v. Maynard Shipbuilding Consultants A. B. [1978] ICR 376：112

372. 威尔逊诉劳切尔,1974 年《劳资案例报告》第 428 页。

Wilson v. Racher [1974] ICR 428：166

373. 威尔特郡议会诉全国继续教育与高等教育教师协会,1980 年《劳资案例报告》第 455 页。

Wiltshire County Council v. NAFTHE [1980] ICR 455：310

374. 维冈诉戴维斯,1979 年《劳资关系法律报告》第 1278 页。

Wigan BC v. Davies [1979] IRLR 1278：168

375. 伍兹诉 W. M. 出租车服务(彼得伯勒)有限公司,1982 年《劳资案例报告》第 693 页。

Woods v. W. M. Car Services (Peterborough) Ltd [1982] ICR 693：168

376. 沃里汉诉劳埃德银行有限公司,1981 年《劳资案例报告》,欧洲法院审理。

Worringham v. Lloyds Bank Ltd Case 69/80 [1981] ICR (ECJ)：21，204*bis*，361*bis*，362

377. 大不列颠作家协会诉英国广播公司,1974 年《劳资案例报告》第 234 页。

Writers' Guild of Great Britain v. BBC [1974] ICR 234：116

378. 约克诉英国大陆轮船公司,1945 年《劳资关系法律报告》第七十八卷第 181 页。

Yorke v. British & Continental Steamship Co. [1945] 78 LI LR 181：105

379. 扬、伍兹诉韦斯特,1980 年《劳资关系法律报告》第 201 页。

Young & Woods v. West [1980] IRLR 201：112

380. 扬、詹姆斯及韦伯斯特诉英联合王国,1981 年《劳资关系法律报告》第 408 页。

Young, James and Webster v. United Kingdom [1981] IRLR 408：25，119，442

参考文献选编

Selected Bibliography

Ⅰ. 文献目录

1. 赫普尔、尼森、奥希金斯(编):《关于不列颠及爱尔兰劳动法的文献目录》,伦敦,
   1975 年;

   Hepple, B. A., Neeson, J. M. And O'Higgins, P. (eds.), *A Bibliography of the Literature on British and Irish Labour Law* (London, 1975);

2. 赫普尔、奥希金斯、P. 斯特林:《大不列颠及爱尔兰劳动法(至 1978 年)》,伦敦,
   1981 年。

   Hepple, B. A., Hepple, J., O'Higgins, P. And Stirling, P. *Labour Law in Great Britain and Ireland to 1978* (companion volume) (London, 1981) (a comprehensive working bibliography from the earliest times).

Ⅱ. 参考著作

1. 《劳资关系与雇佣法》及其增补,1971 年出版于伦敦,附有五卷本的增补(内容主要为立法及其评述摘录),主编:史密斯 。

   Harvey's *Industrial Relations and Employment Law*, London, 1971 with supplements (5 vols.) (texts of selected legislation and commentary), General Editor-Smith, I.

2. 《雇佣法大全》,1972 年出版于伦敦,四卷本增补(综合性文本及所有相关案例、立法、法规、指令、判决、报告、调查、先例及欧盟和世界范围内的相关法律文件的文摘),主编:S. 哈迪。

   Sweet and Maxwell's *Encyclopedia of Employment Law*, London, 1972, with supplements (4 vols.) (comprehensive texts and digests of all relevant case law, legislation, rules and orders, awards, reports and inquires, precedents and EC and international law with commentaries), General Editor-S. Hardy.

Ⅲ. 案例报告（SPECIALIST LAW REPORTS）

1.《劳资案例报告》,伦敦,1975 年—
　　Industrial Cases Reports, London, 1975—

2.《劳资法院报告》,伦敦,1972—1974 年
　　Industrial Court Reports, London, 1972—1974

3.《劳资关系法律报告》,伦敦,1972 年—
　　Industrial Relations Law Reports, London, 1972—

Ⅳ. 期刊/杂志（PERIODICALS）

1.《英国劳资关系杂志》,伦敦,1963 年—
　　British Journal of Industrial Relations, London, 1963—

2.《公平机会评述》,伦敦,1985 年—
　　Equal Opportunities Review, London, 1985—

3.《欧洲劳资关系评论》,伦敦,1974 年—
　　European Industrial Relations Review, London, 1974—

4. 收入信息服务有限公司:《收入信息报告》,《收入信息简述和收入信息研究》,《国际报告》,伦敦,1971 年—
　　Incomes Data Service Ltd, *Incomes Data Reports*, *Incomes Data Brief* and *Incomes Data Studies*, and *International Report*, London, 1971—

5.《劳资法律杂志》,伦敦,1972 年—
　　Industrial Law Journal/ILJ, London, 1972—

6.《劳资关系杂志》,伦敦,1972 年—
　　Industrial Relations Journal/IRJ, London, 1972—

7.《劳资关系评论及报告》,伦敦,1972 年—　（包括劳资关系法律信息公告）
　　Industrial Relations Review and Report, London, 1972—（including *Industrial Relations Legal Information Bulletin*）

8.《法律季刊》
　　Law Quaterly Review/LQR

9.《法律研究》
　　Legal Research

10.《现代法律评述》
　　Model Law Review/MLR

11. 牛津法学杂志

Oxford Journal of Legal Studies/OJLS

Ⅴ. 由皇家文书局出版的官方报告(OFFICIAL REPORTS ETC. PUBLISHED BY HER MAJESTY'S STATIONERY OFFICE, HMSO)

1.《咨询、调解及仲裁服务局年度报告》,1975 年—

Advisory, Conciliation and Arbitration Service, Annual Reports (1975—)

2.《中央仲裁委员会年度报告》,1975 年—

Central Arbitration Committee, Annual Reports (1975—)

3.《资质认定官员年度报告》,1976 年—

Certification Officer, Annual Reports (1976—)

4.《种族平等委员会年度报告》,1977 年—

Commission for Racial Equality, Annual Reports (1977—)

5.《公平机会委员会年度报告》,1976 年—

Equal Opportunities Commission, Annual Report (1976—)

6.《关于工会及雇主协会的皇家委员会报告》,1986—1968 年,主席:多诺万勋爵,包括政令(Cmnd 3623)及 11 份研究报告。

Report of the Royal Commission on Trade Unions and Employers' Associations 1965—1968, Chairman: The Rt. Hon. Lord Donovan, Cmnd 3623, and 11 research Papers Published by the Commission.

7.《关于工作中的健康及安全委员会的报告》,主席:罗宾斯勋爵,1972 年,政令(Cmnd 5034)。

Report of the Committee on Safety and Health at Work. Chairman: Lord Robens, 1972, Cmnd 5034.

8.《劳资民主调查委员会报告》,主席:布洛克勋爵,政令(Cmnd 6706)。

Report of the Committee of Inquiry on Industrial Democracy. Chairman: Lord Bullock, Cmnd 6706.

Ⅵ. GENERAL BOOKS (综合书籍)

1. 安德曼:《劳动法:管理决定与职工权利》(第三版),伦敦,1998 年。

Anderman, S. D., *Labour Law: Management Decisions and Workers' Rights* (3rd edn, London, 1998).

2. 贝恩(编):《不列颠劳资关系》,牛津,1983 年。

Bain, G. S. (ed.), *Industrial Relations in Britain* (Oxford, 1983).

3. 鲍尔斯、霍尼博尔:《劳动法教科书》(第八版),伦敦,2003 年。

Bowers, J. and Honeyball, S., *Textbook on Labour Law* (8th edn, London, 2003).

4. 迪金斯、莫里斯:《劳动法》(第三版),伦敦,2001 年。

Deakin, S. and Morris, G., *Labour Law* (3rd edn, London, 2001).

5. 卡恩-弗罗伊德:《劳动与法律》,第三版,伦敦,1983 年(已有德文版及意大利文版)。

Kahn-Freund, O., *Labour and the Law* (3rd edn) by P. L. Davies and M. R. Freedland. (London, 1983) (also available in German and Italian translations).

6. 奥托·卡恩-弗罗伊德:《劳动关系:继承与调整》,伦敦,1979 年。

Kahn-Freund, O., *Labour Relations: Heritage and Adjustment* (London, 1979).

7. 奥托·卡恩-弗罗伊德:《作品精选集》,伦敦,1978 年。

Kahn-Freund, O., *Selected Writings* (London, 1978).

8. 莫里斯、阿彻:《集体劳动法》,伦敦,2000 年。

Morris, G. and Archer, T. J., *Collective Labour Law* (London, 2000).

9. 史密斯、伍德:《劳资法》,第 11 版,伦敦。

Smith, I. T. and Wood, J. C., *Industrial Law* (11th edn, London).

10. 尤派克斯、本尼、哈迪:《劳动法》,第二版,牛津大学出版社,2006 年。

Upex, R., Benny, R. and Hardy, S., *Labour Law* (2nd edn, OUP, 2006).

Ⅶ. 专业著作(SPECIALIST BOOKS)

1. 奥尔巴克:《冲突法》,牛津,1991 年。

Auerbach, S., *Legislating for Conflict* (Oxford, 1991).

2. 巴纳德:《欧共体雇佣法》,第三版,伦敦,2006 年。

Barnard, C., *E. C. Employment Law* (3rd edn, London, 2006).

3. 贝尔卡森:《欧洲劳动法》,伦敦。

Bercusson, B., *European Labour Law* (London).

4. 鲍尔斯、达根、里德:《关于劳资行动与工会认可的法律》,牛津,2004 年。

Bowers, J., Duggan, M. & Reade, D., *The Law on Industrial Action and Trade Union Recognition* (Oxford, 2004).

5. 柯林斯:《解雇中的公平》,牛津,1992 年。

Collins, H., *Justice in Dismissal* (Oxford, 1992).

6. 戴维斯、弗里德兰:《劳动立法及公共政策》,牛津。

Davies, P. L. And Freedland, M. R., *Labour Legislation and Public Policy* (Oxford).

7. 狄更斯、琼斯、威克斯、哈特:《不公正解雇和劳资法庭制度研究》,牛津,1985 年。
   Dickens, L., Jones, M., Weekes, B. and Hart, M., *A Study of Unfair Dismiss-al and the Industrial Tribunal System* (Oxford, 1985).

8. 邓恩,J. 杰纳德:《英国工业中的"只雇佣工会会员"制度》,伦敦,1984 年。
   Dunn, S. and Gennard, J., *The Closed Shop in British Industry* (London, 1984).

9. 伊莱亚斯、尤因:《工会、民主、会员权利与法律》,伦敦,1987 年。
   Elias, P. and Ewing, K. D., *Trade Unions, Democracy, Members' Rights and the Law* (London, 1987).

10. 尤因:《罢工权》,牛津,1990 年。
    Ewing, K. D., *The Right to Strike* (Oxford, 1990).

11. 尤因:《工会、工党与法律》,爱丁堡,1982 年。
    Ewing, K. D., *Trade Unions, the Labour Party and the Law* (Edinburgh, 1982).

12. 弗莱德曼、莫里斯:《雇主国家:公共服务领域的劳动法》,伦敦,1986 年。
    Fredman, S. and Morris, G. S., *The State as Employer: Labour Law in the Public Services* (London, 1986).

13. 弗里德兰:《雇佣合同》,伦敦,1976 年。
    Freedland, M. R. *The Contract of Employment* (London, 1976).

14. 赫普尔、雅各布斯、拉姆、维纳让尼、Vogel-Polsky:《劳动法在欧洲的制定:对九个国家截至 1945 年的比较研究》,伦敦,1986 年。
    Hepple, B., Jacobs, A., Ramm, T., Veneziani, B. and Vogel-Polsky, E., *The Making of Labour Law in Europe: a Comparative Study of Nine Countries to 1945* (London, 1986).

15. 韦德伯恩勋爵:《职工与法律》,第三版,伦敦,1986 年。
    Lord Wedderburn, *The Worker and the Law* (3rd edn, London, 1986).

16. 韦德伯恩勋爵:《不列颠及欧洲的雇佣权利》,伦敦,1991 年。
    Lord Wedderburn, *Employment Rights in Britain and Europe* (London, 1991).

17. 莫里斯:《基本服务业中的罢工》,伦敦,1986 年。
    Morris, G. S., *Strikes in Essential Services* (London, 1986).

18. 麦克马伦:《企业转让与雇员权利》,伦敦,1998 年。
    McMullen, J., *Business Transfers and Employee Rights* (London, 1998 updated).

19. 尤派克斯:《雇佣终止》,第七版,乔丹斯出版社,2006 年。
    Upex, R., *Termination of Employment* (7th edn, Jordans, 2006).

索　引

（标注段落序号）

后　　记

因为对英语的喜爱，以及较长时间里从事英美法律的学习与教学，我一直希望独立完成一本译著，每每读到经典的英文著述，就产生将其译成中文的冲动。所以，能在 2010 年 9 月参加商务印书馆的威科法律译丛项目，我很欣喜。从收到本书的英文原著那天起，我就迫不及待地开始了对原著的赏析。

本书的翻译主要是在 2010 年末及 2011 年进行的，其间包括了我工作压力较大且身体状况不是最好的时候。对生活的热爱、对工作的责任感以及来自朋友的鼓励赋予我强大的力量！我充分利用时间的点滴增强对原著的阅读和理解，身体的疲惫并没有影响我头脑的清醒和思路的连贯，虽然常常经历着为一个术语或句法而夜不能寐甚至踌躇数日的苦恼，但我每天都体会着语言转换中根据"信达雅"原则驾驭文字的快乐，愉悦地感受着英国法的精致与完善，并从中寻找对中国劳动法制建设的启示。我的翻译逐渐行如流水，速度远远超过我的预期，并终于在六月份完成译文初稿。王兰萍编审对初稿给予赞许，并提出了诸多修改意见。尔后，本书经过了多次修正和完善。

本译著即将出版，我的内心的确有"先苦后甜"的成就感，但更多地涌起感恩之情！

首先感谢商务印书馆政法编辑室主任王兰萍编审！正是她的激励使我没有因工作的忙碌和生活的琐碎而放弃这份翻译工作，她对本书的完善和出版付出了很多的学识和辛劳！

能从懵懂顽童成为著作之人，感谢在我的每一学习阶段给予我指导的好老师！西南政法大学众多良师激发了我对法学研究的向往！特别感谢我的博士生导师何勤华教授给予我实实在在的学术实践和悉心的指点！何老师以及博士生导师组的王立民教授和徐永康教授为学生的学术研究奠定了基础！感谢复旦大学法学院的季立刚教授、孙南申教授、董茂云教授、王全弟教授以及刘士国教授等老师对我博士后研究的指导和支持，他们从不同的学科背景开阔了我的学术视野！

感谢亲人给我的关爱和宽容！感谢我的孩子雨禾带给我的快乐、放松以及对我工作的支持！感谢与我真诚交流并一起度过青春岁月的好朋友！

感谢美丽的华东师范大学校园给予我的滋养，在这里，我感受到来自不同学科的学术前辈的激励和引导！

陈　融

2011 年 10 月 1 日

图书在版编目(CIP)数据

英国劳动法与劳资关系/(英)哈迪著;陈融译.—北京:
商务印书馆,2012(2018.12重印)
    (威科法律译丛)
    ISBN 978-7-100-08785-8

    Ⅰ.①英… Ⅱ.①哈… ②陈… Ⅲ.①劳动法—研
究—英国 ②劳资关系—研究—英国 Ⅳ.①D956.125
②F249.561.6

中国版本图书馆 CIP 数据核字(2011)第 240851 号

威科法律译丛

英国劳动法与劳资关系

〔英〕史蒂芬·哈迪 著

陈 融 译

商 务 印 书 馆 出 版
(北京王府井大街 36 号 邮政编码 100710)
商 务 印 书 馆 发 行
北 京 冠 中 印 刷 厂 印 刷
ISBN 978-7-100-08785-8

2012 年 8 月第 1 版   开本 787×1092 1/16
2018 年 12 月北京第 2 次印刷   印张 28¾
定价:69.00 元